1 MONTH OF
FREE
READING

at
www.ForgottenBooks.com

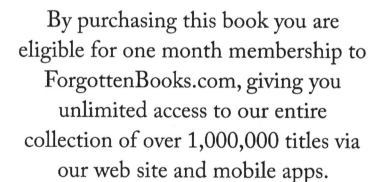

By purchasing this book you are eligible for one month membership to ForgottenBooks.com, giving you unlimited access to our entire collection of over 1,000,000 titles via our web site and mobile apps.

To claim your free month visit:
www.forgottenbooks.com/free991179

ISBN 978-0-364-18319-9
PIBN 10991179

This book is a reproduction of an important historical work. Forgotten Books uses
state-of-the-art technology to digitally reconstruct the work, preserving the original format
whilst repairing imperfections present in the aged copy. In rare cases, an imperfection in
the original, such as a blemish or missing page, may be replicated in our edition. We do,
however, repair the vast majority of imperfections successfully; any imperfections that
remain are intentionally left to preserve the state of such historical works.

orfsünden.

Das Buch der Novellen. Vierter Band.

Von

P. K. Rosegger.

Sechste Auflage.

Volks-Ausgabe.

Wien. Pest. Leipzig.

A. Hartleben's Verlag.

1896.

L. A

Druck von Friedrich Jasper in Wien.

Vorwort.

—

Dorffünden! Ei mein lieber Autor, wer hat denn dieses schöne Wort erfunden? Steckt nicht in jeder Deiner Dorfgeschichten, die Du uns je erzählt, ein gut Stück Dorfsünde? Ob Du sie literarisch begingst oder blos schilderst, das untersuche ich nicht. Könntet Ihr Novellenschreiber denn überhaupt ohne Sünde existiren? Sünde, Conflict, Katastrophe, Sühne, ist das nicht Euer ganzes Um und Auf? Oder ist die Weltsünde eine andere, als die Dorfsünde? Was willst Du mit dem reizenden Worte?

Der Autor sagt: Leser, Du hast Recht. Aber siehe, diese Novellen sind meine Kinder, und Du weißt ja, wie das bis= weilen geht. Lieben muß man seine Kinder — da giebt's keine Wahl — aber nennen kann man sie nach Belieben. Die Dorfsünden, das ist wahr, sind den Weltsünden auf's Haar ähnlich, wenn sie gewandlos vor uns stehen; aber sie haben ein anderes Beinkleid an und einen anderen Rock, wenn sie nicht etwa in Hemdärmeln sind. Manche hüpft uns als munterer Knabe entgegen, den man streichelt und lieb=

1*

haben muß; manche bettelt uns als Krüppel an, wir reichen
ihr Almosen; manche erschreckt uns mit dem gellenden Lachen
des Wahnsinns; manche liegt auf der Bahre ausgestreckt vor
uns da, wir geben ihr den letzten Gruß; manche wankt
am Pilgerstabe vorüber und wirft uns einen Blick zu, vor
dem wir erbeben. Das sind die Sünden der Welt, aber im
Dorfe Fleisch geworden — und Blut von unserem Blute.
Wer sie nicht selbst lebte, der wird sie zum mindesten be=
greifen; und begreifen heißt auch hier entschuldigen. Nicht
der Richter kann auf diesem Punkte stehen, wohl aber der
Vertheidiger, und das ist in unserem Falle der Poet.

Jawohl, Dorfgeschichten und Dorfsünden, das gehört
zusammen, und der Titel des Buches ist somit gerechtfertigt.
Allerdings hätte ich die Erzählungen auch „Dorftugenden"
nennen dürfen, denn jeder Pfennig hat zwei Seiten, allein
mir ist diese Bezeichnung nicht moralisch genug gewesen.
Uebrigens geht es im vorliegenden Buche so bitter ernst zu,
daß mir das Scherzwort, zu welchem mich wohl gar der
Leser herausgefordert haben soll, auf den Lippen kleben bleibt.
Nun, es sei, wie es ist; im guten Falle mögen sich diese
„Dorfsünden" meinem „Buche der Novellen," welchem Ehren=
haftes nachgesagt wird, einverleiben, im schlimmsten Falle —
unterhalten und vergeben werden.

Der Verfasser.

Die Dorfschöne.

Die Ahnung und die Weichseln.

Mir bleibt — mein lieber Leser — fast allemal, wenn ich in's volle Menschenleben hineingreife, ein hübsches Bauerndirndel in der Hand.

So auch jetzt, da ich den Griff that, um für Dich aus dem Volke der Alpen ein Menschenbild herauszuheben, dessen Aeußeres Dir das Dorfleben auf den tannendüsteren Bergen, dessen Inneres Dir vielleicht Dich selbst zeigen soll.

Sie ist fein gewachsen und ihr Gesichtchen ist eines von jenen, die in den Monaten, wenn der Kukuk schreit, dunkle Pünktchen haben.

„Wo bist Du daheim, meine gute Kleine?"

„Ich bin beim Groß=Höllerbauer in Lahndorf im Dienst."

„Wie heißt Du denn?"

„Sie heißen mich die Kukuksdirn, weil ich kukukscheckig (sommersprossig) bin."

„Ich glaube aber, daß im Taufbuch zu Lahndorf auch ein anderer Name für Dich hinterlegt sein wird."

„Ich bin in Lahndorf nicht daheim. Meine Mutter schläft im Kirchgarten zu Lahndorf; mein Vater ist im Hammerwerk zu Rantenbach drüben Essemeister. Der kommt alle Jahr einmal zum Groß-Höllerbauer herüber, führt mich in's Wirthshaus, zahlt mir um zehn Kreuzer Wein, um drei Kreuzer Zucker dazu und eine Semmel zum Tunken und nennt mich beim rechten Namen."

„Willst mir ihn nicht vertrauen? Schau, für das Wort Kukuksdirn bist mir viel zu schön."

„Ich heiße Kunigunde Pachnerin."

„Und wie alt bist Du denn, meine liebe Kunigunde Pachnerin?"

„Zu vorig Mitfasten bin ich achtzehn gewesen."

„Ei, das wäre gerade das rechte Alter, von Dir eine warmherzige Liebesgeschichte zu schreiben. Meinst nicht?"

Da läuft sie davon —

Wir verlieren sie nicht mehr aus dem Auge, denn das ist ein frisches, keckes, schwarzäugiges Wesen — in der steckt eine Dorfgeschichte!

Ihrem Groß-Höllerhofe eilt sie zu Dort wohnt sie schon seit ihrem dritten Lebensjahre, da sie ihr Vater in einem Buckelkorbe (Rückentrage) daher geschleppt und gebeten hat, man möchte ihm doch das Junge in die Pflege nehmen, da ihm die Alte mit Tod abgegangen sei. Dem Höllerbauer war schon lange um eine bequeme Treppe in den Himmel hinauf zu thun, und diese baute er sich, da er die kleine Kunigunde um Gotteswillen in sein Haus nahm.

Aber die Himmelsstiege ist so, daß man auf derselben auch niederwärts, der Erde zu steigen kann. Der Höllerbauer wußte sein Dirndl wohl zu verwenden, zuerst als Kindspflegerin und nun, mit dem Wachsen ihrer Kraft und ihrer

Vernunft schon als Rindspflegerin. Die Kundel war Stallmagd, demnach seit einiger Zeit sozusagen auch eine Person geworden.

Wohl, als sie zwölf Jahre alt gewesen, hatte der Höller=
bauer zu ihr gesagt: „Jetzt Kundl, bist mir nichts mehr
schuldig. Suchst Dir einen andern Dienst, so kann ichs nicht
wehren; bleibst noch bei mir, so kriegst Deinen Lohn.“

„Wenn Ihr mich brauchen könnt,“ antwortete sie, „so
bleibe ich am liebsten in Eurem Haus. Ich bin ganz mit
Frieden.“

So war's noch etliche Jahre. Im Herbst 1876 zur
Leihkaufzeit, das ist zur Zeit, wo die Bauern für nächstes
Jahr Dienstboten werben und dieselben durch ein Angeld ver=
binden, und als auch nach der nun hübsch und schlank auf=
gewachsenen, fleißigen Kunigunde Pachnerin viel Begehr war,
sagte sie wieder, sie bleibe am liebsten beim Höllerbauer. Um
diese Zeit hing man ihr den Heimatschein an, der sagte ihr
allerhand Schmeichelhaftes über ihre schlanke Statur, nuß=
braunes Haar, großen kirschenschwarzen Augen und so weiter
— und einen Fünfzigkreuzerstempel darunter, daß es auch
richtig und kaiserlich königlich verbrieft war. Auch ein beson=
deres Kennzeichen fand sich bemerkt; nicht etwa die Kukuk=
schecken, die waren ganz im Verschwinden — auf dem Ge=
sichtchen lauter Milch und Blut. Besonderes Kennzeichen: ein
flachsfarbig Haarsträhnchen, welches an der linken Stirnseite
hervorwächst und wie ein gülden Seidenband durch die braunen
Locken geht.

Wer ist es denn, der zu Rantenbach die Heimatscheine
schreibt?

Am Laurenzitag 1877, als der Höllerbauer mit der jungen
Magd von der Kirche nach Hause ging, fragte er sie: „Na
Kundl, was meinst, wirst uns bleiben nächst Jahr?“

Sie hatte ein Handbündel mit Aepfeln bei sich, das band sie jetzt fester, so daß sich das blaue Tuch recht stramm um die Früchte spannte, und sie antwortete: „Ja, ich weiß es halt nicht."

„Hast doch nicht etwan schon einen andern Platz an= genommen?"

„Das nicht — das gar nicht, aber — ich denk' mir, es muß eine Veränderung nehmen."

„Eine Veränderung — das möcht' ich schon wissen."

„Mir thut jetzt in den Nächten her alleweil so viel träumen und es geht mir zu Sinn, als wollt's eine Ver= änderung mit mir nehmen, ehvor das nächste Jahr aus wird."

Was für eine?

Ja, das wußte sie selber nicht. Sie nahm sein Werben an und blieb wieder im Höllerhof. Aber daß es — ehvor das Jahr umgeht — eine große Veränderung mit ihr nehmen wird, das geht ihr vor — dunkel, wie im Nebel — aber es geht ihr vor.

Was kann denn werden? Sie hat eine feste Gesundheit, ist im Hofe gut behütet und hat sich im letztvergangenen Frühjahr auf Anrathen des geistlichen Herren in die „Jung= frauenschwesterschaft" einschreiben lassen. Also was kann denn werden?

Am 8. September, als am Lieb=Frauentag, hat sie bei der Procession, den Kranz auf dem Haupte, mit noch drei weißgekleideten Mädchen das Muttergottesbild getragen. Hier= auf war sie in den Pfarrhof zu einer Jause geladen worden, wobei es viel heiterer zuging, als es sich Kunigunde von einem Pfarrhause je hätte denken können. Sie tranken Meth und aßen Backwerk dazu und der Herr Caplan — wie aber

die geistlichen Herren manchesmal doch vorwitzig sind! —
legt' ihr einen lebzeltnen Reiter auf den Teller — genau
derselbe Herr, der sie im Frühjahr in die Schwesterschaft ein=
geschrieben hatte.

Als sie fortgingen, wischten sie mit ihren weißen, zierlich
gefalteten Handtücheln die Lippen sauber und küßten dem
geistlichen Herrn der Reihe nach die Hand: Er legte die seine
der Kundl auf das Haupt:

„Also, Kunigunde Pachnerin, nur recht schön brav
bleiben!"

Den Rosmarinkranz hatte er ihr dabei verknittert.

Als Kunigunde am selbigen Abende auf dem Heimweg
war, kam sie an einem Weichselbaum vorüber, in dessen Aesten
es rauschte. Sie blickte hinan und erschrak. Hoch an einem
weit hinausstehenden Ast klebte wie eine ungeheure Raupe
ein Mensch und wiegte sich. Er war in weißen Hembärmeln,
sonst aber grau angezogen, und zwei Augen glänzten durch
das Blätterwerk herab, die noch schwärzer waren als die
reifen Weichseln ringsum. Der Mann hatte ein Gesicht wie
ein Engel am Hochaltar, nur nicht so fromm. Noch kein
Bart war da, hingegen lange, zarte Locken, die stets mit
einem scharfen Ruck des Hauptes nach rückwärts geworfen
wurden.

„Kundl!" rief er herab, „paß auf!"

Da fiel ein Sträußchen nieder, schlug an ihren grünen
Kranz und verflog.

„Willst noch mehr haben, so halte den Mund auf!"

Sie rief, sie brauche nichts und eilte davon. Sie getraute
sich gar nicht mehr emporzuschauen, es könne der Ast brechen
und mit den Weichseln flöge der seine Schulmeistersohn auf
sie hernieder.

Studenten sind so tollkühn. Hätte ich mit Dem was
zu schaffen, ich ließe ihn nicht so hoch hinaufsteigen. — Das
war so ihr Sinnen, bis sie nach Hause kam.

Es dunkelte schon. Da andere Mägde heute für sie, die
Bildträgerin, die tägliche Stallarbeit verrichteten, so begab
sie sich ehzeitig in ihre Schlafkammer. Vor dem Einschlafen
faltete sie die Hände über ihren Busen und murmelte ihr
Vereinsgebet. In süßen Gedanken an die Jungfrau Maria
und den heiligen Aloisius schlief sie friedlich ein.

Es war aber keine ruhsame Nacht. Sonst hatte Kundl
die anderen Mägde stets ausgelacht, wenn dieselbigen von
der Trud (dem Alp) erzählt hatten. Aber heute, gerade so
um Mitternacht herum, wurde ihr Athem schwer, ihr Busen
hub an zu wogen und sie murmelte im Schlafe: „Aber Du —
aber Du — Deine Weichseln sind gut! — Halt' Dich —
halt' Dich fest! — Der Ast biegt sich nieder! — Er fällt —
auweh, auweh!" — und war erwacht.

Es zitterten ihr alle Glieder. — Daß Einem so was
Unsinnigs träumen kann! —

Sie legte sich auf die rechte Seite und betete ein
Vaterunser für die armen Seelen — und schlief endlich
wieder ein.

Am Morgen, als der Hahn krähte und Kunigunde aus
dem Bette steigen wollte, fühlte sie etwas Kühles an ihrem
Busen. Sie suchte und fand — Weichseln. Zwei Weichseln,
die an ihrem Gäbelchen noch zusammenhingen. Die Kundl
war außer sich. Wie kommen diese Dinger da herein? Thür
und Fenster sind verschlossen; ein Traum kann's doch auch
nicht mehr sein, denn draußen kräht ja der Hahn und sie
sitzt aufrecht im Bett und durch die Scheibe scheint das Morgen=
roth herein. Und es ist ganz wahrhaftig, die Weichseln sind

da — als ob sie aus der Brust wären herausgewachsen zur nächtlichen Weil' . . . .

Den ganzen Tag war die sonst so heitere Kundl still und sinnend. Sie dachte an den Beichtstuhl, sie dachte an eine Wallfahrt. Sie kann die wunderliche Sach' nicht so auf sich beruhen lassen. Und — wir selber sind begierig darauf, wie die Weichseln in das Bett der Jungfrau sind gekommen.

Wie die Weichseln ins Bett gekommen waren.

Im October am Kirchweihsonntag war auch die Kundl auf dem Markt zu Marein. Aber da gab es Anfechtungen über Anfechtungen. Für's Erste gingen zwei „Feigerle=Bocks= Männer" (Südfrüchtenhändler) herum, die in ihrem Korb allerlei Süßigkeiten trugen und den Mädchen allerlei Schmei= cheleien sagten, die noch süßer waren, als die bunten Zeltchen und die verzuckerten Feigen. Für's Zweite stand ein halb Dutzend Buden da, die mit weißen Blachen überdeckt waren und in denen verschiedenerlei Juden hin und her trippelten und die allerbeste und billigste Waare von der ganzen Welt feilboten. Unter anderem ein kaffeebraunes Kopftuch mit buntem Rande ist es, was der Kundl ganz erbarmungslos in die Augen sticht. „Waare von echter Schafwolle! — Russisch Tuch! Läßt sich waschen, sengen, brennen — und bleibt ganz dabei. Wer kauft's? Auf nächst Jahr bin ich wieder da; wer mir das Tuch zurückbringt und 's ist nicht mehr so wie heut', der soll ein neues dafür haben! Echte, feinste Wolle, russisch Tuch! echtes russisch Tuch! kostet mich selbst einen Gulden zwanzig, bei meiner Ehr'! Aber der Schönsten, der laß ich's um einen kugelrunden Gulden. Wer kauft's!?

Echtes feinstes Wollentuch, das sich waschen läßt! Die
Kundl glaubt es gern. Sie meint auch schier, daß sie es um
einen kugelrunden Gulden kriegen könnte, aber — 's ist halt
wohl viel Geld, wenn man's bedenkt! — Na, einstweilen
will sie einmal in die Kirche gehen, leicht doch, daß sie's kann
erbitten, und ihr der rechte Gedanke kommt, ob sie das Tuch
kaufen soll oder nicht.

In der Kirche eine neue Anfechtung. Auf dem Chor thut
Einer geigen, daß der Kundl gerade das Hören und Sehen
vergeht. Es sind Trommler und Paukenschläger oben, und
Blaser und Sänger, aber sie hört nur dieses höllische Geigen
und es ist ihr nicht anders, als wie wenn der Fiedelbogen
über ihr Herz thät streichen. Na freilich, ein Schulmeisterssohn muß wohl Alles so viel gut können ....

Wie der Gottesdienst aus ist und die Leute zum Kirchenthor hinausdrängen, spürt die Kundl einen Stoß an die
Seite. Sie schaut um, das Schleider-Micherle zwinkert ihr
zu. Vor der Kirche steht der Holzer-Hans, der hat heute seinen
keckſten Schildhahnstoß auf dem Hut und seinen Schnurrbart
aufgehörnt, als wollte er das ganze Marein mit seiner ganzen
Kirchweih' spießen. Als das Mädchen an ihm vorüber kam,
redete er es an: „Nau, Kundl, haſt für mich auch was
gebetet?"

„Biſt eh selber nit weit von der Kirchen," ist die Antwort. —

„Weißt, Dirn, ich hab' zum Kirchenbau nichts beigetragen
und so hab' ich mir denkt, dürft' ich auch nicht hineingehen."

„Haſt für's Wirthshaus was beigetragen?"

„Leicht ja. Da hab ich schon viel Geld hineingetragen
und willſt heut mitgehen, Kundl, so biſt mir um eine Maß
schon lang nit feil."

„Bedank' mich sauber, aber da wollt doch die Mirl harb werden?"

„Soll harb werden. Ich will einmal eine Schönere haben."

„Ah so, und desweg gehst auf den Markt, daß Du Dir eine Neue kauffst zum Foppen!"

Nach diesem Gespräch hatten sie sich gegenseitig im Gedränge bald verloren.

Die Kundl blickte just gegen einen Schuhnagelkrämer hin. Schuhnägel sollt' sie haben; sie hälts nicht so, wie andere Mädchen, welche ihre Sonntagsschuhe den Burschen zum Nageln geben, denn der Herr Caplan hat gesagt, in solchen Schuhen thät' sich ein jung Dirndl gar leicht vergehen. Sie will sich die Dinger selber kaufen. Da schmunzelt ihr der Hauer=Peter, ein Nachbarsbursch, in's Gesicht, legt seinen Arm um ihren Leib und drückt ihr mit der andern Hand etwas in die Faust. Ein lebzelten Herz ist's und ein gedruckter Zettel darauf. Jetzt auf dem Zettel steht zu lesen:

„Mädchen, nimm von mir mein Herz,
Sonst ich vergeh' vor Liebesschmerz."

Als sie sich nach ihm umsah, war er wirklich schon vergangen, und sie schenkte das Herz einem kleinen Knaben, den ein armes Weib auf dem Arme trug und der den Lebkuchen mitsammt dem Liebesantrag sofort verspeiste.

Bald darauf kam sie wieder an der Bude vorbei, in welcher das echte, feinste Wollentuch zu haben war. Mehrere, die sich für die Schönsten hielten, waren schon gekommen, um zu feilschen; aber so schön war doch Keine, daß sie das Tuch um fünfzig Kreuzer erstanden hätte. Um achtzig war es bereits zu haben, und die Kundl dachte sich: in Gottesnamen! —

Sie hat ihr Geld stets in einen Knoten des Sacktüchels ein=
gebunden, aber wie sie jetzt zahlen will, ist das Sacktüchel
nicht da. Sie eilt durch das Gedränge, rennt hin und her:
„Hat Niemand ein weißes Tüchel gefunden?“

Die Leute schütteln die Köpfe, die Achseln und das ist
allemal ungut. Sie lauft zum Schuhnagelkrämer, lauft den
Weg bis zur Kirchenthür, zur Bank hinein, auf der sie ge=
sessen ist. Nichts zu sehen. — Ihr ganzes Leihkaufgeld ist
drin. Sie eilt mit glühendem Gesichte durch das ganze Marein,
sie geht zum Pfarrer: ihr Geld hätt' sie verloren! Der Schul=
meister kommt auf den Platz, thut einen Trompetenstoß und
ruft: „Ein weißes Tuch mit einem Knopf am Zipf ist ver=
loren gegangen. Der redliche Finder wird gebeten, dasselbe
im Gemeindeamte abzugeben, wo der gebührende Finderlohn
verabfolgt wird!“

Die Kirchtagleute fast alle griffen jetzt in ihre Säcke, ob
ihnen wohl selbst nichts abhanden gekommen wäre. Und das
Tüchel der armen Kundel kam nicht zum Vorschein.

Es war schon hoher Mittag, sie hatte Hunger und zum
Groß=Höllerbauer nach Lahndorf heim war ein Weg von drei
Stunden. Sie setzte sich abseits vom Dorfe in eine Holz=
scheune und schluchzte. Ein Knecht vom Leitnerhofe kam daher,
da trocknete sie schnell die Augen und that, als ob sie nur in die
Scheune getreten wäre, um an ihrem Anzuge etwas zu ordnen.

„Schau, schau,“ sagte der Knecht, „da ist auch eine
Bekannte. Heimgehen wirst heut' doch nicht, Kundl?“

„Freilich,“ sagte sie, „wüßt' nit, was ich noch wollt' auf
diesem langweiligen Kirchtag.“

„Wenn man allein so umgeht, da wird einem freilich
langweilig. Mir geht's auch nit viel besser. Leicht magst mit
mir gehen, Kundl, beim Hirschenwirth ist Musik.“

Sie bedankte sich. Durst habe sie nicht und tanzen möge sie nicht.

Sie ging heimwärts und der Knecht vom Leitnerhofe trottete in's Dorf zurück und suchte nach einer Dirn, die mit ihm zum Tanze gehe. Er soll eine gefunden haben, die nur unter der Bedingung mit ihm ging, daß er, außer mit ihr zu tanzen, keine Ansprüche auf sie mache, daß sie sich das Essen und Trinken selber zahle, weil sie dem Jäger Franz zugehöre, der jetzt beim Militär sei. Hierauf soll der Knecht vom Leitnerhofe gesagt haben: „Geh zu! zum Tanzen krieg' ich eine Schönere, als wie Du bist."

Die Kundl aber ging auf weitem Wege betrübt dem Höllerhofe zu. Als sie einmal im Schatten einer gilbenden Esche rastete, rasselte von Lahndorf her ein Wagen. Mehrere Leute waren darin und auf dem Bocke neben dem Kutscher saß der Schulmeisterssohn. Einige sahen auf das Mädchen hin, aber Keiner that, als kenne er es. Der Wagen war schon etliche Schritte vorüber, da riß der Wind dem Schulmeisterssohn den Hut vom Kopfe und schleuderte ihn neben die Straße hin gegen Kunigunde. Der Wagen hielt, der junge, schmucke Mann sprang ab und trat heran, um seinen Hut zu holen, den ihm das Mädchen bereits aufgehoben hatte.

Er blickte sie hell und keck an und sagte: „Fahr' mit nach Graz hinein!"

„Bleib' der Herr daheim," antwortete sie leise und bekommen, und sie fühlte, als ob sie nicht die rechte Ansprache gefunden habe.

„Wär's Dir recht? Zu Weihnachten komme ich ja wieder und bring' Dir ein Christkindl mit. Adieu, Kunigunde!"

Der Wagen rollte schon wieder davon. Sie stand allein an der Straße und es zitterten ihr alle Glieder.

Er fahrt fort in die Studie. Er hat fo ernfthaft und fo aufrichtig gefprochen. — Die den einmal kriegt . . . .!

Sie ging weiter. Der Herbftwind wehte fcharf und in Stößen. Als fie am Weichfelbaum vorüber kam, auf welchem vor fechs Wochen der Schulmeifterssohn fich gefchaukelt hatte, da flogen gelbe Blätter auf fie herab und umtanzten fie. Und da dachte das Mädchen: Jetzt kommt wieder die Winterszeit. Möcht nur wiffen, wie lang es noch auf Weihnachten ift.

Als fie daheim war und fich in ihrer Kammer umkleidete, griff ihre Gefponfin, die Grethl, auf ihr Haupt und fagte: „Ein dürres Blattl bringft vom Kirchtag heim.“

Im Haare der Kundl lag ein gelbes Blatt vom Weichfelbaum. Da mußte fie lachen und die Grethl wußte nicht warum. Die Kundl lachte, weil fie fich nun denken konnte wie vor fechs Wochen die Weichfeln in ihr Bett gekommen waren. Sicher hatte fie diefelben, fo wie heute das Blatt, in ihrem eigenen Haar nach Haufe getragen. — So kommt Alles auf.

Leicht kommt’s auch noch auf, wer mein Sacktüchel hat.

Wo das Sacktüchel steckt.

In der Nacht zum zweiten November warf beim Höllerbauer die Altkuh verfpätet ein Kalb. Das Junge war ein wenig armfelig und wollte nicht recht an die Zitzen. So hockte die Kundl am Vormittage unter der Kuh und tütete das Kälbchen an, und ftellte ihm beredt und eindringlich vor, daß es auf der Welt nichts Befferes und Gefünderes für fo ein jung Närrl gebe, als die warme Kuhmilch, daß es —

das Kalb — umkommen müsse, wenn es solch Ding ver=
schmähe oder zu ungeschickt sei, zu trinken.

Während ihres Bemühens läuteten im Dorfe alle
Kirchenglocken und sie sagte zum Kalb: „Schau, so mit
Glockengeläut' ist z' Lahndorf noch Kein's angetütet worden,
als wie Du. Aber geh', sei gescheit und trink'!" Dabei
erschrak sie vor der Lästerung, die sie begangen hatte, denn
sie wußte gar gut, weshalb die Glocken kangen; war ja
Allerseelen und die Leute gingen in Procession auf den
Friedhof. War es nicht genug, daß sie zu dieser Stunde
unter der Kuh sitzen mußte, wollte sie auch noch vorwitzig
sein, sie, die eine Mutter liegen hatte draußen unter dem
Rasen? — Die Kundl wurde still gegen das Kalb und hub
in Gedanken an zu beten. Und das junge Viehlein hub
sachte an zu trinken.

Am Nachmittage hatte sie ein Stündchen Zeit — denn
heute war ein „kleiner Feiertag" und die Person nicht so
scharf an die Arbeit gedrängt wie an anderen Tagen, wenn
auch nicht ganz so frei, wie am Sonntag, wo übrigens die
Kundl auch als Stallmagd ihre genannte (bestimmte) Arbeit
hat. — Also ein Stündchen Zeit; lief sie gleich, und zwar
hinter den Häusern, daß man sie nicht sah, dem Friedhof zu.
Auf ihrer Mutter Grab kniete sie nieder und betete. Auf
anderen Gräbern lagen Kränze, brannten hie und da noch
Kerzen im Glaskelch (denn der Todtencultus, eine moderne
Erscheinung, hebt auch im Dorfe an); aber auf dem Grabe
der alten Magd war nichts anderes, als das arme Dirndl,
welches die Hände faltete und die Augen zumachte. Mit
geschlossenen Augen sah sie am besten das stille, arbeitsame
Dienstweib, welches seiner Tage der kleinen Kundl mitunter
eine Semmel gebracht. War die Mutter gewesen. „O Gott,"

betete die Kundl, „gieb ihr die ewige Ruh' und das ewige
Licht leuchte ihr, lasse sie durch Deine Barmherzigkeit im
ewigen Frieden ruhen, Amen." So hatte sie's auswendig
gelernt, dachte jetzt aber nicht an die Worte, dachte nur an
die Mutter. Plötzlich stand sie auf, ging davon und sang:

„Holda, Holda, hoamtreibn,
Finfazwoanzgi Käigl scheibn.
Kugl laft in Berg auf,
Hendl läigg an Orl drauf,
Orl gieb i n Moda (Marder),
Moda gipp ma Hei,
Hei gieb i n Koißl (Kuh),
Koißl gipp ma Mili,
Mili gieb i n Banscherl (Schweinchen),
Banscherl gipp ma Schmer,
Schmer gieb i n Schuasta,
Schuasta gipp ma Schuach,
Schuach gieb i n Wogna,
Wogna gipp ma Wogn,
Daß i kon in Himel auffifohrn."

Dieses Kinderliedchen ist ihr jählings eingefallen; das
Schleider=Micherle hört es und spricht die Kundl an: „Na
schau, Du kannst mir aber saubere Freidhofgesanger!"

„Du lernst mir gewiß keine besseren," gab das Mädchen
zurück, „hab mir nur gleich denkt, wenn ein armes Mensch,
als wie ich, von der Mutter Grab heimgeht, da ist's von=
nöthen, daß sie ein lustig Gesangel thut singen. Das Traurig=
sein gfreut mich nicht."

„Hätt'st auch keine Ursach' dazu, Kundl. Eine, die so
sauber ist! Ernster Weis, Dirndl, Dich möcht ich schon
lang."

„Micherle", antwortete sie, „Du mußt Dich um eine Kleinere schauen, als wie ich bin. Bei mir thätst nicht g'langen zum Häubelaufsetzen."

„Wollt' schon g'langen," murmelte der Bursche und schlich sich davon.

Die Kundl schaute ihm nach und bereute es, ihn ver= spottet zu haben. Was kann er dafür, daß er so kein ist! Er ist halt größer nicht gewachsen. — Eine, die so sauber ist, hat er gesagt! — Die Kundl ging zum Kaufmann: Ob sie nicht so ein keines Spiegerl thäten haben? — Und kaufte sich ein rundes Handspiegelchen in Weißblechfassung mit Trommel, Fahnen und Kanonen in's Blech gedruckt. Und eilte heim in ihren Stall und sah nach, wie's stand mit der Sauberkeit. — Ist kein dummer Bub, der Schleider=Micherl, und „keine Lug hat er nicht gesagt."

Das Kälbchen tütelte auch, und so ging dieser Aller= seelentag recht brav zu Ende.

Am 11. November — ihr wißt, es ist Martini — thaten sie im Höllerhofe nach altem Brauch „Mirten (Mar= tini) loben". Schmalznudeln kamen auf den Tisch, wobei sich der Großknecht, auf die Martini=Gans anspielend, äußerte, gerupft wäre sie passabel, nur möge man Obacht haben, daß man an den Knöchelchen nicht ersticke.

Dem Höllerbauer war diese Wendung nicht angenehm, er überhörte sie daher, zog ein Büchlein aus der Tasche und sagte, er hätte heute einen neuen Kalender gekauft. Nicht allein, daß die Sonn= und Feiertage im Kalender wären, und die Finsternisse und die Witterung und die Planeten: auch der Krieg wäre hineingedruckt, und wie die Russen und Türken miteinander fechten thäten, und schöne Geschichten und Räthsel, und allerhand so Sachen. Darob wurde die Martini=

2*

Gans vergeffen und das Schmalznudelgericht beftens verzehrt.
Aber die Kundl ließ fich weder von den Nudeln, noch von
den Ruffen oder Türken irre machen, fie thät' nur Ein Ding
gern wiffen aus dem Kalender: wie lang nächft Jahr der
Fafching fei.

Der Bauer fchaut nach. „Du Halbnarr!" fchreit er auf,
„eine acht Wochen lange Wurft. Mein Lebtag weiß ich den
Fafching nicht fo lang. Wird's weiter ein biffel Heiraten
geben übereinand! Na, wer da noch überbleibt!"

Jetzt fiel es der Kundl wieder ein, es thäte eine Veränderung mit ihr nehmen in diefem Jahr'.

Am nächften Sonntag ging der Kundl auf dem Kirchplatz ein Urlauber zu und fagte: „Du Höllerbäuerifche!
für Dich hab ich von Graz einen fchönen Gruß auszurichten!"

„Geh weiter!" antwortete fie, „wer kunnt mich denn
grüßen laffen von fo weit her?"

„Wird halt doch Einer fein, weil er Dich grüßen laßt?"
Heiß ging's ihr durch Mark und Bein, denn es war
ihr richtig Einer eingefallen. Sie lief davon.

Die langen Abende waren da; es kam das Spinnen.
Da wurde viel erzählt, gelacht und gefcherzt und draußen
trug der Wind den Schnee an die Fenfter. Und die Finger
zogen unabänderlich den Faden vom Rocken heraus, und das
„Awachel" wand ihn emfig um die furrende Spule. Die
Kundl war dabei die Aufgewecktefte, und gegen zehn Uhr hin,
wenn die Anderen fchon zu nicken begannen, hub fie noch
ein frifches Märchen oder ein fröhlich Lied an, und hatte
keinen andern Zuhörer als fich felber.

Sie war dann die Letzte, welche das Spinnrad in den
Winkel ftellte. Sie zündete am Kienfpan ihre Laterne an und

ging in den Stall zu ihrer Altkuh mit dem Kälbchen, neben welcher jetzt ihr Bett ſtand, damit die Wöchnerin und ihr Junges die Nacht über für alle Fälle eine bereitwillige Bei= ſtandſchaft hätten.

Und eines Abends, als ſie in den Stall kam, ſaß das Schleider=Micherle auf ihrem Bette.

„So!" ſagte ſie, „das iſt ſauber. Was haſt denn Du hier zu ſchaffen?"

„Ich?" meinte das Micherle, „ja weißt, ich ſchau dem Kalbel zu."

„In der ſtockfinſtern Nacht?"

„Hab mir's ja denken können, daß Du mit der Laterne kommen mußt."

„Ich will Dir ſchon leuchten!" ſagte ſie und ergriff den Beſen.

Er kehrte ſich nicht dran, ſondern ſagte: „Kundl, ich will Dich fragen, ob Du mir im nächſt Winterfaſching magſt heiraten helfen?"

„Warum denn nicht? Das Heiraten iſt mir nicht zu= wider."

„Ernſter Weis, Kundl. Meine Vaterleut' ſind nimmer jung, die wollen mir das Heimatel übergeben, und da ſchau ich mir gleich um ein Weiberl dazu. Du gfallſt mir ſchon lang, Kundl — was meinſt?"

Sie that nicht erſt eine Weile ſpröd. „'s wird mir taugen," ſagte ſie, „wenn ich ein eigenes Ort (einen eigenen Platz) krieg'. Wirthſchaften hilf ich Dir ſchon."

Es war ſo viel als abgemacht, da rückte das Micherle mit einem Bündelchen hervor. In einem weißen Sacktuch hatte er etliche Aepfel und Birnen: „Die hab ich für Dich mitbracht, Dirndl."

„Sind aber das schöne Butteräpfel! Ja, ich sag: Vergelt's Gott! — Narrisch, was Du für ein saubers Sacktüchel
da hast! Du Micherle, jetzt möcht ich aber schon wissen, wo
hast Du das Sacktüchel her?"

„Ich? Das Tüchel da? Wo ich's her hab'?" Er stand
auf, „das Tüchel hab' ich einmal gefunden. Aber nn muß
ich schon schauen, daß ich die Zeit nicht verpaß'! Meiner
greint so viel, wenn ich ein Bissel spat heimkomm'. Greint
so viel — will's nit leiden. Gute Nacht!"

Und fort war er. Das Tüchel hatte er an sich gerissen,
die Aepfel und Birnen waren zum großen Theil über's Bett
hinausgeflogen — die Kundl bückte sich nicht darnach. Sie
war völlig zu Tod erschrocken. Sie hatte ihr weißes Sacktuch
erkannt, welches ihr am Kirchweihsonntag zu Marein mitsammt ihrem Leihkaufgeld abhanden gekommen war.

Die ganze Nacht that sie kein Auge zu. Sie konnte es
nicht glauben!

Am Kathreins-Tag sah sie das Micherle wieder auf dem
Kirchplatz; der Zwerg suchte sich rasch unter den Leuten zu
verlieren, als er das Mädchen auf sich zukommen sah. Kam
aber nicht mehr aus. — „Du, Micherl," sagte sie, als sie
mit ihm in einem Winkel der Kirchhofsmauer stand, „ich hab'
was zu reden mit Dir. Hörst, Micherl, Du giebst mir mein
Tüchel und mein Geld zurück!"

Flucht war unmöglich, so zog er das Sacktuch — wie es
eben war — hervor, hielt ihr's hin und murmelte: „Das
Geld hab' ich nimmer."

„Von Dir hätt' ich so was nicht vermeint, Michel!"

Er hielt seinen Arm über das Gesicht und schluchzte.
„Wirst glauben," stotterte er, „daß ich Dir's hätt' gestohlen.
Aufrichtig Gott wahr, nicht! Nur daß ich's vom Erdboden

aufgehoben und in den Sack gesteckt hab', weil's sonst leicht von den Leuten vertreten oder gar mitgenommen worden wär'. Hätt' Dir's ja wieder zurückgegeben."

„Und hast es gewußt, daß es mir gehört und ist ver= kündet worden auf dem Platz! Du Michel, wenn Du mir bis zum Advent=Frau'ntag mein Geld nicht bringst, so geh' ich's dem Gemeindevorstand sagen. Und jetzt scher' Dich weg, Du schlechter Lump!"

Er hub sich weg und grollte mit sich selber: „Na, daß ich mich mit diesem verdangelten Tüchel so hab' vergessen! Daß ich ihr's just unter die Nasen muß halten, letzt im Stall. Das ist eine Dummheit gewesen! Jetzt ist die Schmier fertig. Verfluchtlet!" —

So hat sich's zugetragen und nun wollen wir sehen, ob das Schleider=Micherle bis zum Frauentage im Advent seine Schuldigkeit thun wird.

Am Sanct Andrä=Tag kam der Fleischhauer um's Kalb. Es war noch so ziemlich gediehen und die Kundl bekam zwei Zwanziger Tütelgeld. Dabei griff ihr der Fleischhauer an's Kinn und schaute ihr keck in die Augen, und der große Treib= hund sprang ihr lustig an die Brust, daß sie schier an die Wand taumelte. Das gehetzte Kalb röhrte noch lange nach seiner Pflegerin zurück. Das stieß die Kundl an Herz. — Es giebt halt überall so viel Widerwärtigkeiten auf der Welt, aber mir kann's so leicht nicht fehlen, Leut' und Vieh haben mich gern. —

Kundl, Kundl, ich glaub's, die Leut' mögen Dich gern haben — aber Du halt' Dich lieber an's Vieh!

————

Geheimniſſe der Winternächte.

Am Morgen des heiligen Nikolaus war's, als ſich die
Kundl ankleiden wollte, und nicht in die Schuhe konnte. Ein
Apfel und etliche Nüſſe waren drin, und ganz im letzten
Winkel, dort, wo ſonſt nur die große Zehe ihr Neſt hat, ſtak
ein lebzelten' Kind. Der alte ſtocktaube und halblahme Ein-
leger hatte ſich ſpät Abends vorher im Stalle zu ſchaffen
gemacht, ſollte der ihr die Huldigung gebracht haben? Da
war es — mein Eid — ſchier noch wahrſcheinlicher, der
heilige Biſchof Nikolaus ſelber hätte es gethan, der ja alle
braven Kinder beſchenkt in dieſer Nacht. Wenn ſie, die Kundl,
auch kein Kind mehr iſt, aber brav, kreuzbrav bisher — das
müßte auch ihr Feind ſagen, wenn ſie einen hätte.

Seit dem Kathreinstage freilich war ihr zu Muth, ſie
hätte einen Feind; denn ſeit jenem Tage hatte ſie das
Schleider=Micherle in ihrer Hand — juſt wie man ein Kalb
am Strick hält. — „O, Du mein Gott!" dachte ſich die
Kundl jedesmal vor dem Einſchlafen, „was wird das Micherle
jetzt wieder beten, daß die Kunigunde Pachnerin in dieſer
Nacht verſterben möcht'. Und für übel halten kann ich's ihm
nicht, denn ich hab' ihm's ja geſagt, wenn er mir bis auf
den Advent=Frauentag mein Geld nicht ſchafft, ſo reit' ich
ihn ein. — Will ſchon doch damit warten bis auf Weihnachten, und er ſeinen Jahrlohn kriegt. Mein himmliſcher
Vater, er kriegt aber keinen. Muß bei ſeinen Vaterleuten
daheim ganz umſonſt arbeiten — iſt doch ein armer Narr!"

Und am Advent=Frauentag, als zur ſtockfinſteren, ſchnee-
ſtürmiſchen Morgenſtunde die Leute mit ihren Spanfackeln
und Laternen zuſammenkamen auf dem Kirchplatz und in der
Kirche der Meßner die Kerzen und den Apoſtelleuchter (Kron-

leuchter) anzündete, und auf dem Chore die Instrumente
gestimmt wurden, und als auch die Kundl mit ihrem Wachs=
stock zur Kirche kam, wurde dem Mädchen just wie es durch
die Thür hinein wollte, etwas unter den Arm gesteckt. Ein
längliches Packet in Papier war's, ein Menschenmund flüsterte
drüber her: „Und wenn Du mich henken lass'st, das Geld
kann ich Dir nicht geben, das hab' ich mir dafür gekauft und
jetzt gehört's Dein." Das Micherle war's gewesen. Und die
Kundl mußte während der ganzen Rorate das Packet an
ihrem Leibe verbergen, ohne zu wissen, was drin ist. Der
Andacht war das nicht fördersam.

Kaum war der letzte Orgelton verklungen, so machte sie
sich schon auf den Heimweg und in ihrem kuhwarmen Stalle
war ihr Nöthigstes, daß sie das Packet öffnete.

Für's Erste fiel ihr ein rother Brustfleck in's Auge,
dann eine Pfaid, dann ein Paar wollene Strümpfe, dann eine
schwarze Zipfelmütze, — Jesses, was braucht denn unsereins
die Zipfelmützen — endlich ein gelbangestrichener Taschen=
veitel, noch etwas, ein Würzelchen in einem versilberten
Papier, sah aus wie Seifen, war aber zu settig und ließ
sich anfühlen, wie eine „Dürband=Salben" (Harzsalbe).

Der Kundl wollte sich das Herz in der Brust umdrehen,
als sie die Dinge sah, die sich der arme Bursch' um das
„gefundene" Geld für den Winter gekauft hatte, und die er
nun wieder hergeben mußte. Das Kältenleiden ist hart, wer's
hat probirt. — Zu was er aber nur die Dürbandsalben
braucht? Wird sich doch nichts auskegelt haben! — Eine
Dürband=Salben wird's aber eigentlich nicht sein — dieselbig
schmeckt (riecht) anders. Das ist, wie wenn's von Wachs wär'.
Zum Essen was? 's selb' glaub' ich auch nicht. — Sie schälte
ein wenig vom Silberpapier herab, konnte aber nicht klug

werden an der Sache. — Da hat es das Geld gewiß für
was Unnützes hinausgeworfen. Das Andere soll er Alles
wieder haben, aber das Pechstangel da, oder was es ist, das
kriegt er nicht zurück. Wer weiß, was er damit wollt' anstellen!

Am nächsten Nachmittag, während das übrige Gesinde
im Höllerhofe theils seine Werktagskleider ausbesserte, oder
— war es männlichen Geschlechtes — über den Bänken herum
auf dem Rücken lag und die Arme als Kopfkissen benützte —
ging die Kundl in's Schleider-Häusel und übergab dem Micherle
das Packet: „Da hast Deinen Bettel wieder, ich brauch' ihn
nicht!" Und ohne daß sie dem Burschen Zeit ließ, zu fragen,
ob sie ihn denn doch anzeigen wolle, oder ihm die Schuld
gutwillig borge — war sie wieder davon.

Am Thomasmorgen gab's großen Lärm im Dorfe. Beim
Thorscheidel war in der Nacht eingebrochen worden. Man
hatte die Kleider aus den Kästen, den Flachs aus den Truhen,
das Schmalz aus den Kübeln geraubt, ohne daß im Hause
auch nur ein einziger Mensch erwacht wäre. Die Räuber
hatten sicherlich Finger von kleinen Kindern bei sich gehabt,
und solche wie Kerzen angezündet. Und so lange solche Finger
brennen, kann in demselbigen Hause Niemand aufwachen.
Auch Kerzen von Menschenfett leisten die gleichen Dienste.
Erst auf der Flucht durch das Dorf, von den Hunden aus-
gehetzt, wurden die Diebe erwischt. Sie hatten geschwärzte
Gesichter — waren eines Kohlenbrenners Söhne, die schon
mehrmals als Wildschützen abgestraft wurden.

Als Kundl der Leute Reden hörte über die Diebskerzen
aus Menschenfett, da wurde ihr plötzlich klar, was das pechige
Ding im Silberpapier war: sicherlich nichts anders, als auch
so ein verhextes Lichtzeug. O Micherle, Micherle!

An demselbigen Freitag verrichtete die Kundl ihre Advent=
beicht'. Als sie der Priester fragte, ob sie thäte lieben? ant=
wortete sie: Ja, sie meine halt, den Nächsten. Und er fragte,
ob sie außerdem irgendwen ganz absonderlich thäte lieben?
Sie antwortete, das könne sie im Augenblick nicht sagen, aber
wenn sie dergleichen in sich wahrnehme, so wolle sie schon
wieder fleißig beichten kommen.

Darauf, am heiligen Abend, war das Beichten schier
wieder nöthig geworden. Der Schulmeisterssohn war aus
Graz zurückgekommen, um sich die Feiertage über daheim des
Lebens zu freuen.

Die Kundl stand mit dem Zuber am halbverfrornen
Dorfbrunnen, um Wasser zu holen. Da trat der Student
hinzu und sagte: „Wart', mein Schatz, ich schlag' Dir die
Eiszapfen weg," und brach mit dem Stocke die Wasserröhre
frei, daß es klirrte.

Dann trat er ganz an sie heran und nestelte ihr am
Halse was fest. Sie wollte es wehren, aber dachte, so einen
Herrn, der leicht geistlich wird, darf Eins nicht grob anfahren.
Und ließ es geschehen.

Dann sagte der Schulmeisterssohn: „Bist noch beim
Höllerbauer im Stall?"

„Ja freilich."

„Wo schlafst denn?"

„Wo werd' ich denn schlafen! Auf der untenaufern
Seiten."

„Daß Dich nicht friert!"

„Bei Leib', im Stall ist's nicht kalt."

„Kundl, ich habe oft gehört, in der Christnacht thäten
die Vieher reden. Ist das wohl wahr?"

„Freilich."

„So möchte ich mich doch einmal überzeugen. Gelt, Herz, Du läßt mich heute nach der Mette in den Stall, daß ich horchen kann!"

„Freilich," flüsterte sie wieder und eilte mit dem gefüllten Zuber davon.

Der junge Herr blickte ihr nach und schnalzte mit der Zunge.

In den Stall gekommen, war ihr Erstes, zu sehen, was ihr nur der freundliche Student an den Hals gethan hatte. Je — Jerum! eine guldene Brustnadel, wie's die Frau Wirthin an Festtagen trägt. Und an den Scheibenknopf ist ein rothes Röslein gemalt. Das ist allzuviel, das darf sie nicht behalten. Da thät' sie ja so viel hochmüthig werden; sie will's deshalb ganz inwendig tragen. Aber, wenn sie's inwendig trägt — was sehen denn die Leute davon? — Und an dem selbigen heiligen Abende war ihr zu Muth', als sollte sie der Verabredung gemäß wieder zum Beichtstuhl gehen. — Nu, Kundl, verschieben wir's bis auf morgen.

Als es finster wurde, und der Höllerbauer und der Jungknecht in den Stall kamen, um nach heiligem Branch mit geweihtem Rauch das Vieh auszuräuchern und mit geweihtem Wasser Wände und Krippen zu besprengen, sprengte der Jung= knecht mit besonderer Andacht dreimal auf das Bett der Kundl. Das verdroß sie: „Du, behalt' das Wasser lieber für Dein Nest!" Da kam erst der Bauer mit dem Rauchfaß über ihr Bett — dem durfte sie freilich nichts entgegen reden, ja mußte noch das übliche Vergeltsgott sagen.

Während in der Nacht die meisten anderen Bewohner des Höllerhofes zur Christmette gingen, blieb die Kundl als Hüterin daheim in ihrem Stall. Die Kühe wiederkauten ihr Abendmahl und sie betete den Rosenkranz. Und sagte zu sich

selber: „So ein Rauchen und Sprengen ist Alles für die
Katz. Da sitz' ich auf dem eingesegneten Bett und hab' nicht
um einen Groschen eine Andacht. Der Schulmeisterssohn
sitzt jetzt in der Kirchen und wird fleißig beten. In der
Religion muß er rechtschaffen fest sein, weil er noch beim alten
Glauben ist, daß in der Christnacht die Vieher thäten reden.
Ich selber hätt' hell drauf vergessen und mag auch gar nicht
dran denken, sonst kommt mir der Grugl (Gräuel). Wenn
er nur schon da wär'; heut' dauert die Metten ein' ewige
Zeit. Jetzt läuten sie erst zur Wandlung "

Eine der Kühe schnaufte. Der Kundl fuhr es heiß und
kalt über den Rücken. — „Sie heben schon an; na, wenn er
nur schon da wär'!"

Du sollst die Thür' zusperren! rief es im Stalle. Kein
Vieh rief es, ihr Leute, sondern das Gewissen des Mädchens.

Und als die Zeit nahte und die Mette zu Ende war,
da ging die Kundl, und hing die Thür' von innen mit der
Sperrkette zu. Und nachdem die heimkehrenden Leute im Hofe
zur Ruh' gekommen waren und ringsum stille, tiefe Nacht
herrschte, da rührte sich die Holzklinke an der Stallthür'. Die
Kundl verhielt sich still. Es klopfte draußen, es flüsterte.
Der Kundl war heiß in der Brust, aber sie öffnete nicht.

Mit verfrorenen Fingern mußte der Student von dannen
ziehen, ohne in dieser wundersamen Nacht die Thiere sprechen
gehört zu haben.

Und die Kundl schlief ein und träumte von der redenden
Kuh und von der guldenen Busennadel, und auch vom Lichtzeug aus Menschenfett, so sie immer noch liegen hatte in
ihrer Truhe.

Schlaf' wohl, Kunigunde! Das Lichtzeug wird Dich nicht
brennen, die Nadel wird Dich nicht stechen, und die Kuh

kann Dir heute nichts Uebles nachreden, Gott sei Dank! — Aber, das sage ich: wenn es mit Dir so weiter geht auch im nächsten Jahr', dann wird es schwer für den Erzähler....

Im Stalle wird ein Kreuz gemacht.

„Das neue Jahr hebt schon gut an," sagte die Kundl auf ihrem Krankenbette. Warum auch muß sie sich mit so hohen Herren einlassen, jetzt ist sie zum Falle gekommen. Am Vorabende der heiligen drei Könige war's, als sie auf den Melkstuhl stieg, um an den Querpfosten der Thür die heiligen drei Könige C † M † B † zu zeichnen. Aber noch war das dritte Kreuz nicht gezogen, so schwankte der einfüßige Melkstuhl, die Kundl stürzte zu Boden und verletzte sich den Fuß derart, daß sie in's Bett ging. Da lag sie und commandirte die Weidmagd, welche statt ihrer die Kühe verpflegen und melken mußte. Die längste Zeit war sie mit dem lieben Vieh allein im Stalle, sie sprach zu demselben über Eins um's Andere, sie sang ihm auch oftmals was vor, und sie betete für sich, daß der Höllerbauer ob ihrer Bettlägerigkeit doch nicht ungeduldig werden möchte.

Der wurde es auch nicht, sondern schickte ihr die Schmier= traudl zu. Die Schmiertraudl — über die bitte ich wohl keine Späße zu machen — sie ist ein weitberühmter Doctor der Medicin. Nicht als ob sie drauf studirt hätte, das könnte Jeder, sogar der Arzt in Lahndorf ist auf einer „Studirschul" gewesen, wie ihm böswillige Leute nachsagen. Nein, die Schmiertraudl hat's von ihrer Mutter, der nun gottseligen Salbenthres, und ihre Mutter, die soll einst dadurch, daß sie

sieben Jahre lang keinen Traum aussagte, eine arme Seel'
erlöst haben, und darauf soll sie sich eine beliebige Gnade
ausbitten haben können, und da soll sie sich die Gnade aus-
gebeten haben, mit einer grünen Salbe alle Gebrechen der
Menschen und Thiere zu curiren. Hat hernach auch Alle curirt,
die das Vertrauen zu ihr gehabt hatten; und die Anderen
hatten eben zu ihr das Vertrauen nicht gehabt. Ihre Tochter,
die Schmiertraudl, hat viel herumgeschmiert auf den Gebrechen
der Leute und — wie es heißt — Manchen angeschmiert.
So war das Vertrauen nimmer da und so konnte die Traudl
nimmer helfen.

Auch Kundl's Fuß schwoll immer mehr auf, je dicker sie
die Salbe strich. Um sich im Bette die Zeit zu vertreiben,
ließ sie sich ihre große blumige Papierschachtel auf die Decke
stellen und ergötzte sich an der Musterung ihres Reichthums.
Wie es in dem Schatzkästlein einer Dorfmagd aussieht? Sie
läßt' Niemand gern hineinschauen, ihr Schatz ist zwar nicht
leicht zu stehlen, aber er ist zu entheiligen durch Blick und
Wort. Schöne, fromme Sachen sind da: ein Amulet und eine
Rosenkranzschnur von der Mutter; das Amulet ist ein im
Viereck zusammengefaltetes Leinwandbild, auf welchem in
bunten Farben die hilfreichsten Heiligen des Himmels stehen.
Die Sach' ist hoch geweiht! Die Kundl hält das in Ehren,
sie meint, der Weihe wegen, wird sich kaum bewußt, daß ihr
dieses Stück verschliffener Leinwand nur als Andenken an die
Mutter so heilig ist. Bauersleute hängen eben all ihr besseres
Fühlen und Sinnen und Ahnen, es mag oft noch so irdisch
sein, an den Cultus ihrer Religion. — Ferner besitzt die Kundl
in ihrem Schatzkästlein allerlei Gebänder und verblaßte Rosen
aus Papier. Die Mutter ist einmal jung gewesen und hat
solche Zier getragen auf ihrem lebensfreudigen Leibe. Zwischen

den Reien liegt eine schwarze Kerze, die hat die Mutter in
der Hand gehalten, als sie starb. Daneben, gut verwickelt,
sind etliche Goldstücke vom Vater, dem Edelmeister drüben in
Rannenbach. Ferner sind da zierliche Goldringlein mit ein-
gelegten Rubinen, die nur so lange echt sind, als sie in dieser
Schachtel liegen; zeigt sie fremder Leute Augen, und auf der
Stelle sind sie Tand aus Messing und rothem Glase. Verschiedenerlei Burschensachen, als Herzen und Reiter aus Lebzelten, und Anderes, was man so giebt, wenn man mit „Einer
anbandeln" will. Und da. — Und als die Kundl in ihrem
Herumkramen auch an das Dingelchen kam, das in Silberpapier gewunden war, und das sie vom Micherle hatte, fiel
es ihr ein: leicht hilft das für den bösen Fuß! Im Grunde
glaubt sie's doch nicht, daß das Schneider Micherle so schlecht
sein könne und dieses Ding ein verderbtes Zeugzeug wäre zum
Häuserausrauben. Sie läßt's nicht gelten, daß eine Wunder-
kraft drinnen steckt — so kann es doch etwan den Fuß
heilen.

Mit vieler Mühe strich sie das zähe Stängelchen auf
ein Pflaster und legte es auf den schmerzhaften Fuß.

Es kamen mancherlei Leute in den Stall, um sie in
ihrer Krankheit zu besuchen; die Weiber wußten allerlei
guten Rath, die Männer wußten gar nichts, sondern trachteten
ihr nur die Zeit zu vertreiben. Sie bedankte sich schön für
den guten Willen.

Eines Tages schlich auch das Schneider Micherle zur
Thür herein.

„Ich thät' Dich halt auch gern einmal heimsuchen,
Kundl," redete er sie an.

Sie gab ihm keine Antwort.

„Kann ich Dir was helfen Kundl?"

„Nicht vonnöthen, helf' mir schon selber," gab sie zurück. „Aber — weil Du schon da bist, einen Gefallen kunnst mir thun."

Da huschte er zu ihrem Bette.

„Ein Bissel hinaufsteigen sollst mir da," sagte sie, „thät's gern sehen, daß Du mir das Kreuz machst."

„Das Kreuz machen? ich? ja, wo denn?"

„Auf der Thür dort. Die heiligen drei Könige haben um ein Kreuz zu wenig. Bin zu früh heruntergerumpelt. Da hast die Kreiden, steig auf den Block, aber gieb Achtung!"

Er that, wie sie sagte, zeichnete neben den Balthaser hin ein scharfes, regelrechtes Kreuz. „So!" sagte er hernach und sprang flink auf den Boden herab, „jetzt hat Jeder sein Kreuz, wie's der Brauch ist. Du hast auch eins, Kundl, und — das möcht' ich Dir tragen helfen."

„Du wohl, Du!" spottete sie, „Deine Salben macht mir den Fuß eher schlechter, als besser!"

„Meine Salben? Wie meinst das?"

„So will ich Dir's gleichwohl sagen, daß ich Dein Wachsstangel oder was es ist, auf meinen Fuß gestrichen hab'."

Das Micherle war sehr verwundert. Das Stangel im Silberpapier, das sie ihm nicht zurückgegeben hatte?

„Jesses, Kundl!" versetzte er dann, „wenn Du dasselbig Ding auf Deinen Fuß hast geschmiert, da hast was Sauberes angestellt!" Er hub an zu kichern.

„Was lachst denn?" fragte sie.

„Jetzt kriegst Haar, Kundl," sagte er und das fruchtlos verhaltene Lachen schüttelte das ganze Micherle, „jetzt kriegst einen Bart auf dem Fuß. Dieselbige Salben" — er war vor Lachen nicht im Stande, weiterzusprechen.

„Wird doch heilig kein verhextes Zeug sein!" rief das Mädchen aufgeregt.

„Ja freilich wohl, freilich," gröhlte das Micherle, „dasselbig Stückel ist —"

„Jesus Maria!" schrie die Kundl, richtete sich auf und starrte dem Burschen in's Gesicht, „jetzt auf der Stell sag's, was Du für Schlechtigkeiten hast! Ist's leicht doch eine Rauberkerzen?!"

„Hi hi, dasselbig Stückel ist eine Bartwuchspomade. Auf dem Mareiner Kirchtag hab' ich's kauft."

In dem Mädchen gingen verschiedene Dinge vor. Zuerst war sie froh, daß dieses silberige Würzelchen so harmlos war. Dann war sie erbost über ihre eigene Täuschung und Lächerlichkeit, und endlich hub sie an und höhnte den Burschen. Das Micherle war ganz weinerlich und lächerlich. Er bat die Kundl, daß sie es ihm nicht für Uebel halten möge, sie allein wäre die Ursache, wesweg er gerne einen Bart hätte. Er wüßte, die Mädel hätten nichts lieber als so was. Aber ihm wolle halt nichts wachsen, er könne selber nicht dafür. Und so habe er's mit der Pomade probiren wollen.

„Und hat sie nicht geholfen?"

„Wie kann's mir denn helfen, wenn's auf Deinem Fuß pickt! — Daß ich's behalten hätt', das hat mir das Gewissen nicht zugelassen, weil's — weil's von Deinem Geld ist."

Die Kundl besann sich. „Weißt, Micherle," sagte sie dann, „jetzt weil die Salben schon einmal auf meinem Fuß ist, so soll sie im Gottsnamen drauf bleiben."

„Na, wenn Du vermeinst! Aber, wenn man's bedenkt, der Bart, was hilft er Dir denn auf dem Fuß?"

„Du bist so viel närrisch, Micherle. Die Salben magst aufstreichen, wo Du willst — kein Haargrandl wachst Dir

desweg, geschweigens ein ganzer Schnauzbart. Da thät' ich
ein ganz anders Mittel wissen!"

„Ich auch," sagte der Bursche, „alleweil hab' ich's
gehört sagen: vom Busserlgeben wachst der Bart. Meinst,
Kundl, sollt' ich das Mittel probiren!"

Probiren kann man's ja; hilft's nicht, so schad't's nicht.
— Gesagt ist das nicht worden, vielleicht gedacht. In solchen
Dingen darf man das Aeußerste nie klarstellen. Authentisch
ist nur das hier oben angeführte Gespräch zwischen beiden
Leutchen, welches halb im Spaß halb im Ernst am 12. Januar
1878 Abends in dem Stalle des Höllerbauern geführt wurde.
Junge Bauersleute sind so viel eigen, man kennt sich bei
ihnen nicht aus, sie trotzen sich und narren sich, und haben
es doch unter Einem Hütel!

Des Weiteren ist von diesem 12. nur noch zu berichten,
daß plötzlich die Stallthür aufging und vor dem Krankenbette
der Höllerbauer stand.

„So!" sagte er, „ist das ein Kranksein? Du legst Dir
saubere Umschläge auf, Kundl! 's wird schon helfen, ei ja!
und ich verhoff', daß in'n paar Tagen Dein Fuß so weit
gesund sein wird, daß Du um ein Häusel weiter gehen kannst.
Ich hab' Dir lang' zugeschaut, wie Du mit den Mannsbildern
herumgalsterst (schäkerst), aber jetzt ist's mir zu viel. Thuts
Euch nit weiter geniren, ich geh schon wieder."

Und er ging. Die Leutchen blieben zurück und schauten
sich an.

„Ich bin's Schuld," sagte endlich das Micherle, „so
packst jetzt zusamm' und gehst in mein Häusel."

„Was bild'st Dir denn ein?" rief die Kundl, „so weit
sind wir zwei noch lang nicht. Ich brauch' den Höllerbauer
nicht und brauch' Dich nicht. Das wär'!"

3*

Und als sie allein war, die arme Dirne mit ihrem kranken Fuß, der sie festhielt an der Stelle, wo sie seit Kind auf gelebt und nun so plötzlich fremd geworden war, da weinte sie. Nicht so sehr, weil sie fort sollte und ihr Brot wo anders suchen, als vielmehr, weil sie der Höllerbauer, ihr Ziehvater, für schlecht und undankbar hielt. — Sie war's vielleicht, vielleicht auch nicht, sie war sich so viel unklar. — „An Allem Ursache ist doch diese verschwefelte Schnauzbartsalben."

In derselbigen Nacht hatte sie Fieber. Und am Morgen, als die Weidmagd kam, um die Kühe zu melken, war das Bett der Kundl leer. Leer und auch gar nicht mehr warm.

Gleich war's bekannt im ganzen Hause, die Kundl wäre durchgegangen. Der Höllerbauer zuckte die Achseln: er gehe ihr nicht nach. Sie hat sich doch nur verstellt, um nicht arbeiten zu müssen. Wer einen kranken Fuß hat, der kann nicht davon= laufen. An diesem Mädel hat man sich sauber geirrt; da hat man sie alleweil für eine Fleißige und Sittsame gehalten und jetzt ist das so Eine!

Seit vierzehn Tagen weiß kein Mensch was von der Kundl.

Eine Veränderung.

Zu Lichtmessen waren in diesem Jahre zwei Feiertage.

Am ersten, so zwischen der Lichten (in der Dämmerung) trat beim Höllerbauer der Essemeister von Rautenbach in die Stube — der Vater von der Kundel. Der wollte nun einmal nachschauen gehen, „was die Dirn macht".

„Bitt gar schön um die Nachthirbi" (Nachtherberge), war sein erstes Wort.

Der Höllerbauer faß am großen Tisch, hatte eben ein geistliches Buch zugeklappt, in welchem er heute zum Fest= tage so lange Erleuchtung gesucht hatte, bis es finster worden war. Auf den Gruß des Eintretenden erwiderte er mit einem unverständlichen Brummer.

Das kam dem Zenz nicht ganz richtig vor, doch trat er zum Tische und hielt dem Bauer die Hand hin. — „Seids halt alleweil fleißig im Guten," sagte er und deutete auf das Buch.

„'s wird wohl auch Noth thun," antwortete der Bauer. Dem Ankömmling wollte er aber gar nicht in's Gesicht schauen.

„Heut' behaltst mich über Nacht, Höllerbauer, gelt?" fragte der Zenz treuherzig.

„Wenn's Dir nicht auch zu schlecht ist bei mir."

„Gar nit, Bauer, bin alleweil noch so viel zufrieden gewesen mit Deinem Haus," sagte der Essemeister und setzte beklommen bei:

„Meine Dirn, wie laßt sie sich jetzt an? Bist doch zufrieden mit ihr?"

Schaute ihm der Bauer in's Gesicht: „Deine Dirn? die Kundl? da mußt schon wo anders anfragen. In meinem Haus wirst sie nit finden."

„Bauer?" sagte der Andere kleinlaut, „Du schreckst mich. Wird sich doch nichts zugetragen haben?"

Der Höllerbauer stand auf und sagte: „Sollst Du richtig noch nichts wissen? Nachher muß ich Dir's gleichwohl sagen, Zenz: Vor vierzehn Tagen ist mir Deine Tochter durch= gegangen."

Der Essemeister haschte auf ihn zu: „Saggra, saggra, Höllerbauer, nu hab' ich schlecht gehört!"

„Sauber durchgegangen und bis auf die heutige Stund nicht mehr fürkommen. Kannst sie selber suchen. Wirst sie hart finden; sie lauft nur den Jungen nach."

Noch ein paar leise Worte wurden gewechselt, da fuhr der Essemeister los: „So hast sie selber versprengt! Und hast Dich seither nicht mehr umgeschaut um das kranke Wesen. Jetzt mitten im strengen Winter! Das ist mir ein sauberer Hausvater. — Du, Bauer, Du hast Dich um mein Kind angenommen, und Dich mach' ich verantwortlich dafür!"

„Freilich, freilich," entgegnete der Höllerbauer, „das ist der Dank! Den Wurm zu füttern, zu fatschen (wickeln) und aufzuziehen, dem Mädel die Arbeit zu lehren und einen christlichen Unterricht zu geben bin ich gut gewesen —"

„Ein schöner christlicher Unterricht, wenn sie, wie Du sagst, den Mannsbildern nachlauft!"

„So, wie Du den Weibsbildern, voreh! Fertig bracht ist so was leicht; dazu laßt sich Keiner lang bitten. Nachher für's Aufziehen steckt er die Brut einem Andern zu und verlangt, daß der Jung' besser soll werden, als wie der Alt'!"

„Besser oder schlechter, darnach frag' ich jetzt nicht, Höllerbauer; ich frag' Dich um Eins: Wo ist mein Kind?!"

„Zenz, vergiß Dich nit!"

„Wo ist mein Kind, Bauer?"

Die Bäurin lief herbei: „Jesses, Ihr werd's doch nit raufen am heiligen Frau'ntag! Der Zenz hat nichts mehr zu suchen in dem Haus, das sag' ich!"

Was blieb dem Essemeister übrig? Davon ging er und hielt den Kopf zwischen den Händen und fluchte.

Zum Pfarrer von Lahndorf ging er und zum Gemeinde-vorstand. Der Erstere versprach, daß es verkündet werden soll auf der Kanzel: Die Kunigunde Pachnerin, Dienstmagd beim Höllerbauern, ist seit zwei Wochen in Verstoß. Wer sie in seinem Hause beherbergt oder sonst wie gesehen hat, der ist verpflichtet, es anzuzeigen. — Der Letztere ordnete an, daß sie gesucht werde.

Das Schleider=Micherle schoß wie sinnlos hin und her. Von ihm wollte es der Höllerbauer wissen, wo sie eigentlich wäre.

„Du Lapp, Du Lappenbauer!" rief der Bursche auf= gebracht, „wenn ich's weiß, wo sie ist, Dir sag' ich's zum letzten. Du hast mir die Liebste versprengt! Zerreißen möcht' ich Dich! Das Haus möcht' ich Dir anzünden! Zerreißen möcht' ich Dich!"

Der Zenz ging von Haus zu Haus und fragte nach seiner Tochter. Die das Lachen verhalten konnten, die ver= hielten es, die Anderen lachten ihm in's Gesicht. Und die gar nicht lachten, thaten ihm noch das Uebelste an, sie sagten: „Ist halt traurig mit so einem Waisel. Wenn der Schnee weggeht, wird sie wohl gefunden werden."

„Selber bringt sich Die nicht um's Leben," sagten wieder Andere, „und wenn sie unterwegs erfroren wär', so müßt man sie gefunden haben. 's hat um die Zeit, wie sie fort ist, nicht geschneit."

Was that das Micherle?

Er kaufte sich bei dem Krämer eine Zündholzschachtel, Feuerstein und Schwamm und ging damit hausiren. Wer Feuerzeug braucht?! — In wenigen Häusern sand er Käufer, in keinem sein Dirndl. Immer weiter und weiter kam er von Lahndorf weg. — Ist mir auch alles eins, wo ich bin, dachte er einmal, heim mag ich eh nimmer, und wenn ich sie nicht find', so mag's sein, daß mich Gott verläßt .... Hunger hab' ich schon, wie ein Wolf.

Und der Zenz ging noch einmal zum Höllerbauer,
bat, daß ihm der Bauer die groben Reden vom Lichtmeßtag
verzeihen möge, er ſei ſo viel im Zorn geweſen. Der Höllerbauer ſei zu der Kundl doch alleweil rechtſchaffen geweſen und
er möge ſie nur wieder aufnehmen, wenn ſie vorkäme. Das
verſprach der Höllerbauer auch, bemerkte aber noch, daß er
des Weitern für die Dirn nicht mehr verantwortlich ſein
wolle. Dann ging der Zenz verzagt wieder ſeinem Rantenbach zu.

In einer Schenke an der Straße (ich ſoll den Bulgar-
namen derſelben nicht nennen) war Tanzmuſik. Dem Eſſemeiſter war nicht um's Tanzen, aber ein Schluckel Wein
wollte ihm geluſten, denn, wenn's zerfahren und bitterbös
hergeht in einem Menſchen, der Wein bleibt halt immer ein
guter Tröſter, wenn er nicht zu ſauer iſt. Aber das Glas
Wein in dieſer Straßenſchenke that ihm nicht gut, denn es
war ihm die Kellnerin nicht recht.

Mitten aus einem Knäuel von lärmenden Burſchen
mußte ſie die Wirthin erſt hervorzetern, bis ſie in den Keller
lief und noch tief geröthet von Tanz und Jux dem neuen
Gaſt die Zeche brachte.

„Potztauſend!“ ſagte der Zenz und ſah ſie an, „da find'
ich ja eine gute Bekannte!“

„Jeſus Maria!“ ſtieß die Kellnerin heraus, „ja na,
ja — wie kommt aber jetzt der Vater daher?“ Sie wurde
blaß und roth. Er war nur blaß allein.

Als er ſie eine Weile angeſchaut hatte, murmelte er ihr
zu: „Fragen thu' ich, Kundl! Geh' ein Biſſel mit mir hinaus
in den Hof.“

„Zu weg denn?“ ſagte ſie, „was der Vater zu fragen
hat, ich kann ihm vor aller Leut' antworten.“ Aber ſie gingen

doch mitsammen in das Freie. In der Holzlege standen sie und das Mädchen weinte.

Wie sie hierher gekommen mit dem kranken Fuß? — Als sie der Höllerbauer fortgewiesen hatte, da konnte sie nicht mehr liegen bleiben unter seinem Dach. Sie lag auf dem Bett, wie der heilige Laurentius auf dem glühenden Rost. In der finsteren Nacht stand sie auf, schleppte sich zur Straße hinab und bat den ersten Fuhrmann, der daher kam, sie mitzunehmen um Gotteswillen. Dieser erste Fuhrmann war der Wirth von unserer Straßenschenke; der führte die Kundl in sein Haus und als nach einigen Tagen der wunde Fuß insoweit geheilt war, ließ sie sich als Kellnerin brauchen.

Den Wirthsleuten mochte jetzt für die Faschingszeit eine so saubere, kernfrische Kellnerin rechtschaffen gelegen kommen, wie sie's thatsächlich nach wenigen Tagen schon merkten, daß die Zahl der Gäste zunahm. Und lauter Mannsleute, die länger sitzen blieben und was ausließen. Und die neue Kellnerin war nicht spröde und schenkte Jedem ein, so viel er haben wollte.

Als sie nun all Das dem Zenz, theils erzählte, theils ihn errathen ließ, wurden sie von einem übermüthigen Burschen in Hemdärmeln unterbrochen. Er suchte die Kellnerin, schlang keck seinen Arm um ihr Köpfchen und rieb ihr den Schnurr= bart in die Wangen. Sie versetzte ihm mit der Hand einen Backenstreich, da brüllte er ihr ein derbes Kosewort zu und wollte noch kecker werden, bis ihn der Zenz zurückstieß.

Der Bursche begehrte auf, es kamen auch Andere aus der Zechstube. Was sich der Fremde einzumischen habe?! Es kam zu einem Handgemenge, und wenn Bauern raufen, da krachen alle Balken und Pfosten und alle Knochen ringsum. Die Kundl kreischte um Hilfe. Da stand schon der Wirth, schob die Streitenden auseinander, ging den Eſſemeiſter an: was ihn die Kellnerin angehe?

„Sie geht mit mir!" rief er, „auf der Stell' verläßt ſie den Dienſt!"

„Was Du mit ihr zu ſchaffen haſt, will ich wiſſen!" drauf der Wirth.

„Das weiß ſchon ſie ſelber! Dirn, Du gehſt mit mir zum Höllerbauer z' Lahndorf!"

„Iſt recht, ich geh', Vater," ſagte ſie. „Aber zum Höller= bauer bringt Ihr mich nicht mit vier Röſſer hin!"

„Recht haſt! g'ſcheit iſt's!" ſchrien die Burſchen.

„Und bei Euch bleib ich auch nicht!"

„Zum Höllerbauer gehörſt hin, Du Zerggdirn (Vaga= bundin)!" rief der Eſſemeiſter.

„Wer mich einmal davonjagt, zu dem geh' ich nicht mehr, mein Lebtag nicht!"

„Zuweg hat er Dich denn davonjagt?"

„Das braucht Keiner zu wiſſen.

„Der Vater auch nicht?"

„Auf dem Platz nicht. Ich bin für mich ſelber —"

„Du biſt eine Männerjagerin, eine ſpottſchlechte!" ſchrie der Zenz.

„Wer?" ſchrie die Kundl noch lauter, „jetzt ſind wir fertig! Wenn der bluteigen' Vater ſelber dem Kind die Ehr' abſchneidet, nachher darf man's Andern nicht übel halten! Behüt' Euch Gott allmiteinander, mich ſeht's nimmer!"

Sie eilte davon und in die Hinterkammer, wo ihre Kleidertruhe ſtand. Den Riegel ſtieß ſie vor die Thür, daß es krachte.

Die Burſchen tanzten, tranken und ſangen funkelnagel= neue Spottlieder auf die „Männerjagerin".

Sie blieb lange aus, und als es dem Essemeister von Rantenbach zu lang wurde, pochte er an die Thür und sagte gute Worte hinein. Als diese nichts halfen, kam ihm wieder sein Zorn; mit einem Fußtritt stieß er die Thür auf. Die Kammer war leer, das Fenster offen. —

Das war Sonntag, am 10. Februar.

Gendarmen, die durch die Gegend gehen, haben Auftrag, auch nach einem Mädel Umfrage zu halten — es ist achtzehn Jahre alt, hat eine schlanke Gestalt, nußbraune Haare, schwarze Augen, proportionirte Nase, detto Mund; als besonderes Kennzeichen: ein flachsfarbiges Haarsträhnchen an der linken Stirnseite.

Die Gendarmen lassen sich's angelegen sein, aber bisher —?

Gar zu bedauern ist der Essemeister. Er ist ganz trostlos. Er selber, sagt er, habe sie verscheucht, in's Elend, vielleicht in den Tod gejagt.

Kundl, jetzt ist noch nicht einmal das halbe Jahr aus und eine solche Veränderung! — —

———

Eine noch größere Veränderung.

Am 3. März lief ein etwas verwahrlostes Briefchen im Lahndorfer Gemeindeamte ein, folgenden Inhaltes:

„Weill es der her Haben will zu Melden: um die Kundigunda Pachnerin sul er Sich nit weiter kümern, sie if auf Graz gereist."

Nichts Weiteres und auch keine Unterschrift.

Also mit der Dorfschönen wäre es vorbei, und mit der Stadtschönen mögen wir uns nicht einlassen. Das wird schon

der ſeine Schulmeistersſohn thun. Es iſt kein Verlaß auf
ſolche Leute, mitten in der ſchönſten Geſchichte reißen ſie aus
und bringen den Berichterſtatter in Verlegenheit. Wäre von=
nöthen, er finge an zu dichten. Ich aber bin kein Solcher!
Nicht ein Itüpfelchen mache ich, das ich nicht verbürgen kann.
— Und ſo kommt es mir wahrlich ſehr gelegen, als ſie eines
Tages, es war am Vorabende des Joſefiſeſtes, zu Lahndorf
daher trottet.

Ein durchtriebenes Weibsbild, dieſe Kundl! Wie ſie
ihrem Vater damals aus der Schenke davongelaufen iſt, das
wiſſen wir. Da floh ſie nun auf Umwegen der Reichsſtraße
zu; ihr Fuß ſchien ſich durch die Schnauzbartſalbe des Schleider=
Micherle gar ſehr gekräftigt zu haben. In einem Hanſe nun,
wo ſie um einen Löffel warmer Suppe zuſprach, ſoll ſie ihren
Steckbrief geſehen haben. Sie war gar nicht einmal erboſt
darüber, denn ſchöne Dirndln haben es immer gern, wenn
man ſie beſchreibt. Aber, um die Nachſtellungen irre zu
leiten, ſpielte ſie den Streich und ſchrieb, daß die Kunigunde
nach Graz gezogen ſei, während ſie in Wahrheit gerade den
entgegengeſetzten Weg einſchlug.

Es ging ihr aber nicht am beſten und da geſchah ihr
ganz recht. Schon am zweiten Tage überraſchte ſie der Abend
mitten in einem Walde, und ſie mußte froh ſein, daß ſie eine
Kohlenbrennerhütte ſand, die wohl auf das Nothdürftigſte
eingerichtet, doch ohne jeglichen Kohlenbrenner war.

Sie legte ihr Bündel ab, ſchlug die Schneeballen von
den Schuhabſätzen und wollte auf dem Herde Feuer machen,
um ſich zu erwärmen. Holz war zur Genüge da, aber woher
ein Zündhölzchen, einen Feuerſtein nehmen? Vergeblich ſuchte
ſie im Finſtern nach Brennzeug, dann hauchte ſie ſich in die
Fäuſte, um die erſtarrenden Finger zu erwärmen und trippelte

rath= und thatlos in der Klause herum. Aber das sagte sie
sich: wenn's mir noch so schlecht geht und ich verhungern und
verfrieren muß, zum Höllerbauer geh' ich nicht mehr zurück.
Ich vergunn's ihm und dem Andern vergunn' ich's auch, wenn
sie mich maustodt finden — keine gute Stund' sollen sie
mehr haben!

Draußen im Schnee knarrten Schritte. Ihr erster Ge=
danke war, daß sie sich ganz ruhig verhalte oder gar ent=
schlüpfe, sie war ja ein Flüchtling. Aber in ihrem trostlosen
Zustande sehnte sie sich zu sehr nach einem menschlichen Wesen
und selbst wenn's ein Gendarm wäre. Vielleicht ist's doch nur
ein Dieb, ein Räuber — wenn er nur Feuer hat. Sie
polterte also absichtlich laut herum, und als der Vorüber=
gehende draußen hörte, es wäre Jemand in der Hütte, rief
er laut:

„Braucht's Schwefelhölzel? gutes Feuerzeug!"

Der Kundl drang schon beim bloßen Wort vom Feuer
ein heißer Stich in's Herz. Es ist hell wie ein Roman: sie
erkannte die Stimme des Schleider=Micherle.

Sie that aber stolz. Mit verstelltem Tone verlangte sie
Feuerzeug. Er wickelte ein paar Schächtelchen Schwefelhölzer
hervor und sagte, daß er kein Geld dafür nehme, daß er aber
bitte, über die Nacht in der Hütte bleiben zu dürfen, weil es
unmöglich wäre, in der finsteren Nacht eine andere Menschen=
wohnung zu finden.

Da sagte die Kundl nichts darauf, sondern dachte: Zum
Teixel, wenn das nit ein angespielter Handel ist!

Das Micherle hob ein Bein auf, fuhr sich mit einem
Hölzchen über das Hintertheil — Feuer gab's — Licht
war's.

Und er sah die Kundl vor sich stehen.

Da stand er starr und glotzte sie an, derentwillen er zum Hausirer geworden, um sie zu finden. Das Zünd-hölzchen mußte erst die Finger brennen, daß er wieder zu sich kam.

Und so waren sie nun beisammen. Auf dem Herde brannte bald ein prächtiges Feuer. Aber mit dem Nachtmahl sah's schlecht aus. Sie zerstreuten den Hunger auf andere Weise. Sie machten sich Vorwürfe.

„Du bist dran schuldig, daß ich jetzt da sitz'," sagte sie.

„Du bist davon gegangen," bemerkte er.

„Und Du bist mir nachgegangen," sagte sie.

„Weil ich's wissen hab' wollen, wie Dir die Bartwuchs-salben angeschlagen hat."

„Thät'st mich balbieren?"

„Ist mir nix um!" — Uneingeweihte werden glauben, das hieße: ist mir nichts drum. Aber im Gegentheile, das Micherle wollte mit den Worten sagen: Meinetwegen, habe nichts dagegen.

Und so huben sie jetzt — nachdem die Wohnung gut geschlossen und durchwärmt war — ein Gespräch an, das meine Leser doch nicht verstünden. Zu verrathen ist nur, daß der Kundl nichts recht war, daß sie Allem widersprach, was das Micherle sagte, bis dieses sich entschloß, gar nichts mehr zu sagen, damit sie ihm nicht mehr widersprechen konnte.

Erst am andern Morgen hub er wieder an: „Und jetzt gehen wir zusammen heirathen."

„Auf den Bettelstab leicht?"

„Nein, auf mein Häusel."

„Wenn Du's Alles so weißt: wer giebt uns denn zusamm?"

„Ich denk' doch, der Pfarrer z' Lahndorf."

„Alser lediger bringst mich nit auf Lahndorf, darauf kannst Dich verlassen."

„Ja, meinst, daß uns im Wald ein Vogel copuliren soll? Sonst wüßt' ich nit, wie."

Sie schlug mit der flachen Hand auf seine Lippen. Endlich einigten sie sich, daß sie zum Pfarrer in Frauenberg gehen wollten, der sei ein rechtschaffen guter Herr, thät' viel so arme Leut' zusamm'geben, leicht auch sie zwei.

Aber beim Pfarrer zu Frauenberg kamen sie schön an. Zuerst war er über alle maßen freundlich und tätschelte die Braut sogar an der Wange; aber als er die Papiere verlangte, und das Micherle ihm zur Antwort gab: Ja, mit Taufschein, Ehecontract und Ehebewilligung sei es keine Kunst zu copuliren, da brauche man nicht erst zum Frauenberger Pfarrer zu gehen — hub der geistliche Herr an, im Hause herumzuklingeln. Das Brautpaar ahnte, was das bedeutete und machte sich aus dem Staube.

Kein Zehrgeld war da. Die Schuhe waren fuchsroth geworden und fortweg klinghart gefroren. Die Zehen ließen nichts mehr von sich wissen. Es gab keinen anderen Ausweg auf der Welt, als die Heimkehr nach Lahndorf.

Die Lahndorfer sahen und redeten das unter so sonderbaren Umständen vermißte und nun wiederkehrende Paar gar seltsam an. Aber die Kundl rief ihnen aus Aerger keck in's Gesicht: „Sie sollten das Maul halten, jetzt sei der Gais gestreut." — Dieser Ausdruck will sagen: jetzt sei der Sache Genüge gethan, und die Leute meinten, das Schleider-Micherle und die Höllerbauer-Kundl seien ein Ehepaar.

An demselben Abende, nachdem das Micherl die Kundl in sein Haus geführt hatte, ging er zum Pfarrer von Lahndorf und aus Angst, daß er aus lauter Ehrfurcht und Befangen-

heit vielleicht nicht einmal ein einzig Wort würde hervorbringen können, wurde er so resolut und laut, daß es fast
grob herauskam.

Er verlangte vom Pfarrer die Vereinigung mit der
Kunigunde Pachnerin.

„Na ja," meinte der Pfarrer, „Zeit ist's, daß Ihr endlich einmal an's Heiraten denkt. Habt es schon eine gute
Weil' getrieben!"

Das Micherle grinste.

„Sag' mir einmal, wie seid denn Ihr zwei bekannt
worden."

„Das sag' ich nur bei der Beicht, hochwürdiger Herr
Pfarrer."

„Ei, ist's denn gleich mit was Unrechtem angegangen?"

„Freilich wohl," lispelte der Bursche mit schalkhafter
Geberde. Wir wissen genau, worin das Unrechte bestand, der
Pfarrer glaubte es nur zu errathen.

Er sagte nun, wenn die Taufscheine und die Bewilligung
der Eltern und des Gerichtes da wären, und vor Allem die
Kundl einverstanden sei, so stünde dem Ding nichts entgegen.

Voll Freude eilte das Micherle in sein Häuschen. Die
Kundl schüttelte vielsagend den Kopf, als er heimkehrte.

„Nichts ist's, wenn man den Kopf beutelt," sagte sie.

„Warum ist nichts?" fragte er erschrocken.

„Weil ich keinen Mann mag, der Tag und Nacht nicht
bei mir ist."

„Kunn't mir einfallen!"

„Der Amtsbot' ist dagewesen hat einen Brief für Dich
bracht. Unsereins darf nichts haben." Sie schluchzte.

Im Briefe stand wohl keine lustige Mär'. Das Micherle
war vorgeladen zur Assentirung.

„Geh! da lach' ich!" rief der Bursche, „mich behalten sie nicht."

Und hierauf sie: „Ich kann's nehmen, wie ich will, so paßt's mir nit. Mag Dich der Kaiser nit, so hab' auch ich kein' Freud' mit Dir. Und mag er Dich, so hab' ich Dich nit."

Das Micherle war durch die Vorladung ohnehin erregt, die herzlosen Worte des Mädchens machten ihn wild.

„Man kennt sich nit aus bei Euch Weibsleuten!" rief er, „ich mag gar Keine!"

Und sprang davon. Aber die Kundl erwischte ihn beim Rockkragen und schrie: „So! verlassen willst mich jetzt!"

Noch an demselben Tage kam der Höllerbauer und redete der Kundl gütig zu, nur wieder in sein Haus zurück= zukehren. Was geschehen, das sei geschehen, sie, die Kundl, sei kein Engel, und er, der Höllerbauer, kein Teufel. Sie solle vergessen und er wolle auch vergessen, dann sei's wieder beim Alten.

„Beim Alten ist's nimmer!" antwortete die Kundl.

So steht's jetzt.

Nicht Soldat und doch in den Krieg.

Noch im vorigen Capitel hatte es das Ansehen, als wäre der Zwiespalt ganz unlösbar.

„Ich kann's nehmen, wie ich will, so paßt's mir nit," hatte die Kundl gesagt; „mag ihn der Kaiser nit, so hab' auch ich kein' Freud mit ihm. Und mag er ihn, so hab' ich ihn nit."

Der Kaiser mochte ihn aber, den Micherle, und die Kundl soll ihn doch behalten dürfen — so erfreulich kann sich's wenden, wenn der Himmel gut aufgelegt ist.

Als das Schleider-Micherle Mitte April zur Stellung ging, da nähte sie ihm einen papiernen Buschen auf den Hut und ein feuerrothes Seidenband, das in zwei Flügeln bis auf die Achseln hinabflatterte. Keiner sonst hatte eine so große Zier, als wie das keine Micherle, obwohl jeder auf dem Hut etwas vom Schatz trug — auch der, welcher gar keinen hatte.

Der Baumlipper-Toni, der hatte noch keinen, weil er so viel blöd war und mächtige Angst kriegte, sobald er einem Dirndl in die Nähe kam. Er wich Jeder aus; und eine alte Muhme war, die sagte ihm immer: „Hast schon Recht, Toni, thu' Dich nur schön eingezogen halten. Kommst nachher in den Himmel, wenn Du stirbst." Der Toni hielt was auf den Himmel und im Grund seines Herzens hätte er eigentlich schon vor dem Sterben in den Himmel kommen mögen. Und für's Leben gern hätte er ein Dirndl gehabt — wenn er nur mit Einer nichts reden dürft'; denn warum? Es fällt ihm nichts ein.

Jetzt aber zur Stellung kaufte er sich einen bunten Strauß mit langen Bändern und gab den anderen Burschen zu verstehen, er hätte ihn von seinem Schatz. — Und glaubte es schließlich selber und war ganz toll vor Freude darüber, daß er einen Schatz habe. Im Bewußtsein seiner doppelten Würde — als Kaiserlicher dort, als Liebhaber hier, sang er mit den Uebrigen:

„Pfiad die Goud, mei liab Dirndl,
Wos sein muaß, muaß sein:
Mei Läibn ghört in Kaisa,
Mei Herzl ghört Dein.

Und mei Herzl, däis los i
Bluadfrisch ba Dir z'Haus,
Sist traf's leicht a Kugl,
Run d'Liab olli aus!"

Der Baumlipper-Toni geht uns weiter nichts an — ſie haben ihn behalten zum Soldaten. Die graue Montour mit dem Stecher an der Seite ſteht ihm einzig gut. Er hat auch ſchon mehr Couraſch. — Nu, vielleicht ſchreibt er einmal.

Es lockt mich, das übermüthige Treiben der Recruten zu ſchildern, aber als ich's in meinem „Hinterſchöpp" that, da iſt manche Leſerin auf mich böſe geworden und von wegen etlichen ſo tollen Burſchenſtreichen verſcherze ich mir die Gunſt der lieben Leſerinnen nicht mehr.

Nur vom hellen Jauchzen will ich bemerken und vom Trutzliederſingen und von den Tropfen, die ſo manchem jungen Kerl im Auge hängen. — Soldatenleben! Der Ruſſ' und der Türk! Die Engländer! und weiß Gott was Alles in den Zeitungen ſteht! Mit Einem plumpſen wir ſchon zu-ſamm' — wird nicht ausbleiben. Und nachher iſt die Patſchen fertig. Keiner ſieht ſein Heimatl wieder! — Alſo nur früher, ſo lang' wir noch da ſind, Alles zuſammreißen: Die Zäune, die Wegſäulen, die Wägen überſtürzen, die Fenſter einſchlagen und was des Spaßes eben mehr iſt.

Ein verfluchtes Volk, das Bauernvolk! — Aber die großen Feldherren draußen verwüſten doch auch die Vater-länder aus lauter Vaterlandsliebe?! — Ja, Bauer, das iſt was Anderes — —

— 's iſt ſchon beſſer, ich bin ſtill davon. Da ſoll ſich Jeder denken, was er will. Ich erzähle von der Aſſentirung: Die Geſunden und Geradegewachſenen haben ſie behalten, die Anderen haben ſie zurückgewieſen. Dieſe Anderen ſollen daheim bleiben und heiraten, daß die ungeradegewachſenen Leut' nicht ausſterben.

Nnn?

Nnn und das Schleider-Micherle?

Ja, über den haben die Herren gesagt: „Er ist nicht groß, gar nicht, daß er groß ist. Aber ein fester Knirpel. Wir wollten ihn schon brauchen! Halt ja, daß wir ihn brauchen wollten. 's ist ein Kernbursch. — Jedoch, wenn er das einzige Kind von ein Paar alten, mühseligen Leuten ist und daheim eine Wirthschaft zu besorgen hat — nachher können wir nichts machen; gar nichts, daß wir machen können. Müssen ihn auslassen, 's ist Schad'!"

So kam er zurück und so hat er's daheim erzählt.

Jetzt hättet ihr die Mädchen von Lahndorf sehen und hören sollen. Zwar man sah und hörte ihnen nichts ab von dem, was sie inwendig — ganz in der letzten Herzkammer drin — dachten. Sie dachten nämlich (aber das kommt nicht auf), sie möchten ihn haben. „Ein fester Knirpel. Wir wollten ihn schon brauchen! Halt ja, daß wir ihn brauchen wollten. 's ist ein Kernbursch'!" haben die Herren gesagt.

Das Schleider-Micherle — in dieser so glücklichen Lebenswendung — ging zu der Kundl in den Stall und sagte: „Kundl, Du hast — weißt wohl! — nie recht genau gewußt, ob Du mich magst oder nicht. Gieb Dir keine Müh' — ich schau mir um Eine, die's besser weiß."

„Hast recht," sagte sie mit derselben Stimme, mit welcher sie anderes Gleichgiltige zu sprechen gewohnt war und hantirte mit der Streugabel herum und schaute ihn gar nicht an.

„So behüt' Dich halt schön Gott, Kundl, und halt mir nichts für Uebel —"

Da fuhr sie, wild wie eine Bestie mit gezückter Stallgabel auf und schrie: „Das Luder, wo ist es denn, das Dich aufreden (abspenstig machen) will? Ich renn' ihr den Dreispitz in die Wampen!"

So roth im Gesicht wie jetzt hatte das Micherle sie noch niemals gesehen.

„Mir scheint," sagte er zu ihr, „jetzt weißt es schon besser — meinetwegen — nu, nachher können wir's ja richtig machen. Am übernächsten Montag kann die Hochzeit sein."

„So, in der Antliswochen?! (Charwoche.) Bist denn ein Heid' worden, seit Dir die Stadtherren so schön than haben?"

„Siehst es, daß Dir um und um nichts recht ist. Wenn ich Dich nehm', so muß es bald sein, da schau ich auf keine Antliswochen. Das Weihfleisch, das möcht' ich schon mit meinem Weibel essen"

„Um's Weihfleisch ist mir wieder gar nichts und bis auf den weißen Sonntag wart' ich gern."

„Ist recht, so soll uns der Pfarrer am Ostertag, am Ostermontag und am weißen Sonntag vom Predigtstuhl herabwerfen (so viel, als das dreimalig Aufgebot machen). Und nachher am weißen Sonntag Nachmittag gehen wir's an."

„Am Sonntag? Meinst ich werd' Dir auf so eine Bettler= hochzeit eingehen?! Eine ordentliche Montagshochzeit muß es sein, wie's der Brauch ist! Das möcht' ich wissen!"

Sie sagte es in so entschiedenem Tone, daß er kleinlaut entgegnete: „Na ja, so wird's halt eine Montagshochzeit sein."

Als er aus dem Stalle ging, stand des Höllerbauers Oberknecht da und sah ihn an und sagte: „Micherl, Du derbarmst mir."

„Wesweg denn?"

„Du derbarmst mir bis in die Seel' hinein."

„Jetzt sag, wie Du's meinst."

„Wenn Du Die nimmst, Micherl, so hast Dein Lebtag keine gute Stund' mehr. Ich sag' Dir, Du kriegst einen Drachen!"

Ohne ein Wort zu erwidern, ging das Micherle davon. Unterwegs dachte er sich: Sein kann's eh. — Aber, ist's mir vorerst recht gewesen, so muß es mir nachher auch recht sein. —

Und am Ostersonntag — schnurgerade auf die Oster= fleischkörbe herab wurden die Beiden als Brautleute verkündet.

Die alten Schleiderleute murmelten in ihre Betschnur hinein: Wenn sie halt für einander geschaffen sind — in Gottsnam'! —

Der kecke Schulmeisterssohn, der für die Feiertage aus der Stadt gekommen war, schmunzelte auf dem Kirchenchor und flüsterte zu dem nebensitzenden Wirthssohn: „So eine grasfrische Dirn da sollten sich die Lahndorfer Junggesellen nicht gleich mir nichts dir nichts wegheiraten lassen!"

„Was kannst denn machen?"

„Schauen, daß was dazwischen kommt."

— — Spitzbub!

Ein lustiger Tag.

Die Hochzeit ist verkündet.

„Ist wieder Eine weniger zum Foppen," sagen die Lahndorfer Burschen.

„Ist wieder Einer weniger zum Hänseln," sagen die Lahndorfer Mädchen.

„Sind wieder um zwei Ehekrüppel mehr," sagen die Lahndorfer Burschen und Mädchen.

„Hm!" sagt der Schulmeisterssohn. Sonst sagt er nichts, er denkt sich seinen Theil.

Am weißen Sonntag Nachmittag war's — und der weiße Sonntag war in diesem Jahre ein grüner Frühlings=

sonntag mit Maienhauch und Blüthenduft, in welchem man
so gerne an's Lieben denkt.

Die Kundl ging den Lahnbach entlang thalaufwärts,
um eine alte Schwester ihres Vaters heimzusuchen und ein
golden Ringlein von ihr zu entlehnen. Arme Brautleute
vermögen es nämlich nicht immer, sich die Trauringe zu
kaufen; sie borgen solche von irgend einem Ehepaare aus;
es handelt sich ja doch nur um das Symbol — wie der
Herr Hochwürdige sagt; nach der Trauung ziehen sie die
Kleinode wieder vom Finger, und ihr Leben wird auch ohne
sichtbares Zeichen ein Doppelring der ewigen Treue.

Als sie so zwischen den junggrünen Weiden hinging und
thatsächlich an's Lieben gedacht haben mochte, stand, wie vom
Himmel niedergeblitzt, der Schulmeisterssohn da.

„Schön Dank, daß mich der Herr so erschreckt hat!"
sagte das Mädchen spöttisch.

„Ist gern geschehen," antwortete der Student. „Wo
gehst denn hin, Kundl?"

„Ich geh' ein wenig aus. Und wo geht der Herr hin?"

„Ich? Nirgends. Maikäfer fangen."

„Ja, Gott sei Dank, solche Vieher giebt's heuer wieder
übrigsgenug."

„Freilich. Und da steht auch so ein lieber Käfer!" Er
griff an ihr Kinn. Sie schlug seine Hand mit der ihrigen
hinweg, so wie man eine zudringliche Fliege abwehrt.

„Ist es denn ernst, Dirndl, daß Du morgen mit dem
Schleider=Zwergel zusammenheiratest?"

„Ah na, das thun wir nur aus Spaß."

„Du glaubst es nicht, Kundl, aber mir thut's leid um
Dich."

„So? Bedank' mich für die Freundschaftlichkeit."

„Kundl, Du hätteſt einen Beſſern kriegt, als dieſen
Keuſchlerbuben.“

„Hab’ aber keinen Beſſern mögen.“

„Wie Du Eine biſt, ſo ſein beieinander und geſtellt auf
und auf: wollteſt nicht lieber eine Stadtfrau ſein?“

„Eine Stadtfrau, das wär mir nicht zuwider!“

„Ein ſeidenes Kleid und ein golden Geſchmeid’, ein
Federbettlein und ein Doctor darein.“

„Kann’s der Herr nicht weiter, das G’ſangel?“ fragte
die Kundl.

„Gefällt’s Dir?“

„Das iſt g’wiß!“

„Schau, ſo kunntſt mich ja gern haben. Ich mach’ Dich
zu einer Frau, wann Du willſt.“

„Iſt gut gemeint. Mir iſt’s allzeit recht.“

„Alſo komm’!“

Klatſch! ſaß ihm eine auf der Wange.

„Was glaubt denn der Herr!“

„Ich laſſ’ mich nicht ſchrecken, ich hab’ Dich zu gern.“

„So keck ſein! Da, wo allerweil Leut’ zu gehen haben.“

„Die Menge Maikäfer ſollteſt Dir einmal ſchwärmen
ſehen da oben beim Apfelbaum.“

„Morgen um die Zeit, hent’ hab’ ich nicht derweil.“

„Es gilt, Kundl. Morgen auf die Nacht bei der Hochzeit,
wenn die Andern alle tanzen, das Micherl torkelt ſchon auch
mit einer Alten um — kommſt Du hinter das Wirthshaus
auf die Kegelbahn hinaus.“

„Morgen auf die Nacht bei der Hochzeit.“

„Ja, bei der Hochzeit.“

„Wenn die Andern alle tanzen.“

„Wohl, Dirndl.“

„Hinter dem Wirthshaus auf der Kegelbahn."

„Es bleibt dabei, Schatz. Jetzt ein Küßchen."

„Morgen ist auch noch ein Tag."

Und wirklich, die Kundl hatte Recht, am andern Morgen war auch noch ein Tag. Und was für Einer! Ihr Ehren- und Hochzeitstag, wo man ihretwegen Musik machte mit den Kircheninstrumenten und Schüsse abfeuerte mit den großen Kirchenböllern, die sonst nur am Ostersonntag und am Frohn- leichnamsfeste krachten. Schier vergaß sie auf das Micherle, ihren Bräutigam, so sehr fühlte sie sich als Festkönigin, im hellrothen Brautkleide, das freilich noch auffallender war, als es ein weißes hätte sein können.

Eine Genossin hatte sie noch gefragt, wesweg' sie denn kein weißes Brautkleid und keinen grünen Kranz trage.

„Ist schon abkommen, tragen sie jetzt nimmer," war der Bescheid und schnell darauf: „Na, was es aber heuer schon viel Schwalben giebt! Alles, wo man hinschaut, ist voll."

Und das Micherle war hergestiefelt! Es sah proper aus. — Ich komme in meinem Leben nicht zu der langen Reihe von Silberknöpfen, welche der Bräutigam über der Brust trug. Möglicherweise wäre diese kostbare Reihe sogar des Micherl's Eigenthum gewesen, wenn sie nicht dem Höllerbauer gehört hätte. Der schwarze „Gehrock", der sonst bei Bräutigamen bis auf die Knie hinabzugehen hat, aber auch nicht weiter, that dem Micherle ein Uebriges und langte ihm bis über die halben Waden; er gehörte dem Spreitzgraber-Sepp. Und so war der auswendige Bräutigam der Kundl von verschiedenen Enden des Dorfes zusammengeliehen, während aber der in- wendige von eilf Uhr zwanzig Minuten Mittags an ihr aus- schließliches Eigenthum geworden. Um diese Zeit sagten sie — das Micherle beherzt, die Kundl schämig — ihr Ja. Mit dem

Bräutigam ſagte auf dem Chor auch ein Anderer Ja — aber
auf ſeine beſondere gute Meinung.

Das Eſſen und Trinken — es war Gottlob gut und
genug — ſei des Weiteren überſprungen. Die Perſon zahlte,
wenn ſie, wie der „Dankſager" kundthat, ein „Mannleut"
war, blos drei Gulden, wenn ſie aber ein „Waibaz" war,
aus Trutz, weil „ſie eh hart b'ranzukriegen," dreihundert
Kreuzer. Darauf beim Tanzen wurde es ſo luſtig, daß eine
Hochzeitsgaſtin bemerkte: „Will mir halt nit gefallen. Luſtige
Hochzeit, traurige Ehe!"

„Du Kindiſch!" rief ein alter Junggeſelle, „wenn's
allerweil luſtig wär', da thät Jeder heiraten. Daß es mit
dem Luſtigen anhebt, das iſt ja der Köder. — Ich nicht, ich."

Wie es um's Finſterwerden geht, ſteht die Kundl von
ihrem Platz auf. Sie denkt an die Kegelbahn. Heute geht's
an alle Neune, das weiß ſie. So zerrt ſie den Bräutigam in
einen Winkel mit und ſagt: „Michel, Du kannſt mir gleich
einen Gefallen thun."

„Nur anſchaffen."

„Draußen auf der Kegelbahn ſoll ſich der Student ver=
ſteckt haben. Geh' mit etlichen Mannern und fang ihn.   So
Leut' wiſſen allerhand ſpaßige Hochzeitſsprüch': möcht' einen
hören."

„Wie weißt denn Du, daß jetzt in der Kegelbahn der
Student verſteckt iſt?" fragt das Micherle ganz vernünftig.

„Weil er mir's ſelber geſagt hat und weil er mich hat
kommen heißen."

Die Männer gingen hinaus. Darauf war in der Laube
der Kegelbahn ein heftiges Gepolter und dann kamen ſie
wieder in's Haus zurück, und das Micherle ſagte: „Der merkt
ſich's! — Und jetzt, Kundl, denk' ich, gehen wir heim."

Sie gingen. Und als sie daheim waren und ihre Trau=
ringe ablegten und alles Erborgte, zog die Kundl ein weißes
Sacktuch hervor, hielt es dem Manne vor die Nase und
sagte: „Kennst es noch, Micherle? Von der Kirchweih her!
Das wirst abbüßen, jetzt hebt die Strafzeit an."

Armes Micherle! In einem Monat fragen wir wieder
nach, wie es Dir geht.

Mit dem Kreuz nach Maria-Zell.

Am Pfingstsamstag gingen die Lahndorfer mit dem „Kreuz"
nach Mariazell. Mit dem Kreuz gehen heißt, mit der Pro=
cession gehen, welcher ja das Kreuz, oft sogar die Fahne vor=
ausgetragen wird. — „Mit einem Kreuz gehen sie aus, mit
einer Fahne kommen sie heim," sagt ein Lahndorfer Ver=
leumder; gut gemeint ist das kaum, Fahn' bedeutet in der
Bauernsprache auch Rausch. Wir wollen nicht weiter darüber
grübeln.

Bei jungverheirateten Leuten in der Lahndorfer Gegend
ist es Brauch, daß sie zur schuldigen Danksagung auch eine
Wallfahrt nach Mariazell machen, wobei — wie der Lahn=
dorfer Verleumder wieder bemerkt — die Weiber fortweg
Tedeum laudamus singen thäten, die Männer aber allerweil
Vaterunser beten, von wegen dem „erlöse uns von dem Uebel".

Es war selbstverständlich, daß sich auch die Kundl mit
dem Micherle der Procession anschloß. Sie hatten beide hübsch
aufgeladen, denn sie schleppten das Wirthshaus mit. Ein paar
Laibe Brot und sogar feineres Backwerk, woran die Kundl
tagelang mit wichtigstem Nachdrucke geschaffen hatte, trugen
sie in ihren Bündeln; und wo sie durstig wurden, da drehte

unser Herrgott stets sein großes Faß auf und sie tran[k]
gutes Quellenwasser.

Allmählich mußten unsere Eheleutchen von der Process[ion]
zurückbleiben. Die Kundl merkte für's Erste, es thäte sie d[er]
Schuh drücken; so zog sie ihn aus und ging auf der linke[n]
Seite barfuß. Fromme Leute stecken auf Wallfahrtswege[n]
bisweilen Sand und Glasscherben in die Schuhe, damit di[e]
Sünden ordentlich zerschunden und zerkratzt und sohin ab-
gebüßt würden; aber die Kundl war so weltlich, daß ihr der
Sand auf der Straße schon nicht taugen wollte. Das Micherle
wäre am liebsten mit einem Besen vor ihr hergegangen und
hätte die Steinchen aus dem Wege gekehrt; zum mindesten
rieth er ihr, sie möge den Strumpf wieder anstreifen, denn
er könne es nicht sehen, wie das arme Füßel leiden müßte.

Da kam er an! „So,“ sagte sie und blieb stehen, „auf
den Strümpfen gehen! Stopfst Du sie mir, wenn sie Löcher
kriegen? Strickst Du mir neue, wenn sie hin sind? Du fragst
nichts darnach, Dir ist nur alleweil um's Verschwenden. Vom
Hausen ist keine Red' bei Dir. Auf den Strümpfen gehen?
Möcht' wissen, wo wir thäten hinkommen!“

„Ich verhoff's, nach Mariazell.“

„Du Micherl!“ drohte die Kundl, „das auf die Red'
aufsitzen vertreib' ich Dir — wirst es schon sehen! Wenn Du
so proper bist, trag' mir meinen Binggel, ist gescheiter!“

Er nahm ihr das Bündel ab und band es zu dem
seinen.

Dann gings wieder eine Strecke. Die Procession war
längst davon, die beiden Leutchen waren zwischen den hohen,
fremden Bergen allein. Das Micherl schlug ihr vor, daß sie
sich fest in seinen Arm hinge und auf ihn stütze, er wolle sie
schon schleppen.

„Ist auch Deine Schuldigkeit," antwortete sie schnaufend, „ihr Mannsbilder könnt uns nur alleweil aufladen tragen müssen wir selber. Das wird was ausgeben, wenn ich mich so einem Zwerg anhäng'!"

Sie hing sich aber doch an seinen Arm und er schleppte die beiden Bündel und das Weib und sagte kein Wort. Ich wüßte nicht, konnte er vor Anstrengung nicht reden oder hatte ihn der „Zwerg" verstimmt. Auf jeden Fall suchte er zu beweisen, daß es doch was ausgab, wenn sie sich auf ihn stützte.

So kamen sie endlich zum Seeberg. Dem Micherle graute insgeheim, als er den Weg die steile Lehne hinangehen sah, und wirklich, als sie ein paar hundert Schritte gestiegen waren, sank die Kundl auf den Rain hin und hauchte: „Wegen meiner thu' Du, was Du willst, ich kann nicht mehr weiter."

Er schnitt ihr ein weißes Stück Brot, er holte ihr einen Trunk Wasser.

Sie lehnte es entschieden ab und roch an einem Fläschchen Melissengeist.

„O je," sagte ein Vorübergehender, „die schmeckt beim Melissengeist, da weiß ich schon, wer zurückhält, daß sie nicht hinaufkann. Ehkrüppel, die kannst heilig tragen."

Als dieser böse Mensch vorüber war, sagte das Micherle zu seinem Weib „Du, es ist wahr auch, ich kunnt Dich leicht ein Bissel tragen."

„Du wohl tragen, Du!" lachte sie auf. „Ein gescheiter Mann hätte mich abgeredet von der Kirchfahrt."

„Ich hab ja gesagt, Du wirst den weiten Weg nicht überkommen mögen."

„Weil Du mich gern los gehabt hättest und mit den andern gesprungen wärest und mit den Menschern umergalstert ... Meinst, ich bin so dumm?"

„Gescheit bist schon, aber stärker bin ich. Geh', wenn Du hast ausgerastet, so reit' auf, ich trag Dich auf dem Buckel; Esel bin ich genug dazu."

Die beiden Bündel voran hängen, das Weib hinten, so schnaufte das Micherle den Seeberg hinan. Der Schweiß perlte ihm über das Angesicht; und so oft er an der Weglehne absetzte, um auszuathmen, hatte die Kundl eine bittere Bemerkung für ihn. So schritt er wieder an und murmelte: „Ist ja recht, ich geh' halt mit dem Kreuz nach Mariazell."

Unweit des erzherzoglichen Jagdschlosses zum Brandhof knarrte zum Glück ein Bauernwagen hinten nach, dessen Besitzer die Gelegenheit, sich eine Stufe in den Himmel zu bauen, mit Freuden ergriff und die Kundl auf sein Fuhrwerk nahm. In der Wegscheid hatte ein Floßenwagen Erbarmen und so kamen unsere Eheleute noch vor Abend glücklich nach Zell. Sie setzten sich vor die Kirche auf die prächtige Marmortreppe und aßen Brot. Dabei sagte das Micherle: „Jetzt werden wir für's Erste einen Beichtstuhl suchen gehen. Und wenn ich Dich sollt' beleidigt haben, Kundl, so oder so, ich weiß es nicht — mußt mir halt verzeihen."

„Zeit ist's schon, daß Du mich einmal um Verzeihung bittest," entgegnete die Kundl mit großer Genugthuung, dabei wußte sie selbst nicht, wieso er auf solche Gedanken kommen konnte.

Bald verlor sie sich in der Menge der Wallfahrer, um ihre Andacht zu verrichten. Das Micherle ging durch eine Seitenthür in die Kirche, legte dort, wo der Tisch zum Rosenkranzweihen steht, seine Bündel ab und suchte einen Beichtstuhl. —

Was beide beichteten, geht uns nichts an; aber verrathen darf ich, daß das Micherle eine ungleich größere Buße

aufbekam, als die Kundl, wofür er sein warmes „Vergelts=
gott" durch das Gitter lispelte.

Als er hernach gegen den Gnadenaltar trat, kam ihm,
zwischen den Knieenden und Stehenden sich herbeizwängend,
die Kundl entgegen: wo er die Brotbündel habe?

„Die habe ich derweil beim Weihtisch in's Winkel
gestellt."

Sie gingen zum Weihtisch, fanden aber keine Brotbündel
mehr.

„Der Meßner wird sie weggenommen haben," sagte
beruhigend das Micherle, trat ihm aber schon der kalte Schweiß
aus der Stirne.

Der Meßner wurde befragt; der wußte aber nichts von
den Brotbündeln.

„Das ist sauber," sagte die Kundl etwas vernehmlicher,
als man sonst in Kirchen zu sprechen pflegt, „jetzt hat der
Tollpatsch das Brot verloren!"

Das Micherle schoß hin und schoß her. Jeden ging es
an, ob er nicht die zwei Brotbündel gesehen hätte. Keiner
wußte Bescheid.

„Jetzt, was stellen wir an?" rief die Kundl, „hast mich
leicht nach Zell geschleppt, daß Du mich da willst verhungern
lassen?"

„Sei nur still," flüsterte er, „ich red' gutherzige Leut'
an, ich krieg' schon was."

„Ist der Bettler schon fertig," darauf sie, „so weit
kommt Eins, wenn man sich mit einem solchen Halbnarren
einlaßt. Denkt' hab' ich mir's eh! —"

Vor Aerger und Müdigkeit sank sie auf eine Steinbank.

Die etlichen Silberzehner, die sie mithatten, waren auch
in einem der Bündel gewesen. — Es dämmerte der Abend

und die Wallfahrer in der Kirche huben an, es immer lauter
und bunter zu treiben; der „Lichtelumgang" begann und der
Zug schritt gerade an der Steinbank vorüber, auf welcher die
Kundl saß und weinte. Die Leute glaubten, sie beweine ihre
Sünden.

Das Micherle rannte draußen in den Gassen umher.
In einem der letzten Häuser des Marktes fragte er an, ob er
und sein Weib in der Scheune auf dem Heu schlafen dürften.

„Auf dem Heu lassen wir Niemand schlafen," war der
Bescheid, „wenn mit dem Feuer ein Unglück geschieht, wer
fragt darnach?"

„Es geschieht kein's," versicherte das Micherle treuherzig,
„wenn wir wo schlafen, haben wir kein Fener bei uns."

„Wir haben gute Betten," sagte der Wirth.

„Wäre schon recht, Herr Vater, aber weil man auf dem
Kirchfahrtweg halt gern ein Bissel bußwirken thut."

Der Wirth ging davon, kam aber bald wieder zurück
und bedeutete, es wären auch schlechte Betten zu haben.

„Was kostet eins von den wohlfeilsten?" fragte nun das
Micherle.

„Ah so, solche Bußwirker seid ihr!" rief der Wirth und
ließ den armen Mann stehen, wo er stand. Traurig und ganz
verzagt ging dieser in die Kirche zurück. Dort war einstweilen
Hilfe geworden. Die Lahndorfer hatten den Verlust der
Schleiderleute bald erfahren und allsogleich gesagt: „Nein,
versetzen (verlassen) thun wir sie nicht; gehören zu uns. Wir
schießen zusammen."

Und der Fahnenträger war's, der mit dem Hut in der
Hand unter den Lahndorfern umherging: „Bitt' für die
armen Verunglückten um eine kleine Gab'; was der gute
Wille ist!"

Die Kundl meinte, sie müsse vor lauter Scham unter das Steinpflaster sinken. Sie genoß an demselben Abende keinen Bissen von dem, was man ihr so freundlich anbot und wendete dem armen Micherle bis zur Morgenfrüh den Rücken zu.

Als es dann zum Heimweg kam, vermochte sie wieder nicht Schritt zu halten; sie mußte zurückbleiben und war so verbittert, daß sie an einem Wegkreuze liegen zu bleiben und zu verhungern beschloß.

Da lief das geängstigte Micherle heran.

„Geh nur, geh Deiner Wege, Bettelmann!" rief sie ihm zu.

„Magst sagen, was Du willst, Kundl, ich verlaß' Dich nicht," versetzte er, „schau, da hab' ich was Geselchtes, das kräftigt Dich schon wieder. Nachher rucken wir schön langsam wieder an. Möcht' wissen, wegen was wir so laufen sollen, wir kommen allerweil noch heim."

„Was hab' ich denn daheim? Ueberall ist's mir lieber, als wie daheim. Du bist eine Letfeigen, Du bist ein Dalgert (Tropf). Ein solcher Mann! Wo ich nur meinen Verstand hab' gehabt?"

„Kunnt mir's selber nicht denken," versetzte er sanftmüthig.

„Verthut er das Brot und laßt für uns betteln. Mein Lebtag laß' ich mich z' Lahndorf nicht mehr blicken."

Ein seiner Fiakerwagen mit zwei flinken Rößlein, welcher Touristen nach Mariazell befördert hatte und nun leer zurückfuhr, rollte heran.

Das Micherle winkte dem Kutscher, daß er halte und rief: „Bist frei, so setzen wir uns ein. Wir fahren über Kapfenberg nach Lahndorf."

„Wie's beliebt," antwortete der Kutſcher, ſprang vom
Bock, öffnete den Wagenſchlag und mit einem Ruck ſaß die
Kundl zwiſchen den Polſtern. Raſch und glatt rollte die
Kutſche davon und die Kundl wußte gar nicht, wie ihr geſchah.
Die Lahndorfer Proceſſion glotzte nur ſo drein, als die vor=
nehme Kaleſche mit den Schleiderleuten an ihr vorüberrauſchte
— da lugte die Kundl das Micherle von der Seite an und
ſchmunzelte ein wenig. So gerne hätte ſie ihm geſtanden, wie
wohl ihr's that, aber der Trotz ließ es nicht zu. Er fühlte
es doch und war bei ſich gar vergnügt. Jeder Ehemann ſollte
es ſo machen: wird ihm ſein Kreuz zu ſchwer zum Tragen,
ſo leg' er's auf den Wagen.

Nach vier Stunden waren ſie in Lahndorf. Das Micherle
geleitete ſeine Dame in's Haus und ging dann, um es mit
dem Fiaker abzumachen. Auf welche Weiſe? Vielleicht zeigt
ſich's ſpäter.

Erſt am Abende zog die Zeller Proceſſion unter Glocken=
geläute in Lahndorf ein. — 's iſt rechtſchaffen ſchön, dachte
das Micherle, aber — will ich wieder einmal nach Zell:
mit dem Kreuz geh' ich nimmer.

Brennende Lieb'.

Am Dreifaltigkeits=Sonntag ging das Micherle in den
Markt und zum Adlerwirth. Dort ließ er ſich ein Achtel
Wein geben, damit er im Gaſtzimmer ſitzen und auf den
Herrn Adlerwirth warten konnte. Als dieſer erſchien und den
Gäſten ſein grünes Käppchen lüftete, ſtand das Micherle auf,
trat ſo nahe als möglich zum Wirth und geſtand ein, daß

er noch nicht zahlen könne: „Von wegen dem, daß dem Herrn Vater sein Herr Kutscher uns von Zell hat heimgeführt."

„Kindisch, Micherle!" sagte der Wirth und klopfte ihm auf die Achsel, „dafür bist nichts schuldig. Ist ja recht gescheit gewesen, daß ihr den Wagen nicht leer habt zurück= fahren lassen. Na, na, zahlt sich nicht aus, mich freut's, Micherle."

Dieses wollte aus Dankbarkeit wenigstens Hand küssen, aber auch darauf ging der wackere Adlerwirth nicht ein. „Will's schon noch einmal abstatten, Herr Vater, weil wir so viel froh sind gewesen."

„Was macht denn Dein jung' Weibel?"

„Mein's? Rechtschaffen gesund ist's," antwortete das Micherle und ging heim, um immer wieder nen zu erfahren, was seine Kundl für ein gesundes Kind war.

„Hat mir gar nicht einmal was geraitet (gerechnet) — für's Heimfahren — der Herr Adlerwirth," erzählte er ihr.

„So!" antwortete sie, „raiten soll er Dir auch noch was? Ist dumm genug gewesen, daß Du mit dem balkerten Fahren die ganze Kirchfahrt verdorben hast."

„Verdorben? Wie so denn das?"

„Gleichschauen thut's Dir, daß Du nicht einmal weißt, daß man auf dem Wallfahrtweg nicht fahren darf."

„Ist eh wahr auch," gab das Micherle zu.

Insgeheim aber fühlte die Kundl doch eine Art von Dankbarkeit, daß sie von Mariazell so glücklich wieder zurück= gekehrt war; sie wollte dafür was opfern, und als für die Hinterbliebenen der im vergangenen Winter auf dem Lahn= sattel verunglückten Holzschlägerleute die Sammlung war, spendete die Kundl auf eine gute Meinung auch ihr Scherf= lein. „Dieses Scherflein," sagte davon der würdige Pfarrer

5*

von der Frein, der die Gaben in Empfang nahm, „iſt zu
vergleichen mit dem Pfennig der Witwe im Evangelium . . ."

Die Arbeitstage haben in der Lahndorfer Gegend zur
Sommerszeit höchſtens vierzehn Stunden, aber das Micherle
dehnte ſie auf ſechzehn. War ſein Schleidergütel verſorgt, ſo
ging er in's Tagwerk aus und war dann am Abend, wenn
er heimkehrte, immer noch munter für allerlei kleine häus-
liche Arbeiten, die er der Kundl aus der Hand nahm, damit
ſie ſich leichter geſchehen laſſen konnte. Sie commandirte
ſcharf mit ihm herum, und er zeigte ihr immer ſein gutmüthiges Geſicht.

Einmal hatte das Micherle ſchon auf den Lippen, ſeine
junge Ehewirthin zu fragen, wie ſie eigentlich im Ganzen
mit ihm zufrieden ſei, denn für ein einzig Lobeswörtel aus
ihrem Munde hätte er gern ein ganzes Jahr ſeines Lebens
gegeben — und wäre es ſelbſt ein Schaltjahr geweſen. Aber
er ſchluckte ſeine Frage wieder hinab, er fand ſie unbeſcheiden.

Im Juli begann eines Tages, entzündet von dem Brand-
brennen der Feldreuter, drüben in den Mitterbergen der
Wald zu brennen. Anfangs wurde dem Weitergreifen des
Feuers im Geſtrüppe keine Bedeutung beigelegt und als es
das Geſtämme ergriff, war es zu ſpät. Der Wald gehörte
dem Adlerwirth. Es arbeiteten nun viele Leute Tag und
Nacht, jedoch das Feuer griff langſam, aber unaufhaltſam
weiter und die Mitterberge waren ſammt und ſonders in
Rauch gehüllt.

Das Schleider-Micherle ſah von Lahndorf aus die Sache
mit Kopfſchütteln. Als es nun hörte, es wäre des Adler-
wirths Wald, der in Feuer ſtünde, da machte er daheim, es
war am Samstag den 13. Juli, früh Feierabend. — Zum
„Balbierer" wollte er gehen.

„Jetzt, das ist aber schon eine Hoffahrt auch," meinte die Kundl, „hast Dich nicht erst vorig' Samstag balbieren (rasiren) lassen?"

„Ist halt sid Zeit wieder nachgewachsen," sagte er.

„Wenn's allemal wieder nachwachst, so hilft das ganze Balbieren nichts," versetzte die Kundl und hatte Recht. „Nur, daß Eins das Geld hinauswirft."

„Und vom Balbierer," sagte das Micherle, „hab' ich nachher ein bissel wollen nachschauen gehen, wie es denn her= geht beim Waldbrand."

„Ja freilich! nachtschlafend' Zeit in der Weiten umsteigen, das geht Dir just noch ab, nachher hast alle Untugenden beisammen."

„Nachher ist's recht," meinte das Micherle gutmüthig lächelnd, „die Thür laßt mir offen, gelt?"

„Das mußt erst sehen."

„Ist auch recht, sonst klöpfl ich halt."

Und war fort.

Am selbigen Abend ging am Schleiderhäusel ein junger Nachbar vorbei. Als er die Kundl im Garten sah, wie sie die Nelkenstämmchen an die Stöcke band, setzte er sich auf den Zaun, schmauchte seine Pfeife, sah ihr zu und schmunzelte. — Sauber ist sie immer gewesen und jetzt schon gar. Ein solches Weibel zu haben, das wär' ein Gusto! —

„Na, Kundl, wo hast denn heut' Deinen Alten?" fragte er in den Garten.

„Was frag' ich darnach?" war ihre Antwort.

„Hast auch recht, der ist in's Wirthshaus 'gangen. — Magst mir kein Nagerl schenken für meinen Hut?"

„Um ein Nagerl ist mir just auch noch Keiner feil," war ihre Entgegnung, pflückte ihm das schönste, hellste Doppel=

nelkchen und brachte es zum Zaun. Anſtatt des Blümchens
faßte er ihre Hand an, zog ſie an ſich und liſpelte ihr
ſchmunzelnd was in's Ohr.

„Daß Du's weißt, was ſich d'rauf gehört!" ſagte ſie
und verſetzte ihm Eines.

Der junge Nachbar taumelte vom Zaun und ging
ſchimpfend ſeines Weges.

Es wurde finſter; die Kundl ging zu Bette, verſchloß
aber früher die Hausthür. Sie blickte noch einmal zum Fenſter
hinaus in das von Rauch durchzogene Thal und hinüber
gegen die Mitterberge, über denen ſtellenweiſe ein ſchwacher
Schein lag. Und zog dann die Decke über ihr Geſicht.

Erſt zur Zeit des Morgengrauens klopfte es an die
Thür. Sie hörte es, aber meldete ſich nicht. Das Klopfen
verſtummte bald wieder, denn der Adlerwirth ging zum
Höllerbauer und berichtete, was vorgefallen war.

Als die Kundl aufſtand, hörte ſie in der Kammer, wo
die alten Schleiderleute ſchliefen, ein Gemurmel von ver-
ſchiedenen fremden Stimmen; das kam ihr gleich nicht recht
vor, und als die alten Leute in lautes Weinen aus-
brachen, erſchrak ſie ſo ſehr, daß ihr finſter vor den Augen
wurde.

„Michel! Michel!" rief ſie heftig und raſch nach einander.
Da trat der Adlerwirth ein, verſtört und blaß.

„Dein Mann liegt in meinem Hauſe," ſagte er, „der
Michel hat ſich ſo viel beſchädigt — beim Feuer. — Was
wird er denn ſchuldig ſein für den unglückſeligen Wagen!
Ich habe ihm's mehrmals geſagt, aber er will abdienen und
vermeint, daß er beim Waldbrand ſeinen Mann ſtellen muß.
Zehnmal mehr Wald ſoll hin ſein, wenn nur das nicht geſchehen wäre."

Die Kundl hatte sich auf eine Bank niedergelassen und blickte den Adlerwirth starr an.

„Verzählt's nur. Ich ertrag Alles," sagte sie ruhig.

„Zu weit vorgewagt hat er sich," berichtete der Adler=wirth. „Noch das umgehauene Dickicht hat er wollen bei Seite schaffen, dieweilen auf der Höhe schon die Stämme brennen. — Ist nicht rathsam, Michel, schreit noch Einer, da schlägt ihn schon ein stürzender Ast zu Boden. Wir können kaum geschwind zu ihm hin. Laßt's mich nur liegen, ruft er noch, daß nicht euch auch was geschieht. Mein Weib laß' ich grüßen. — Wie wir ihn herauskriegen, ist's schon hell vor=bei. Er lebt nimmer."

Die Kundl war todtenblaß. Nun wischte sie sich mit der flachen Hand den Schweiß von der Stirn und sagte leise: „Lebt nimmer."

Später sah man sie über die Felder gehen und wieder zurück und etwa, damit es nicht aussehen sollte, als ginge sie zwecklos so herum, brachte sie einen Strauß von Erd=beeren mit, den sie unter die Kinder des Dorfes vertheilte.

Dann trat eine Nachbarin zu ihr und fragte sie, wes=halb sie mit den alten Vaterleuten nicht zum Michel hinab=gegangen wäre?

„Ich mag ihn nicht mehr sehen, ich mag ihn nicht mehr anschauen!" rief sie und verdeckte ihr Gesicht und sprang davon.

Gegen Mittag gesellte sich eine Jugendgenossin zu ihr, die wollte gern trösten, wenn sich nur erst eine Trostbedürf=tigkeit zeigte.

„Aber daß Du's gar so leicht nimmst, Kundl," sagte sie, „es ist ja ein Glück, wenn Du's kannst, aber ich an Deiner Stell' müßt' mich zu todt weinen."

„Närrin, Närrin!" rief die Kundl, „wenn ich weinen
kunnt! Mein Blut tropfenweiſ' wollt' ich mir bei den Augen
herausweinen. — O mein Gott in Deinem Reich, wie mir
hart iſt!" —

Und nun ging ſie in der Einſchicht um oder verſchloß
ſich in ihr Häuschen, während die Lahndorfer im Markte
waren, um das unglückliche Schleider=Micherle mit ſeinen
Brandwunden todt auf dem Brette liegen zu ſehen und dann
zu begraben. Sie hörte die Glocken klingen über den Hügeln
her durch die ſtille, ſonnige Luft. — Und als Alles vorbei
war, ſchlich ſie auf Umwegen dem Kirchhofe zu; und als
Alle davon waren, auch der Todtengräber mit ſeinem Spaten,
da ging ſie zum friſchen Grabe und ſank mit einem lauten
Schrei: „Er iſt für mich in's Feuer gegangen!" auf
daſſelbe nieder.

Und weinte nun und weinte ſo bitterlich und ſo wild,
daß die Leute auf den umliegenden Aeckern aufhorchten und
ebenfalls naſſe Augen bekamen.

Es war der Schmerz der Liebe nicht allein, es war der
Schmerz der Reue, und jedes harte Wort, das ſie ihm
geſagt, es kam jetzt in ihr Herz und brannte heißer, als je
der glühende Baum brennen konnte, der ihn erschlagen . . .

So oft, ſo oft, daß erſt am Grabe die Lieb' ihren
rauhen Mantel abwirft! Dann, du armer Ueberlebender weinſt
ihm nach unaufhörlich, und mit tauſend Thränen mußt du
von ſeinem Andenken waſchen jedes Unrecht, das Du ihm
zugefügt. Wie oft mit Luſt haſt Du ihn kränken wollen, da
er doch ſo ſanft war und ſo gütig! Wie oft mit Widerwillen
haſt Du es gethan, es war Dir ſelbſt nicht wohl dabei, Du
haſt die Kränkung ſogar mit ihm gefühlt und Du haſt ihm
doch mit Abſicht weh gethan.

Und Gott weiß, Du haft ihn geliebt, denn es giebt eine
Gattung von Liebe, deren Zärtlichkeit in Härte und Trotz
besteht. Vielleicht ist es die schlechteste nicht. Aber besser wäre
es gewesen, Kunigunde, Du hätteft es Deinem treuherzigen,
dankbaren Micherle bisweilen wissen laffen — wie gut Du
ihm warft.

Im Spätherbft, wenn die Blätter fallen, oder im No-
vemberschnee hofffst Du, daß er wieder lebendig wird, auf
daß Du ihm Deine ganze Liebe zeigen kannft.

Hoffe es!

Letzte Kunde von der Dorfschönen.

Im Auguft und September sind die Bauern am ärgften.
Die wilde Ueppigkeit auf den Auen, in den Wäldern, die
Reife auf den Kornfeldern und Obftgärten mag daran Theil
haben. Die in den Sommermonaten gewonnene verjüngte
Kraft, die in der gesegneten Erntezeit aufgebefferte Nahrung,
die erquicklichen, kühlen Herbfttage und die länger werdenden,
lauschigen Nächte mögen Theil daran haben, daß der Bauern-
burfche im Auguft und September am schlimmften ist.

Der jungen Witwe wollen sie keine Ruhe laffen. Vielleicht
geschah es aus dem christlichen Grundsatze: die Betrübten zu
tröften! — jeden Abend klopften sie an's Fenster.

Die Kundl hörte es kaum, sie dachte nur an ihr Micherle
und sie träumte von ihm. Und einmal, es war juft am
Abende des Laurenzitages, war das Micherle draußen. Ganz
dasselbe Klopfen, ganz derselbe Fensterlspruch, ganz dieselbe
Geftalt. Hatte sie doch in jedem Abendgebete gefleht, daß ihr
Micherle nur noch einmal zurückfehren möge, sie wolle Alles

gutmachen und ihm lieb sein überaus. Er reckte jetzt die Hand
zum Fenster herein, die Kundl faßte sie, sie war kühl und
fein und zart — das war nicht Micherle's warme, rauhe
Hand, das war eine Stadtherrn-Hand. Vor Schmerz und
Wuth biß die Kundl in einen der fünf Finger. Der Eigenthümer zog den Arm kreischend zurück und machte sich davon.

Ansonsten sagte sie es Jedem, der anfragte, zum Liebeln
wäre sie nicht aufgelegt, eher zum Heiraten.

„Schöne Weibsbilder sollen gar nicht heiraten," belehrte
sie einmal Einer, „sie sollen sein, wie die Sonnen und die
Sonnen ist für Alle."

„Und die ist für Dich allein!" antwortete die Kundl,
da hatte er eine Ohrfeige.

Schlagen ist grob, sagt ihr? Schöne Weiber auf dem
Dorfe, wenn sie nicht grob sind, so sind sie auch selten brav.
Es kann nicht anders sein.

Für arme Weiber ist Schönheit eine schwere Sach'. Und
die Kundl war noch schöner, seit sie blasse Wangen und feuchte
Augen hatte.

Es ist erzählt worden, wie sie vor zwei Monaten mit
ihrem Manne nach Maria-Zell gegangen war. Nun ist es
aber in der Lahndorfer Gegend Sitte, daß auch nach einem
Todesfalle die Verwandten des Verstorbenen eine Wallfahrt nach Zell machen, wozu der Lahndorfer Verleumder
nichts zu bemerken hat, als daß es bei Witibern, die ihr
Weib verloren, zur schuldigen Danksagung geschehe. Das, von
dem lachenden „Witiber" ist ja der alte, platte Spaß, der
eben zu schlecht ist, um vergessen zu werden. Der Witwer
heiratet wieder, die Witwe macht es auch so, und das ist
schließlich doch immer noch die aufrichtigste Trauer um den
Verlorenen. —

Zum großen Frauentage im August nahm die Kundl ihr Bündel und ihren Pilgerstab und ging gen Maria=Zell. Was sie bei dieser Wallfahrt ausstand! An jeder Stell', wo sie vor zwei Monaten dem guten Micherle ein hartes Wort gesagt hatte, stand sie still und schluchzte, daß ihr ganzer Körper bebte. Mancher Vorübergehende fragte mit Theilnahme, was ihr fehle. Sie winkte ihn mit einer Handbewegung hin= weg. Wie hatte das Micherle über den Seeberg so schwer getragen! „Mann! Mann!" rief sie jetzt, „so hart noch lange nicht, als wie ich heute trag' am schweren Herzen!"

Als sie endlich zu jener Votivtafel kam, wo der Sohn eines im Wasser verunglückten Vaters den Vorübergehenden die Worte zuruft:

> „O lieb', so lang Du lieben kannst,
> O lieb', so lang Du lieben magst!
> Die Stunde kommt, die Stunde kommt,
> Wo Du an Gräbern stehst und klagst."

Da stieß sie die beiden Fäuste gegen ihre Brust und schrie: „Wahr ist's! Wahr ist's!"

Unter dem Schatten einer Esche setzte sie sich nieder und bedachte die jetzige Zeit und bedachte die vergangene. Im vorjährigen August war's, schier um selche Zeit, daß ihr im Traume fortweg zu Sinne kam, es thäte eine Veränderung mit ihr nehmen, ehevor das Jahr umgeht. Welche? das war dazumal die Frage. Heute hatte sie Antwort. — Sie war mit dem Schleidermicherle bekannt worden, sie war seinetwegen aus dem Dienst gegangen, sie war sogar etlich' Zeit in der Weiten umvagabundirt; das Micherle war ihr nachgelaufen — närrisch war's von ihm! Hernach hatte sie geheiratet, darauf war sie Witwe geworden. Und das Alles während der kurzen

Zeit, als im Gebirge das Winterkorn wächſt und reift. — Wenn ſie nun dort zum Bache ginge, der milchweiß über die Steine rauſcht und gleich daneben wieder ſo ſtill und klar iſt, und könnte Alles von ihrem Herzen waſchen, was ſie brennt an Weh, und könnte Alles von ihrem Herzen waſchen, was ſie drückt an Schuld! — Sie ſteht im Grunde ja noch gerade ſo da, wie vor einem Jahre, faſt ſo jung, ſo ſchön, ſo arm. — Von außen geſehen, ja; aber was ein Herz gewinnt, verbricht und verliert in einem Jahr, das ändert ein Leben. Es iſt bei uns andern auch ſo; etwa erträgt es das arme Dorfkind leichter als wir.

Kunigunde Pachner kam von der Wallfahrt gefaßt nach Hauſe. Und das hatte ſie gelobt: ſie will bei den alten Eltern des Micherle verbleiben und für ſie arbeiten und ſie pflegen, wie es einer Tochter anſteht. Und wenn — was ihr täglich und täglich träumt — das Micherle doch noch einmal zu ihr kommt, und ſollte es noch ſo klein ſein, ſie will es halten an ihrer Bruſt in heißer Lieb' und Treu, und ihn hüten und ihm wohl thun, ſo lang' ſie bei ihm darf verbleiben . . . .

So iſt's recht und ſo wirds gut ſein. — Und nun Kunigunde Pachnerin, Gott behüte Dich! Bleib' geſund, und wenn es Dir wieder recht gut geht und Du noch einmal luſtig wirſt, ſo laſſ' es uns wiſſen.

Die Gefallene.

Am Charfreitag war's, als das frühe Morgenroth in die Kammer fiel, da stand die Heidelbirn in Gottes= namen vom Bette auf. In Gottesnamen und ein Kreuz, damit ihr kein Unglück geschieht; in Gottesnamen und ein Kreuz, weil ja heute unseres lieben Herrgotts Sterbe= tag ist.

Das Volkslied sagt von diesem Tage: „Die Sonnen hat einen trüben Schein, die Vöglein lassen das Singen sein." Die Heidelbirn, als sie am Brunnen steht und sich das frische Wasser mit den hohlen Händen in's Gesicht gießt, denkt: „Jetzt, das ist rar, jetzt sind die heiligen Gesanger auch nimmer wahr. Die Sonnen scheint silberhell in den Brunnen; und die Spatzen und die Finken und die Schwalben, das ist ein Jubiliren in den Lüften, als wäre anstatt Sterb= tag unseres lieben Herrgotts Hochzeitstag." — Die Heidel= birn hat nämlich nichts, als närrische Gedanken im Kopf, aber dabei brave und fromme Gedanken, viel zu närrisch und viel zu brav, als daß sie bei den Leuten Anwerth gehabt hätten. Eine junge, saubere Dirn sollte sich am Feierabend nicht in einen Winkel setzen und für das wurmstichige Christus= bild einen Tannenkranz flechten und dabei murmeln: „O Du meine Zeit, wie ist der Wochen Mühe lang und wie ist das

arme Dienstbot verlassen! Das Beste wär', wenn sich Unsereins
auf dieser Welt den Himmel kunnt verdienen. Da hätt' man
was davon." — So hatte sie mitunter Anwandlungen, eine
Heilige zu werden, doch rieth ihr Mancher gut: Eine Heilige
werden, das wäre kein übler Gedanke, aber sie solle damit
noch etliche Jährlein warten. Die Schönheit sei ein Geschenk
Gottes, das man genießen müsse, wie man im Sommer die
Kirschen pflückt, ehe sie auf den Bäumen verdorren. Dann
möge sie auch bedenken, die Größten im Himmel wären nicht
die heiligen Jungfrauen, sondern die heiligen Büßerinnen,
und der Herr Christus habe sich auf Erden aus den Letzteren
seine Freundin ausgesucht, wenn sie — die Heideldirn —
von Maria Magdalena schon was gehört habe. — Ein ab-
gestandener Student war's, der so frevlerisch redete. Der
war schon in der Kutte gesteckt, als ihm plötzlich einfiel, er
hätte was vergessen in der sündigen Welt, und wieder her-
aussprang und nun sein Theilchen haben wollte vom großen
Honigtopf des Lebens, an dem sich so Viele tödtlich beglücken.

Auf solche Leute setzt sie nichts, die kluge Heideldirn,
aber man wüßte trotzdem kaum, was geschehen könnte, wenn
sie nicht in Gottesnamen schlafen ginge und in Gottesnamen
aufstünde. Mögen die Vögel singen, wie sie wollen, es ist
doch Charfreitag, und die Heideldirn geht nach gethaner
Arbeit hinaus in die Friedau zum Besuche des Calvarien-
berges.

Der Calvarienberg in der Friedau ist ein steiler Fels-
hügel, in dessen Spalten Haselnuß- und Brombeergesträppe
wuchert, und an dessen Hängen zwei vielfach unterbrochene
steinerne Stiegen sind, die eine, um hinaufzusteigen, die andere,
um in entgegengesetzter Richtung niederzugehen. Unterwegs
hinan sind in steinernen Nischen die bildlichen Darstellungen

der Leidensstationen, bis zum Kreuzestode auf dem Gipfel des Berges.

Die Heideldirn hörte eine Predigt und machte sich nach derselben unter den vielen Andächtigen bereit zur „Abbetung" der Stationen. Bei der Verurtheilung durch den „feigen Pilatus zum Tode" war noch nichts. Bei der Kreuztragung kniete ein fremdes Mannsbild neben ihr. Bei der nächsten Station fiel es ihr auf, daß das fremde Mannsbild wieder da war, es mußte gerade ein gleich langes Gebet wie sie haben, weil es allemal zu gleicher Zeit wie sie fertig wurde, von Station zu Station. Es kann ganz dasselbe Gebet sein, der Mensch verrichtet seine Sache fleißig; das gefällt ihr, daß dieser junge Mensch so fleißig betet; kommt selten genug vor, bei den jungen Leuten heutzutage. Ist auch sonst nicht übel, ist sogar ein sauberer Mensch. — Das ist ihre Andacht; trotz des besten Willens kann's Einen überkommen beim Beten. Sie schließt die Augen, daß sie ihn nicht mehr sieht; da möchte sie aber nur wissen, ob sich auch er so redlich Mühe giebt um bei der Andacht zu bleiben, und die Augen zumacht. Und blickt einen Augenblick auf ihn und er blickt in demselben Augenblick auf sie — und das waren die ersten Augenblicke.

Oben, als sie vor den drei Kreuzen knien und die Heideldirn an ihre selige Mutter denkt, die noch weit frömmer gewesen war, als sie, die kniend die steinernen Stufen heraufgekrochen und kniend um die drei Kreuze gerutscht war, und d'rauf noch ihren letzten Semmelkreuzer dem Heiland zu Liebe für die Armen, heißt das, die noch ärmer waren, als sie selber, in den Opferstock geworfen hatte. Das war noch eine Christenheit; heutigstags ist man nur fromm, wenn's nichts kostet und nicht weh thut. Ich bin auch so Eine! — Das waren ihre Gedanken, als der fremde Mensch aufstand und der Reihe nach die drei Kreuze küßte.

Als die Heidelbirn das sah, hub sie an, in ihr Hand= tüchlein hineinzukichern, das sie sich fest vor den Mund hielt. Er horchte auf und sagte endlich sehr verwundert: „Mir kommt's für, da lacht mich wer aus!"

Jetzt platzte sie los, lachte so sehr, daß ihr die Thränen in die Augen kamen, eine Weile dauerte es, bis sie sagen konnte: „Und wenn Du zehnmal harb wirst auf mich und wenn ich mir die Zungen hätt' müssen herabbeißen, so kunnt Eins bei so was das Lachen nicht verhalten. Jetzt küßt er den Linken auch — den linken Schächer!" Und verfiel wieder in ihr Lachen, bis auch der fremde Mensch nichts Besseres zu thun wußte, als mitzumachen.

Und als sie sich satt gelacht hatte, war sie die Erste, die den Verweis gab: „Wir zwei können uns auch heim= geigen lassen mit unserer Kreuzwegandacht. Da ist's gescheiter, man geht in den Wald holzhacken, als so ein Gelächter da, mitten in der heiligen Sach'."

„Da hast Du Recht, Dirndl, ich geh' heim holzhacken, gehst mit?" So war seine demüthige Antwort.

Sie hatten einen und denselben Weg, wie sie ein und dasselbe Gebet gehabt hatten — sie gingen mitsammen.

„Der Herr Jesus hat am heutigen Tag so viel leiden müssen, und wir sind so fürwitzig gewesen," sagte unterwegs die Heidelbirn.

„Freilich," gab er zur Antwort, „wenn wir's selber hätten leiden müssen, wären wir gewiß nicht so fürwitzig gewesen."

„Aber Du mußt einen sauberen Glauben haben, daß Du auch den Linken küssest."

„O mein!" sagte er, „der Mensch küßt gar oftmals was, an das er keinen rechten Glauben hat."

„Bist denn Du ein Heid'?" rief sie.

„Nein," antwortete er, „ich bin ein Bauernknecht. Ich bin dem Kieselschlaghofer sein Jungknecht, wenn Du mich schon kennen lernen willst."

„Gott sei für!" sagte sie, „da fürchte ich nur, daß ich Dich zu gut werd' kennen lernen müssen. Soll ich ja doch für nächstes Jahr dem Kieselschlaghofer seine Jungmagd werden."

„Ja, bist Du die Heidelbirn?" rief er aus.

„Kann schon sein."

„Jesses Maron, die Heidelbirn bist Du?" schrie er und griff nach ihrer Hand, die sie aber klugerweise zurückzog. „Oh, Heidelbirn, ich kenn' Dich schon. Heißt das, halt dem Namen nach, und der Namen hat mir alleweil gefallen. Nur möcht' ich wissen, mußt denn Du so viel Kinder wiegen?"

„Kinder wiegen! Warum?"

„Weil Du die Heidelbirn heißt."

„Du bist ein rechter Lapp!" lachte sie, „einmal irrt er sich beim Schächer und nachher wieder bei der Heidelbirn. Was glaubst, warum ich Heidelbirn heiße?"

„Kunnt mir's nit denken," sagte er und that doch, als ob er nachdächte.

„Wirst's nöthig haben," sagte sie, „daß Du sechs Ochsen an Deine Gescheitheit spannst und sie weit und breit herum führst, bis Du auf den Namen Adelheid verfallst."

„Adelheid heißt Du? Na, weißt, auf den Namen wär' ich mein Lebtag nicht verfallen. Eine Prinzessin habe ich gekannt, die hat Adelheid geheißen, die hat ein goldenes Haar gehabt, aber sonst ist sie doch nicht so sein gewesen, als wie immer eine Andere."

„Wo lernst denn Du beim Kieselschlaghofer die Prin=
zessinnen kennen?

„Auf die Nacht bei der Spanvesper, wenn der Michel
Geschichten erzählt."

„Wenn's auf das ankommt," sagte sie, „mit ein paar
Prinzen bin auch ich bekannt."

„Sind aber nicht unterhaltsam, die erzählten. Die wirk=
lichen sind allemal besser," so versetzte der junge Knecht, und
jetzt fand die Heidelbirn, hier gingen ihre Wege auseinander.

„Ist Schade," sagte er, „werden aber schon wieder
zusammengehen, wenn das neue Jahr kommt. Schau, jetzt
freut's mich doch, daß ich heute auf den Kreuzweg gegangen
bin. Gelt, Heidelbirn, wir zwei werden gute Freunde sein."

„Ich bin keines Menschen Feind," sprach sie und schaute
über die Felder hin. Und so gingen sie auseinander.

Der junge Knecht soll auf seinem Heimweg gedacht haben:
Ich habe mich bis jetzt dem Kieselschlaghofer für's nächste
Jahr nicht verheißen. Ich verheiß mich ihm. —

Und die Heidelbirn war sehr unruhig. Sie hatte fol=
gende unholde Gedanken: „Jetzt weiß ich's, ich gehe nicht in
den Kieselschlaghof, ich schicke den Leihkauf zurück. Solche
Leut' da! Die kunnten Einen auf die schönste Manier um
den Himmel bringen. Wenn man sich gleich das Erstemal
mit so Einem zu weit einläßt! Was hab' ich denn zu lachen
bei seiner Andacht? Was geht's denn mich an, wenn er was
Unrechtes trifft? Ist mir jetzt um's Lachen? Gewiß nicht. —
Um seinen Namen hätt' ich ihn fragen sollen. Wird auch einen
rechten Namen haben, der, das kann ich mir denken. Ungütlich
thun möchte ich ihm aber auch nicht. Mir ist es schon lang
in den Sinn 'gangen: Im Kieselschlaghof wartet nichts Gutes
auf mich. In Gottesnamen, ich schick' den Leihkauf zurück."

Sie that's schon in den nächsten Tagen. Der Kiesel=
schlaghofer schalt sie arg deswegen und machte ihr's doch
nach, er schickte ihr den Leihkauf wieder zu und ließ sie fragen,
wie sie zu Neujahr am liebsten geholt werden wolle, mit
aufgebändertem Roß und Wagen oder mit einem Gendarmen?

So sagte die Heidelbirn wieder: „In Gottesnamen!"
und erwartete unter Fleiß und Arbeit im alten Dienst das
neue Jahr. Es kam mit aufgebändertem Roß und Wagen. Das
war am Sylvesterabend. Die Heidelbirn hob ihren Kleider=
bündel auf den grünangestrichenen Steirerwagen, setzte sich
selber daneben hin, und wenn sie an Häusern und Leuten
vorüberfuhren, so verhüllte sie mit der Hand das Gesicht,
denn sie schämte sich des führnehmen Gefährtes, auf dem sie
wie eine Prinzessin heranrollte.

Im Kieselschlaghofe angekommen, fiel ihr ein Stein vom
Herzen. Der Bauer reichte ihr die Hand und sagte, sie solle
nur guten Muths sein, in seinem Hause sei noch Niemand
gefressen worden. Die Bäuerin und das Gesinde kamen ihr
auch freundlich entgegen, und der Jungknecht war nicht da. —
Sie machte sich in ihrer angewiesenen Kammer zurecht, sie
hing ihre Kleider in einen dazu bestimmten Kasten, sie hing
die kleinen Heiligenbildchen und Rosenkranzschnüre, die sie im
Laufe der Zeit als Angebinde und Angedenken erhalten hatte,
theils an das Innere der Kastenthür, theils an die Wand
über ihrem Bette und machte fromme Gedanken, wie solche
sich zu Sylvester gern einstellen und besonders bei einem
unerfahrenen Mädchen, das zum erstenmal in einem fremden
Hause ist und über alle Bangniß und Gefahr hin dem Himmel=
reiche zutrachtet. Als es zu dunkeln begann, kniete sie an ihr
Bette hin und betete etliche Vaterunser auf die Meinung,
daß sie in diesem Hause mit Geduld und Fleiß ihre Pflichten

6*

erfülle und daß der heilige Schutzengel bei ihr bleibe auch
im nächsten Jahr. — Jetzt ging langsam und in ihrem
Roste winselnd die kleine Kammerthür auf und zwei Männer
traten herein; der Eine mit einem Rauchgefäß, das er kreuz=
weise hin= und herschwang, so daß der Weihrauch heraus=
strömte an die Wand, an den Kasten, an das Bett; auf daß
der böse Feind im Banne sei; das war der Hausvater. Der
Andere hatte ein Töpflein, aus welchem er mit einem Tannen=
zweige Weihwasser im Stübchen umhersprengte, mit besonderer
Salbung das Bett bekreuzte; als er auch etliche Tropfen in
ihr Gesicht sachte, schaute sie ihn einmal recht an und sah
es im Dunkeln: Der Jungknecht war's.

„Jetzt geht's gut, jetzt ist Der auch da!“ Sie sagte
es nicht laut, sie sagte gar nichts, er auch nicht — bei der
heiligen Handlung des „Rauchens“, wie solche zu den drei
Weihnächten, Christabend, Sylvesterabend und Dreikönigs=
abend üblich ist, ziemt sich andächtiges Schweigen. Aber das
Gesicht, mit dem er sie jetzt anschaute, war ein gar gut=
müthiges und besonderes. Die Männer verließen darauf die
Kammer, um die anderen Gelasse des Hauses zu besegnen.

Also, besegnet wäre sie, die Heideldirn, nun mag's in
Gottesnamen anheben, das neue Jahr.

Es hub an, am ersten Tage mit einem guten Essen, am
zweiten Tage mit der Arbeit. Bei der Mahlzeit des ersten
Tages sagte ein Neuer, der Jodel=Knecht: „Heut' eß ich so
viel, bis ich todt bin.“

„Das wär' Schad'!“ entgegnete der Michel=Knecht, „um's
Essen wär's Schad'.“

Am nächsten Tage beim Dreschen sagte derselbe Jodel=
Knecht: „Jetzt sollt Ihr sehen, jetzt arbeit' ich so lang, bis
ich umfall'.“

Ueber einen solchen Riesenfleiß des neuen Knechtes ver=
wunderten sich die Andern. Der Jodel=Knecht aber sagte:
„Laßt's nur Zeit, ich werde bald umfallen," und lag auch
schon im Stroh.

Die Heidelbirn wußte nichts von faulen Dienstboten, sie
ging still und munter zugleich an ihre Arbeit. Spinnen,
Späne klieben, zuhören, wenn der alte Michel Geschichten
erzählte, das war doch nicht schwer. Am Dreikönigabend kam
der Jungknecht wieder mit dem Sprengreisig und nach dem
Rauchen, als die Heidelbirn in ihrer Kammer ein wenig die
rothe Mariazeller Kerze angezündet hatte, um ihrer verstor=
benen Angehörigen zu gedenken, trat der Jungknecht nochmals
zur winselnden Thür herein und schrieb mit der Kreide die
Zeichen der „heiligen drei Könige" auf das obere Thür=
brett. —

Der Hansel — so hieß er — ist halt doch der
Bravste im Haus, dachte sich die Heidelbirn, wo was Christ=
liches hergeht, da ist er dabei. Man kann ihm nicht feind
sein. —

Als im Jahreslaufe die harten Arbeiten kamen, da
wurde die Heidelbirn nicht geschont. Sie ist jung und stark,
sie ist eines von den herrenlosen Kindern, die nur zum Hart=
arbeiten auf die Welt kommen, als sollten sie ihre Mensch=
werdung abbüßen.

Da giebt's nichts abzubüßen, im Gegentheil, da heißt's
sich dafür bezahlt machen, hatte der abgestandene Student
gesagt. Vielleicht, daß auch dem Jungknecht derlei einfiel, aber
er wußte die Red' nicht zu setzen und so half er als Aus=
druck seiner Meinungen der Heidelbirn nur bei ihrer Arbeit
wo er konnte und wo es ging. Er hub ihr im Stall die
Streu ein und wenn sie im Sommer das Futter für die

Kühe aus der Grabenwiese heraufschaffen sollte, so kam der
Hansel oft „aus Zufall" des Weges und hub den schwer=
beladenen Korb auf seinen eigenen Rücken und trug ihn den
steilen Weg hinan zum Hof. Er hatte wohl auch selber seine
Arbeit, der Kieselschlaghofer verstand es, seine Leute auszu=
nutzen; aber wenn ein Mensch, und wäre er der ärmste und
beladenste, einem Andern was Liebes thun will, so findet er
immer Gelegenheit dazu.

Eine Woche, bevor der lange Hanstag kam, das ist der
Tag Johannes des Täufers, welcher als der längste Tag des
Jahres gilt, zerbrach sich die Heidelbirn den Kopf, wie sie
dem Hansel einmal was Gutes thun könnte. Die Burschen
der Gegend, auch solche, die lange nicht so sauber waren, nicht
so herlebig und nicht so viel werth, als der Hansel, hatten
auf ihren Sonntagshüten „Schildhahnfedern" — jeder an der
linken Seite über dem grünen Hutband ein „Stößel" mit
schwarzglänzenden, halbrundgeschweiften Federn des Auerhahns.
Das war ein gar keckes Tragen und die Heidelbirn wußte,
daß auch der Hansel schon lange gern ein solches „Stößel"
auf dem Hut trüge, weils aber drei Zwanziger kostete und
er kein Wildschütz war, der sich's etwa selber erjagen konnte,
so mußte er d'rauf verzichten. Drei Zwanziger hat ein
Jungknecht schon, das schon! Aber die letzten drei Zwanziger
giebt der vernünftige Mensch nicht für ein „Schildhahn=
stößel" aus.

Wenn aber Eins das „Stößel" hat und das Andere die
heimliche Freud', so wird das zusammen drei letzte Zwanziger
etwan wohl werth sein.

Am Morgen des langen Hanstages, als der Jungknecht
früh Morgens in die Kirche gehen wollte, war sein Sonntags=
hut nicht da.

„Das ist schön sauber!" brummte der Bursche suchend im Haus herum. „Das ist schon wieder kein verhext heut', zuerst hat mir der Bauer meinen Feiertag abzwicken wollen und jetzt find' ich meinen Sonntagshut nicht. Mit der Zipfelmützen geh' ich nicht, da bleib' ich lieber daheim und leg' mich zur Ehr' Gottes in's Heu."

Im Hausflur begegnete ihm die Heidelbirn. Die lispelte ihm zu: „Ich kenn' Eine, die thät's wohl wissen, wo Dein Hut ist."

„Hast ihn Du versteckt? Geh, gieb ihn her! 's ist Spaß und Ernst auch, Heidel, gieb ihn her!"

Sie schlüpfte in ihre Kammer und kam bald wieder hervor, die Hände hinter dem Rücken. „Wirst mir bös sein?" hauchte sie, „wirst mich auslachen? Ein kleinwinziges Angebindel zu Deinem Namenstag."

Hups, war der Hut auf seinem Kopf und daran ein fürnehmes „Schildhahnstößel" und an der Wurzel ein brennrothes Nelklein.

Er stand eine Weile da, steif wie ein Zaunstecken, und als sie ihn schalkhaft anlugte, da wurde nach und nach sein gar gutmüthiges Gesicht munterer, als ob die Sonne aufginge, endlich rückte er den Hut, nahm sie bei der Hand, schaute in ihr zitterndes Auge und sagte leise, ganz leise: „Bist Du mein lieb's Dirndl?"

Und nach diesen Worten lief er davon, rasch, ohne alles Gepolter, und hinaus in die sonnige Morgenfrühe.

Die Heidelbirn war noch ein wenig dagestanden in dem dunkelnden Vorhaus und es war ihr auf einmal angst und bang, als hätte sie eine große Dummheit gemacht.

Das war kein fromm Beten an demselbigen langen Hanstag in der Kirche. Das Schildhahnstößel, das Nelklein...

Einen solchen Namenstag wie heut' hat er noch nie gehabt, noch nie. Aber es ist kein lustiges Sitzen weder in der Kirche, noch beim Tafernwirth! Die Heidel muß hart arbeiten daheim.

Alsogleich nach der Messe tritt er den Heimweg an. Unterwegs kommt er zum Ortsrichter von der Friedau. Den muß er was fragen.

Er ist nicht einfältig, er weiß auch mit dem Richter was zu reden, und 's ist allemal am besten, wenn man was durch= setzen will: keck anfassen.

„Du Richter, weil's mir grad einfällt, mein Vetter läßt fragen, wenn sich zwei junge Leut gern hätten, so recht gern, die zwei jungen Leut, läßt er fragen, ob sie zusammenheiraten sollten?"

„Das ist gewiß," sagte der Richter und stopfte seine Pfeife, damit man sähe, wie ein rechter Ortsrichter an zwei Dinge zugleich denken könne, „da giebt's kein besseres Mittel, als zusammenheiraten. Ist auch Gottsehr."

„Wenn die Zwei aber recht arm wären, läßt er fragen, so recht hundsarm, daß Keins nichts hätt, sie hätt' nichts und er hätt' nichts . . ."

Blieb der Richter stehen, ließ den Finger in der Tabaks= pfeife stecken, wie er stak und grollte: „Wenn Keins nichts hat, auf was sollen sie denn heiraten? Weißt nicht, daß das Kriegführen Geld kostet?"

„Von dem ist ja gar keine Red', vom Kriegführen."

„'s ist Alles eins, mein Mensch!"

„Wenn sie halt ohne einander nicht mehr leben möchten, meint der Vetter, gar nicht mehr leben, daß Jedem vorkäm, meint er, es wär ganz elendiglich zum Verzweifeln, wenn sie nicht kunnten zusammenkommen — und der Sündhaftigkeit wegen, meint der Vetter."

„Du, jetzt muß ich Dich fragen Hans, was für ein Vetter meint denn das Alles?" sagte der Richter, nahm das Pfeifenrohr in die Zähne und schaute den Burschen ganz ortsrichterisch an.

„Meiner," versetzte der Hans rasch, „der Wastel in Krumpenbach."

„Der ist ja schon bumfest verheiratet," wußte der Richter.

„Der freilich, der Wastl," stotterte der Bursche, „aber dem sein Vetter, einen Vetter hat er — vom Vetter red' ich, hab ich geredet. — So, ich bleib jetzt ein wenig hinten. Behüt Dich Gott, Richter."

Der Hansel blieb zurück, er setzte sich auf einen Baum= stock, der am Wege stand. O, das ist ein trauriges Reden gewesen, mit dem Richter. Von solchen Sachen soll man überhaupt nicht reden, es gehört sich nicht. — So war er jetzt still und hörte der Amsel zu, die im nahen Tannen= dickicht sang, vielleicht, daß sie so sang:

> „Ja, s Feindsein is Sünd,
> Und ah s Gernhabn is Sünd,
> Hiazt frag ih, wer nachher
> In rechtn Weg findt.

> Lauffst zwischn allboad,
> Wia da Has über d Hoad,
> Is s a Schand, daß d a Mensch bist,
> Hast ka Lust und ka Load."

Mehr ist von diesem langen Hanstag nicht zu berichten.

Jetzt kamen die heißen Tage, es kam das Grasmähen und das Heuen, es kam der Getreideschnitt. Der Hansel und die Heibeldirn waren immer die Anspruchlosesten und Fleißig= sten; sie arbeiteten oft nebeneinander und sagten nichts. Er

schärfte ihr beim Mähen die Sense, beim Schneiden die
Sichel, beim Heuen schoben sie nebeneinander die Heuhaufen
zum Leiterwagen; an den Schnitttagen arbeiteten sie in die
tiefen dunkeln Abende hinein mit dem „Aufmandeln" der
Garben, oft gar die Allerletzten auf dem Felde. Da war es
kein Wunder, wenn sie einmal sich ein wenig auf eine Garbe
setzten und rasteten und dem Blinzeln des Sternenhimmels
zusahen und dem Wispern der Heuschrecken zuhörten, bis
ihnen in süßer Ruh' Hören und Sehen verging.

Zeit und Weil ist ungleich, und endlich kam wieder der
Winter.

Das Heu war in den Stadln, das Getreide in den
Scheunen, die Heuschrecken waren unter dem Schnee, aber
der Sternenhimmel war auch in den Winternächten so hoch
und still, als er in den Sommernächten gewesen. Zu diesem
hohen Himmel blickte die Heidelbirn bisweilen hinauf. Es
war ihr oft so bang in der Brust, sie wußte nicht warum.
Ein Mäuslein war in ihre Kammer gekommen, das hatte
die Bänder ihrer Schürze abgebissen, daß sie nicht mehr langen
wollten. Wenn sie in der Gemeinstube am Spinnrade saß
und die Anderen sangen oder Geschichten erzählten, hörte sie
es nicht.

Da setzte sich der Kieselschlaghofer einmal zu ihr und
fragte sie: „Dirn, magst Du nicht auch singen? Ich hab' gern
lustige Leut im Haus."

„Nachher wirst an mir wohl nicht viel Freud haben,"
war ihre traurige Antwort.

Auf das kam er einmal — es war Sonntags Nach=
mittag. — in ihre Kammer, sie nähte an einem Kleide.

„Kalt hast es da," sagte er, „warum gehst denn nicht
hinab in die große Stuben zu den Andern?"

„Mir ist warm genug dahier," antwortete das Mädchen.

„Ich weiß nicht," sagte nun der Bauer und zögerte mit seinen Worten, „ich weiß nicht, ob sich mit Dir was reden laßt, Adelheid. Ich habe Dir sagen wollen: ich hab' an Dir ein einfaches Dienstbot aufgenommen, nur ein einfaches. Verstehst mich?"

Sie neigte ihr tieferröthendes Gesicht über das Nähezeug. —

„Wenn Du mich verstehst," fuhr er fort, „so hätte ich's gern gesehen, daß Du mich Lügen strafft und da auf der Stell' wo ich steh. Kannst es? Gelt, meine Dirn, Du kannst es?"

Sie neigte ihr Haupt und schwieg.

„Nachher Adelheid, nachher ist's wie ich mir denk," sagte der Bauer, dann schlug er seine flache Hand an die Wand: „Dieses Haus hat meines Vaters Vater gebaut, die Schindeln auf dem Dach sind gran geworden in Ehren!"

Jetzt verstand sie. Das Wort hat ein weiches Gewandlein an und ist doch so hart. Die Heidelbirn erhob sich und sagte: „Bauer, ich geh schon."

Und breitete ihr großes Umhängtuch auf den Boden, und warf ihre Sachen hinein und machte ein Bündel. Der Bauer war davongegangen, sie schaute noch einmal in der Kammer umher, dann sagte sie: „In Gottesnamen!" und verließ das Haus.

Draußen lag der tiefe Schnee und der Winternebel drüber. Die Heidelbirn ging den nächstbesten Fußpfad entlang und in die graue Finsterniß hinein.

Als es zu dämmern begann, kehrte Hansel der Jungknecht vom Dorfe heim. Er hatte sich heute nach der Vesper beim Tafernwirth ein wenig verweilt; es war eine Hochzeit

dort, da schaute der Hansel ein Stündchen zu, er wollte lernen
wie man heiratet.

„Das Heiraten ist just keine Kunst," rief ihm ein
Musikant so über die Achsel zu, „aber der Ehestand ist
eine."

Bei mir und der Heidel dürft's gerade umgekehrt sein,
dachte sich der Jungknecht.

Als er nun in den Kieselschlaghof kam, ging er geradeswegs der wohlbekannten Kammer zu. In derselben wickelte
er ein erdenes Plutzerchen aus dem Sack und stellte es auf
das Wandleistlein. Wenn er Hochzeitswein trinkt, soll sie auch
einen haben. — Jetzt, da sich die Augen ein wenig an die
Dunkelheit gewöhnen, sieht er, daß Manches in der Kammer
nicht in Ordnung ist. Da steht die Kastenthür offen und der
Kasten leer, und die Heiligenbildchen an der Wand, sie sind
weg. Und das große Lebkuchenherz an der Kastenthür, das er
ihr von der Kirchweih heimgebracht, es ist weg. Was ist
denn das?

Jetzt hatte er nichts vergessen, er ging in das Bauernstübel.

„Bist heim?" fragte der Bauer.

„Ich muß Dich gleich geschwind um was fragen, Bauer,"
sagte der Hansel und man merkte den gelassenen Worten
die Beklommenheit nicht an, „wo ist die Heidel hin?"

Jetzt schaute der Bauer auf: „Das fragst Du? Kaum
daß Du die Nasen zur Thür hereinsteckst, nimmst es schon
wahr, daß sie nicht im Haus ist? Nachher weiß ich heut'
mehr als wie gestern."

Der Jungknecht hatte vom Hochzeitswein her noch eine
keine Schneid in sich und so fragte er nun nicht allzu sanftmüthig: „Wo ist die Dirn, Bauer?"

„Willſt es wiſſen, ſo mußt ſie frei ſelber ſuchen gehen.
Ich hab ihr erzählt, daß mein Haus ein ehrliches Dach
hat, das muß ſie ſtark verdroſſen haben, weil ſie ſo eilends
dem Zimmermann ſein Loch gefunden hat.“

„Willſt Dir alſo jetzt einen Heiligenſchein beilegen, mein
lieber Kieſelſchlaghofer,“ verſetzte der Knecht ganz geſchmeidig,
„iſt aber nur von Silber. Wäreſt Du nicht der reiche Bauer,
die Leut' thäten ſich nicht blenden laſſen. Heut iſt Sonntag,
heut bin ich mein eigener Herr und verbleib's, wie's jetzt
ausſchaut, auch morgen und länger. Da muß ich Dir doch
einmal ein biſſel die Wahrheit ſagen.“

„Nur heraus damit. Soll ich vielleicht Leut herrufen,
daß ſie was hören?“

„Iſt Dein freier Willen.“

„Lecker, Dich wollt' ich nicht drum fragen.“

„Brauchſt Dich nicht erſt aufzubäumen, jetzt ſtehſt auch
ſo noch woltern groß vor mir da, Kieſelſchlaghofer,“ ſagte der
Jungknecht, der aber ſchlank und kerzengerade vor dem breit-
behäbigen Großbauer ſtand, „ſchau auf die Uhr. Jetzt iſt
dreiviertel vorüber, ehe die Stund ſchlägt biſt nicht beſſer wie
ich und nicht beſſer wie die, die Du aus dem Haus gejagt
haſt. Beſſer nicht, aber ſchlechter!“

„Geh laß die Dummheiten ſein, Hanſel, und geh' zu
Deiner Jauſen,“ beſchwichtigte jetzt auf einmal der Bauer.

„Mein hochwerther Hausvater,“ ſagte der Hanſel, „um
die Jauſen iſt mir heut gar nichts. Iſt mir auch nichts drum,
daß ich Dir jetzt Deine ſchmutzige Wäſch aushäng. Die waſcht
Dir kein Menſch mehr weiß, mußt ſchon warten, bis der
Herrgott mit der Laugen kommt. Daß Du ehzeit kinderweis
hergelaufen biſt, das macht nichts. Daß Dich der alte Kieſelſchlaghofer aus Gotterbarmen aufgenommen und erzogen hat,

das ist recht gewesen, daß Du es bei Zeiten mit seiner Tochter so verstanden hast, und auf solcher Straßen Haus und Hof erschlichen und nachher — nachher erst, mußt wissen — Gott gedankt für die vielen saubern Dirndln im Thal —"

„Geht's Dich was an?"

„— bis die arme Ehefrau aus Herzleid —"

„Still sei!" schrie der Bauer mit gehobener Faust.

„Bin ja schon fertig," sagte der Hansel, „noch schön ist's von Dir, Bauer, daß Du's wenigstens nicht leugnest. Mehr brauch ich nicht. Leicht soll ich Dich knieweis bitten, daß Du die Dirn wieder zurücknimmst? Da kannst lang warten. Aber ich geh' ihr nach, mein Dienst ist aus. Von der Heidel laß ich nicht."

„Bist leicht Du Schuld?" fragte der Bauer lauernd.

„Unser Herrgott weiß es, und Dich geht's nichts an."

So sind sie auseinandergegangen. Der Bursche schritt in der Dämmerung hin, da fiel ihm das Lied ein:

> „Wan ih hundert Jahr leb,
> Wan ih Tag und Nacht zahl,
> Ih kan s nit berzwingen,
> Was ih schuldig bin worbn auf amal.
>
> In Gartn bin ih glegn,
> Unta Rosan voreh,
> Und hiazt wachsn durt
> Dorneni Ruathan auf b Höh.
>
> Sie wachsn durchs Thal,
> Uebern Berg und über b Ebn,
> Sie wachsn um mein
> Bluatjungen Dirndl sein Lebn."

Draußen auf dem weiten Schneefeld, wo der Fußpfad sich allmählich verloren hatte, wo kein Zaun und kein Stock und kein Baum war rundum, sondern Alles grau, oben und unten, und Alles still und todt, dort setzte sich die Heidelbirn in den Schnee, dort wollte sie rasten. Sie war rasch gegangen, sie hatte sich anstrengen und ermüden wollen, um keine Ge= danken aufkommen zu lassen. Denn die Gedanken, die sich heute meldeten, waren gar zu hart. Jetzt saß sie im Schnee. „In Gottesnamen," sagte sie, und die Rast war süß. — Auf einmal schrak sie auf und schaute um sich. War ihr doch gewesen, als hätte sie Jemand gefragt: Warum ist denn das Heidelbirn, warum ist denn das? — Sie sah aber Niemand, es war Alles grau, ein finsteres Grau um sie, als wäre keine Welt mehr da, als wäre sie mitten im Nichts. — Gestorben sein? Das wäre freilich das Beste. — „Es ging eine arme Seel zu der himmlischen Thür . . ."

Jetzt rüttelte was an ihrer Achsel. Sie wachte auf, es war finstere Nacht. Neben ihr stand der Jungknecht.

„Willst erfrieren?" rief er, „Adelheid, das ist Sünd!"

Sie wollte sich erheben, ihre Glieder waren steif; er faßte sie an der Hand, sie fühlte seine Finger nicht. Er schleppte sie über den Schnee hin, eine geraume Strecke, bis sie vor einer Flachsbrechstube standen, an welcher Fenster und Thür verweht waren.

„Da drin will ich schlafen," sagte das Mädchen, „geh Du heim, Hansel."

„Ich verlaß Dich nicht. Es geht meinetwegen her."

„Geh Du heim. Doppelt hart thät mir geschehen, littest Du auch. Ich nehm's auf mich; Du bist arm genug, für Deine Gutheit viel zu arm. Beten thu für mich, sonst ver= lang ich nichts. Geh heim."

„Adelheid," rief der Bursche heftig aus, „meinst, daß ich ein Hundsfott bin?! Nachher renn ich meinen Schädel in die Wand hinein!"

Sie riß ihn an sich. Sie setzten sich an die beschneite Schwelle der Thür und weinten Beide. Er aber nur einen Augenblick, dann sprang er auf und sagte: „Mein Leben und was ich rathen und thaten kann, das gehört Dein. Ich bin Dir Alles schuldig."

Die Nacht war kalt und lang. Sie beriethen sich, sie machten Vorschläge und kamen endlich überein, daß das Unglück nicht so groß sei, als es aussähe. Sie hätten sich gern, sie blieben beisammen.

Am andern Tage gingen sie zum Pfarrer. Dem sagte der Hansel dreist, wenn sie der hochwürdige Herr nicht zusammengeben wolle, so würde die Sünde von Tag zu Tag größer. Wer nachher Schuld, das läge auf der Hand.

Der Pfarrer schlichtete die Einwände des Ortsrichters, nach wenigen Wochen war die Hochzeit. Sie war still, man kümmerte sich nicht viel drum, höchstens, daß die Leute ihre Sprüchwörter sagten: „Früh Ehe, früh wehe," „Ehestand, Wehestand" und andere.

Ein Dachstüblein war gemiethet worden. Der Hansel ging zu den Holzmeistern der Umgegend und bat um Arbeit. Die Zeiten schlecht, die Arbeit rar!

„In Gottesnamen!" sagte die Adelheid.

Als der Sommer kam, suchte man doch Holzriesner für den Wildwassergraben; man bot gute Bezahlung. Aber die Leute ließen sich suchen, zu harter und lebensgefährlicher Arbeit wollten sie sich nicht hergeben. Im felsigen Wild-graben das Holz abstoßen, mitten unter den fliegenden Blöcken, das war ja gerade, wie auf dem Schlachtfeld stehen mitten unter feindlichen Kugeln. Der Hansel nahm's an, denn Weib und Kind hatten nichts zu essen. — Wie das herb ist und unschön, in die reiche Welt hinauszurufen: Weib und Kinder haben nichts zu essen! — Der Hansel rief's nicht, er wußte nicht einmal, daß es junge, gesunde Leute giebt, die sich auf's Betteln verlegen. Bauern haben keine Ahnung davon, was in der Welt geschenkt wird; sie meinen, es müsse Alles mit der Hände Arbeit verdient werden, was verdient ist und sein will.

Wöchentlich einmal kam der Hansel von seiner Arbeit heim. Er war stets müde; helle Lust, wie einst, kam nicht mehr aus ihm hervor. Von den Mühen und Gefahren, mit denen er im Walde vertraut werden mußte, hatte er nichts erzählt. Sein Kindlein hatte er mit jener gelassenen Ruhe lieb, die bei den Bauern in solchen Liebessachen üblich ist. Aber wenn die Adelheid nicht zugegen war, wenn er am Wieglein des Knaben allein saß, da riß er ihn bisweilen stürmisch an seine Brust. Der Kleine schrie danklos auf, da kam die Mutter und zankte, daß denn die Männer so gar nicht anstellig seien! sie hätten zu wenig Herz, und das merke das Kind allsogleich und wolle sich dann nicht zufrieden geben.

Die junge Mutter so blaß, der junge Vater so mühevoll! und an Dir, weißes Knäblein, hebt's von Neuem an. Mit der Wassertaufe löscht man die Erbsünde nicht aus, erst die Taufe mit Zähren thut's.

An einem Herbsttage war's, als ein Nachbar in die Stube der Adelheid trat und ihr rieth, das offene Fenster zu schließen, weil die Luft ihr leicht übel thun könne. Denn in der Luft zitterten die Klänge der Kirchenglocken, und Niemand war, der es der armen Witwe sagen wollte, für wen sie läuteten.

Der Hans war verunglückt im Walde. Ein Holzblock mitten auf die Brust gestoßen. So plötzlich, wie es der treue Gott nur geben kann, ohne Schrei und Todeskampf sank er in den Frieden.

Kennt ihr die leibliche Kraft und Zähigkeit der Bauers= leute? Nun, ihre moralische ist nicht geringer. Als der herbste Schmerz vertobt hatte, legte Adelheid ihren Arm um das Kind und die Hände aneinander und sagte — aber so leise, daß es nur Der hören konnte, den es anging — „In Gottesnamen!"

Warum nur arme Leute die holde Sünde so schwer zu büßen haben? Sie fragte es nicht, sie duldete. Der Kiesel= schlaghofer kam und war gütig mit ihr und war bereit, den Knaben in sein Haus zu nehmen und ihn zu erziehen.

„Es ist hart für mich, von Dir eine Wohlthat zu nehmen," sagte sie.

„Ist es Dir leichter, sie mir zu geben?" fragte der Bauer.

„Von Herzen gern, wenn ich das könnte."

„So zieh mit Deinem Kind in mein Haus und arbeite, was Du magst und willst, und laß dem Kind gut sein, wie Du willst, und bleib bei mir, so lang Du willst, und hast Du einen besseren Ort, so gehe fort, wann Du willst."

„Du meinst mir's gut, Bauer."

„Nur mir selber Adelheid, nur mir selber. Ich ändere mich nicht, ich schau auf meinen Vortheil und wenn ich weiß, daß ich morgen auf dem Brett liege, so such' ich heut noch einen Vortheil auf der Welt. Aber Eins möcht ich. Einen Menschen, der arm ist und auch eine Sünd hat, nur Einem möcht ich was recht Gutes thun. Ich ruch' darnach, ich hab's so viel vonnöthen. Nimmst Du's nicht an, so suche ich wen Andern."

„Ja, Bauer, wenn Du Dir mit mir den Himmel willst verdienen," antwortete das Weib, „so will ich Dir dabei nichts in den Weg legen."

Sie hat's angenommen, sie ist mit ihrem Kinde auf den Kieselschlaghof gezogen in die wohlbekannte Kammer, und hat mit Fleiß und Treue ihr und ihres Kindes Brot verdient.

Und als nun wieder einmal der heilige Charfreitag kam mit seinem Frühlingssonnenschein und Vogelsang, da besuchte sie den Calvarienberg in der Friedau. Und als sie unter dem hohen Kreuze kniete, da kamen vergangene Zeiten herauf=gezogen mit ihrer lieblichen Lust und mit ihren blutigen Schmerzen.

Was da gewesen ist und was noch kommen wird — in Gottesnamen!

Die Zuflucht der Sünder.

———

Der übliche Pfingstmontagsmarkt in Seekirchen am Ellersee war zu Ende. Auf dem weiten Platz vor der zweithürmigen Kirche standen noch die Gerüste der Buden, unter welchen mehrere Knaben herumschlüpften, um allfällige Brosamen und verstreute Schätze aus dem Staube zu suchen. Das Volk hatte sich verlaufen, die Krämer saßen in den Wirthshäusern und machten Gemeinschaft mit den lustigen Gesellen und Dirnen, die unter Trinken, Jubeln, Schäkern und Poltern den Kirchtag feierten.

Vor dem Gasthause „Zum schwarzen Ochsen" auf der Holzbank saß ganz einsam und traurig ein Mädchen. Es war halb bäuerlich und halb bürgerlich gekleidet, trug über Nacken und Busen ein violettrothes Seidentuch mit Fransen und auf dem Köpfchen ein feines, flaumiges Hütchen aus Hasenhaar mit einem über die Schulter wehenden schwarzseidenen Band. Die Hände mit den schneeweißen Aermlingspitzen lagen auf dem Schoß, und die weißen Fingerchen zerpflückten eine rosenrothe Nelke, so daß die gezähnten Blätter zerstreut auf der schwarz- taffetnen Schürze lagen. Das blühende Gesichtchen war so anmuthig, daß die Vorübergehenden hinschielten und ihren Theil dachten: Was mag's da gegeben haben, daß ein solch Dirndl allein vor der Thür sitzt und Wasser in den Augen hat?

Ja, troß der in's Gesichtchen gedrückten Hutkrempe, troß der langen Wimpern sah man's doch, sie hatte Than in den Augen, als wäre dem heißen Tag auf einmal ein kühler Abend gefolgt.

Dieses schöne Mädchen ist die Schulmeisterstochter von der Sandau. Sie war heute früh mit ihrem Oheim, dem „Uhren-Osel," wie er genannt, über den See zum Kirchtag gefahren. Der Osel ging auf alle Jahrmärkte und war ein wunderlicher Geselle. Seine Rock-, Hosen- und Westensäcke waren voll Taschenuhren; um den Hals trug er auch noch welche hängen; um die Lenden hatte er eine Binde, da drinnen lagen Uhren; in seinem cylinderartigen Filzhut stak ein rothes Tuch, dahinter lagen Uhren; an der linken Seite hatte er eine Ledertasche hängen, da tickte, schwirrte und röchelte es, und Uhren, nichts als Uhren. Um den ganzen rothbackigen und falbhaarigen Kerl war es lebendig, und es gab kein Fleckchen am Osel, wo nicht eine Uhr säuselte.

Wenn er dann in den Ort kam, so ließ er sich ein leeres Bierfaß auf den Marktplatz rollen, stülpte dasselbe als Tisch auf und legte auf der Bodenscheibe seine Uhren aus. Jede befestigte er mittelst der Silberkette oder der Kameelhaarschnur am Faß, denn manche Uhr geht so gut, daß sie im Gewirr des Kirchtags leicht davongehen könnte, wenn sie nicht wie ein Kettenhund sichergestellt wäre. Der Osel verkaufte Uhren, kaufte Uhren, vertauschte Uhren und tauschte Uhren ein: alte und neue, silberne, goldene, packfongene, blecherne, Spindel-uhren, Ankeruhren, Cylinderuhren, Repetiruhren und Chrono-meter. Der Osel war eigentlich ein gelernter Glaser, durch den Handel von Uhrengläsern war er auf die Uhren selber verfallen, verstand sie auch zu behandeln, zu curiren, zu ver-silbern — und lebte davon.

Heute, am Pfingstmontag zu Seekirchen mochte er ein gutes Geschäft gemacht haben, denn er war jetzt so tief in's Wirthshaus gerathen, daß Schulmeisters Luischen rathlos war, wie sie den Oheim herauskriegen sollte. Er hatte nämlich heute auf dem Jahrmarkt eine gute alte Bekannte gefunden, die Eierliesel aus dem Asank herüber, die mit Eiern, Küchlein und Anderem handelte und heute heilsame Wurzeln und Kräuter feilgeboten hatte. Vor Jahren waren die Beiden, der Osel und die Liesel, auf eine Weile „mit einander gegangen," wie die Leute sagen, und heute nun saßen sie neben einander, und der Osel ließ ihr warmen Wein und Kaffee auftragen, und die Liesel saß mit bauschigem Kleid auf der breiten Bank und machte ein breites, strahlendes Gesicht, machte Späße gleich einem Mann und sang mit dem Osel allerlei kecke Liedchen, wie sie deren voreinst mit einander gesungen. Ihr Kopftuch war längst in den Nacken gerutscht, und ihre röth= lichen Haare waren nach und nach ein wenig arg verwirrt worden.

Jetzt hatte sich der Osel einen Augenblick von seiner Trauten losgerissen, kam vor das Haus und sagte zum Mädchen auf der Bank: „Aber geh', Luise, sei gescheit und geh' mit hinein. Was wirst da eine Weil' sitzen, daß dich die Leut' angaffen, drinnen ist's so lustig."

„Ich will heim," schluchzte das Mädchen.

„Schau, ich geh' ja bald mit," versetzte der Osel mit etwas unsicherer Stimme, „sei jetzt nicht kindisch und komm' in die Stube. Ich hab' just noch eine Flasche wärmen lassen, auf die müssen wir warten, nachher geht's um so lustiger über den See."

Aber er mußte unverrichteter Sache wieder in die Wirths= stube; Luise blieb auf der Bank sitzen und weinte vor Aerger.

Wehmüthig schaute sie dann zwischen die Häuser hinaus auf den weiten, glatten See, sah jenseits das Thal und die Wald= berge von der Sandau, sah über die Waldhöhen die senkrechte Felswand des Helm blauen, an dessen Fuß das heimatliche Dorf lag. Es war ihr so fremd, so beklommen heute in See= kirchen; sie sehnte sich wie selten noch in's stille Schulhaus der Sandau, von dem sie an diesem Morgen so heiter fort= gegangen war. Der Kahn harrte nun am Landungsplatz, aber allein konnte sie die Fahrt über den See nicht wagen; sie war seeunkundig und erinnerte sich an manches Unglück, das sich auf dem Ellersee zugetragen. Auf ein Umgehen des Wassers durch den Ellerwald konnte des allzu großen, stun= denlangen Umweges halber nicht gedacht werden.

Jetzt kamen etliche angeheiterte Burschen daher und wollten mit dem Mädchen anbinden. Luise drückte sich wie eine zitternde Taube an die Wand und entkam den tollen Gesellen nur mit Mühe, indem sie in's Haus flüchtete. In der Zech= stube fand sie Andere, aber der Oheim war nicht da, der war mit der Eierliesel sachte verschwunden; die Wirthin ver= muthete, die Liesel würde sich auf den Heimweg gemacht, der Osel jedoch dürfte sich in die Strohscheune verkrochen haben; sie hätte eben seine Uhren, die er heute seltsamer Weise aus den Augen gelassen, in Sicherheit gebracht. Sie glaube, bei dem Osel könne heute an eine Ueberfahrt nicht mehr gedacht werden.

Jetzt knüpfte Luise ihr seidenes Halstuch fester, drückte ihr Hütchen auf das Haupt, band es mit den Schleifen unter dem Kinn fest und ging gegen den See hinab. Sie war ent= schlossen, die Ueberfahrt allein zu unternehmen.

Als sie aus dem Orte trat, begegnete ihr der Bachruck Julian aus der Sandau. Er lüftete vor ihr ein wenig seinen

Hut, sie dankte mit einem stummen Kopfnicken, dann war er
vorüber. Sie stellte sich hinter eine Pappel und blickte ihm
nach. An den hätte sie eigentlich was auszurichten. Aber sein
Gruß war so fremd und ernsthaft gewesen, und er war doch
Einer aus ihrer Sandau — dort ein Dorfkind wie sie.
Freilich, so war er immer, schon als sie mit einander in der
Schulstube saßen, der lustigste und flinkste unter den Jungen,
aber der trotzigste gegen die Mädchen. Andere thaten dem
Töchterlein des Schulmeisters schön, vielleicht weil sie die
Sittsamste, Fleißigste und Hübscheste war, vielleicht auch, um
sich bei dem gestrengen Herrn Schulmeister in Gunst zu
setzen. Der Julian verschmähte sie. Die Namen der Anderen
hat sie vergessen, den seinen weiß sie noch. Freilich ist der
auch ganz besonders aufgefrischt worden. Im vorigen Herbst,
am Kirchweihsonntag, ist der Seemüller todt in der Eller
gefunden worden. Mehrere, die mit ihm im Wirthshause
toller Weise gestritten hatten und spät Abends mit ihm fort=
gegangen waren, wurden eingezogen, darunter auch der Julian,
der an jenem Festtage einmal ein wenig gezecht, sich aber
weiter nicht in die Sache gemischt hatte. Es war kaum glaub=
lich, daß der heitere, sonst so sanfte und gemüthliche achtzehn=
jährige Bursche an einem Verbrechen betheiligt sein konnte;
aber er brachte die unbeholfenste Vertheidigung vor, weil er
selbst nicht recht wußte, wo er, vom Weine überlistet, die
Nacht zugebracht hatte; man hielt ihn zurück, und erst jetzt,
vor wenigen Wochen, kam er heim. Sein Gesicht war nicht
mehr so frisch als sonst, sein Blick war ernst und fast betrübt,
und er schloß sich nicht an seine ehemaligen Kameraden,
sondern ging seines Weges allein. Seine Mutter, die Bach=
ruckwitwe genannt, eine Häuslerin in der Sandau, war
während seiner Haft gestorben.

Ist wohl ein armer Bursch! dachte sich Luise und ging vollends zum See hinab.

Da sollte nun in den Schlamm gestiegen werden, um den Kahn loszubinden; es sollte das Wasser aus dem keinen Fahrzeuge geschöpft werden und es sollte mit kundigen Ruder= schlägen auf die weite Fläche hinausgehen. Der See ist über eine Stunde breit, und was in seinen Tiefen ist, das weiß man nicht. Luise stand da und blickte zagend um sich. Auf einmal kam Julian geradeswegs auf sie zu und sagte: „Wenn ich von Schulzeiten wegen noch Du sagen darf, Luise Ebner: willst Du allein fahren?"

„Das will ich auch," antwortete das Mädchen; „mein Oheim ist da, aber der soll meinetwegen im Wirthshaus bleiben."

„Ich rathe Dir, daß Du auf ihn warten sollst; Du kennst das Wasser nicht, und es kann heut' noch ein Gewitter geben."

Das Mädchen blickte in's Weite hinaus, und ohne den Julian anzusehen, fragte es zögernd: „Willst Du heute nicht mehr in die Sandau hinüber?"

„Ich gehe durch den Ellerwald, weil ich nicht fahren kann."

„Kannst Du nicht rudern?" fragte sie und schaute ihn jetzt an, wie er in seinem schmucken Feiertagsgewand und mit seinem blassen, aber offenen Angesicht vor ihr stand. Er konnte noch nicht neunzehn Jahre sein, aber er war so schlank und ernsthaft und hatte nichts Knabenhaftes mehr.

„Rudern, das schon," antwortete er, „aber es hilft mir nichts, ich habe kein Schiff."

„So fahre mit mir," sagte sie.

„Wäre Dir meine Gesellschaft gut, Luise Ebner?

„Warum sollte mir Deine Gesellschaft nicht gut sein?" fragte sie.

„Ich meine nur, weil ich eingesperrt gewesen bin," versetzte er nicht ohne Bitterkeit.

„Sie haben Dich ja wieder ausgelassen, und ich hab's nie geglaubt, was man Dir nachgesagt hat, und jetzt sollt' man Dir's ja um so besser meinen, weil Du unschuldig hast leiden müssen."

„Ich hab' das verhofft, und kannst mir's nicht glauben, Luise, wie lustig ich von der Stadt in die Sandau zurückgegangen bin. Aber da hat mich Keiner mehr angeschaut, meine besten Freunde von ehemals haben sich mit einer halben Ansprache: wie so, daß ich wieder da wär? an mir vorbeigeduckt. Der ist im Arrest gesessen, heißt's, wenn er auch wieder los ist, etwas muß doch dran gewesen sein. Es ist am besten, mit so einem Menschen macht man nicht viel. Was hilft mir dieses Papier!" er zog ein Blatt aus der Tasche; „wenn Du es lesen willst. „„Sichergestellt, daß der Seemüller in jener Nacht verunglückt und Niemandem eine Schuld zur Last gelegt werden kann, wird Julian Bachruck aus der Haft entlassen."" Und das ist für Alles!" Er zerballte das Papier in seiner Faust und warf es in das Wasser.

„Geh', Julian, gräm' Dich nicht drüber," sagte das Mädchen und legte die Hand auf seine geballte Faust, „Du stehst auf so was nicht an, auf der Leut' Reden stehst auch nicht an. Wenn der Mensch nur selber weiß, daß er brav ist, hat meine Mutter gern gesagt, so braucht er's von anderen Leuten nicht zu hören. Nun, wenn Du so gut bist und mit mir fahrst . . ."

Sie machten den Kahn flott, stiegen ein und stießen ab. Sanft glitt das Fahrzeug hinaus auf die glatte Fläche, und eine linde Luft strich an die Wangen der beiden jungen Menschen, die, erst kaum aus den Kinderjahren getreten, so still und ernst sich auf dem Schiffchen gegenübersaßen.

„Ist mir schon die Sandau nicht lieb, so ist mir heute doch der Weg dahin lieb," sagte Julian.

„Hättest Du unser Dorf nicht mehr gern?" fragte das Mädchen.

„Nur daß ich morgen beim Standwirth in Arbeit einsteh', weil er in der Hinterlenten Holz schlagen läßt, sonst habe ich seit meiner Mutter Tod in der Sandau nichts mehr zu suchen. — Meinen Augapfel wollt' ich dafür geben, wenn —"

Der Bursche brach ab und schlug mit dem Ruder in's Wasser, daß es hoch aufspritzte.

„Wenn was wäre?" fragte Luise.

„Wenn sie meine Unschuld noch erlebt hätt'," murmelte er.

„Die habe ich ihr ja gesagt," versetzte die Schulmeisters= tochter.

„Wem?"

„Du sprichst doch von Deiner Mutter?"

„Hast Du mit ihr geredet?"

„Sie war nicht alleweil so stolz gegen mich wie ihr Sohn, und so bin ich in ihrer Krankheit gern bei ihr gesessen und hab' ihr's gesagt, daß Du ganz gewiß unschuldig bist, und es könnt' gar nicht anders sein. So thäte sie es wohl auch selber glauben, und so fest wie an Gott im Himmel, hat sie oft gesagt; aber gefreut hat sie's doch allemal, wenn ich davon gesprochen hab'."

„Jesus Maria!" rief der Bursche, ließ das Ruder los und schlug seine Hände zusammen. Bald ergriff er es wieder und holte weit aus, daß der Kahn rasch dahinglitt. Seine

Wangen waren roth, seine Lippen waren roth, seine großen
blauen Augen schimmerten in der hellsten Jugend.

„Und ist's mir so weit recht, daß wir heute zusammen=
gekommen sind," sagte endlich das Mädchen wieder, „so kann
ich Dir's ausrichten, was sie für Dich gesagt hat. Aber hau'
nicht so stark in den See, es spritzt mir das Wasser in's
Gesicht.

Er ruhte aus und schaute sie an. Und sie erzählte von
seiner Mutter. „Du kennst ihn, Luise, hatte die kranke Frau
gesagt, bist doch mit ihm in der Schule gewesen. So richte
ihm aus, daß er sich nicht mit dem Gedanken peinigen sollt',
ich hätt's geglaubt oder wäre gar daran gestorben. Ich kenne
mein Kind. Kann ich es auf dieser Welt nicht mehr sehen,
so ist mein letztes Gebet, daß seine Unschuld möcht' an den
Tag kommen. — Daß Du's weißt, Julian, was Du für
eine Mutter gehabt hast."

Er fiel ihr an die Brust, zwei Thränen rieselten auf
ihr rothseidenes Tuch, dann wendete er sich weg und sagte:
„Mußt mir's nicht verdenken, Luise, das ist mir schon lange
nicht passirt, daß ich wie ein Kind . . . aber das letzte
Mutterwort, wenn man das hört! . . . Ich dank' Dir's,
Luise, ich dank' Dir's, Du bist mein einziger Freund auf
der Welt."

„Ist ja gern geschehen, achte doch auf die Stange, der
Kahn dreht sich wie nicht gescheit um und um, wir tanzen
da ohne Geigen und kommen nicht weiter. Schau einmal
auf den Helm hin, Julian, dort hinten im Gebirg' steigt ein
Wetter auf."

Das Gewölk, das hinter dem Gebirge emporstand, war
so finsterblau, daß davor die hohen Wände des Helm wie in
Silber schimmerten.

„Das kommt heute noch heraus," sagte Julian, „es ist so viel heiß gewesen den ganzen Tag." Und jetzt noch, wo sich der Himmel überzog, standen ihm die Tropfen auf der Stirn.

„Es geht auch gar kein Lüftel," meinte das Mädchen; „jetzt lange einmal in's Wasser, wie das warm ist!".

„Und wie die Fische nach Luft schnappen," versetzte Julian, um was zu sagen, „schau, da — dort. Mir geht's auch nicht besser. 's ist mir ganz wunderlich — so hart und leicht — so heiß ist mir, daß ich in den See hinab möchte."

„Das thut die Seeluft," sagte sie, „wir wollen aber doch machen, daß wir hinüberkommen. Kannst mir's gar nicht glauben, Julian, was ich für Angst habe."

„In einer Viertelstunde sind wir auf trockenem Land," sagte er.

„Ich fürchte mich nicht vor dem Wetter — vor ganz was Anderem."

Auf dieses Wort schwieg er eine Weile, dann versetzte er: „Was soll Dir denn geschehen, wenn ich bei Dir bin? Ich führe Dich heim."

„Das Heim, das fürchte ich," sagte das Mädchen; „so arg es mich noch vor einer Stund' in die Sandau gezogen hat, so arg schiebt's mich jetzt davon hinweg. Es ist gerad', als ob mir ein eiskalter Wind entgegenginge, der mich weiter in den See hinein, anstatt dem Land zu trägt."

Das rasche Hingleiten des Kahnes und das sichtliche Wachsen und Herannahen der Sträuche am Ufer bewies das Gegentheil von dem, was sie sagte.

„Was wird mein Vater sagen, wenn ich ohne Osel heimkomme?" bemerkte Luise zaghaft.

„Bist Du zu seinem Hüter aufgestellt worden?"

„Ich glaube gerade das Gegentheil."

„So geht's Dich nicht an und sollte nur er nicht ohne Dich heimkommen."

„Das schon, aber mein Vater ist so viel streng, und wenn er hört, daß ich dem Oheim so davongelaufen bin . . . Thät' ich nur den Herrn Pfarrer antreffen, der redet mir allemal das Wort, wenn mein Vater gar zu hart ist."

„Ja, der Sandauer Pfarrer ist ein guter alter Herr, hat, wie ich gehört hab', auch meiner Mutter beigestanden und hat sie mit schönen Ehren begraben, gleichwohl er gewußt, daß er keinen Groschen dafür kriegen wird. Das ist schon was, an so einem Herrn."

„Alle Tage bete ich," sagte das Mädchen, „daß er noch lange leben soll. Meine Mutter ist vorzeit verstorben, mein Vater . . . Nein, ich will nicht schlecht sein und meinen Vater was nachsagen; er hat halt auch allerlei Hartes erlebt und kann nicht dafür, daß er so herb ist — thut ihm selber weh. Nun, vielleicht schläft er schon heute, bis ich heimkomme."

„Schau!" sagte Julian und wies gegen den Bergwald hinan, wo sich auf einmal die Baumwipfel zu biegen begannen; plötzlich fuhr es auch in die Weidenbüsche des nahen Ufers, da wurde der See lebendig. Der junge Mann kämpfte mit aller Kraft gegen die vom Ufer heranfahrenden Wellen, die zischend an das kleine Fahrzeug schlugen und dasselbe see= einwärts zu treiben begannen.

„Leg' Dich auf den Boden, Luise!" rief Julian und arbeitete mit übermenschlicher Anstrengung, ohne auf die Fragen und Klagen des Mädchens auch nur eine Silbe zu entgegnen. Sein Hut war dahingeflogen, der Wind wühlte in seinen nußbraunen Haaren und warf sie über die Stirn und Augen hinab. — Ein augenblickliches Aufzucken des

Sturmes, eine Rückwelle, und der Kahn schoß hin auf den Ufersand.

„So," sagte Julian, als sie auf den Rasen hingeschleudert dasaßen und er sich Seewasser und Schweiß aus dem Gesicht wischte, „da wären wir."

„O meine liebe himmlische Mutter Maria in der heiligen Grotten!" rief Luise mit gefalteten Händen, „den heutigen Pfingstmontag vergesse ich mein Lebtag nicht."

„Es ist noch gut ausgegangen," meinte der Bursche, „wir hätten über und über naß werden können."

„Das sind wir ja schon!" lachte das Mädchen aus ihrem Weinen hervor, „jetzt möcht' ich nur wissen, wie es mir allein ergangen wär' auf dem See, wenn mir mein Gott keinen Schutzengel geschickt hätte!"

Julian blickte ihr auf dieses Wort ganz seltsam in die Augen. Was war das für ein kindlicher, treuer, warmer Blick! Ein so schönes Wort war wohl in seinem Leben nicht zu ihm gesagt worden. Und ihr war wohl, daß sie es gesagt hatte; so wohl that ihr's, daß sie dem armen Burschen gut war.

Noch band er rasch den Kahn an einen Weidenstrunk, dann machten sie sich eilig auf, um im grünen Thale zu Fuß das noch eine Stunde ferne Sandau zu erreichen. An beiden Seiten standen die finsteren, rauschenden Waldberge, aber den Helm sahen sie nicht mehr, der war bereits in die schweren, grollenden Nebel gehüllt, und über die Sandau entlud sich das Gewitter.

„Halte Dich nur an mich," sagte Julian, und den Arm um das Mädchen gelegt, zog er es rasch mit sich fort, „wir müssen noch die Heuhütte dort erlangen."

„Mein Gott, sie wird versperrt sein," sagte Luise.

„Ich glaube nicht; im Frühjahr ist ja kein Heu drin."

Das Wetter wogte schwer heran, der Wind schlug den Eilenden schon große Tropfen in's Angesicht, auf dem Boden hüpften Eiskörner — da erreichten sie die mitten auf den Wiesen stehende Bretterhütte. Das Thor wich einem leichten Ruck, die dunkle Scheune war mehr als zur Hälfte mit Heu gefüllt. Kaum daß sie unter Dach waren, schmetterte ein Donnerschlag und die Fluth brach los. Auf dem Dache knatterte das Eis, unter der Wand brach das Wasser herein und zwang die Unterstehenden, auf der Heuschichte trocknen Platz zu suchen.

„Schon gar ein ungestimmer Abend," sagte Luise, „ein rechtes Glück, daß ich nicht allein bin."

„Du wirst naß, Luise, wenn Du nicht noch weiter heraufsteigst," sagte Julian.

„Wo bist denn? Reiche mir die Hand, es ist ja schier finster."

Der Hagel verstummte bald, aber das Rauschen des Regens währte lang. Die Düsterniß des Gewitters ging in die Abenddämmerung über, durch die Fugen der Bretterwand strich kühle Luft. Das Mädchen sieberte. —

Als sie aus der Hütte traten, um endlich der Sandau zuzugehen, standen auf Wegen und Wiesen die Tümpel. Die Eller rauschte laut, aber in der Luft war es gar still und kühl, und am Himmel funkelten Sterne.

Julian und Luise gingen schweigsam neben einander her. Er wollte sie bis zum Schulhause begleiten, aber als sie an das Lindenkreuz kamen, wo das Dorf anfing, blieb das Mädchen stehen und sagte: „Es ist besser, Julian, wir gehen nicht mit einander durch's Dorf."

„So will ich da zurückbleiben," sagte er. „Behüt' Dich Gott, Luise."

„Behüt' Dich Gott," sagte sie flüsternd. Weiter hatte sie kein Dankeswort, daß er sie über den See geführt. Rasch ging sie zwischen den Häusern hin, leise schlich sie in das Schulhaus und in ihr Stübchen.

Der Vater schlief.

※

Nachdem Luise stundenlang in ihrem Bette gelegen war, wenig geschlafen, aber viel geträumt hatte, klopfte es an ihr Fensterchen. Es schien schon die Morgenröthe herein. Draußen stand ein Mann und fragte zischelnd, ob sie drinnen wäre?

Der Oheim war's.

Sie hatte sich gestern vorgenommen, ihm's recht ent= gelten zu lassen, aber seitdem war ihr der Zorn vergangen. Sie erzählte ihm durch das Fenster, daß sie spät Abends nach Hause gekommen sei und der Vater schon geschlafen habe.

„So könntest mir wohl einen Gefallen thun, Luise," bat er, „schau, ich hab' auf diesem vermaledeiten Kirchtag ohnehin Malheur gehabt, und sollt' ich mich von Deinem Vater auch noch heruntermachen lassen wie ein Zigeunerbub'! Geh', sei gescheit, Dirndl, und sag', wir wären hübsch mit einander heimkommen — wenn er Dich fragt."

„Wenn Du ihn anlügen willst! ich thu's nicht," sagte das Mädchen; „fragt er nicht, so werd' ich still sein, und sonst kann ich nicht helfen."

„Der Kuckuck soll das ganze Seekirchen holen!" knirschte der Osel, „weißt Du, daß mir meine Uhren gestohlen worden sind?"

„Wo denn?"

„Beim Schwarzen Ochsenwirth. Alle sind hin bis auf eine, die Repetiruhr, die ich schlafen mitgenommen hab' und die halbe Nacht repetirt hat — mag meinetwegen auch beim Teufel sein."

„Hast Du die Wirthin gefragt?"

„Was geht mich die Wirthin an, leicht will sie mir die Zech' zwiefach aufrechnen, wo ich in ihrem Haus das Malheur hab' gehabt."

„Du bist ein Lapp, Oheim, Deine Uhren hat die Wirthin aufgehoben."

„Ist das wahr, Mädel? ist's gewiß wahr? So will ich Dir aber einmal einen Schmatz auf Dein Göschel geben!"

  „Geh' und laß mich in Frieden, Deinen Schmatz brauch' ich nicht."

Der Oheim torkelte beglückt davon — wohl dem Ochsenwirth von Seekirchen zu.

Luise fand sich mit ihrem Vater zum Frühstück ein. Er war mürrisch wie gewöhnlich und fragte weder nach dem Gottesdienste von Seekirchen, noch nach dem Jahrmarkt, noch nach der Heimfahrt im Wettersturm. So schwieg auch sie, und der Tag nahm seinen Gang wie gewöhnlich. Und es vergingen die Wochen.

Bisweilen, wenn Luise im Garten das Gemüse pflegte und die Blumen zügelte, die Nelken und die Reseden und den Rosmarin, kam der alte Herr Pfarrer, setzte sich auf das Bänklein und schaute ihr zu. Er, dem der Garten dieser Welt von jeher eine Sandwüste sein mußte, mochte sich freuen im Anschauen des siebzehnjährigen, der Jungfrau entgegenblühenden Kindes. Vielleicht mochte er sich in ihrem Anblicke erinnern an flüchtige Träume vergangener Zeiten. Und oft, wenn er das treuherzige, so offen und vertrauend in das

Leben blickende Waisenkind betrachtete, das zarte, holde Wesen
mit dem liebevollen, opferfreudigen Gemüth, da wollte ihn
fast Bangigkeit beschleichen. Einmal trat er zu ihr hin, legte
seine Hand auf ihr dunkellockiges Köpfchen und sagte: „Luise!"

Mehr sagte er nicht. Er, der Schriftkundige und Pre=
diger, fand nicht das rechte Wort, um das arglose, kindliche
Wesen zu mahnen, zu warnen. Zart ist das jungfräuliche
Herz . . .

Am besten, man schweigt und wacht und betet. — —

Zur Zeit, als die rosenrothen Doppelnelken sich zu ent=
falten begannen, stand Luise oft bewegungslos am Garten=
zaune und blickte hinaus auf die Wiesen und Waldberge und
in den Duft, der über dem Ellersee lag. Sie war schweigsam
und suchte keine Genossin mehr, die mit ihr an Feierabenden
die Kränze für den Hochaltar flocht und Marienlieder sang.
Sie wand die Kränze allein und flocht mehr Blumen und
Rosen hinein als sonst. Manches Marienlied hub sie an zu
singen, kam aber mit keinem eigentlich zu Ende. Ihre Stimme
war nicht mehr zum Singen; so versuchte sie es mit dem
Beten, denn ihr war zu Muth, als sei etwas oder stünde
bevor, um dessen Abwendung sie Tag und Nacht auf den
Knien liegen sollte. Sie wußte nicht, was es war.

Einmal saß an der Schwelle des Schulhauses ein junges,
abgehärmtes Weib mit einem in Lappen gehüllten Kinde auf
dem Schoß.

Kam der Schulmeister heraus und fragte, was sie da
mache?

Sie wollt' bitten um einen Schluck Milch.

„Da müßt Ihr in eine Meierei gehen und nicht in's
Schulhaus, wo man selber kargen muß."

Ob sie nicht ein wenig rasten dürfe?

„Seit wann ist das Schulhaus eine Raststation für liederliche Dirnen?" fragte er scharf, „das wär' mir ein sauberes Beispiel für die Jugend! Ja, anfangs, wenn das jung' Dirndl laufen kann, da lauft sie auf der Weid' dem lieben Vieh nach und Gott weiß, wem sonst, und wachst auf, wie der Baum im Wald, nur nicht so hoch, und hat für die Schul' keine Zeit. Kehr' die Hand um, trägt sie Schand' um; nachher beim Betteln mögen sie die Schulhausthür schon finden. Hinweg da!"

„Ich gehe ja schon," versetzte das Weib, sich aufraffend, „wollt Ihr mir die kleine Labniß versagen für meinen armen Wurm, so behaltet auch die harte Red'."

„Ja freilich," spottete der alte Schulmeister giftig, „man wird sich bei Euresgleichen wohl höflich bedanken müssen für die Ehr' des Besuches, versteht sich, und recht schön bitten, daß Ihr doch ja bald wieder mit einem neuen Balg vorsprecht, und vielleicht die kleinen Dirndln aus der Schulstube rufen und ihnen sagen: da seht, so weit könnt ihr's auch einmal bringen, wenn ihr fleißig seid!"

Da wendete sich die Bettlerin um und sagte: „Wißt Ihr denn, Ihr hochmüthiger Mann, welche Wege die Kinder, denen Ihr heute aus Büchern die Tugenden lehrt, treten werden? Ist gleichwohl die Mutter von diesem Wurm nicht in Eurer Schulstube gesessen, so ist die Frage, ob nicht etwan sein Vater drin saß?"

„Und wär's an meinem eigenen Kind," rief der Mann, „mit Sünd' und Schmach hab' ich keine Barmherzigkeit!"

Und schlug hinter dem armen Weibe die Thür zu.

Luise hatte den Auftritt gehört. Am liebsten wäre sie der dahinwankenden Bettlerin nachgelaufen, hätte sie um Verzeihung gebeten für die Kränkung, hätte sie in ihre Kammer

geführt, hätte sie und das kleine Wesen gelabt. Aber sie
dachte an den Zorn des Vaters und that es nicht. Noch lange
zitterten ihr die Glieder, als wäre ihr selbst das Leid zugefügt worden. Dann kniete sie hin vor ein Marienbild und
that ein Gebet.

Das Gebet gab ihr keinen Frieden. Sie ging in den
Garten und schaute empor zu den hohen Wänden des Helm,
die über den Waldhöhen niederblauten. Dort oben ist die
heilige Grotte. Fromme Menschen tragen aus dem Thal
Steine hinauf, daß zu Ehren der göttlichen Jungfrau dereinst
eine Kirche erbaut werden könne, wo ihr Bildniß steht in
der Felswand. So will auch sie den Stein hinauftragen, der
seit Wochen auf ihrem Herzen liegt. Sie ahnt kaum, wer ihn
hingelegt, weiß nicht, was er bedeutet.

Noch wenige Tage vergingen, dann wußte sie es.

Jenem armen Weibe hatte sie Milch für ihr Kind zugetragen, und bei jenem Weibe war sie zu einer Erkenntniß
gekommen.

„Wir sind ja Blutsverwandte," sagte die Bettlerin, „ich
bin das Weib Deines Oheims."

„Ist denn der Osel verheiratet?" fragte Luise.

„Vor einem Jahr zu dieser Zeit bin ich auch so gewesen wie Du," sagte das Weib anstatt der Antwort, dann
erzählte sie, wie es anders geworden. Luise unterbrach sie
mit einem Schrei und eilte davon. — Die Nacht darauf
hat sie geweint; aber als die Sonne aufging, war sie gefaßt.

Sie wußte, was sie wollte.

Aber sie konnte es nicht thun, ohne den Vater noch
einmal zu sehen. Als sie ihm das Frühstück in die Stube trug,
schnarrte er sie an, warum sie nicht ausgeschlafen habe? Es fielen
ihm ihre gerötheten Augen und ihre blassen Wangen auf.

„Aus Sorg' und Kummer," spottete er, „wie es schon
geht, wenn man sich um allerlei Leute kümmert, die sich selber
vergessen, wenn man den Vater bestiehlt, um ihre junge Brut
zu ätzen. Aber das ist unsere neumodische Nächstenlieb', brave
Leut' läßt man verderben und mit dem Gesindel hat man
Erbarmen und muntert es zu allen Schlechtigkeiten auf. Geh',
geh' mir, Du bist auch so Eine!"

Luise schwieg und blickte den alten, finsteren Mann
betrübt an. Heute that ihr sein hartes Wort nicht weh, heute
hätte ihr seine Güte und Freundlichkeit weh gethan. So kam
es ihr nicht schwer an. Als er in die lärmende Schulstub'
getreten war, band sie ein ganz kleines Bündelchen, schaute
noch einmal rings um sich, biß sich die Unterlippe blutig,
damit ein äußerer Schmerz den inneren dämpfen sollte, und
ging durch den blühenden Garten davon.

Im Pfarrhof wollte sie zusprechen, zu den Füßen des
guten, alten Herrn wollte sie weinen und dann weiter gehen.
Nun sie aber den Priester vor dem Hause unter den Apfel=
bäumen langsam hinschreiten sah, im langen Talar und mit
dem grauen, entblößten Haupte, und in einem Büchlein lesend
— der stille, sonnige Tag über der Friedensgestalt, da blieb
Luise stehen. Ihr fehlte der Muth, ihm jetzt vor Augen zu
treten, sein liebes, mildes Antlitz war ihr ein Gericht. Sie
wendete sich rasch, schlug sich in den nahen Schachen und
ging hinter demselben querfeldeinwärts der Bergschlucht zu.
Wohin? sie wußte es nicht und sie fragte nicht. Allerwärts
im Thale war das heitere Regen des ländlichen Lebens. Auf
den Wiesen funkelten die Sensen der Mäher, über die Korn=
felder wehte es wellig dahin, auf den Matten trieben sich
behaglich die schellenden Heerden und jodelnden Hirten
umher.

Luise wich Allem aus und eilte der blaudämmernden Schlucht zu. Da rauschte ihr schon von weitem das Wasser entgegen. Es kam aus den höheren Gebirgen herab, es hatte wuchtige Steinblöcke mit sich gewälzt, zwischen denen es nun schäumend weiter schoß. Diesem Wasser entlang zog ein Weg, diesen Weg wandelte Luise. Am Ufer blühte die schaukelnde Enziane und war betropft von dem Wasserstaube. — Ist es wahr? das soll ja die Blume sein, die zu zittern beginnt, wenn ihr ein Mensch in die Nähe kommt. Ist's ein Wunder daß der Mensch, der sich kennt, vor sich selber bebt?

Das Mädchen stieg rasch den steinigen Weg empor bis zur Stelle, wo sich die Schluchten theilen und der Weg sich zweigt. Das Wasser brauste links aus einer felsigen Klamm, ein armseliger Fußsteig wand sich an seinen Hängen hin. Rechts hinein in die Schatten eines finsteren Waldes ging der Fahrweg. Dieser trug die Spuren von geschleiften Baumblöcken; führte er doch hinein in die Hinterlenten, wo der Standwirth von der Sandau Holz schlagen ließ. Luise wählte nicht diesen Weg, sie wählte den armseligen Fußsteig, und so begann für sie nun ein beschwerliches Wandern an Felswänden und Steinriffen hinan, hier im kühlen Hauch der schattigen Schlucht, im nassen Gestein und Buschwerk, dort an sonnigen Hängen, über heiße Platten und zwischen verblühten Alpenrosensträuchen. Endlich verließ der Fußsteig die Schlucht und wendete sich steil hinan, bald war das Rauschen des Wassers nicht mehr zu hören, die Aussicht weitete sich über die Waldberge hin, dort und da strebte felsiges Gebirge empor aus dem weiten Rund, und durch die Thalenge herein glitzerte der Ellersee. Luise setzte sich erschöpft auf einen bemoosten Stein, und da war es so still ringsum und nichts hörte das Mädchen als das Pochen des Blutes in ihren Schläfen.

Dort, weit jenseits der Schlucht, über den blauenden
Wäldern, stieg eine leichte Rauchsäule auf und verschwamm
im Firmament. Das Feuer von Holzarbeitern. Dort ist die
Hinterlenten, dort arbeitet Julian im Holzschlag. Sie hat
ihn seit dem Pfingstmontag nicht mehr gesehen. Sie will ihn
nicht mehr sehen, er soll nichts wissen, und auf sein Jugend=
leben soll die Sonne scheinen, so wie sie dort auf seinen
Wald scheint.

Als sie so in's sonnige Blau blickte, da wollten ihr fast
die Augen vergehen. Sie wendete sich rasch und hub wieder
an, aufwärts zu steigen. Sie kam auf einen mit Wachholder=
sträuchen bewachsenen Bergsattel. Das heimelte sie an, denn
sie erinnerte sich an die Sage, daß der Wachholderstrauch der
heiligen Jungfrau Maria zugehöre. Als die heilige Jungfrau
mit ihrem Kinde nach Aegypten floh, da wurde sie verfolgt
von den Landsknechten des Königs Herodes. Die Haide war
kahl, und nur Steine lagen umher; nichts war da, hinter
was sich die Fliehenden verbergen konnten, als jener graue
verachtete Strauch — der Wachholder. Hinter diesen barg
sich die liebe Mutter Gottes mit dem Jesulein, die Lands=
knechte ritten vorüber und die Fliehenden waren gerettet.
Maria legte ihre weiße Hand an den Strauch und sagte:
„Von nun an, Wachholder, sollst du mein lieber Baum sein.
Du sollst grünen das ganze Jahr wie die Cedern auf dem
Libanon, deine Beeren sollen blau sein wie die Augen meines
göttlichen Kindes, sie sollen als Schutzmittel dienen gegen
böse Seuchen, und dein Holz soll heilig sein."

Darum wählen die Bildschnitzer so gern das feine, harte
Wachholderholz, wenn sie Heiligenbilder verfertigen wollen;
auch das Frauenbild in der Grotte auf dem Helmberge soll
aus dem Holze des Wachholders geschnitzt sein.

Luise streckte ihre Hand aus, pflückte zwischen den stechenden Nadeln etliche blaue Beeren und aß sie. Dabei dachte sie sich einen Wunsch und that ein Gebet zu Der, die sich mit dem Kinde hinter dem Wachholderstrauch vor den Nachstellungen der Menschen verborgen hatte.

Zwischen den Sträuchen vereinigten sich hier mehrere, aus verschiedenen Thälern heraufführende Fußwege; so war der Pfad, der sich quer gegen das kahle Gestein hinan= schlängelte, gut ausgetreten. Luise wußte nicht, wohin er führte; da oben konnten wohl keine Menschen wohnen, wüstes Gewände starrte ihr entgegen. Sie stieg bergan — nur aufwärts, auf= wärts war ihr Sinn, als wollte sie einem Abgrunde, in den sie gefallen, wieder entkommen. Der Himmel, der über den scharfen sonnigen Felsen lag, war so sehr blau und tief, fast wie eine sternenhelle Nacht.

Endlich verließ der Pfad das grüne Gefilde, bog um einen Riff und war im steilen Gewände. Das Mädchen schwindelte schon, als es sah, wie es da an der fast senk= rechten Wand den schmalen, unebenen Steig hinansteigen sollte. In der blauenden Tiefe, ganz schreckbar tief unten, lag die Sandau mit ihrem blinkenden Steinhäuflein, dem Dorfe. Alle Berge, die von unten aus so hoch anzusehen waren, standen niedrig da, daß man weit über sie hinaus andere Berge und Thäler sah, von denen das Mädchen bisher kaum eine Ahnung gehabt hatte. Und über all das erhob sich gewaltig hoch das Felsengebirge, auf dem Luise stand. In der Sandau lag jetzt die heiße Mittagssonne, und auf dem schneeweißen Faden, der sich durch das Grüne schlängelte, wehte der Straßenstaub. Hier oben strich eine kühle, reine Luft, die wie ein Balsam auf das betrübte Gemüth Luisens wirkte.

Nachdem sie hier eine Weile gerastet und in das Thal
geschaut hatte, und auch auf den Ellersee hinaus, an dessen
Ufer Seekirchen mit seinen zwei Thürmen lag — der unglückselige Ort — schritt sie rasch und entschlossen am Gewände
hin. Sie will achten auf ihre Schritte, aber wenn sie aus-
gleitet und in die Tiefe stürzt, aus der die blauenden Wipfel
der Tannen heraufschauen, so wird es auch das Beste sein.
Sie legt ihr Leben in Gottes Hand — er kann die Seele
rein waschen mit dem Wasser ihrer Augen, mit ihren Bluts-
tropfen, aber er muß sie nehmen, denn sie will bei ihm sein.

Plötzlich stand Luise still. Der ebene Raum hatte sich
etwas geweitet, war aber hier von wuchtigen Felsblöcken
begrenzt und aller Ausweg nach links und rechts abgeschnitten.
Der Pfad ging in die finstere Höhlung eines Felsens hinein.
Die alten Märchen von Räubern und Räuberhöhlen standen
auf in der jungen, erregten Phantasie. Wer sonst sollte diese
Steige treten, wer in diesen unzugänglichen Hochöden wohnen
als Uebelthäter, die sich vor den Menschen zu scheuen haben?
— Da das Mädchen eine Weile in die Höhle gestarrt hatte,
sah es auf dem Grunde derselben etwas schimmern. Es war
ein röthlicher Schein. Sonst blieb Alles ruhig und still, nichts
regte sich, selbst Luise war vor Rathlosigkeit wie eine Steinsäule.

Endlich faßte sie sich insofern, daß sie theils nach einem
Ausweg spähend, theils aus Neugierde, einige Schritte nach
vorwärts that. Jetzt sah sie es. In einer Nische der Höhle
brannte eine rothe Ampel, und hinter derselben stand ein
Muttergottesbild. Es war das Bildniß der „Mutter in der
Grotten," welches Luise oftmals in keinen Abbildungen
gesehen hatte. Jetzt erst wußte sie, daß dieser hohe Berg der
Helm war, den sie täglich von ihrem Kammerfensterchen aus

geschaut hatte. Wie unendlich anders und mannigfaltiger ist hier oben die Felsenwelt, als sie sich nach unten hin — in Gestalt eines Helmes — zeigt. Und nun stand sie vor der „Mutter in der Grotten," zu der sie in den schlaflosen Nächten geweint hatte. Jetzt kniete sie hin auf den breiten Stein, der vor dem kleinen Altare lag, und hub an zu beten. Aber die Worte starben ihr im Munde und die Gedanken (Beter denken mit dem Herzen) starben ihr im Herzen. Was sollte sie beten? Sie hob die Hände auf und sagte laut: „Ich habe Dich so lange gesucht in meiner Angst, und jetzt bin ich bei Dir und jetzt weiß ich nicht, was ich will. Ich kann den Leuten nicht mehr vor Augen treten, und ich möcht' mich in die Erde graben vor lauter Elend, und ich möcht' weinen vor Freuden, und mein Herz, das will mir zerspringen vor lauter Bangsein. Ich weiß nicht, wie mir zu helfen ist, und dennoch bitte ich Dich bei meinem Leben und Sterben, o Jung= frau Maria, hilf mir!"

Wie das Licht der Ampel jetzt so auf sie fiel, da war ihr Angesicht wie mit Purpur übergossen. Helle Thränen rieselten ihr über die Wangen, und ihre großen Augen schauten in wilder Angst und heißer Zuversicht zu dem Bilde auf. Dieses ruhte in seiner Felsennische — kein roh geschnitztes Stück Holz mehr, sondern beseelt von dem Glauben der Beterin, war sein Gesicht zum Antlitz einer gütigen Gottheit geworden — des ewigen Rathschlusses sichtbare Gestalt.

Als Luise ihr Auge senkte, fiel es auf den Steinsockel des Bildnisses und sah die Worte, die heute noch dort stehen: „Du Zuflucht der Sünder, bitte für uns!" Hell rief sie's nach, denn das, das war ihr Gebet, nun war ihr plötzlich klar, als was sie hier kniete — nicht als Kranke, nicht als Unglückliche, nicht als Verführte, Verfolgte, Verstoßene, Ver=

lorene — sondern als Sünderin und Büßerin. — Jetzt
war ihr fast leicht, jetzt war sie hier daheim, sie gehörte
nirgends hin als hierher, in die Zuflucht der Sünder.

Ein alter Mann weckte das Mädchen aus seinem stillen,
träumenden Weinen. Ein alter, hinfälliger, weißbärtiger
Mann, in einem langen Lodenhabit gehüllt, ähnlich den
Einsiedlergestalten der alten Legenden. Er hatte die Beterin
lange beobachtet, es war ihm darob fast angst und bang
geworden; dieses junge schöne Weib betete so ganz anders,
als es sonst die Wallfahrer zu thun pflegten, die ihr Anliegen
und Gelübde stets nach dem hölzernen Rosenkranz abthaten.
Endlich legte er seine Hand ganz leicht auf ihre Achsel, daß
sie emporfuhr.

„Es ist mir unlieb, daß ich Deine Andacht zerrissen
habe," sagte er nun, und seine Worte schienen sich im langen
Barte schier zu verwickeln, daß sie undeutlich klangen, „aber
ich glaube, Dirn', Du bist allein heroben und hast keinen
Führer. Und desweg' muß ich Dir sagen, daß Du Dich
eilends aufmachen sollst, wenn Du vor dem Gewitter noch
bis zur Halterhütte auf die Gemeineben hinabkommen willst."

„Ich will nicht hinab," antwortete sie gefaßt.

„So, wo willst denn hin?" fragte der Greis.

„Ich will hinauf, da hinauf will ich," sagte sie und
deutete mit der Hand die Felswand hinan.

„Magst wohl, magst wohl," versetzte er, „kommst aber
nicht weit. Da oben ist der Berg bald aus und geht nach allen
Seiten zu Thal. Und in einer Stunde ist das Wetter da."

„So will ich bei der Mutter Gottes dableiben, bis es
vorbei ist."

„Ist kein schlechter Vorsatz. Aber das Wetter wird heut'
nicht aus; es fallen die Nebel ein und es regnet und blitzt

die halbe Nacht; mein lieb' Dirndl, da möchte dich beim alten Einsiedler auf dem Helm doch die Zeit gereuen."

„Mich gereut keine Zeit mehr," sagte Luise, „ich will da vor der Mutter Gottes schlafen."

Der Alte blickte sie eine Weile von der Seite an und sagte endlich: „Du bist eine ganz besondere Wallfahrerin; an Dir kenn' ich mich nicht recht aus. Von wo bist denn her?"

„Von der Sandau herauf."

„So, so, da werden wir leicht gar noch bekannt mit einander, ich komme bisweilen hinab. Bist etwa die —"

„Ich bin des Schulmeisters Kind," sagte sie leise, als wäre das kein gutes Geständniß.

„Nein," versetzte der Alte rasch, „nein, das wäre! Die Luise bist?" — Hierauf murmelte er allerlei in den Bart, das nicht verstanden werden konnte. Dann sagte er zum Mädchen: „Schau, ist recht brav von Dir, daß Du auch in Deinen jungen Jahren auf die Mutter Gottes nicht vergißt. Weibeln in ihren alten Jahren kommen genug herauf, aber deinesgleichen nicht gar viel, es müßten denn lustige Burschen mit sein, die in's Speikstechen ausgehen; da mag's wohl sein, daß sie im Vorbeigehen vor der Heiligkeit ein paar kurze Vaterunserlein beten, bis sie sich ausgeschnauft haben. Ja, ja Dirndl, die Sünder suchen ihre Zuflucht ganz wo anders als in der heiligen Grotten, gleichwohl man dieses Felsenloch die Zuflucht heißt. Von Dir hab' ich mir ja immer gedacht, Du gehörst zur Mutter Gottes — schon Verwandtschafts halber... Na, so laß' ich Dich heute nicht mehr fort." Er deutete gegen die haushohen Felsenblöcke. „Da hinten drüben — man braucht nur durch diese Spalte hinauszugehen — steht meine Klausen. Sie hat zwei Stuben, und eine davon überlasse ich Dir; ist soweit Alles rein, und ein Dirndl wie Du," setzte

der Alte schalkhaft bei, „wird ein Einsiedlerbett wohl gewohnt
sein. Morgen haben wir wieder schön, da steigst langsam
hinab."

Luise ging willenlos auf den Vorschlag des Greises ein.
Sie war so erschöpft und seelenmüde. Von der Spitze des
Berges fuhren kalte Nebel nieder, in den Felsenriffen pfiff
der Wind, ein gellender Blitzschlag entfesselte die Fluthen, die
jetzt aus der finsteren Luft und von den Felsen niedergossen.
In der Grotte zitterte das rothe Flämmchen, in der Klause
zitterte das Mädchenherz, das in seiner Angst und Verlassen=
heit dem freundlichen Greise vertraute, sie wolle in ihrem
Leben nicht mehr hinabsteigen in die Sandau, sie sei auf
den Berg gegangen, ohne zu wissen wohin, sie habe vor, sich
irgendwo zwischen den Steinen hinzulegen und zu warten,
bis sie sterbe.

Da verging dem alten Mann das Lächeln, das er sonst
gern spielen ließ zwischen den weißen Locken seines Haares
und Bartes. Er merkte, daß hier was Seltsames dahinter=
stecken müsse, erfuhr aber nicht mehr, als daß der Schul=
meister ein harter Vater sei, daß die Leute von der Sandau
schadenfroh, spottsüchtig und unduldsam wären und daß es
eine Schande und ein Elend ist auf dieser Welt.

„Und was macht der Herr Pfarrer?" fragte der Ein=
siedler, und es schien, als hätte er diese Frage nur aufge=
worfen, um sie auf einen weniger traurigen Gegenstand zu
bringen.

„Der Herr Pfarrer, ja," antwortete das Mädchen, „das
ist noch der Einzige, dem ich recht vertraue, und dennoch —
zu allermeist seinetwegen bin ich fort."

Der Alte ergriff die Hand des Mädchens und sagte:
„So weißt Du es also. Nun verstehe ich Dich, nun begreife

ich), daß Du aus dem Schulhause davongegangen bist, daß
Du den harten Mann nicht länger mehr um Dich haben
willst. Hast Du denn mit Deinem Vater nicht darüber gesprochen?"

„Lieber sterben!" schluchzte das Mädchen, „es ist eine
Schmach, die ich nicht ertragen kann."

„Du denkst zu hart, mein Kind, die Schuld ist nicht
an Dir."

„So gut wie an ihm," rief sie, „ich will gar nichts
von mir abwälzen! Er ist ein weltfremder Mensch gewesen,
ich hätt' können anders gegen ihn sein, mein Zutrauen hat
ihn verleitet, und so ist es geschehen."

Da stutzte der Greis und merkte, es wäre nicht eine
und dieselbe Sache, von der sie sprachen. Aber Menschen,
die in dieser Welt so alt geworden, wie der Einsiedler auf
dem Helm, sind schlau; bald wußte er es, was sie meinte,
aber ihr blieb es ein Geheimniß, was er wußte.

„Du armes Dirndl," sagte er, „was soll ich jetzt mit
Dir anfangen? Ein Anderer an meiner Stelle wollte sich
vielleicht auf den Mann Gottes hinausspielen und sagen:
Zuerst leichtsinnig sein und nachher davonlaufen, das ist keine
Art. Allsogleich gehst heim zu Deinem Vater und ißt die
Suppen aus, die Du Dir eingebrockt hast. — Kind, so rede
ich zu Dir nicht. Ich bin besser mit Dir bekannt, als Du
vermeinen wirst. Wie Du noch so ein klein Wesen warst,
bin ich Küster gewesen unten in der Sandau und Knecht im
Pfarrhof. Da ist die Schulmeisterin — dazumal schon nimmer
jung — öfters mit Dir in unseren Baumgarten herüber-
gekommen, und ich hab' mich auf Kinderlocken besser verstanden, als man das einem Pfarrersknecht zutrauen möcht'.
Freilich hätt' ich nicht gedacht, daß Du einstmal so, wie Du

heut' vor mir stehst, hier oben bei der heiligen Grotten vor
mir stehen solltest. Wie es heute angestellt ist, wird's das
Beste sein, Luise, Du bleibst bei mir heroben. Bleibst verborgen und versorgt, so gut es sein kann, und ich will Dich
hüten wie der Drache einen versunkenen Schatz. Du bist ja
ein versunkener Schatz, leicht kommt noch der Rechte, der
Dich kann heben."

Er hätte es eigentlich gern gewußt, wer den Schatz
versenkt hatte und allein ihn heben konnte, — hat's aber
nicht erfahren.

*

So blieb Luise, das Kind aus dem Schulhause zu Sandau,
in der Klause des Einsiedlers auf dem Helm. Der alte Mann
freute sich, daß er auf seiner einsamen Höhe eine Seele gefunden hatte, und er murmelte einmal so für sich hin: „Das
hätte ich damals nicht gedacht, wie ich Dich im kleinen Korb
von so weit hergeschleppt hab', daß ich mir einen Augentrost
für meine alten Tage heimtrag'."

„Was meint Ihr, Josef?" fragte das Mädchen, indem
es an einem Genzianenkranze flocht für das Frauenbild.

„Ei, nichts," versetzte der Alte und rieb sich die Stirn,
„ich hab' schon wieder geträumt."

„Ihr müßt Euch jetzt meinetwegen so abmühen," sagte
sie, „daß Ihr so viel Nahrungsmittel auftreibt, und ich wäre
mit weniger auch zufrieden."

„Du mußt Dich jetzt recht an's Essen halten," versetzte
der Alte, „und mir macht's ja nur Freude. Du weißt doch,
daß den frommen Einsiedlern die Raben das Brot vom
Himmel bringen? Es müßte denn ein junges Einsiedlerpaar
sein, solches freilich hätte sich auf der Welt umzuschauen, daß

es zu was kommt. Mein Vorfahre, der die Klausen mit den zwei Stuben erbaut, hat's so gehalten, und unter seiner Zwei=siedlerei ist die Mutter von der heiligen Grotten gerade so gnadenreich gewesen als sonst, und sind mit der Zeit um fünf gesunde Buben mehr in's Thal gegangen, als heraufgekommen sind. Aber das Pfarramt in der Sandau ist anderer Meinung worden und hat gesagt, in eine richtige Einsiedlerei wären von jeher mehr Personen hineingegangen, als wie heraus=gekommen, weil sie drinnen verstorben. Und wie ich, der alte Knecht, meiner Arbeit nimmer vor sein mag, werde ich auf den Berg geschickt; da hab' ich die heilige Grotten zu hüten und bekomme dafür meinen Lebensunterhalt. Ist mir auch lieber, als im Armenhaus sein, und da heroben in der frischen Luft bin ich rechtschaffen gesund. Ueber meine Einsiedlerkutten hast schon gelacht, gelt? Ich selber auch. Ist eben des Ansehens halber und weil die Leute der Kutten lieber was schenken als wie dem alten Knecht Josef. In diesem Einsiedlerhabit hätte weit mehr Frömmigkeit Platz, als jetzt drinnen steckt; für das Gnadenbild in der Grotten schier zu wenig, aber für einen Menschen, dem ich beistehen kann, reicht sie gerade noch aus. Desweg' nur wohlgemuth, mein Dirndl, und laß es Dir bei mir gut sein."

Luise war gern thätig, sie goß Oel in das Aemplein des Bildnisses, schmückte den Altar mit Blumen und betete. Gern ließ sie die heilige Marienmythe an sich vorüberziehen und suchte nach einem Anker, an dem sie sich halten oder rechtfertigen konnte. Und jene zagenden Seelen, die sich nicht heranwagen zu dem ernsten, dornengekrönten Antlitz Christi, der kommen wird, zu richten die Lebendigen und die Todten: jene Seelen finden Halt und Frieden bei der Mutter. Dieser süße, mailiche Mariencultus ist die wahre, begnadende und

göttliche Seele des Katholicismus, die ihm die Herzen der
Millionen sichert.

So fand auch das Mädchen aus der Sandau hier Trost,
hatte es in seinem kindlichen Herzen ja doch Aehnlichkeit mit
der liebe= und schmerzenreichen Mutter und Jungfrau ...
Wenn Wallfahrer heraufkamen, zog sie sich in ihre Kammer
zurück, schloß sich ein und Niemand ahnte, wen der alte Josef
in seiner Klause beherberge.

Einmal an einem herbstlichen Samstagnachmittag, als
der Alte fortgegangen war, um für den Winter Kräuter zu
sammeln, das Mädchen auf dem Bänklein vor der Klause
saß und sinnend hinabschaute in's tiefe Thal, wo schon die
letzten Felder in gelber Reife standen, wo die Leute nun aber
bereits die Sonntagsruhe begannen und vielleicht der Kirche
zugingen, um der Vesper beizuwohnen, da kam eine tiefe
Wehmuth über sie. Sie dachte an ihre eigenen fröhlichen
Feierabende im Dorf — in Kindeszeit. Jetzt war diese Kindes=
zeit vorbei, ganz plötzlich abgeschnitten, und sie blickte aus ihrem
wüsten Gestein hinab in's grüne Thal, wie in eine schöne,
versunkene Welt. — In solchen Stunden der Schwermuth
pflegte sie von dem freien Plätzchen durch die Felsspalte
hinaus in die Grotte zu treten und Zuflucht zu suchen bei
der himmlischen Mutter der Gnaden.

Als sie es auch jetzt thun wollte, war es, daß sie mitten
auf ihrem kurzen Wege innehielt. Sie sah in der Dämmerung
der Höhle, wie vor dem Bildniß ein Mann kniete. Die Ell=
bogen auf den Stein gestützt, barg er das Haupt in seine
Hände, aber seine Hände schienen zu zittern. Der Ampel=
schein fiel auf sein blondes Haar. — Durch die Nerven des
Mädchens zuckte ein heißer Stich; sie sah, wer es war. Es
war Julian.

Lange kniete er in der gleichen Stellung; er schien nicht zu beten, er schluchzte und seine Hände zitterten, und sein Haupt bebte und seine Brust bebte vor dem tiefen, schweren Schluchzen . . .

Luise wollte vergehen, sie hatte in ihrem Leben keinen Menschen noch so erschütternd weinen sehen als diesen lieben, armen Burschen. Sie wollte schon zu ihm eilen und ihn fragen, warum er denn so bitterlich weine? — Aber sie hielt sich, es darf nicht sein! Sie sollen sich nicht mehr sehen, das ist für ihn das Beste und für sie das Härteste — so will sie büßen. Ein Dämon wollte sie fassen und zu ihm hinreißen, sie stieß ihn von sich, sprang in ihre Zelle und ließ ihren Thränen freien Lauf. — War es ihr Schmerz, daß er litt? ihre Freude, daß sie ihn wiedersah? — Was mag ihm wider= fahren sein? Haben sie noch einmal seine Ehre geschlagen? Oder weint er um sie, die in Verlust gerathen, seine ver= lorene Freundin? — Das soll er nicht, er soll nicht weinen, sie thut es für ihn, er soll nur Eins von ihr wissen — daß sie lebt . . .

Als sie hierauf in die Grotte trat, war er fort. Sie lief hinaus, sie sah ihn nicht mehr, seine Gestalt war schon hinter den Felsriffen verschwunden. Sie stürzte vor den Altar, der Stein war noch naß von seinen Thränen, sie umfing ihn, sie küßte ihn mit Gluth, ihr Lebensglück wollte sie saugen aus diesem Stein.

Es war ein Stein.

Als der alte Josef zurückkam, fand er das Mädchen hin= gestreckt in der Grotte. Er hob es auf und brachte es zu sich, und er sagte:

„Ich sehe es schon, Luise, ich darf Dich nicht mehr allein lassen."

9*

Es vergingen schöne, klare Herbsttage. Das Mädchen
blieb betrübt. Der Ausblick war überaus rein, und das freie
Auge sah die fernsten Berge schimmern, auf denen das ewige
Eis liegt. Die Ortschaften, Kirchen und Schlösser lagen so
freundlich weiß in den Thälern und auf waldigen Hügeln.
Manchesmal trug der Luftzug den Ton einer Kirchenglocke
herauf, der abgerissen von seinem klingenden Liede einsam zu
dieser Höhe stieg, vielleicht ein Büßer, dessen Jauchzen auf
dem Kirchthurme ein wenig zu weltlich gewesen. Der Ellersee
lag wie ein reiner Spiegel zwischen seinen Waldbergen,
manches weiße Pünktlein glitt darauf hin und her. Luise
blickte hinab und war betrübt.

In der Sandau war es Frieden geworden auf den
Feldern. Die Früchte waren eingeheimst und die Stoppel=
flächen lagen fahl zwischen den frischgrünen Wiesen. Auf den
Wiesen mußte noch Spätmahd stehen, aber es kamen keine
Mähder. Manche herbstliche Arbeit, die sonst um diese Zeit
stets in Angriff genommen zu werden pflegte, lag unverrichtet
da, hingegen wurden dort und da an Waldsäumen und Feld=
rainen Feuer angemacht, deren Zweck der alte Josef nicht
verstand. Bisweilen bewegte sich vom Dorfe gegen die Stelle,
wo zwischen Matten der kleine Friedhof lag, ein schwarzes
Kettlein hin. Das war ein Leichenzug. Und diese Kettlein
wiederholten sich öfter und öfter, schließlich waren sie jeden
Tag zu sehen; und da sagte der alte Josef: „Luise, es schaut
aus, als ob ein großes Sterben in's Land gekommen wäre."

Am Tage der Heiligen Gottes war's in früher Morgen=
stunde zu sehen, wie vom Dorfe Sandau sich ein großer
Menschenzug über die bereisten Auen hin bewegte, nicht dem
Friedhofe zu, sondern gegen die Schlucht. Und am frühen
Mittage war's, daß in den Felsen ein eintöniges Surren

wiederhallte, und bald darauf sah der Josef am Gewände die
betende Schaar herankommen gegen die heilige Grotte.

Eine Bittprocession zur Mutter in der Höhlen um Ab=
wendung der bösen Seuche. Unter den Leuten war auch der
Uhren=Osel, wie immer über und über voll Sackuhren, mit
denen er Geschäfte machen wollte. Aber die Leute wollten
heute darauf nicht eingehen, sie dachten an jenen Uhrenmann,
der in seiner mageren Hand die ablaufende Sanduhr hält —
und sie beteten. Und sie weinten. Viele hatten ihre Liebsten
schon hinausgetragen in die kühle Erden, Viele hatten sie
noch in ihren Häusern liegen, auf dem Brette ausgestreckt
oder auf dem Leidenslager wimmernd. Unter den Todten
waren auch der Schulmeister von Sandau und der Pfarrer
Letzterer starb, wie die Leute dem alten Josef erzählten, nicht
an der Seuche, sondern an einem monatelangen Siechthum,
welches seltsamerweise ohne eine vorhergegangene Krankheit
mitten in der schönen Sommerszeit seinen Anfang genommen
hatte.

Diese letzte Nachricht machte den alten Einsiedler sehr
nachdenklich. Er zweifelte nicht, daß das Verschwinden
Luisens die Ursache seines Siechthums gewesen. Er fragte
dann, ob sich sonst nichts Neues in Sandau zugetragen habe.
Man erinnerte sich an nichts Besonderes. Daß sich im
Sommer die schöne Schulmeisterstochter in den Ellersee
gestürzt habe, würde er wohl gehört haben? — Er habe es
nicht gehört, entgegnete der Alte, und glaube es auch nicht. —
Es sei aber so. — Ob sie denn ihren Leichnam gefunden? —
Den hätten sie; er sei schon halb verwest gewesen. — Was
man sage, daß die Ursache wäre? — Das wisse Gott. Das
Mädchen sei einige Zeit früher trübsinnig gewesen, so sei es
wohl in der Irre geschehen. Sei auch christlich bestattet worden.

Dem Mädchen verschwieg der Alte diese Aussagen, verschwieg ihm auch den Tod des Pfarrers; der des Schulmeisters traf sie tiefer, als er gedacht.

„Wenn er auch herb war," klagte sie, „er hat viel gelitten, er hat's nicht schlecht gemeint, und mein Vater ist er doch gewesen."

„Er hat nicht als Vater an Dir gehandelt," warf der alte Josef ein. Von diesem Augenblicke an klagte Luise nicht mehr, aber sie war trauriger als je.

Nun kamen die Novembernebel und verhüllten den Blick in's Thal. Es kamen die Winterstürme und umbrausten die Wände des Helm, und die letzten Wallfahrer, die aus dem Thale kamen, erzählten, daß die Seuche durch die Fürbitte der Mutter von der heiligen Grotten im Verlöschen sei. Dann stiegen die letzten der Wallfahrer hinab. Der alte Josef verrammelte den Eingang zur Grotte mit den dafür bereiteten Brettern; Luise wand noch einen Kranz von den immergrünen Wachholderzweigen um das Marienbild — dann zogen sie sich in ihre wohlverwahrte und mit Lebensmitteln versehene Klause zurück, und der Alte sagte: „In Gottes Namen, jetzt thun wir unseren Winterschlaf."

Und draußen tanzten die Flocken, wehte der Schneestaub, daß es finster war mitten im Tage. Dann wieder waren Zeiten, wo der Sonnenschein lag über der weiten, weißen Winterlandschaft, und dann kamen wieder die wochenlangen Nebel und Gestöber, und es kamen an das Fenster der Klause die Raben, aber nicht, um Brot zu bringen, sondern um Brot zu holen. Josef theilte den schwarzen, struppigen Vögeln von seinem Vorrath. Einer dieser Vögel wurde besonders zutraulich, kam jeden Tag mehrmals um Speckschwarten, auch Brotkrumen waren ihm recht, er wurde von Tag zu Tag beleibter, und am Weihnachtsfeste schnitt ihm der Josef den Kopf ab und machte aus dem Rabenleib ein gebratenes Huhn.

Der Alte litt zwar in den vielen freien Stunden bis= weilen ein wenig an der Gicht, blieb aber immer guter Dinge. „Ist schon recht," sagte er, „alleweil beten mag der Mensch nicht, zur Abwechslung mit Geduldigkeit ein bissel Glieder= reißen leiden soll auch verdienstlich sein."

Luise war schweigsam und in sich gekehrt; sie nähte an Kleidungsstücken, dann ließ sie ihre Hand oft sinken und träumte, bis ihr die Augen naß wurden, und dann schreckte sie plötzlich auf, arbeitete mit Emsigkeit und sang ein Lied dabei. Ihre zarte Gestalt war scheinbar kräftiger, aber ihr Angesicht war blaß geworden. Gegen Ende des Monats Februar, zur Zeit als unten in der Sandau und in See= kirchen und in allen Dörfern die übermüthige Faschingslust herrschte, brach der alte Josef auf dem ebenen Plätzchen vor der Grotte mit Stemmeisen und Schaufel eine Grube in den steinigen Boden. Als die Grube so tief war, daß er, in ihr stehend, nicht mehr über den Rand hinaus das weite, be= schneite Bergrund sehen konnte, kletterte er hervor, ging in die Klause, trug keuchend eine mit weißem Tuch verhüllte Gestalt heraus und legte sie in das Felsengrab. — Es war die todte Luise. Ihr Leben verlosch zur Stunde, als ein neues anfing.

Der alte Josef saß am Grabe, starrte hinab und sprach mit der Todten, mit Gott und mit sich selber.

„Zweimal, Du liebes, armes Wesen, bist Du mir, dem fremden Knecht, in die Arme gelegt worden, einmal als neu= geborenes Kind, das andere Mal als sterbendes Weib. Warum es so sein muß auf dieser Erden! Du bist gut und brav

gewesen, Luise, und es ist doch so traurig gekommen. Mit
Deiner Jugend, mit Deiner Unschuld und mit Deinem Herzleid bist Du gestanden zwischen zwei Sünden: die eine hat
Dir das Leben gegeben, die andere hat es Dir gekostet. Du
bist heraufgekommen zur heiligen Grotten, wo die Zuflucht
der Sünder ist und das Heil der Sterbenden. Hier bei der
lieben Mutter Gottes magst Du rasten. Ruhe in Frieden!
Am jüngsten Tag, wenn die Felsen brechen und wir Alle
auferstehen, verhoff' ich, daß ich Dir in dem, was Du mir
heute zurückläßt, ein glücklicheres Wesen, als Du selber warst,
werd' an die Hand führen können; dann, Luise, nimm auch
Deinen Theil an den ewigen Freuden."

So sann und so murmelte der alte Josef, dann nahm
er die Schaufel zur Hand und die Steine klangen, bis das
Grab geschlossen war. Der helle Schrei des kleinen Kindes
rief den Einsiedler in die Klause.

*   *

Der Mai war gekommen. Auf den Höhen des Helm
grünten wieder die Wachholder in neuen Trieben, und aus
den Felsspalten wucherten die Büsche der Alpenrose und
wiegten neue Knospen.

Da stieg eines Tages ein ganz junger Mann den steilen
Hang herauf und schleppte auf der Achsel einen großen Stein,
wie es sonst Büßer thaten.

Der Einsiedler sah es und murmelte: „Ihr jungen
Leute wißt mit eurer Kraft nicht, wohin. Unsereiner ist froh,
wenn er leerer Hand heraufkommt."

Der junge Mann legte den Stein vor das Muttergottesbild und kniete darauf hin.

Nach dem Gebete wollte er wieder davongehen, setzte sich aber erschöpft auf das Bänklein neben der Grotte.

Der Alte, der ein schlummerndes Knäblein in seinen Armen hielt, das er nicht mehr zu verbergen Ursache hatte, trat zu ihm und sagte: „Ich glaube schon, daß Du müd' geworden bist. Ich habe den schweren Stein wohl gesehen."

Der Bursche sagte vor sich hin: „Den Ihr nicht seht, der ist noch schwerer."

„Es muß ja der Weg herauf noch elend sein," bemerkte der Alte.

„Ich bin nicht der Mensch, der sich schöne Wege aussuchen kann," versetzte der junge Mann.

„Ich sollt' Dich kennen," sagte jetzt der Einsiedler, „bist Du nicht der Holzknecht Julian?"

„Wird wohl sein."

„Und ist jetztund im Wald wieder so wenig Arbeit? Ich meine nur, weil Du im hellen Werktag Zeit hast, im Sonntagsgewand zur heiligen Grotten heraufzusteigen."

„Seit wann zählt der Einsiedler den Pfingstmontag zu den Werktagen?" fragte der Julian.

„Heute der Pfingstmontag!" versetzte der Alte, „wirst Dich wohl irren, Holzknecht. Der war vor einem Jahr an diesem Tag, heuer sind Pfingsten um zwei Wochen später." Dabei schaute er dem jungen Mann etwas scharf in's Gesicht.

„So," murmelte der Bursche, „wird wohl sein. Ihr könnt die Pfingsten hin und herschieben. Bei mir ist's anders, mein Pfingstmontag steht fest wie der jüngste Tag. Ich zähl' nach dem Mond."

„Was sagst?"

„Alter, ich möcht' Euch jetzt um einen Schluck Wasser bitten."

„Recht gern," sagte der Alte, „aber in meiner Hütte ist mir der Brunnen abgestanden, ich muß das Wasser da vom Kar heraufholen. Ich bin gleich wieder da, nur mußt Du so gut sein und mir dieweilen diesen kleinen Menschen da halten. Er schläft und ich mag ihn nicht gern auf den feuchten Boden legen."

„Ihr habt ein kleines Kind hier?" fragte jetzt der aufblickende Bursche.

„Ja," sagte der Alte, „es wird so etwas sein. Es kommen halt auch kleinwinzige Wallfahrer herauf zur Mutter in der Grotten. Nun laß einmal sehen, ob der Holzknecht Julian so was im Arm halten kann. So. — Du, das wär' nichts, liegt der Kopf zu niedrig, thät ihm das Blut in's Hirn rinnen. Jetzt, das ist wieder zu hoch, kippt er zusammen, hat noch kein so starkes Rückgrat als wir großen Leut', mußt wissen, der Kleine ist erst drei Monat' alt. Das Tuch schön zusammenhalten, so, jetzt hast ihn recht, das thut's."

Der Julian hielt das Kind auf dem Schoß, der alte Josef ging um Wasser.

Als er nach einer kleinen Weile mit seinem Steinkruge zurückkam, blieb er jählings stehen und schaute den Burschen an. — Was der dieweil für rothe Wangen bekommen hat! Und seine Augen! die glänzenden Augen, die er hat! und wie er das Kind anschaut! Meiner Tag hab' ich noch keinen Holzknecht gesehen, der ein Wickelkind so anschaut! Wenn's nur keinen bösen Blick kriegt! Bigott, 's ist schon wach. Jetzt schaut er's wieder an. Jetzt rinnt ihm Wasser über die Wangen. Na, was die Holzknechte heutzutag' für absonderliche Leut' sind! — „Ei schau," rief er laut, „mein neues Kindsmädel ist nicht viel nutz. Mir ist der Kleine um die Zeit nie munter worden. Da hast Dein Wasser und jetzt gieb wieder her." —

Da hob der Julian sein feuchtes Auge und sagte: „Es geschieht ihm nichts bei mir. Ich kann's Euch nicht sagen, Alter, wie mir um's Herz ist. Meine Mutter hat ein Kind gehabt, das hat schier so ausgesehen als wie dieses. Mein jüngstes Brüderlein ist uns aber jungheit gestorben — und jetzt mein' ich, ich thät's da auf dem Arm halten. Es schaut mich auch just so an. Wem gehört's denn zu? wo sind seine Eltern?"

„Ja," sagte der alte Einsiedler, „sein Vater möcht' schwer zu finden sein. Hingegen seine Mutter, die ist nicht weit von Dir, Die hast unter Deinen Füßen."

„Wie meint Ihr das?"

„Sie schläft unter diesem Sand, auf dem wir stehen. Ich verschweige es nicht: die Leute haben ihr bös mitgespielt unten im Thal, da ist sie heraufgestiegen zur Mutter in der Höhlen, schon im vorigen Sommer, und in diesem Winter ist sie heroben gestorben."

„Von wem redet Ihr?" fragte Julian.

„Ob Du sie gekannt hast, weiß ich nicht, aber gehört hast Du sicher von ihr. Man sagt ja, sie hätte sich in den See gestürzt."

„Wer?"

„Sie, die Mutter von diesem Kind, wie die Leut' sagen: die Schulmeisterstochter von der Sandau."

„Luise!"

„Hast sie doch gekannt," sagte der Alte; aber das Wort erstarb ihm vor Schreck, denn der Holzhauer war aufgesprungen und that, als wollte er das Kind von sich schleudern. Der Einsiedler haschte nach seinem Kleinod, da riß es der Bursche wieder an sich und drückte es so fest an seine Brust, daß es aufschrie.

„Ich habe es ja nimmer geglaubt," sagte Julian, und seine Stimme war seltsam zu hören, „daß sie in das Wasser ging. Sonst wäre ich nachgegangen. — Laßt mir das Kind, Alter, laßt es mir, ich trage es zu seinem Vater."

„Wie mir scheinen will," entgegnete der Alte — „wie mir scheinen will, hättest Du es nicht weit zu tragen. — Mein lieber Julian, jetzt kenn' ich mich aus! Aber das Kind lasse ich nicht. Ich habe einmal ein mir anvertrautes Kind aus der Hand gegeben, ich thue es nimmer. Ich habe es allzu traurig wieder zurückbekommen."

Der Alte nahm den Kleinen mit entschiedenem Ernste zu sich.

„Er ist mein!" rief Julian, aber sein Ruf war weich, flehend.

„Das hättest Du früher sagen sollen."

„Bei der lieben Frau in der Grotten, ich habe nichts davon gewußt. Ich habe Luise nicht mehr gesehen, sie ist ja geflohen. Ich habe mir allerhand gedacht, aber ich habe nichts gewußt. Jesus, und wenn ich jetzt denk', daß sie etwa meinet= wegen hat sterben müssen!"

„Wohl, wohl, mein lieber Holzknecht," sagte der Alte.

„Und sie hat mich verachtet!"

„Das nicht, so viel ich weiß," beruhigte der Einsiedler; „Weiber sind in dieser Sach' ja wie unser lieber Heiland, sie beten für ihren Kreuziger. Ich hab' niemals erfahren, wen es angeht, aber ihr Weinen und Beten für ihn, das habe ich wohl gehört, und in ihrem Sterben ist noch ein Lieben gewesen, übergroß, häufig groß genug für das Kind und seinen Vater."

Jetzt brach Julian nieder auf den Sand und weinte laut und erschütternd, so daß ihn der Alte aufzurichten suchte

und nun ansprach: „Weil Du's bist, so habe ich Dir's mit=
theilen müssen. Dein Kind wirst auch noch haben können, ich
werde nicht ewig leben. Josef heißt es, wie ich, habe es selber
getauft; schau, wie es Dich jetzt anlacht! Sei auch ein Kind,
Julian, und denke, es lache Dich die Mutter an. Weine Dich
nur aus, das ist gut. Dann kannst den kleinen Josef herzen,
so viel Du willst, aber nicht zu stark; denk', was dem Großen
wohl thut, kann dem Kleinen weh thun. Das Beste ist, Du
gehst mit in die Klausen; schau, mich gefreut's, daß Du ein
Ehrlicher bist und ein Herz hast."

Als in der Klause der erste große Sturm des Gemüthes
vorüber war und sich beide Männer gegenseitig Mancherlei
erzählt hatten, fragte der alte Einsiedler: „Du hast es wohl
Niemand gesagt?"

„Einem hab' ich's gesagt," versetzte der Bursche, „dem
Sandauer Pfarrer hab' ich Alles gebeichtet."

„Da bist Du zum Rechten gekommen," meinte der
Alte, „hat er Dich absolvirt?"

„Das weiß ich nicht. Es war ein Beichten, das ich
meiner Tag' nicht mehr vergesse. Der Pfarrer hört mich
ruhig an, dann schaut er mir durch das Gitter in's Gesicht,
steht auf und geht davon. Und wie er am Altar vorbeigeht
und sich verbeugen will, stürzt er auf das Steinpflaster, und
sie müssen ihn auf sein Zimmer tragen. Er ist die Zeit viel
krank gewesen und ist auch schon gestorben. Wenn meine
Sünd' Ursach' sollt' sein —! Was setzt er sich aber in den
Beichtstuhl? von mir wird er's nicht das erstemal gehört
haben."

„So mußt nicht reden, Julian," sagte der alte Josef;
„Du hast ihren Namen genannt, sie ist schon in Verlust
gewesen — da ist's kein Wunder, daß sich der Pfarrer ent=

setzt hat. Ich will Dir was erzählen, leicht verstehst es dann
besser. — Du schaust mich an und denkst, was kann denn
der Alte wissen, der nie mehr von seinem Berge kommt.
Aber der weiß doch was; ist ja nicht immer auf dem Berg
gewesen. Ich, von der Mutterseite dem Pfarrer in der Sandau
ein weitläufiger Vetter, bin lange Jahre der Meierei vor-
gestanden, die zum Pfarrhof gehört. Der Herr Pfarrer,
dazumal ein lustiger Mann in den besten Jahren; die Haushälterin, ein rührsames, hübsches Weibsbild; hinter dem
Gartenzaun der neuangestellte Schulmeister, der etlicher
hundert Gulden wegen eine betagte Schulmeisterswitwe geheiratet hatte — das sind so meine Bekannten gewesen und
haben mich wie einen Vertrauten gehalten. Der Schulmeister
hat dazumal schon öfters so was Verdrießliches gehabt, und
die Wirthshausbrüder haben ihn gern gehänselt, ob denn
das vom Orgelspielen und Ministriren thät' kommen, daß
die Herren Schulmeister so viel Gottessegen und keine Buben
hätten? Der Sandauer Schulmeister hat aber gar keinen
gehabt und hat sich auch weiter keine Hoffnung gezeigt. Und
ein Mann, der zur Plag' so viel mit fremden Kindern
umthun muß, möcht' zu Lohn doch auch ein eigenes haben.
Und die Schulmeisterin gar! wie die Weiber schon sind, nur
gleich alleweil was Herziges möchten sie haben. Zur selbigen
Zeit, mußt wissen, ist unsere Haushälterin einmal auf etliche
Wochen zu einer Verwandten in die Stadt gereist, und wie
sie zurückkommt, wird den Schulmeistersleuten redlich gerathen,
sie sollten sich doch ein armes Waisenkindlein in's Haus
nehmen, das wäre doppelter Gottessegen. Wo man die
Waisenkinder bekäme? — Darum keine Sorg', in der Stadt
ist Alles zu haben. Du weißt, wie ein Schulmeister in der
Sandau bestallt ist; arm genug, und da hilft der gute Pfarrer

aus der Noth — später schon gar, und so darf der geistliche
Herr schon auch seinen Rath geben. Nach etlichen Unterredungen
hin und her sind die Schulmeistersleute einverstanden, und ich
werde in die Stadt geschickt, thue, was mir von meinem Herrn
aufgetragen ist, und bringe in's Schulhaus ein Findelkind—
ein etliche Wochen altes Dirndl heim. Das ist die Luise
gewesen, und jetzt, Julian, magst es verstehen, weswe' Du
mit Deiner Beicht' den alten Herrn aus dem Beichtstuhl
geschreckt hast."

Julian blickte fragend in das graubärtige Antlitz des
alten Josef. Dieser schaute so drein und sagte endlich: „Verstehst es nicht? dann ist's so auch gut. Merke Dir nur, daß
Luise bis zu ihrem Versterben ein Kind gewesen ist. Und thue
nicht auf sie vergessen."

*   *   -

Es war lange nicht aufgekommen, warum der sonst so
heiter geartete junge Holzhauer Julian wieder still und in
sich gekehrt geworden. Böse Herzen waren geneigt, diesen
Umstand trotz der absoluten Beweise seiner Unschuld so aus-
zulegen, daß der Tod des Seemüllers doch noch mit einem
Häkchen an ihm hänge. Dann meinten sie auch, er sei ein
Betbruder geworden, weil er fast an jedem Sonnabend hin-
aufstieg zur heiligen Grotten, selbst manchmal zur Winterszeit, trotz aller Mühsal und Gefahr. Keinen Stein schleppte
er mehr mit sich, wohl aber verschiedenerlei Lebensmittel, die
er von seinem Arbeitslohne angeschafft hatte.

So ging es sieben Jahre lang; die Leute wußten was
oder wußten nichts, sie kümmerten sich nicht weiter nach den
besonderen Wegen des sonst wieder beliebt gewordenen, gut-
müthigen und fleißigen Burschen. Da war es einmal, daß

Julian zur Frühjahrszeit mehrere Tage lang nicht vom Berge zurückkam. Endlich stieg er herab und führte an seiner Hand einen schönen siebenjährigen Knaben.

Er führte ihn durch das grüne Thal der Sandau gegen den See. Als sie an einer alten Heuscheune vorüberkamen, die mitten in den Wiesen stand, sagte der kleine Josef: „Vater was ist da drinnen?"

Julian zog das Kind rascher mit sich fort.

Sie schaukelten zur Lust des Knaben über den See, sie landeten in Seekirchen, sie schritten durch den Marktflecken hinan gegen das Schulhaus.

Dort beginnt der kleine Josef seinen Weltlauf — den Anzeichen nach scheint er ein ganzer Mann zu werden.

Alljährlich einmal fährt er mit dem Holzknecht Julian über den See, dem Helm zu, der blau und hoch hinter den Waldbergen aufragt. Sie steigen auf den Berg, beten in der nun verwahrlosten Grotte und beten vor der zerfallenden Einsiedlerklause auf dem kleinen Sandplatz, wo hoch über den Wohnstätten der Menschen, auf gewaltigem Katafalk des Felsengebirges — neben einander zwei treue Herzen ruhen.

Der Dorfcaplan.

Sie laden ihn ein.

rennt der Steinwendhof?

Weil es so gewaltig knistert und knattert, schnalzt und kracht durch den Wald herauf und der Lärm von Menschenstimmen so wild durcheinanderhallt!

Der Steinwendhof steht behäbig im Thale, und zwar, wie es über seiner Hausthür heißt, in Gottes Hut. Er sonnt seine stattlichen Wände und sein wie Taubengefieder schimmern=des Schindeldach im heiteren Nachmittag.

Arbeitslärm und Festlust ist's, was da hallt und schallt. Der Bergländer hat's gern, wenn sich zum ernsthaften Schaffen und Thaten die Lust und das heitere Spiel gesellt; denn die stete Arbeit ist ihm zu trocken und ein Spiel ohne praktischen Zweck hat ihm zu wenig Würze. Darum verbindet er gern Beides und es wird etwas Angenehmes daraus. Auch der blaue, feine Rauch, der aus dem Schornstein des Hofes steigt, verheißt was. Drinnen in der großen Stube stehen heute so viele Tische, als Platz haben, und alle werden gedeckt. Am Fenster der Küchenkammer hockt die schwarze Katz' und späht durch die keine Scheibe zu den Krapfen hinein, die in mehreren großartigen Pyramiden aufgebaut sind. Die Beschauerin kennt keine interessanteren Bauwerke auf dieser Erde.

Und die Bretterhütte, welche diesseits der Wiese am Waldhange steht, und die heute von Menschen wimmelt und aus welcher das lustige Lärmen kommt, ist der Dörr=ofen oder die „Haarstube," wo das aus der Bleiche vom Felde kommende „Haar" (Flachs) gebrechelt (gebrochen, ge=walkt) wird. Zu dieser Arbeit ist das halbe Dorf geladen. 's ist ein wichtiger Tag.

So lange uns noch nicht die seltsamen Geschicke unserer Helden umspinnen und fortreißen, mögen wir das Auge wohlgefällig auf diesen Idyllen ruhen lassen. Es war ein ununterbrochenes Schaffen und Sorgen den Sommer über um diese Pflanze. Und doch ist's ein Gewächs geworden, mit dem Unsereiner nicht einmal was anzufangen wüßte. Keine Speise und kein Trank, keine Medicin, kein Bauholz, kein Brennstoff — das woget nur immer mit seinen zarten, blauen Blüthen wie ein See — dann wird Alles braun und spröde, jeder Stamm verwildert und setzt sich seinen eigenen Kopf auf. Da reißen sie ihn los von der Mutter Erde und vermittelst Ziehens durch Eisenkämme wird er enthauptet. Dann bahren sie ihn auf draußen auf der Haide, bis er in Sonne und Regen erbleicht ist.

Bist Du jetzt zahm, Geselle? — Nein, eher brech' ich und vermodere. — Wohlan, in die Folterkammer mit Dir, in den Kerker voll Hitze und Qualm. — Jetzt erst recht nicht! meinst Du. Gut, so soll das Brechscheit dran. Das Brech=scheit erst, mein trotziger Bursche, adelt und weiht Dich zur Albe des Priesters, zum Kleide der jungfräulichen Braut.

Zwei lange Reihen von Brecheln (Brechscheitern), theils ihre Füße in die Erde getrieben, theils auf Stockeln mit Steinen beschwert, waren aufgestellt. Auf der einen Seite standen die Burschen, welche den Flachs „überhackten," daß die gröbsten Rinden und Hülsen abfielen, während ihn auf der andern Seite die Weiber sein hechelten, bis die glatten, weichen, weißgelblich glänzenden Strähnchen zu Tage traten.

Zwischen den Reihen lief rastlos ein Mann ab und zu und verschwand in der finstern Kammer, die über dem Ofen war und aus welcher jedesmal, so oft die Thür aufging, ein erstickender Qualm hervorschlug. Der Mann blieb auch gar nicht lange in dieser Kammer, kam sein bald schwitzend und keuchend mit den struppigen Flachsbündeln hervor, die er dann mit allerlei Scherzen an die Brechler vertheilte.

Und ein Necken war das zwischen den Burschen und Mädchen, ein Kichern und Aufschreien unter den Weibern, wenn die von den Boshaftesten absichtlich aufgewühlten „Agen" durch die Lüfte und an Gesicht und Busen stoben. Das sind so die Bauernspäße, die nur deshalb noch immer Anklang finden und belacht werden, weil sie von der Freundschaftlich= keit der Ausübenden zeugen, die stets nur Solche necken, welchen sie gewogen sind.

„Bist aber ein Unend, Wastl — ein Hallodri — ein Abdrahter und schon der Rechte, Du! — Wart, Bürschel, Dir helf' ich weiter! —" So drohen die Weibsbilder, und nachher wird's immer erst lustig.

Jetzt kamen zum Ueberfluß noch zwei Knechte, brachten auf einer Holzbahre ein Faß und mehrere Laibe Weißbrot. Und ein kleines, verknorpeltes Männlein war hinterher, das lachte gar verschmitzt unter dem Horte seiner breiten Krempe — einen Honigtopf schwang es mit beiden Händen: „He, Leutel, der Himmel ist aba g'fallen!"

Dieses kleine, possirliche Männlein ist der große, reiche Steinwendhofer. Unter den Brechlern neuer Jubel; die Burschen

eilen ihm entgegen und tragen den Topf mitsammt dem
Bauern in die Hütte.

„Buckelringen, Schöpsreiter?"

Kaum hört's der Kleine, so ist er schon auf den Füßen,
liegt einem handfesten Burschen in den Armen, oder vielmehr
an dem Bauch, denn bis an die Brust des Gegners reicht der
Bauer kaum. Gar bedenklich hat er sich mit dem Riesen ver-
knüpft, spreizt die Beine aus: „Knödelschütz, wo willst liegen?"

„Wohin willst fliegen?" ruft der Große und hebt das
Männlein höher auf, als es sich für einen Knecht wohl ge-
ziemen will und ein Großbauer gefallen lassen soll. Aber
schon bei der nächsten Wendung sind dem Knecht die Arme
ausgeschlagen, der Kleine schießt unter die Beine des Großen
— der Große purzelt auf den Boden hin.

„Der Knödelschütz ist hin!" jubeln die Leute, „einen
Haspel hat er ihm angeschlagen. Steinwender, bist halt alleweil der Alte, Du!"

Der Knödelschütz ist schon wieder auf den Füßen und
beide Ringer lachen sich gutmüthig zu.

Mittlerweile wachsen am Waldraine Tische wie aus der
Erde hervor. Und der Steinwender ruft: „Geht's her, Leute!
thu'n wir schau'n, was uns die Bäurin hat g'schickt!"

Bald standen und saßen die Brechler an den Tischen,
aßen Honigbrot und tranken aus dem großen Krug den lieben
Lebenstrost — wo hier doch Keiner desselben bedürftig war.
Wenn sie so viel trinken, wohin soll das führen an diesem
Abende?

Sie heben schon an, sich für die Abendunterhaltung die
Gefährten zu wählen — männlich zu weiblich — denn getanzt
wird! Der Aelpler tanzt nur zu Mann und Weib — ein
anderes Tanzen macht ihm keinen Spaß.

Eine laute Klatsche war plötzlich zu hören — d'rauf ein mächtiges Gelächter. Der vorhin gefallene Knödelschütz hatte die Lisabeth, die Ziehtochter des Steinwenders zum Tanz geworben und dieselbe sofort auf diese Rechnung „bußeln" wollen. Da hatte er die schallende Ohrfeige. — Im Ganzen kein erfreulicher Tag das, für den großen Knecht.

Auf einmal wurde so laut und so geheim als möglich „Pst!" gezischelt — „Der Caplan, der geistliche Herr!"

Die Männer zogen ihre Hüte ab, die Weiber rieben sich ihre Hände mit den Schürzen rein.

„Das ist aber schon gar, jetzt kommt der geistliche Herr auch noch!"

Ein junger, schlanker Mann in schwarzer Kleidung und einer weißen Halsbinde kam langsam des Weges. Die Gestalt war so jugendlich, das etwas blasse Angesicht so gutmüthig lächelnd, daß der gemessene, würdevolle Gang nicht recht dazu passen wollte. Er grüßte lächelnd über den Zaun herüber und wollte weiter wandeln.

„Ein bissel hergehen, Hochwürden, auf einen kühlen Trunk!" rief der Steinwendhofer über die Planke.

„Schön Dank," antwortete der Priester, „wenn morgen nicht Sonntag wäre!"

„Predigt studiren? Na ja, wie's halt schon geht. Aber da thät's der geistlich' Herr bei uns just treffen. Ich hab' heut' alle Kreuzschwerenöther vom ganzen Dorf beisamm' — da thät' dem Herrn schon was einfallen. Na bitt', auf ein Schlüpfel Most!"

Und nun that der Priester jenen verhängnißvollen Schritt durch das Thor, und mit dem kühlen Trunk sog er die wilden Gluthen des irdischen Lebens ein auf seine warm empfängliche kindliche, dem Himmel geweihte Seele.

Das volle Glas und der Honigtopf stand bald vor ihm: „Greif' der geistliche Herr nur trotz zu — mich g'freut's."

Er griff zu. Dann sagte er den Brechlern, sie wollten sich doch seinetwegen nicht abhalten lassen, lustig zu sein. Die ließen sich's auch nicht zweimal sagen und sie fürchteten sich nicht vor der Predigt, die der Herr Caplan aus ihnen herausstudiren sollte.

Dem keinen Großbauern fiel was ein; ob er's auch sagen sollte, oder nicht, beß kraute er sich die schneeweißen Haare. Wenn doch, so müsse er's fein geschickt machen.

„Nicht, daß ich schön reden will," sagte er, „aber 's ist halt wohl völlig doch gar eine Ehr' für die Gemein', wenn so ein geweihter Mann Gottes in ihr aufwachst. — Wie lang wird's denn her sein, daß ich den Herrn als Schulbübel über die Mühlleuten hinaus hab buckelkraxen tragen? Mein Lebtag! wer hätt's vermeint, dazumal, daß mir der geistlich' Herr Caplan auf dem Buckel thät hocken! — Na, nichts für ungut. Und die Ehrmeß hernach! Wenn ich hundert Jahr alt werd', den Tag vergeß' ich nicht. Den Laster (die Menge) Geistliche! Der Dechant, der Stifts-Prälat auch. Und die türkisch' Musik dazu! Hab's gleich gesagt, so was erleben wir nimmer. Und das hab' ich auch gesagt, zehnmal ist mir unsere Pfarrkirchen lieber, seit Einer aus der Pfarr drin die Ehrmeß hat gelesen."

Der Caplan that jene Bewegung mit der flachen Hand, die da sagt: „Laß's gut sein!"

Aber der keine Alte schwätzte darauf los. Muß in der Kirche der Bauer dem Prediger zuhören, so mag's hier auch einmal verkehrt sein.

„Daß der alt' Vater die Freud' nicht mehr hat erleben mögen. Die Mutter wohl, ei, die wohl. Den Ehrentanz, den

der Herr Dechant mit ihr gemacht hat! — Schmeckt der
Most? Aus Holzäpfeln ist er, — das wird der beste Most,
von den Holzäpfeln. — Nein, Hochwürden, wenn ich so ein
Kind hätt', und ich säh's vor'm Altar und auf der Kanzel —
hell närrisch kunnt ich werden. — Ist doch soweit gesund,
die Frau Mutter?"

„Dank der Frag'. Meine Mutter, die webert und webert
in ihrem Häusel, daß es eine Freude ist."

„Die wird noch lang' webern, Hochwürden, ich sag's.
Seitdem die Frau von ihrem Herrn Sohn das Amt singen
hört, wird sie allweil jünger, und wenn — noch ein Stückel,
geistlicher Herr, ich schmier' gleich selber den Honig drauf, so,
ist gesund für die Leber."

„Ich danke, ihr meint mir's gar zu gut, Steinwender.
Jetzt aber sprecht doch auch einmal von Euch selber, wie es
denn immer geht auf dem Hof?"

Der Alte machte ein saures Gesicht.

„Wenn einer so von auswendig hinschaut," sagte er
dann, „lauter Kurzweil und Lustbarkeit. Aber — ich — da
drinnen" — er schlug auf seine Brust — „da drinnen spür'
ich nichts davon. — Der geistlich' Herr hat ja selber die
erste Hand voll Erden auf meine Rosalia geworfen vor einem
Jahr. Die Lisbeth ist rechtschaffen brav, über die hätt' ich
keine Klag', trifft's auch in der Wirthschaft schon, so jung sie
ist. Aber um mein Weibel thut's mir halt doch ant. Thät's
einem alten Weißkopf nicht gar so schlecht anstehen — ich
wollt frei noch einmal heiraten."

„I, warum denn nicht?"

„Ei weg, ein grauer Freier — man weiß ja, wie das
ist. — Und sonst, wie lebt der geistlich' Herr? Halt manchmal ein wenig so spazieren herum?"

„Mitunter, ja. Gern gehe ich über Euer Hochfeld quer gegen die Kreuztanne zu. 's ist mir der Aussicht wegen aufs Hochgebirge. Setz' mich dann bisweilen auf die Ringelbank und hör' dem Glockenton zu, der — wenn die Luft recht zieht — vom Stift herüber klingt. Dann singen wieder Eure Leute im Hof herunten — und so vergeht die Zeit."

„'s ist Schad' drum!" rief unter den Brechlern eine weibliche Stimme aus.

Um die Zeit? Nein, dort hinüber konnte man das Gespräch der beiden Männer ja doch nicht vernehmen. Jene dort hatte ein Nelkchen am Busen stecken gehabt; ein über= müthiger Bursche wagte den Griff darnach und steckte das Blümchen auf seine agengraue Haube. — „'s ist Schade drum!"

„Ihr habt ein lustiges Völklein beisammen," sagte der Priester.

„Gelt! Und der Alte darf nicht der Letzte sein darunter," antwortete der Bauer, auf sich deutend. „Man muß mithalten. Haben sie Einen heut' bei den Possen nicht, so achten sie morgen, wenn's noth thut, auch den Ernst nicht. — Aber, was wahr wär', der geistlich' Herr kunnt heut' ja wohl bei uns bleiben, weil wir schon die Unterhaltlichkeit haben, oder für's spätest' zum Nachtmahl uns die Ehr' geben!"

„Möchte doch etwa nicht recht für mich passen."

„Möcht' wissen, warum nicht. Daß ein paar Zithern= schlager kommen, was wird's denn machen? Und die Lisabeth ist Brechelbraut —"

Der Priester erhob sich.

„Weiß gleichwohl," fuhr der Bauer fort, „daß der geistlich' Herr nach Mitternacht nichts mehr essen und tanzen darf — thät ihn schon vor zwölf Uhr in den Pfarrhof führen lassen."

„Nochmals: Ihr versteht es, eine Jause vorzusetzen und versteht es, eine Einladung zu machen; ich danke Euch. Ich muß jetzt fort."

„Je nu," meinte der Steinwender, „zwingen kann ich Niemand, aber gefreut hätt's mich."

Der Caplan mußte an der Lisabeth vorbei. Die war heute voll Staub und Agen über und über — nur einzig ihre Aeuglein waren blank, so schaute sie der junge Priester einzig auch nur bei den Aeuglein an. Und um was alle Burschen vergebens trotzten, das gab sie willig und demüthig dem geistlichen Herrn — einen Kuß — auf die Hand.

Er war nicht rasch genug gewesen, die Hand, welche er ihr nur zu einem Händedruck gereicht hatte, zurückzuziehen, und jetzt hatte er die Bescherung. — Was soll er Dich brennen? Der Kuß gehört der heiligen Weih'.

„Wenn's der Vater schon haben will," sagte das Mädchen und blickte treuherzig zu ihm auf, der fast um einen Kopf höher war als sie, „so sollt der geistliche Herr doch kommen."

„Meinst?"

„Und der Herr ist mir auch noch einen Tanz schuldig, von wegen dem, daß ich bei seiner Ehrmeß die Kranzjungfrau bin gewesen. Wenn er einmal mit mir tanzt, nachher geh' ich morgen" — Es wäre ihr das Unschickliche bald entschlüpft, daß sie morgen zu ihm wollte zur Beichte gehen.

So naiv ist nur die Unschuld, die unbewußt auf gefährlichem Wege wandelt.

„Lisabeth!" sagte der Priester und drückte ihr rasch die Hand, „ich werde kommen."

Dann eilte er davon.

Das Mädchen blickte ihm sinnend nach. — Das ist wohl ein lieber, sauberer Caplan!

Bald darauf sang ein vorwitzig Dirnlein:

> „Wan ih amol a Bäurin wir,
> Zwoa scheni Hendla kaf ih mir;
> Zwoa scheni Hendler und an Haun,
> Und daß da Haun schen bukn kaun.“

Derlei aus einer jungen, klingenden Kehle bleibt nicht
unerwidert. Allsogleich ließ sich der Knödelschütz hören:

> „Und wan ih amol a Bauer wir,
> Zwoa scheni Rößla kaf ih mir;
> Zwoa scheni Rößler und an Wogn,
> Und daß ih amol in b' Stodt kon fohn (fahren).“

„Geht's, laßt's mich aus mit Euren G'sangeln!“ fuhr
der Steinwendhofer drein, „aber ich und solche:

> „Wan 's Dirndl a Hoslnußstäudl war,
> Do wullt ih an Dachkatzl sein,
> De Nüßla, be wullt ih schon owakriagn,
> Die Kerndla warn ah olli mein!“

„Habt's ihn gehört?“ lachten sie, „das ist halt alleweil
unser lustiger Steinwendhofer!“ —

Die Sonne sinkt nieder hinter dem Gebirge, die Wälder
werden dunkel, im Thale liegt der blaue Hauch des fallenden
Thaues.

Die Brecheln hören auf zu knattern, es beginnen allerlei
Spiele — es wird immer lustiger . . . .

Er kommt.

Der Caplan schreitet langsam seines Weges, er spielt
mit dem Spazierstock, auch er summt ein Liedchen. Dann
bleibt er stehen, schaut in's Thal, schaut über die schwarzen
Baumwipfel hin in's Gebirge, wo die Felsen leuchten. Er
wendet sich gegen die sanft ansteigenden Felder, gegen das
Dorf hin. Der schlanke Kirchthurm winkt ihm zu, als wollte
er sagen: „Caplan, laß die Welt, Du gehörst zu mir!"

Kannst du's denn befehlen, Kirchthurm? Kannst du verlangen, daß ich vorübergehe am Häuschen, das dort einsam
zwischen den Bäumen steht? — Der Priester schritt diesem
Häuschen zu. Es stand an der schattseitigen Berglehne, es
hatte um sich keine Obstbäume, wie die anderen Häuser, es
schien sich unter seinen alten Fichten nicht viel der Sonne zu
freuen.

Auf dem kleinen Anger davor weidete eine Ziege,
sie erhob nicht selten ihren klugen Kopf gegen das nahe,
prangende Rübenfeld. Aber was nützt's daß der Kopf klug
ist, wenn der Hals den Strick trägt, und dieser Strick an
dem Zaunstecken hängt!

Aus dem offenen Fenster des kleinen Hauses dringt ein
gleichmäßiges Gepolter. Der Caplan hört es, streichelt dann
das angebundene Thier und sagt: „Bist ihr einziger Kamerad,
bist ein Thier und kannst mehr für sie thun, als ich. Sie
gebt sich keine Ruhe. So hat sie ihr Leben lang gesponnen
und gewebt — am Hungertuch. Ihren Erwerb habe ich ver-
braucht, aber nun soll sie nimmer Mangel leiden, auch ich
habe das Weben gelernt. Mein Webstuhl ist der Altar, die
Kanzel, mein Faden der Glaube, mein Schiffchen das Wort
Gottes. Verstehst du's?"

Nein, der Ziege Sinn stand nach dem grünen Kraute der Rüben.

Bald hernach klopft der junge Mann am Fensterchen. Das Getöse von innen verstummt, zum Vorschein kommt der Kopf eines alten Mütterleins.

„Uj, mein Loisel!" ruft sie.

„Sollst Feierabend machen, Mutter. Ich küß die Hand!"

„Lapp!" sagte sie, „wenn Du nur die närrisch' Red' thät'st abbringen. Bin ja kein Pfarrer nicht! Du bist einer, Dir muß man die Hand küssen. Schau!"

Da sagte der Caplan: „Vor Dir, Mutter bin ich kein Priester, und bin ich's, so bist Du der Papst. — Du die Mutter, ich das Kind, so ist's zwischen uns. Wir könnten nichts Größeres zu einander sein auf der Welt. — Jetzt komme aber ein wenig in's Grüne heraus. Du bist völlig blaß — ich bitte Dich, thu' mir nicht Noth leiden."

Er drängte ihr eine Gabe auf.

„Wenn ich blaß bin, Kind, so bin ich's Deiner Reden wegen. Mutter und Kind kann zu einander das Größte sein auf der Welt, aber geistlich Weih ist das Höchste im Himmel. Die Engel selber thun dem Priester dienen."

„Darüber wollen wir nicht streiten."

„Und Noth leid' ich auch nicht; hab' fort zu essen und zu trinken. Na, halt, wenn Du schon meinst, so bedank' ich mich aber."

Als er dem Weiblein so in's lächelnde sechzigjährige Auge sah, das helle war trotz der Thränenbäche, die sich daraus schon ergossen hatten, lächelte auch er und sagte: „'s ist nicht anders, wir sind zwei Liebste und ich geh' zu Dir fensterln."

„Was aber die geistlichen Herren auch für Gedanken haben!" kicherte die Alte.

„Je nu," sagte er, „müssen doch auch Gedanken haben."

Das war ein schwüles Gespräch. Das Weib hub zu zählen an, daß sie in dieser Woche schon sieben Ellen Leinwand abgezogen habe und nun der Glattflachs vom Herrn Pfarrer auf den Rollbaum komme. „Und Du, daß ich Dir's sag', Dein Pfarrer, das ist wohl ein recht lieber Herr, schickt mir gestern eine ganze Flasche Wein in's Haus. Bin Dir grechen (fast) irblig (schwindlig) worden davon, hätt' nachher die Stall= thür völlig nicht mögen finden zu der Gais hinein. Lachen hab' ich auch noch müssen. Gelt, bist so gut, und thust Ver= geltsgott sagen für mich!"

So waren sie beisammen und redeten. Da horchte das Mütterchen plötzlich auf und sagte: „Ist denn hent' schon Betläutzeit?"

Vom Kirchthurme her klang eine Glocke.

„Das ist die Zügenglocke," sagte der Caplan, „ein Ver= sehgang und ich lauf' in der Weiten um. Der Herr Pfarrer ist kränklich. Gute Nacht, Mutter!" Alois ging.

„Geh, mein Kind," dachte ihm die Mutter nach, — jetzt bist Du nicht mehr der Weber=Nandl Sohn, jetzt bist er Bote vom lieben Herrgott, er schickt Dich zu einem Ster= benden und Du bist heilig über die Heiligen, kannst Sünden erzeihen und die arme Seel' in den Himmel einführen; bist wie der lieb' Herrgott selber — und bist doch mein Kind. O wie glückselig! ich habe den Himmel schon auf Erden!"

Der Caplan eilte dem Dorfe zu, und als er um die Gartenecke des Pfarrhauses bog, kam ihm händeringend eine Magd vom Steinwendhofe entgegen und verwunderte sich darüber, daß die Zügenglocke erst den Priester müsse herbei=

rufen. Er nahm den Vorwurf hin und fragte, was es denn
gäbe?

„Die Lisabeth, unsere Lisabeth!" schluchzte die Magd,
„klaub' sich der Herr eilends zusamm', sie liegt auf dem Tod!"

Wie eine Steinsäule stand der Priester: — „Wieso,
wieso denn das?"

„Beim Engerlfliegen! — Aber ich bitt' gar schön!"

Alois eilte in den Pfarrhof, in die Kirche um das
Sacrament.

„Das letzte Oel auch mitnehmen!" rief die Magd in
die Sacristei.

Und bald flimmerte durch die Dämmerung das Lichtlein
in der Laterne dahin und gar mächtig schellte die Magd mit
dem Metallglöcklein, als wollte sie Alle zusammenrufen aus
dem Thale, daß sie hälfen, oder sich wenigstens über das
Unglück verwunderten.

Zur selben Stunde lag auf den Felsen des Hochgebirges
ein mildes Alpenglühen.

Der Steinwendhofer eilte schon bis zu dem Thore seines
Zaunes entgegen und rief: „Kommt nur gleich! Der Tanz
geht schon los. Mag lustig werden. Der Todtengräber ist
auch geladen."

Der Mann war blaß bis an die Lippen.

Vor der Hausthür kniete die ganze Brechelgesellschaft
und betete laut. Wer aber den Knödelschütz gesucht hätte?
der war nicht dabei. Der Priester gab den Betenden seinen
Segen, dann trat er in die Stube. Auf dem weißgedeckten
Tische standen ein Kreuzbild und zwei rothe, brennende Kerzen.
Um ein Bett, das im Dunkeln stand, beschäftigten sich mehrere
Weiber, die nun, dem Priester alle Herrschaft überlassend,
allmählich die Stube verließen.

Alois hatte das Ciborium auf den Tisch vor das Crucifix
gestellt und stand nun zagend da, als hätte er noch nie zuvor
einen Sterbenden versehen. Er wendete sich gegen das Bett
und sah ihr mit einem weißen Tuche verbundenes Lockenhaupt.
Alle Fassung verließ ihn, er sank auf's Knie vor dem Kreuzbild. —

Wer in Mühsal ist und beladen, den will ich erquicken!
— so sprach der, dessen Glieder auf dem Marterholze aus-
gespannt sind.

Der Priester erhob sich, und gefaßt trat er an's Bett.

Da lag sie, hatte die Augen geschlossen und war bleich.
Der Caplan neigte sich über ihr Antlitz, sie athmete doch.
Sanft ergriff er ihre Hand, die auf der Decke lag. Da schlug
das Mädchen die Augen auf. Sie lächelte ihn an, aber gar
betrübt, und sagte: „Noch so jung — und schon sterben!"

Es war, als meinte sie ihn Er lebte. — Himmel und
Erde können die Opferlast eines katholischen Priesters nicht
fassen.

„Elisabeth!" flüsterte er.

Sie lächelte wieder. „Du, Alois? Du hast auf mich
gedacht. Das freut mich. Sie haben um einen Geistlichen
wollen schicken. Aber Du bist mir lieber."

„ . . . Will auch gern als Freund hernach mit Dir
sprechen, doch vorerst . . ."

Sie schlummerte erschöpft wieder ein, und redete fiebernd
aus dem Schlafe.

Der Caplan trat zu den Leuten hinaus und sagte: „Sie
kann nicht beichten. Ich reiche ihr die letzte Oelung."

Und bald hernach wimmerte das Glöcklein zurück zur
Kirche, und des Herrn Leib wurde mit zitternden Händen
wieder in den Tabernakel gestellt.

Wie es geschehen ist.

Von all' den feinen Gerichten, welche auf dem Hofe für diesen Abend bereitet waren, wurde auch nicht ein Bissen genossen. Still schlichen die Geladenen — Einer nach dem Andern — davon und erzählten daheim das Unglück. Dem Bauer ging's nah', als hätte es sein eigen Fleisch und Blut getroffen. Und Lisabeth war doch nur das Kind einer armen Magd, welches sie einst zu seiner Thür gebracht hatte, als zu der des wohlhabendsten Mannes in der Gegend. Diese Begründung ließ er am liebsten gelten, und er nahm das Mädchen an als Kindes statt.

Der Arzt war lange nicht zu finden gewesen. Um Mitternacht ging der Steinwendhofer selber und rief laut durch das Dorf: „Bader! Bader!" Der - kam endlich taumelnd aus einem Wirthshaus hervor. So kann man ihn nicht brauchen. — Als sie am Dorfbrunnen vorüberkamen, goß ihm der Bauer kaltes Wasser in's Gesicht. Das dämpfte den Rausch und der Arzt ging sanftmüthig mit dem Steinwender.

Unterwegs erzählte dieser, wie es gekommen:

„Geschehen ist's bei dem höllverfluchten Engerlfliegen. Ihr kennt ja das närrische Spiel. Der Knödelschütz — ist eh wie vom Teufel besessen, der Mensch — nimmt Euch einen langen Wagenbaum auf die Achseln und schlingt die Arme um, daß er auf beiden Seiten drei Klaster lang hinaussteht. Hocken Euch gleich ein Paar oben, links und rechts, und das Ding fliegt nur so im Rad herum. Währt nicht lang, kriegt auch die Kreuzwirthstochter Kurasch' und auf eins, zwei bandelt sie meine Lisabeth zum Mitfliegen an. Die Mädeln sind wie verhext, heutzutag, geritten sein muß es, und wenn's auf einer Wagenstangen ist. Kehr' die Hand um kleben sie oben all' zwei, die Eine rechts, die Andere links, und der Tanz hebt an. Ihr kennt's, Bader, anfangs geht's gemach, nachher lauft's, daß es nur g'rad fliegt. — Aufhalten! schreit die Dirn. Der Knödelschütz hört's aber nicht, oder will's nicht hören — die Leute schreien und lachen, da fliegt die Dirn hintan — und auf dem Steinboden bleibt sie liegen."

Der Arzt sagte nichts.

„Bin schon fertig," bemerkte der Steinwendhofer. „Haben sie nachher in's Haus getragen — und das ist unser Brechel-tanz gewesen."

„Centrifugalkraft," murmelte der Arzt:

„Wenn Ihr mir die Dirn wieder auf die Höh' bringt, so wißt Ihr, wen Ihr an mir habt — zeitlebens."

Dann schritten sie schweigsam dahin.

Und plötzlich blieb der Bauer stehen und sagte: „Mein bluteiges Kind kunnt mir nicht tiefer anliegen!"

Er weinte. Einen Denkpfahl sollte man in den Boden schlagen, dort, wo der Steinwendhofer geweint hat.

———

Und zur Nacht kam der Feind und säete das Unkraut.

Vom Dorfe etliche Stunden mittagwärts gehen die Berge auseinander, beginnt das Flachland, steht auf einem der letzten Hügel das Schloß der Kroninger.

Seit einigen Jahren herrschte dort nur ein Verwalter. Der alte Herr war todt, der junge in der Residenz, von der er nun zurückkehrend viel Leben und Lärm mitbrachte auf die finstere Burg der Väter. Der junge Herr war ein lebens-lustiger Patron; ihm gefiel's überall, wo die Welt Früchte

trägt, und mit dem gemeinen Mann konnte er gerade so gut
umgehen, wie mit dem feinen Städter. Alle Wochen gab's
jetzt ein Scheibenschießen, ein Wettfahren, eine Jagd; im
Spätherbste lud er die Leute der Gegend zu einem Fischfange
ein. Was flog und sprang, was kroch und schwamm an
Thieren in der weiten Runde, das gehörte dem Kroninger,
der eine Krone aus Hirschgeweihen in seinem Wappen trug.
Die Leute gehörten nicht mehr ihm, wie sie seinen Vätern
gehört hatten, aber er gewann sie durch seine Leutseligkeit
und Freigebigkeit wieder zurück.

Aus unserem Dorfe waren zum Fischzuge unter Anderen
der Pfarrer und der Steinwendhofer geladen. Auch viele
Bauern und Knechte mit Werkzeugen und Fackeln kamen mit.
Der Zug sollte in der Nacht bei Fackelschein stattfinden. Der
Steinwendhofer trug — ein Dorfposeidon — einen langen
Stecher mit drei Spitzen auf der Achsel. Ein Fischzug in der
Nacht ist was Apartes, da giebt es kein Netz und keine
Angel, da werden die Bewohner der Wässer durch Fackelschein
aus ihrem Verstecke gelockt und mit eisernen Gabeln heraus-
gestochen. Anstatt des Pfarrers ging der Caplan, der war
jung, frisch — sollte sich auch einmal unterhalten.

Im Gasthause, das unterhalb des Schlosses an der
Straße steht, kamen sie zusammen.

Der Steinwendhofer und der Caplan kamen miteinander
und wurden vom Gutsbesitzer heiter begrüßt. Der Steinwendhofer mit seinem niedlichen Höcker und komödienhaften Trotze
trat vor Manchen hin, hauchte in die Hände, rieb sie: „Gehn
wir's an miteinand?!"

Er war als Ringer weit bekannt; thalaus und thalein
war Keiner, den er nicht schon „geworfen". Heute aber gedieh
die Kriegserklärung immer nur zu einem derben Handschlag,

welcher indeß durch die Rührigkeit des Steinwendhofers
allemal in Fingergehäkel ausartete. Der Bauer sagte Jedem
eine lustige Derbheit als Gruß, bekam sie verdoppelt immer
wieder zurück: er steckt Alles ein — dazu hat er den Höcker.

„Was!" rief er, „einen Buckel soll ich haben? ist der=
wegen! Was ich nicht selber seh', das glaub' ich nicht!"

„Aber g'spüren mußt ihn!" schrie ein Anderer und schlug
ihm die Hand auf den Höcker, daß es klatschte.

Das war ihre Art. Die echte Bauerngemüthlichkeit war
für heute somit gesichert. Die Jause that dazu das Ihrige.
Dann zündeten die Burschen ihre Lunten an. Und fort wogte
der Zug mit seinen langen Stöcken und Stechern unter
Schreien und Lachen.

Ueber die Wiesen gingen sie quer hin der Thalenge zu,
wo Wasser rauschte. Dort hatte sich auch der Prälat vom
Stifte eingefunden. Der stolperte etwas mißmuthig über
Wurzeln und Steine, und sein Begleiter und Diener, der
Küster vom Stifte, rief fortweg den Namen Gottes an, daß
er einen Engel sende, der das Krumme gerade und das Un=
ebene zu einem ebenen Wege mache.

Alois, der Caplan, brachte dem Würdenträger einen
höflichen und ergebenen Gruß.

„Auch da?" sagte der Prälat. Die Frage klang freund=
lich, konnte aber möglicherweise ein Vorwurf sein.

„Anstatt des Herrn Pfarrers," antwortete der junge
Priester. „Der Hochwürdige ist etwas kränklich, und so fiel
die Gunst der Einladung auf mich."

„Na, schön."

Als man über eine Anhöhe ging und der Küster zurück=
geblieben war, erbot sich der Caplan, dem Prälaten den
Ueberrock zu tragen. Der Herr ließ es gern geschehen, und

11*

später, als für ihn eine besondere Leuchte nothwendig wurde,
trug ihm Alois auch die Fackel voran.

Man stieg nieder zum Fluß und machte Halt. An ver=
schiedenen Stellen wurde das Gesträuch beseitigt und die
Fackeln spiegelten sich in den dunkeln Wässern. Das flimmerte,
und wie die schwarzen Gestalten im Grund mit abwärts
stehenden Köpfen gespenstisch hin= und herhuschten und die
Gabeln streckten!

Krebse? Nein, die Spiegelschatten der Männer. Nacht=
vögel, Fledermäuse schossen hin und wieder, daß die Fackeln
zuckten.

„Hab' ich Dich?" rief der Steinwendhofer, und an
seiner Gabel stak eine Forelle.

Man zog den Fluß entlang, und wo es Tümpfe gab,
da ging's los. — Die Fackeln traten vor, die Thierchen
unter dem Rasen, Gewurzel und Steinen schwammen heraus,
zu sehen, was das heute für ein sonderbarer Tag ist. Der
jüngste Tag für sie. Eine Forelle hebt ihr Köpfchen und
nimmt mit Wohlgefühl die rothen Strahlen des Lichtes in
ihre runden Aeuglein auf. Selbst der Krebs guckt hervor und
vergißt sein berüchtigtes Rückwärtsgehen. — Der scharfe
Stahl zuckt den arglosen Thieren durch den Leib. Ich wüßte
eine Leichenrede: „Eines herrlichen Todes bist Du gestorben —
für das Licht!" —

Ein großes Gelächter war, als sie den Knödelschützen
aus dem Bache zogen. Viele wußten gar nicht, daß er unter
der Gesellschaft war — wie er in's Wasser kam, war vollends
unerklärt; er selbst wußte es auch nicht, und der Steinwend=
hofer sagte es nicht. Die Falle war gut gewesen. Eine Rache
für's „Engerlfliegen?" Gewiß nicht. Hatte sich doch jener
Fall, Gottlob, so günstig gewendet. —

Immer weiter ging man in das Thal hinein. Der Gutsherr machte gute Beute und war in vortrefflicher Laune. Auch der Stiftsherr hatte Etliches erstochen. Der Caplan hatte kein einzig Fischlein gefangen, er gab sich zufrieden mit dem Tragen des Mantels und des Stockes für seinen Ordensherrn.

Nun waren sie unserem Dorfe so nahe gekommen, daß sie von dem Thurme desselben die zehnte Stunde schlagen hörten. Bald darauf schlug der Kettenhund im Steinwend-hofe an.

„Steinwender!" rief der Gutsherr, „habt Ihr was dagegen, wenn wir jetzt den Steinwendhof ausplündern?"

„Gilt schon!" lachte der Bauer, „schlage aber vor, daß Ihr mich zum Räuberhauptmann macht."

Es wurde beschlossen, im Hofe ein Mahl einzunehmen und ein um's anderemal rief der Steinwendhofer: „Na, wirklich wahr, Euer Gnaden, das freut mich!"

Als sie dem Gebäude in die Nähe kamen, befahl der Baner scharf — auf diesem Boden war er der Herr — daß man alle Fackeln auslösche und die glimmenden Kohlen mit Füßen zertrete. Es waren Schindeln auf dem Dach. Auf einmal war's, wie sich der Knödelschütz äußerte, so „kohl-rabenfinster, daß Einer dem Andern in's Maul greifen kann."

„Ja, wenn er's thät finden!"

Toll ging's zu in dieser Finsterniß, und plötzlich lag der Prälat am Gartenzaun, wo sonst die Kohlrüben wuchsen.

Das war ein Schreck für den Bauer. Dem Knödelschütz hatte er's vermeint gehabt und dem hohen Herrn hatte er es angethan. Aber Niemand hatte es gesehen und laut rief er nun: „Ich mach' auch gern einen Spaß mit, aber daß vor meinem Haus solche Bubenstückeln geschehen, das leid' ich

nicht! Ich rath' ihm's, der's gewesen ist, daß er's gutwillig
sagt."

Nach dieser Rede mußte er sich selber den Mund zu-
halten. Der alte Sünder!

Bald nachher klopfte der Steinwendhofer an ein Fenster
und rief hinein: „Lisabeth!"

Da fällt uns ein Stein vom Herzen. Sie lebt. Gern
folgen wir in das Haus. Nicht so der Caplan, er wollte sich
verabschieden und dem Pfarrhofe zueilen, aber der Bauer und
der Gutsbesitzer hielten ihn mit lustigen Worten und kräftigen
Händen zurück.

Bald war Licht gemacht und die weite Stube voll von
Männern. Die Lisabeth im schneeweißen Nachtkleide, über
welches der dunkle Strom von Locken ging, war sofort wieder
in ihr Kämmerlein gehuscht, um das zu verhüllen, was doch
so schön ist.

„Ist das schöne Kind Eure Tochter?" fragte der
Gutsherr.

„Zuhalb ja," antwortete der Steinwendhofer, verbesserte
aber sogleich den ungeschickten Ausdruck: „Ein angenommenes
Kind. Aber seit sie vor kurz so krank gewesen, rait' ich sie
ganz zu mir mit Leib und Seelen!"

Der Ton dieser Worte war ernst und weich — wo dem
Manne das Herz anhebt, da hört der Spaß auf.

Bald prasselte draußen auf dem großen Kochherde ein
Feuer, die Fischträger musterten die Beute, weideten am
Brunnen die prächtigsten Stücke aus und der Gutsherr ließ
sich über die mitgebrachten Flaschen Bericht erstatten.

Lisabeth leitete die Küche. Etwas blaß noch, aber flink
und fein in allen Bewegungen, war sie reizend anzuschauen.
Man umschwärmte sie viel, sie kehrte sich wenig drum, nur

wenn einer von den geistlichen Herren oder der Gutsherr ihr ein verbindliches Wort sagte, schlug sie halb verschämt und schalkhaft das große, helle Auge auf nach dem Sprecher — wie zum Dank, daß bei all' dem rohen Umgaukeln der Männerwelt, der eine Dorfschöne so sehr ausgesetzt ist, auch einmal ein feines Wort von solcher Seite kam.

Dem Caplan Alois war nicht behaglich; in der Stube war ihm zu warm, draußen bei den Knechten am Brunnen zu kühl; in der Küche war's warm und kalt zugleich, wie im Fieber.

In der Stube mußten zwei Tische aneinander gestellt werden, es war eine förmliche Tafel. Alle ließen sich's schmecken, und als auch der Wein seine Schuldigkeit that und an den Tischen ein tolles Drunter und Drüber anhub, machte sich der junge Gutsherr davon.

In der nun dunkelgewordenen Küche in einem Winkel saß die Lisabeth. Die stille Herdgluth warf einen tiefrothen Schein auf ihr Gesicht, als wollte sie den Gefühlen und Gedanken da drinnen außen auf den Wangen die entsprechende Farbe leihen.

„Lischen!" flüsterte der Gutsherr und erfaßte ihre Hand, die wie vernachlässigt über das Knie herabhing, „warum so versteckt, willst Du denn nicht auch lustig sein?"

„O ja," gab sie leise zur Antwort. „Aber bei einer solchen Leut'-Menge kommt auf Ein's nicht viel."

„Ich versteh' Dich, Lischen."

Sie sah ihn befremdet an. Warum sollte er sie denn nicht verstehen?

Er setzte sich zu ihr und zwar sehr nahe, denn die Bank war allzukurz. Sie wollte ihm Platz machen, er legte seinen Arm um ihren Leib.

„Wenn's wer sieht!" lispelte sie, „möchten leicht spotten, daß der Herr Graf so nahend bei einem Bauernmädel ist gesessen."

„Nenne mich nicht Graf, Lischen, ich bin es nicht. Bei Dir will ich nichts als Mensch sein."

„Der Herr ist wohl recht gemein," sagte Lisabeth. Im ersten Augenblick erschrak der Gutsherr über diesen Vorwurf, im zweiten besann er sich, daß es gar kein Vorwurf war, sondern ein Lob, daß der Bauer unter dem Wort „gemein sein" nichts Anderes versteht, als herablassend, leutselig, gemüthlich sein.

„Es freut mich, Mädchen," sagte er leise, „daß Du zu den Wenigen gehörst, die mich verstehen. Daß ich Gutsherr bin und einen langen Stammbaum habe, ist kein Verdienst. Aber ich kann mir ein Verdienst daraus machen, wenn ich das, was ich habe und was an mir ist, zu allgemeinem Nutz und Frommen verwende. Ich liebe das Volk, und besonders den Bauernstand, ich bin mitten unter ihm geboren, er ist mir an's Herz gewachsen, aus ihm erwuchs mir einst mein Haus, vielleicht erwächst mir aus ihm auch eine Hausfrau. Kurz, ich will ihm nützen, wo und wie ich kann, und Alles was ich dafür von ihm erwarten zu dürfen glaube, ist ein bischen Liebe."

„Möchte wissen," entgegnete sie, „wer einen so guten Herrn nicht recht hochachten — —"

„Und? — und nicht auch ein wenig liebhaben sollt'?"

„'s wird schon auch Solche geben," antwortete das Mädchen.

„Und Du? wärest Du eine Solche?"

Da schwieg sie still und senkte das Köpfchen.

„Sprich, Lischen!"

„'s thät' sich nicht schicken für mich."

„Du herziger Schatz, wenn Du mich lieb hast, wie ich Dich . . ." Er zog sie an sich.

„Der Herr hat mich zum Besten," flüsterte sie und wollte ihn von sich schieben. Vergebens hätte sie gerungen gegen zwei Mächte, gegen eine äußere und gegen eine innere. Da nahten Leute.

Sie rüsteten sich zum Heimgang.

Als später im dunkeln Vorhause der Caplan dem Mädchen „gute Nacht" sagte, wollte sie seine Hand nicht lassen.

„Ich weiß mir keinen Rath, geistlicher Herr," hauchte sie, „wenn ich reden dürft'!"

Die Andern drängten nach, sie mußten auseinander.

Kurz verabschiedete sich der junge Priester von Allen.

Der Steinwendhofer wollte ihm einen Knecht mit Licht mitgeben. Alois dankte — ging allein und im Finstern . . .

Allein und im Finstern! Das ist Dein Los geworden auf der Erde. Du hast Dir's gezogen, nein, Du hast es gewählt. Stolzer Engel, wo sind die Schwingen jetzt, die Dich erheben sollen über die Menschen, über diese Menschen, welche Dir befehlen und vor Dir kriechen, Dich mit Füßen treten und Dich anbeten, Dich fürchten und Dich in Versuchung führen! — „Lieben" sollst Du sie und selig machen, ohne selbst geliebt und selig zu sein. Dein Leib und Deine Seele ist Eigenthum Anderer geworden, Du darfst ihnen Deine Hand nicht entziehen, wenn sie dieselbe küssen wollen, wie ein todtes Heiligthum. Du bist ihnen nichts, als ein Amulet. — Die Menschheit hast Du hingegeben, die Gottheit ist Dir nicht geworden — zwischen Himmel und Erde hängst Du und gehörst keinem von beiden. Willst Du des ersten sein,

mußt Du ein Heiliger werden; willst Du der letzten sein, so
mußt Du fallen . . . .

Alois that, was alle frommen, naiven und weichen
Herzen thun, wenn sie leiden und streiten, er fing an zu
beten. — Er dachte an den Geist der ewigen Liebe, der ganz
selbstlos ist, an dessen Haus, wo Alle einst vereinigt sein
werden zur seligen Freude. — Was ist denn an diesem
Leben? Alle Lust ist nichts, als eine armselige Erquickung,
daß man nicht zusammenbreche unter der Last des Weltjammers
vor der Zeit. — Alois, wenn Du nach solchem Heile strebst,
dann bist Du klein. — Aber sie will Dich so klein machen,
sie, die ein Wurm ist vor Deiner heiligen, göttlichen Braut.
— Ich hasse sie! Sie ist der Blumenstab der Erbsünde, sie
könnte mein Verderben sein. Ich hasse sie! — Ich? Darf
ich denn? — Ich darf nicht hassen. — Ich darf nicht lieben
und ich darf nicht hassen. Ich bin Priester, und dieses Fleisch
und Blut, das Andere sehen wandeln, wenn es Tag ist, es
geht mich gar nichts an. Es taumelt eine Zeit lang hin und
fällt zu Grabe. Ich steig' empor zu meinem Herrn.

Alois war fromm und mild, doch er gehörte zu jenen
vulcanischen Naturen, deren innere Gluth nur selten hervor-
bricht, aber dann um so mächtiger. Charaktere, die eine
Leidenschaft lange zu fesseln vermögen, die aber — ist sie
losgebrochen — ohne jede Rücksicht und Ueberlegung handeln
müssen, gleichviel, ob sie ihr eigenes Glück zerstören, oder
das Anderer.

Der Caplan kam nun an dem Häuschen seiner Mutter
vorbei. — Der Webstuhl ruht. Das liebe, treue Herz
schlummert. Sie träumt in den Himmel hinein, und was sie
noch auf Erden zurückhält, es ist die Liebe. Aber das ist
die Liebe, wie sie der Himmel haben will; ohne Leidenschaft,

ohne Eigennutz — die Liebe zum Kinde. — Ob auch ich einer solchen fähig sein könnte? —

Und weiter sann er: Ob's nicht doch auch Eigenliebe gewesen ist, als sie mich zum Priester machten? Der Vater war auf dem Sterbebett gelegen und hatte gesagt: Wenn Du geistlich wirst, mein Sohn! Das thät mein größtes Verlangen sein, für Zeit und Ewigkeit. — Wo ist das Kind, das den letzten Willen des Vaters nicht erfüllen wollte? Sah er's doch nicht mehr, als der Sohn mit der Rosenkrone auf dem Haupte vor dem festlichen Altare stand — die Mutter war dabei, und ihr überströmendes Glück erfüllte auch das Herz des Sohnes.

„Nun hilf mir, meine Mutter!" rief er fast laut, „nimm mir wieder, was Du mir gabst .... Den Menschen nimm von mir, daß ich ganz der Göttliche bin, der Dich so eitel macht!"

Nach diesem bitteren Worte sprach in ihm eine Stimme:

„Wenn Ihr mit Euch selbst zerfahren seid, dann gebt Ihr den Eltern die Schuld. Weißt Du, geweihter Herr, was eine Mutter ist? Wenn sie ihre Herzgluth für das liebe Kind nicht wollt' verhüllen: gar die hohen Felsen dort thäten leuchten vor ihrem Schein!"

Ihm graute, er eilte davon, kehrte aber bald wieder um. — Er machte einen Rundgang um die Hütte. Er sah nichts und hörte nichts als die gute Ziege, die ihm entgegenschnupperte, als er spähend die Stallthür öffnete, und die seine Hand leckte.

„Auch du?" sagte der Priester, „auch du küssest mir die Hand? Ja, weil du in ihr was zu finden hoffst!"

Völlig erschöpft setzte er sich im warmen Stalle auf einen Block und es übermannte ihn der Schlummer. — Im Traume sah er, warum die Lisabeth ....

Als er wieder erwachte, war schon das Morgengrauen.
Er trat aus dem Stalle und sah durch ein Fenster in der
Mutter Stube. Die greise Frau kniete auf einem Schemel
gegen die Pfarrkirche hingewendet und schien zu beten.

Und dort auf dem wilden Gebirge, das über die schwarz-
schattigen Waldhöhen aufragte, leuchteten die Felsen im Hoch-
rothgolde . . . .

— Wenn sie die Herzgluth nicht wollte verhüllen: gar
die hohen Felsen thäten leuchten vor deren Schein!

— — — — — — — — — — — — — — — — —

— — — — — — — — — — — — — — — — —

Der Caplan ging dem Dorfe zu.

„Früh spazieren, Hochwürden!" grüßte ihn ein Bauer,
der auf das Feld fuhr.

Da läuteten schon die zwei kleinen Glocken zu seiner
Frühmesse.

Meine Lust ist, bei den Menschenkindern zu sein.

Es war im Advente, am Feste der Empfängniß Mariens.

In der Gegend lag hoher Schnee. Schon vor Tages-
anbruch waren die Leute mit Stöcken und Fackeln zur Kirche
gekommen, um die Rorate nicht zu versäumen, und nicht
den herrlichen Gesang: Thauet, Himmel, den Gerechten!

Des Steinwendhofers Ziehtochter Elisabeth kniete in
ihrem Kirchenstuhl und schlug ihr Auge nieder auf das
Gebetbuch. Vor ihr brannte die Wachskerze; diese leuchtete
ihr so grell in's Gesicht, und die Leute sahen dieses Gesicht
so an, und sie durfte das Licht nicht auslöschen. Ein golden
Kettlein trug sie um den Hals — das brannte noch heißer,

als die Kerzenflamme. Und sie wollte den Schmuck nicht missen, wie sie den Spender nimmer konnte missen.

Auf dem Hochaltare prangte Mariens Bildniß, umgeben von einem Lichterkranze.

„Du bist die Schöne, die Reine, die Heilige!" betete das Mädchen, „und sie schauen doch immer nur auf mich."

Das Amt war aus; vom Chore tönte das Predigtlied: „Sprecht Amen und bereitet Euch zu Eures Vaters Lehren!" Der Caplan bestieg die Kanzel. Sein Gesicht war blaß, zum Altare gewendet versank er im Gebet.

Als die Töne verhallt waren, stand er auf und sagte mit dumpfer Stimme langsam die Worte: „Meine Lust ist, bei den Menschenkindern zu sein." Hierauf las er das Evangelium von der Abstammung Jesu Christi, des Sohnes David's.

Dann begann er die Predigt mit den Worten des biblischen Sängers:

„Der Herr hat mich gehabt im Anfange seiner Wege. Ich bin eingesetzt von Ewigkeit, ehe denn die Erde geworden. Die Tiefen waren noch nicht, und ich war schon empfangen. Als er die Himmel baute, war ich dabei. Als er der Erde Grundfesten legte, war ich bei ihm, und machte Alles und erlustigte mich Tag für Tag, und spielte auf dem Erdkreis, und meine Lust ist, bei den Menschenkindern zu sein. — Glückselig sind, die meine Wege wandeln. Wer mich findet, findet das Leben und schöpfet das Heil von dem Herrn."

Er sprach's im Namen des Heilandes, dessen Abstammung er nun darlegte, bis zu Josef, dem Manne Mariens. Bei der Jungfrau und Mutter des Sohnes Gottes verweilte er; er sprach von ihren Tugenden, sprach von ihrer Schönheit, die heller leuchtet, als der Mond. Sein Blick glühte

im Zorne, als er nun zum Gegensatze überging: zur aus=
gelassenen Jugend der Gemeinde. Er nannte die Sünde
nicht, aber er nannte ihren Vater, den Leichtsinn, ihre Mutter,
die Leidenschaft, und er nannte ihr Kind, das Elend.

Erschütternd waren seine Worte und glühend. Die
Schuldigen bebten; die noch rein waren — wurden ver=
langend. — Elisabeth that zu dieser Stunde einen Schwur
im Herzen, ihr waren des Predigers Worte theils zur Lust,
theils zur Pein.

Immer mehr steigerte sich die Stimme des Priesters.
In heller Begeisterung pries er die Reinste; in wilder Leiden=
schaft verdammte er die Freuden des Fleisches. Sein Antlitz
glühte, seine Stimme schlug wie Donner in das Kirchen=
schiff — wie ein Lawinensturz wuchs sie an zur reißenden
Gewalt — dämonenhaft zu hören. Der Gemeinde wurde
angst und bang, athemlos sah sie's, wie der Prediger in
höchster Erregung die Arme ausstreckte: „O Herrgott, Jesus,
erbarme Dich!" wie er wankte, die Hände bebend in sein
Antlitz schlug und als in Todesangst aufschrie: „Erbarme
Dich meiner!"

Die Predigt war zu Ende. Auf zwei Männer gestützt,
wankte der Prediger in den Pfarrhof.

Auf dem Platze standen die Leute in Gruppen und
redeten:

„Hast Du so was schon erlebt?"

„Das ist ein Apostel, unser geistlicher Herr."

Aber ein Anderer sagte: „Dem muß das sechste Gebot
nicht gleichgiltig sein, weil es ihn so in die Hitz' gebracht hat."

Der Steinwendhofer wollte in den Pfarrhof, wurde aber
zurückgewiesen. Ein altes Mütterlein drang durch, die Weber=

Nandl. Ihr folgte der Arzt. Nach ein paar Stunden fuhr ein Schlitten an, ein zweiter Arzt eilte in den Pfarrhof.

Sonst kam Niemand und ging Niemand, so lange Leute vor dem Hause standen. Zum Nachmittagsgottesdienst ließ sich der Pfarrer sehen.

„Wie steht's, Hochwürden?"

Er zuckt die Achseln. In der Kirche tönt schon die Orgel.

——— ———

Lisabeth, komme nicht mehr zu meinem Beichtstuhl!

„Habe ich einen Namen genannt?" fragte Alois den Arzt.

„Wenn ich bitten darf!" antwortete dieser und machte eine Bewegung mit der Hand, sich ruhig zu verhalten.

Seine Mutter saß neben ihm Tag und Nacht — ganz ruhig — und betete.

„Mutter," sagte Alois einmal, „sobald ich nur gehen kann, gehe ich mit Euch in's Haus hinüber."

„Das habe ich mir auch so gedacht," entgegnete sie, „die frische Ziegenmilch bei mir — da thätest mir schon gesund werden!"

Alois empfand Heimweh nach dem Vaterhause. Er wurde fast kindisch in seinen Bitten, mit der Mutter heimgehen zu dürfen.

Am Christtage las er die erste Messe nach der Krankheit und nach derselben ging er mit seiner Mutter in das Häuschen.

Die Leute wollten ihn beglückwünschen und sagten zu einander, daß es wohl jammerschade gewesen wäre um diesen Herrn, und so lange man einen solchen Prediger habe, könne

es keine Ungerechtigkeit geben in der Gemeinde. Und Jeder
dachte bei sich: ich thue doch, was ich will; mich kann er
auch nicht meinen.

Und bei dem frohen Mütterlein, und bei der frischen
Milch wurde Alois kräftig und wieder fröhlich.

Wenn die Greisin spann oder das Garn in Strähne
abtrieb, las er ihr aus heiligen Schriften vor, und lauter
Dinge, die trostreich waren und für die Auserwählten geschrieben. Der Jüngling meinte bei sich, nun sei sein Kampf
mit der Welt vorbei . . . .

Einmal kam der Steinwendhofer auf Besuch. Er schwätzte
allerlei lustiges Zeug, und als er sich die keine Wirthschaft
betrachtet hatte und dann ging, sagte er, er werde was
schicken — aber schmecken lassen, sonst würde er sein Lebtag
lang böse sein!

Und noch vor dem Abende kam die Lisabeth mit einem
Korbe und brachte Butter und Honig und Weißbrot.

„Daß der geistliche Herr nur wieder gesund ist!" sagte
das Mädchen, „schon so verzagt bin ich gewesen."

Und als die Webersfrau mit dem Korbe unter zahllosen
Dankesworten in den Keller gegangen war, fuhr sie fort:
„Unsereins ist auch so viel einfältig. Hell, wie wenn's mich
angangen wär', dieselbige Predigt."

„Nein, Lisabeth!" murmelte der erröthende Caplan.

„Und — daß ich den geistlichen Herrn von wegen einer
Sach' um Rath fragen möcht'."

Nach einer Weile entgegnete er abwährend, bittend:
„Frag' meine Mutter."

„Weiß wohl, daß sie so viel ein braves Weib ist, aber
— den heiligen Geist, den hat doch nur der geistliche Herr.
's ist halt was Wichtiges."

„Ich möchte Dich wohl um etwas bitten, Elisabeth."

„Wenn ich's thun kann," sagte sie rasch, „wenn's bei mir steht — gar Alles! tausendmal ja!"

„Ich möchte Dich bitten, daß Du — Elisabeth, es steht bei Dir, versprich mir's!"

„Was der geistliche Herr verlangt! Ich thu's, — da ist meine Hand drauf."

Alois zögerte mit den weiteren Worten und hielt sich die Hand vor die Augen.

„Lisabeth," sagte er endlich, „komme nicht mehr zu meinem Beichtstuhl!"

Das Mädchen erschrak unbändig.

„Bin ich denn so schlecht?" rief sie und brach in Weinen aus, „ist denn meine Sünde so groß?"

„Nein, Kind, so ist's nicht gemeint. Aber Deine Sünden, die Du ablegen willst am Beichtstuhl, sie könnten größer werden. Weine nicht, ich bitte Dich. Schau', wir sind Freunde von der Schulbank auf — mir giebt's immer einen Stich im Herzen, wenn ein ehemaliger Schulgenosse zu meinem Beichtstuhl tritt. Es ist ja der Pfarrer auch noch da — ein würdiger Priester."

Sie blickte mit feuchtem Auge zu ihm auf. „Ihr wäret mir halt lieber. Die Weidinger Margareth hat der Herr Pfarrer gar nicht losgesprochen. Und das fürcht' ich mich, ich sag's frei — und wie's mit mir steht, ich kunnt nicht selig werden. Ich weiß mir keinen Trost auf der Welt, als bei meinem lieben geistlichen Herrn!"

Sie umfaßte seinen Arm, er wollte sie von sich schieben, und neigte sich ihr nach, daß sein Haupt fast ihre Wange berührte.

Ihr Köpfchen sank an seine Brust ....

In diesem Augenblick trat die Mutter ein. Alois glühte im Gesicht, um seine Erregung zu verbergen, setzte er sich zum Webstuhl, trat flink auf den Fußbalken und schnellte das Schiffchen hin und her mit großer Hast.

· Lisabeth machte fragende Augen. Und als sie heimkam, sagte sie: „Ich hab' gemeint, ein Geistlicher dürft' nichts Weltliches mehr anrühren, weil er mit seinen Händen den Herrgott trägt. Jetzt thut unser Caplan so sein webern!"

Auch die Seele des jungen Mannes weberte. — — So ahnungslos, so unschuldsvoll! Das Kind, sagte er zu sich, weiß gar nicht, daß Du ein Mensch bist, und liebt Dich doch als solchen. Und Dir will sie's beichten, daß Du sie solltest lossprechen von dieser Liebe. — Wer ist der Schurke, sich selbst zu betrügen!

Am andern Tage war der geistliche Herr wieder im Pfarrhofe. Die Leute sagten, sein Zustand habe sich verschlimmert.

Ein Fluch am Frühlingsmorgen.

„Maulmacher sind sie Alle, diese Großköpf'!" rief der Steinwendhofer und schlug mit den Armen in der Luft herum. „Das Maul ist an ihnen das Beste. — Nu, noch gut, daß es sich früh genug gewiesen hat, glaub' mir's, Mädel, neben Dem wär kein Sein gewesen für Dich."

„Kunnt ich ihn aus meinem Herzen reißen!" schluchzte die Lisabeth und grub die Finger krampfhaft in ihren Busen ein.

„Gescheit sein, Lisabeth! Hättest es nicht so weit sollen kommen lassen, schau, was Du bist, und schau, was er ist. So was ist unmöglich. Du schau ihn nicht mehr an, und ich — ich zerbrech' ihm die Knochen, wo ich ihm begegne."

„Vater, nur so was nicht! Er ist kein schlechter Mensch. Auf seinen Stand muß er schauen, ich seh's ein. — Kunnt ich ihn nur aus meinem Herzen reißen!"

So blaß, wie die Lisabeth geworden ist....!

Ostern war vorüber. Auf den Bergen lag noch der Schnee; im Thale grünten die Bäume.

Im Dorfe sonst nichts Neues, als das neu angestrichene Zifferntblatt der Kirchthurmuhr, auf welchem Tag und Nacht in der Runde schlichen — den Menschen eine Rosen- und Dornenkrone nach alter Weise. Und eine neue, gut geschotterte Straße giebt es noch, welche durch das Dorf geht, und quer über das Thal hinaus, und dann über den Bergrücken steigt.

Auf dieser Straße treffen wir eine gute Bekannte. Sie muß sehr früh das Dorf verlassen haben; ein Bündelchen hat sie am Arm, einen Stock in der Hand.

Laß Zeit, Lisabeth!

Sie muß Eile haben, sie schaut nicht um; sie pflückt nicht einmal das Veilchen, das am Wege steht — es ist doch das erste in diesem Frühjahre. — Die Finken rufen ihr allerlei Lustiges, Keckes zu. Sie sieht und hört nichts.

Langsam, langsam! schreit ein Goldammer, der Weg ist noch weit, willst sicherlich hinüber in's Kroninger-Schloß!

Auf dem Rückweg wird sie ja fahren, sagt ein Gimpel in den Zweigen, es ist so hart gehen auf zwei Füßen, wenn man vier am Leib hat. —

Sie will's noch selber nicht glauben, und jetzt pfeisen es schon die Vögel auf den Bäumen. — Sie will hinknien vor seinen Füßen und bitten, daß er sie erhebe zu sich, oder tödte. —

12*

Nun ist sie auf die Anhöhe gekommen. Fast versagt ihr
der Athem, erschöpft läßt sie sich nieder auf's Moos. Sie
stützt den Kopf auf die Hand. Dann zieht sie ein Stück Brot
aus dem Bündel und bricht es auseinander. Aber müde legt
sie die beiden Theile auf einen Stein und lehnt sich auf das
Moos zurück.

In der Nacht zuvor hatte der Caplan Alois über das
Gebirge gehen müssen zu einem Schwerkranken. Recht ermüdet
war er an's Ziel gekommen und hatte dem Kranken die Weg=
zehrung gereicht zu seiner Reise in die Ewigkeit.

„Ich gehe recht gern," hatte der Kranke gesagt, „ich
habe diese Welt gesehen und mein Leben ausgetrunken. Ich
bin satt und ich bin zufrieden, ich gehe gern."

Er hat sein Leben ausgetrunken. Es ist nicht verronnen
in den Sand des Leichtsinns, es ist nicht vertrocknet in der
sengenden Hitze harter Satzung — dankbar hat er es zur
Neige getrunken und geht nun, hoch an Jahren, gern
heim. —

Nach der heiligen Handlung setzte man dem Priester
Wein und Kuchen vor. Er dankte dafür — er müsse
in's Dorf zurückgekehrt die Messe lesen und also nüchtern
bleiben.

Hernach trat er — fast einen beneidenden Blick noch auf
den sterbenden Greis werfend, seinen stundenlangen Rückweg
an. An seinem Halse hing die rothe Schnur des Ciboriums.
Oft blieb er stehen und blickte in die freie, morgentliche
Gegend hinaus, in welcher eine große Auferstehung war. Und
wie er zur Höhe kam, da fühlte er, mitten in der Frühlings=
schöne im rosigen Sonnenschimmer der beschneiten Hochalpen,
die Freude erwachen in seinem Herzen.

Er breitete die Arme aus:

"O, wunderschön ist Gottes Erde,
Und werth, darauf vergnügt zu sein,
Drum will ich —"

Das Auge unterbrach die Lippen. Dort auf dem Moosboden lag eine menschliche Gestalt. Er blickte hin, er trat hin,
da fuhr ein heißer Stich durch sein Herz, — Elisabeth! —
Wenn sie todt ist? — Er wollte fliehen. — Wenn sie
lebendig ist? — Er floh. Einige Schritte eilte er davon,
dann kehrte er wieder zurück.

Sie war lebendig, sie schlief. Ihr rechter Arm lag als
Kissen unter dem Haupte, ihre linke Hand auf dem Herzen.
Neben ihr lag das Brot, zerbrochen in zwei Theile, als
sollten zwei Hungernde davon genießen.

Er stand vor ihr und sah auf sie nieder, und sah das
schmerzvolle Zucken ihrer Lippen, und sah das schwere Auf-
wogen ihres Busens.

"Elisabeth," flüsterte er, "Du schläfst nicht gut, Dir
liegt die Hand auf dem Herzen. Und wenn Einem etwas auf
dem Herzen liegt...."

Es zitterte ihm das Knie, als er sich nun niederließ
und — kaum noch eine Spanne weit von ihrem Haupte, ihr
in's Antlitz schaute.

Du bist schön! — O Weib, warum bist Du nicht Gott,
daß Du mein wärest und ich Dein! — Nicht wahr, Gott
ist in Allem? Er ist in Dir, in mir, und groß in der Ein-
heit? — — Als ob Du lächeln wolltest, Kind? O, dränge
es nicht zurück, das süße Wort, das jetzt an Deinen Lippen
zittert! Du sprichst es nicht? — Ich hol' es mir, ich sauge es
Dir vom Herzen! ..."

Und küßte sie mit heißer Gluth.

Da schlug sie erschreckt die Augen auf, that einen Schrei
nnd sprang empor, wie ein schlummerndes Reh, wenn der
Schuß des Jägers hart vorbei an seinem Haupte in den
Baum geschlagen hat.

„Hinweg! hinweg! Falscher!" rief sie wild, „Du willst
mich haben und nicht behalten — so falsch! — Sei verflucht!"

Und mit fliegenden Haaren wie rasend hinab floh sie in
das Dickicht des Waldes.

Regunglos, wie eine Steinsäule stand Alois.

Und dann?

Dann wankte er des Weges abwärts gegen das Dorf,
um des neuen Testamentes unblutiges Opfer zu begehen.

Hab' im Herzen keine Ruh' . . .

Im Pfarrhofe war wieder ein Kranker gelegen. Aber
nun wankte er durch den Baumgarten, saß auf der Linden-
bank und sah den Abendwolken zu, die fortzogen über die
Alpen.

> — Hab' im Herzen keine Ruh',
> Schau dem Wölkelein zu,
> Das vergeht und verzieht —
> Nimm mich mit! — Nimm mich mit!

Dann murmelte er auf den Sandboden: „Keine Gene-
sung und keine Erlösung. Auch am Altare nicht. Mir graut
vor dem Tabernakel! ich stehe vor ihm, wie vor meinem
Richtstuhl, ich steige zu ihm empor, wie zum Schaffot. —
Sie beneiden mich um das Sacrament, das ich in meinen

Händen halten darf. Wenn sie wüßten, wie es mich zermalmt! Priesterthum, du mein einziges Glück, du meiner Mutter Leben, du meiner Gemeinde Stolz — du bist dahin. — O, wenn es wahr wäre, was die Welt sagt: das Sacrament wäre Brot und Wein und nichts weiter! — Wie wollte ich dich preisen, Brot des Lebens, Speise der Menschen! Wie gern wollte ich allem Lebendigen ein Priester sein! Aber vor dem Körperlosen graut mir. Vor Gott graut mir! Weil ich ein Sünder bin, weil sie selbst mich verflucht hat. Daß ich mich fürchte vor dem Sacrament, eben das beweist des Herrn Gegenwart in Brot und Wein." —

Das abendliche Alpenglühen im Hochgebirge erinnerte ihn an seine Mutter. — "Wenn sie die Herzgluth für das liebe Kind nicht wollte verhüllen, gar die hohen Felsen thäten leuchten vor diesem Schein." —

Der Caplan faltete die Hände: "Nur den heiligen Glauben an Dich laß mich nicht verlieren, o mein starker Gott!"

Er hörte Schritte im Sand. Schüchtern kam die Zieh= tochter des Steinwendhofers herangeschlichen und stand nun zagend vor dem Priester.

"Ich küß die Hand," flüsterte sie.

"Elisabeth!" sagte er und erhob sich rasch.

"Leicht komm ich gar zu unrechter Zeit? Aber — ich möcht' so gern was reden."

"So rede!" sprach er, blickte sie aber nicht an. Es dunkelte schon der Abend.

"Von wegen dazumal, auf dem Berg oben," hauchte sie, und zupfte an ihrer Schürze, denn Bauersleute können nichts reden, ohne Arbeit an den Händen. "Das weiß ich sonst noch mein Lebtag nicht, daß ich auf dem Weg einge=

schlafen bin. Da ist mir so das Blut zu Kopf gestiegen. Und
wie ich wach bin worden, da hab' ich den geistlichen Herrn
für einen Andern gehalten, und deswegen hab' ich das grobe
Wort gesagt. Ist's in meinem Jammer vermeint gewesen,
wem immer, der liebe Gott soll's nicht gehört haben! Und
erst nachher ist's mir eingefallen, wer bei mir wird gestanden
sein, und das ist auch nicht anders — so bitt' ich's halt
jetzt ab . . . ."

Tiefroth loderten die Spitzen der hohen Berge. Fast
heftig riß Alois das Mädchen an seine Brust.

Sie sagte kein Wort von dem, was ihr Herz so schwer
machte seit vielen Wochen. Sie fühlte sich erlöst am Busen
des Priesters. — Sehr dunkel war's, und das Alpenglühen
verloschen.

————

Ein brennender Span und eine brennende Welt.

Die Geistlichen saßen schweigend am Mittagstische, da
klopfte es an der Thür.

Der Steinwendhofer trat ein und rief: „Gesegn' es
Gott! Nur sitzen bleiben, wir warten schon."

„Was aber der Steinwendhofer heut' herausgeputzt ist!"
bemerkte der Pfarrer, „die neue Hirschlederhose und den
rothen Brustfleck! Saperlott, Nachbar!"

„Hochzeiter!" lachte der Bauer. „Na, wenn das nicht
wär'!" er deutete auf seine weißen Haare, „man könnt's
nicht wissen."

„Warum denn nicht? Ihr seid alleweil der jüngste unter
den Alten in der Gemein'. — Ein Glas Wein, Nachbar,
gelt!"

„Vergelt's Gott, Hochwürden, aber —" der Bauer wies
gegen die Thür. „Das junge Paar steht draußen. Müßt
heiraten helfen, für ein Dutzend Kindstaufen steh' ich Euch
gut." —

Der Caplan war blaß.

Der Pfarrer ging, die Thür zu öffnen. Im Vorzimmer
stand, tief gebeugt am Stock, ein Greis, und an seinem Arm
hing ein mühselig Weiblein. Als der Greis lächelte, sah man,
daß die Zähne fehlten. Er steckte die zitternde, runzlige Hand
dem Pfarrer zu. Sie wendete ihr altes Antlitz nicht nach dem
Priester, wozu auch? sie war blind.

„Ei, der Zapfensepp und —"

„Un die Päichrousl!" ergänzte der alte Mann.

„Gelt!" machte der Steinwendhofer, als das Paar in
der Stube auf Stühlen saß, und er nickte mit dem Kopfe,
selbstzufrieden über die gelungene Ueberraschung. „Gelt!"

„Und das wäre das Brautpaar!"

„Wul, wul," antwortete jetzt das Mütterchen in der
Mundart jener Berge, „wan er nou gwis so sogg, mei Seppl.
Den trau i nid, däis is a Feina!" Und tastete nach seinem
Kopf und zupfte ihn schalkhaft am Ohrläppchen.

„Woat na Du, Rousl Du!" versetzte der Alte, „wanst
ma ka Rna geist, i bußl di vorn Duwaden o, daß dar in
Nodn voschlogg!"

„Was meint er?" fragte der Pfarrer den Steinwendhofer.

„Wart nur, Rosel — sagt er — wenn Du mir keine
Ruh' giebst, so küß ich Dich vor Seiner Hochwürden da ab,
daß es Dir den Athem verschlägt."

Jetzt lachten sie Alle miteinander.

„Die Lentel da," fuhr der Steinwendhofer fort, „haben
auf das Altwerden vergessen. Die Rosel meint, sie und ihr

Seppel und die ganze Welt ist heut' noch so, wie vor fünfzig
Jahren, wo sie in den Blattern das Augenlicht verloren
hat. 's ist oftmals ein Glück, Hochwürden, wenn man er-
blindet, ehe die Welt garstig wird. — Na, der Seppel, der
auch. Alleweil brav ist er gewesen, und sein blind' Dirndl
hat er in sein Häusel genommen. Hat im Holzschlag gearbeitet
und hat sie erhalten, daß sie der Gemeinde keinen Kreuzer
kostet."

„Das ist brav von ihm — insoweit."

„Na freilich. Und so hat endlich auch der lieb' Herrgott
an den braven Mann gedacht. Wie vor drei Jahren der alte
kinderlose Waldherr gestorben ist, hat er in sein Testament
auch den Zapfensepp genommen."

„Jo, i kriag oli Jor za mein Dog hunab silwerani
Dola van Vawolder and mei Keischn hon i a schan auszold,"
sagte der alte Sepp und rückte verlegen auf seinem Stuhle
hin und her.

„Was meint er?" fragte der Pfarrer wieder.

„Er bekommt — sagt er — alle Jahr zu seinem Namens-
tage hundert Silberthaler vom Verwalter, und sein Häuschen
hätte er bereits schuldenfrei gemacht. — Nun, so lebt er jetzt
insoweit sorglos. Und da fällt's ihm ein, es wäre nicht in
der Ordnung, daß er mit seinem Dirndl so thäte zusammen-
sein in der wilden Eh', und der geistlich' Herr da hätten
auch so viel scharf davon gepredigt. So will er nun halt mit
der Rosel in den heiligen Ehstand treten. Ich soll der Braut-
führer sein. Die Gemeinde hat weiters nichts dagegen —
großjährig sind sie."

Der Pfarrer reichte dem Greisenpaare die Hand, ließ
sich dieselbe aber nicht küssen.

Der Caplan stand auf und sah zum Fenster hinaus.

„Ist eine Ehr' für mich!" fuhr der Steinwendhofer fort, „die Hochzeit ist in vierzehn Tagen. Alle Holzleut' von der Gegend sind dabei. Da sollen sie einmal die Böller krachen lassen, das Pulver wird schon 'zahlt werden!"

Der Pfarrer ließ zur Verlobung Wein auftragen. Er dispensirte das Brautpaar auch von dem Auswendiglernen der Ehepflichten, die im Katechismus stehen. Von jenen, die nicht drin stehen, hatten sie wohl schon die Jahre dispensirt.

Nach der Verlobung nahm der Steinwendhofer das Paar mit in sein Haus, die Lisabeth mußte den Brautstrauß binden — zu Lohn sollte sie Kranzeljungfrau sein bei der Hochzeit —?

Als das Greisenpaar gegen Abend den Waldweg hinanstieg zu seiner Alpenhütte, gesellte sich der Caplan, der auf dem Wege zur Mutter war, zu ihm. Er wollte die Alten am Arm führen, die steinige Lehne hinan. Er rückte ihnen jeden Stein aus dem Weg, er sprach mit ihnen über das Leben, das sie von nun an führen, über den Hausstand, den sie jetzt gründen wollten.

Sie hätten ja schon lange mitsammen gewirthschaftet, meinte die Rosel, sie hätten sich vor Gott schon seit sechzig Jahren gehabt. Es könnte die goldene Hochzeit schon vorbei sein. Aber die Gemeinde hätte sie nicht heiraten lassen, weil sie blutarm gewesen wären. Der Toni hätte ihnen schon was geben mögen, aber der habe selber Weib und Kind.

„Wer ist der Toni?" fragte der Caplan.

Das Weib schwieg. Statt ihr nahm der Sepp die Rede auf und zur Rosel gewendet sagte er: „Host Di vagoglt? Na, most eams wul sogn, Oldi, homs jo scha long olzwoa beichdt. Da Toni is hold insa Bua, is Hulzmoasta drent in da Gaschtn — is eh a scha schdoanold."

Alois entgegnete nichts auf dieses Bekenntniß. Aber es war ihm wunderlich zu Muthe.

Die Ehe ist ihnen verweigert worden; trotzdem haben sie einen Sohn, der Holzmeister ist, Weib und Kind hat, und auch schon steinalt! Sie brauchten es nicht zu verschweigen, sie hätten es ja lange schon gebeichtet.

Beichten! Dem Priester beichten? — Aber wem sollte es ein Priester beichten?

Der Caplan blieb stehen und sagte: „Wollen wir nicht ein wenig rasten auf diesem Stein?"

Sie rasteten.

„Euer Sohn ist Holzmeister?" fragte Alois, „was thätet ihr sagen, wenn er Priester geworden wäre?"

„Häds nid geldn lossn," antwortete der Alte, „Geistli Schdond is hort holdn!"

Die Alte knitterte an ihrem Strauß und meinte, wenn's nicht uneben wäre, sie thäte den geistlichen Herrn so viel gern um was fragen. Hätt' auch schon mit der Steinwendhofer Lis d'rüber gesprochen, die sei in die Schul' gegangen und wisse allerlei; aber das wisse sie auch nicht, nämlich: weßweg die Geistlichen nicht heiraten dürften?

„Du Golsta Du, sei schdil!" verwies ihr der Sepp diese vorwitzige Frage. Aber dem Caplan waren die Worte des Weibes wie ein Blitz in die Seele gefahren. War das nicht dieselbe Frage, die er selbst an Gott und die Menschen richtete?

„Weshalb die Geistlichen nicht heiraten dürfen?" entgegnete Alois, „weil sie dem Himmel gehören und nicht der Erde."

Die Rosel war zufrieden mit dieser Antwort. Der Priester war es nicht.

Auf dem Rückwege sprach Alois bei seiner Mutter zu.
Sie hantirte eben an ihrem kleinen Herdfeuer herum.
Der Sohn erzählte ihr die Neuigkeit von dem neuen Braut-
paare, das von Kindern und Kindeskindern zum Altare begleitet werden würde.

„Mein Gott, das ist leicht," entgegnete die alte Frau,
„und ich halte auch alleweil, das ist nicht gar so arg, als wie
ihr Geistliche es macht. Meine Mutter hat halt immer so
gesagt: zwei lediger Leut' Lieb' ist wie ein brennender Span,
ein Ehbruch ist wie ein brennendes Haus, und wenn sich
eine Priester-Liebschaft entspinnt, so ist das wie eine brennende
Welt. — Ist in solchen Sachen nicht dumm gewesen, meine
Mutter. — Du willst jetzt schon gehen, Alois? So bleib'
mir nur recht gesund; morgen komm' ich zu Deiner Meß'."

Als Alois durch den schönen Juniabend dahinging, von
Johanniswürmchen umgaukelt, da sagte er plötzlich fast laut
vor sich hin: „Wie eine brennende Welt!"

Am Wege stand ein Crucifix. Hastig eilte er vorüber
und bog links ab, gegen den Steinwendhof. Er sah sie, sah
ihren lieben Gruß durch's Fenster herab und war zufrieden.

———

Am nächsten Tage erhielt der Briefbote vom Herrn
Caplan ein Schreiben an das hochwürdige Consistorium.

———

Ausgeschlossen!

Die ältesten Leute im Dorfe können sich an so was nicht
erinnern!

Das Läuten und Knallen und Musiciren allein macht
es nicht. Der Wein und Tanz beim Neuwirth macht es nicht,

und auch der große Kranz nicht, der über dem Eingang
prangt. — Wie eine Verheißung liegt's in der Luft, daß die
Menschen von nun an wieder so alt werden sollten, als sie
es zu Methusalem's Zeiten geworden waren. Mit achtzig
Jahren erst ein Jüngling, der um die Gesponsin freit.

Der Zapfensepp und die blinde Rosel stehen vor dem
Altare und schwören sich Liebe und Treue bis in den Tod.

Vor sechzig Jahren an einem Sonntag haben sich diese
Zwei begegnet auf der Dorfgasse.

„Rosel, möcht' Dich was fragen: willst mir etwan
waschen?"

„Kann auch sein, Seppel, ich verred' mir's nicht."

„Rosel, willst Du mit mir auf den Tanzboden gehen?"

„Wenn Du meinst, Seppel, mitgehen thu' ich schon."

„Magst mich doch leicht wohl leiden, Rosel?"

„Just feind bin ich Dir nicht."

So ist's geworden. So sind sie heute da, und von
Liebe? von Liebe ist zwischen diesen Beiden ihr Lebtag nicht
gesprochen werden.

Daß beim Feste auch der Spaß nicht fehlt, deß sorgt
der Steinwendhofer. Die ältesten Hochzeitsschwänke werden
hervorgesucht, so das „Krautsalzen," das „Brautstehlen," das
„Kranzelabtanzen," das „Wiegenholzführen".

Die Weber-Nandl war auch dabei. Sie tanzte wieder
mit dem Steinwendhofer, sie trug heute die schöne, seidene
Haube, welche ihr damals, zur Primiz ihres Sohnes war
gespendet worden. Sie war recht heiter, und wenn ihr auch
einmal der Gedanke durch die Seele ging an ihre eigene
Hochzeit mit ihrem Seligen, so kam doch bald wieder die
Freude obenauf, die jeder gute Mensch empfindet, wenn er
sieht, wie Andere sich freuen.

„So viel närrisch, daß die Steinwendhofer Lisabeth nicht
da ist!" sagten die Burschen, „die gehört ja doch dazu, wie
zum Rosenkranz der Glaubengottvater! Sie soll doch schon
bald lernen, wie man heiratet!"

Aber Elisabeth war daheim geblieben . . . .

Die Geistlichen saßen in der Nähe des Brautpaares,
und der Pfarrer machte allerlei Trinksprüche und Späße, und
vollends, als beim Anstoßen mit der Braut Wein auf den
Tisch gegossen wurde.

Der Caplan sprach viel mit dem Steinwendhofer. Er
war recht fröhlich, sie stießen an auf Du und Du.

„Schau, Alois," rief der Bauer und legte seinen Arm
um den Nacken des Priesters, „ich möcht' Dein Vater sein!"

„Ich nehm' Dich beim Wort!" rief der Caplan aufgeregt.

„— Möcht' Deine Mutter frei'n. — Da hätt' ich Dir
ein prächtig Weibel und gleich auch einen Sohn, und der ist
geistlich geworden, ohne daß ich ihn hab' studiren lassen. —
He, Musikanten, auf das laß ich gleich Eins aufgeigen!"

Unter Musik und dem Gejauchze der Tanzenden trat
jetzt der Dorfbote ein und übergab dem Pfarrer einen großen
Brief. Man gab dem Manne von allen Seiten zu trinken;
er sagte einen spaßhaften Spruch auf das Brautpaar und
ging dann wieder seiner Wege.

Der Pfarrer hatte den Brief in der Fensternische er-
brochen und gelesen. Hierauf stand er lange unbeweglich
still — als hätte ihn ein Blitzschlag gelähmt. Die Leute
bemerkten es nicht; es fiel ihnen auch dann noch nichts auf,
als der Pfarrer dem Caplane winkte und beide Priester sich
aus dem Hochzeitssaale entfernten.

Beide gingen nebeneinander, ohne ein Wort zu sagen,
dem Pfarrhofe zu.

Im Zimmer des Pfarrers angelangt, zog dieser aus
der Brusttasche den Brief, überreichte ihn dem Caplan und
sagte: „Lesen Sie!"

Das Wort war fast tonlos.

Der Caplan hielt das Papier in der Hand und sprach:
„Das Schreiben kommt vom Consistorium. Ich weiß, was
es enthält."

Der Pfarrer setzte sich in einen Lehnstuhl und schwieg.

„— Ich habe selbst darum angesucht," sagte Alois.

„Um die Excommunication?" hauchte der Pfarrer mit
starrem Antlitz. Dann erhob er sich und rief: „Nein, nein,
das ist nicht möglich! — Alois, das sind Sie nicht im
Stande!"

„Und doch!" versetzte der Caplan, „ich habe überlegt und
ich habe gehandelt."

„Sie, der eifrigste, aufopferungsfähigste Priester, der
Schützling des Bischofs, der Liebling der Gemeinde, mir der
liebste, treueste Genosse in meinem Seelsorgerleben, ach nein,
nein, es wäre unerhört!"

„Ich habe meinen Entschluß der Kirchenbehörde mitgetheilt
und betrachte mich nicht mehr als Priester."

Der Pfarrer war sehr bleich, seine Lippen bebten,
„Judas!" murmelte er.

Alois legte das Collare ab.

„Wohl!" rief der Pfarrer, „wirf es von Dir, dieses
Kleid! Eile hinaus in die schöne Welt, siehe zu, wo Du
Deinen Lohn findest!" Dann wieder faßte er den Caplan
mit beiden Händen: „Alois! was habe ich Dir gethan? was,
daß Du diesen Schlag ausführst auf mein altes Haupt!"

Da stürzte der junge Mann an des Pfarrers Brust
und schluchzend rief er: „O nein, nicht Ihretwegen, mein

edler, treuer Freund, nicht der Kirche wegen, deren Kind ich sein und bleiben will, so lange ich lebe. Meinetwegen ist's geschehen — ich bin ein Mensch!"

„Menschen sind wir Alle," versetzte der Pfarrer wieder in gütigem Tone, „Alois, ich fürchte, Du hast den Schritt nicht überlegt, Du hast im Fieber der Jugend, in einer ungestümen Stunde gethan, was Du all Dein lebenlang bereuen wirst! — Wenn Du mich Deinen Freund nennst, Alois, warum bist Du nicht zu mir gekommen in Deinem Herzensstreite? Ich hätte Dich nicht mißverstanden —"

„Sie hätten mich zu hindern suchen müssen an meinem Vorhaben, an dem einzigen Ausweg, den ich zu nehmen habe, und ich hätte Ihnen müssen ungehorsam sein."

„Du kannst noch umkehren. Siehe, nicht excommunicirt bist Du, sondern auf Dein Verlangen nur der kirchlichen Functionen enthoben."

„Nein, Herr Pfarrer, ich kann nicht mehr so leben!"

„Wer hinge in Deinen Jahren nicht an dieser Welt und ihren Freuden!" rief der Pfarrer. „Wähnst Du denn, daß wir Priester — doch, nichts von dieser Seite; Du, der Du nun mit Leib und Seele ein Kind der Welt geworden, hast kein Anrecht mehr an den Wegen, die wir wandeln. Geh', geh' — ich will Dich nicht mehr sehen!"

Zerrissen vor Zorn und Schmerz eilte der Pfarrer davon. In das Herz des jungen Mannes, der nun einsam in der stillen Priesterwohnung dastand, senkte sich die ganze, schwere Last dessen, was er gethan hatte. — Am offenen Fenster brach er zusammen.

Was vorging in ihm, als sich nun Priesterseele und Menschenherz trennten, das können wir nicht erfahren und erfassen.

Als sich Alois nach einiger Zeit wieder erhob, war er ganz ruhig. Er blickte in das abendliche Thal hinaus. — — Frei, und wieder ein Mensch! Du bist wieder mein, Du liebe Welt mit Deinem unendlichen Leben. Zum zweitenmale bin ich Dir geboren. Wie mir leicht ist! Die Menschen hier werden mich verdammen, aber Gott muß mich lieb haben, wie bisher — und sie. Sie wird mit mir gehen, wir werden eine neue Heimat finden . . . .

Ihm war, wie einem Träumenden. Und es war wirklich eine Betäubung nach diesem lauten Tage, nach der aufregenden Stunde — ein Nebelgrund, in welchen glühende Wünsche ihre Lichtbilder warfen.

Ein Läuten auf dem Thurme weckte ihn auf.

Eine Magd eilte in's Zimmer und rief: „Geistlicher Herr, wenn Ihr sie noch einmal sehen wollt beim Leben, so kommt schnelle!"

„Was ist denn geschehen?"

„Eure Mutter stirbt!"

Alois lief über die Aecker gegen das Weberhäuschen. Die Thür war verschlossen. Da erinnerte er sich, daß seine Mutter ja bei der Hochzeit im Wirthshause sei. Er eilte zurück. Die Kirchenglocke rief ihm wie höhnend entgegen: Das ist die Welt, die schöne Welt! —

An den staunenden Leuten vorüber durch die bekränzte Thür stürzte er in das hochzeitliche Haus. Auf einem Strohbunde liegt die Weber-Nandl, der Arzt bei ihr und ein Weib mit der Sterbekerze.

„Mutter!" ruft Alois und stürzt an ihrem Lager nieder.

Der Wehschrei des einzigen Kindes weckt die Entschlummernde wieder auf. — Sie blickte ihn an mit großem

Auge, sie wollte sprechen, aber es bewegten sich lautlos nur die Lippen. Die rechte Hand hob sie ein wenig gegen ihr Herz, eine Thräne drang aus ihrem Auge — dann war sie ohne Leben.

In dieser letzten Thräne war die Lieb' zu dem Kinde, die Sorg' und Noth um den studirenden Sohn, die Freude an dem jungen Priester, die getäuschte Hoffnung, von seiner Hand die Sterbesacramente zu empfangen. — Die plötzliche Nachricht von seinem vollzogenen Austritte aus dem Priester= stande hatte ihr den Tod gegeben.

Jetzt führten sie den Mann lieblos hinweg von der Leiche seiner Mutter, deren Todtschläger er war. Sie mußten bereits Alle von seiner kirchlichen Dispensirung, die der Pfarrer in seiner Aufregung verrathen hatte, und die sie gleichbedeutend mit dem Ausschlusse und Ausstoßen von der Kirche hielten. Sie wichen ihm aus und sahen ihn von der Entfernung mit Grauen an. Sie verdammten ihn, weil er wieder war wie sie.

Und als er kauerte draußen an des Dorfes Ende unter einem Baum und nichts sonst denken konnte als: Hat sie mir vergeben? — da leuchteten im Gebirge wieder die Gipfel.

. . . . Wenn sie ihre Herzgluth für das liebe Kind nicht wollte verhüllen, gar die hohen Felsen thäten leuchten vor solchem Schein! —

Er hört ein Gerücht.

Auf der Straße gehen allerhand Leute und Neuigkeiten.

Der Steinklopfer schreit jedem Wanderer zu: „Nichts rasten, Vetter?" Das sind ja seine Zeitungen.

Der Knödelschütz läßt sich's nicht zweimal sagen.

„Hast recht, Klopfer, wenn Einer einmal vom Thal heraufsteigt, thut das Rasten noth."

„Ihr Bauern habt schon wieder einmal Feiertag!"

„Das siehst," antwortete der Knecht und trocknete sich mit dem Aermel den Schweiß. „Eingegraben haben wir Eins."

„So? Wen hat's denn wieder getroffen?"

„Die alte Weber=Nandl."

„Ei, was Du sagst! Das wird aber eine schöne Leich' gewesen sein. Versteht sich, daß sie der Herr Sohn hat ein=gesegnet."

„Mir scheint, Du weißt es gar nicht, daß der Caplan ist abgestanden. Ein Heid' ist er geworden!"

„— Jetzund lügst mich aber doch leicht an!" sagte der Steinklopfer und nahm die Pfeife aus dem Mund.

„Ist auch schon beim Teufel. Seit zwei Tagen hat ihn kein Mensch mehr gesehen. Ist auch beim Begräbniß nicht gewesen. Seine Mutter hat g'rad deswegen der Schlag ge=troffen. Eine Andere hätt's auch nicht überlebt. So ein schlechtes Kind! Hat sich alles zu viel eingebildet auf ihren geistlichen Herrn Sohn. So geht's. Ist wieder Eins weg. Werden aber nicht weniger desweg, die Leut' auf der Welt."

„Wär' auch eine Schand'!" sagte der Steinklopfer.

„Ist gerade heut' wieder Eins tauft worden," versetzte der Knödelschütz.

„Wohl? Na, wenn Du nur auch was Lustiges zu er=zählen weißt."

„Lustig ist's schon!" meinte der Andere und sog aus seiner Pfeife dichte Rauchwolken.

„Wer hat denn Eins geschickt?" fragte der Stein-schläger.

„Eine Schöne halt!" sagte der Knecht und blies neue Rauchwolken von sich.

„Doch etwan keine Ledige?"

„Weiß nit!" versetzte der Knödelschütz, was so viel sagen wollte, als, er wisse es recht gut, und der Fragende habe es errathen.

„Kenne ich sie?" fragte der Andere, um so der Sache näher zu kommen.

„Wirst sie kennen. Ist gar eine Fromme und Stolze. Bauersleute sind ihr viel zu minder — da ist ein Schloß-herr schon was Anderes."

Die Rauchwolken machten jetzt allerlei Kreise und Figuren.

„Ja, nach Deinem Reden da," sagte der Wegarbeiter, „die — die Steinwendhoferische wird's doch nicht sein?"

„Ist schon möglich."

„Geh!"

„Ei ja! Weil sie so viel proper (stolz) ist. Kann sich schicken für die großen Herren."

„Verleumder! Schurke!" rief es plötzlich im nahen Dickicht.

„Jesus, die Stimm' kenn' ich von der Kanzel! — Der böse Geist!" stotterte der Knödelschütz und eilte seitab.

Der Steinklopfer schüttelte den Kopf und nahm seinen Schlägel auf die Achsel. Als er zur Seite blickte, sah er den Caplan. Dann ging er davon, so rasch, als er konnte.

Unten im Dorfe klang die „Eilfiglocke," das einzigemal des Tages, daß sie nicht zum Beten, sondern zum Essen ruft. Und das einzigemal, daß ihr jeder gern folgt.

Der ihr folgen kann und darf!

Alois war seit zwei Tagen im Walde umherg-irrt, das
Los theilend mit dem Wilde, das Menschen fürchtet und
meiden muß. Als man seine Mutter zu Grabe trug, hatte er
die Glocke gehört — sie läuteten nur eine — und hatte nicht
auf den Kirchhof gedurft, um ihr die Handvoll Erde nachzu-
geben. Andere werden die Scholle hinabgeworfen haben und
gemurmelt: das arme Weib! so ein ungerathenes Kind! —
Es ist an fremden Herzen ja keine Liebe ohne Scheelsucht
möglich.

Nun hatte er die Schläge des Steinklopfers vernommen
und war ihnen zugegangen, weil er sich nach der Nähe eines
Menschen sehnte. Und dieser Mensch hat denn auch mit seinem
wuchtigsten Hammerschlag das arme Herz ganz und gar zer-
schmettert.

Im Dickicht kauernd hatte Alois die Worte der beiden
Männer gehört. Hatte gehört, was der Knödelschütz über
Lisabeth zu berichten wußte.

Also wäre ein Taufpfennig zu verdienen, Herr Caplan!
höhnten die Vögel auf den Bäumen. — So geht's, wenn
man zuerst Priester wird, und dann erst Mensch. Die Heiligen
in der Mehrzahl, haben es umgekehrt gemacht und sind nicht
übel gefahren. — Das schöne Weib! Es hat Dir von Liebe
erzählt, Du Tropf hast das auf Dich gemünzt, bist aus der
Kutte gesprungen, um ihr in die Arme zu fallen. Jetzt ist
Verlegenheit da, denn ihre Arme sind nicht leer — 's liegt
ein Junges drin . . . .

„War das Dein Geheimniß, Lisabeth?" rief er laut,
„und ich wollte es nicht hören, stieß Dich vom Beichtstuhl,
um es in Deiner Kammer zu vernehmen . . ."

Mißverstanden? —

Er überzeugt sich.

Im Steinwendhofe saßen sie beim Essen.

Es wurde heute nichts dabei gesprochen, Jeder legte sich vor gegen die gemeinsame Schüssel und aß. Der Steinwend=hofer schnitt Brot von einem Laibe und wunderte sich nur, daß heute nicht Blut daraus rann, wie es im Märchen steht.

In der Nebenkammer meldete sich zuweilen ein junges Kind. Da räusperten sich die Leute, als ob sie etwas reden wollten — brachten aber nichts vor.

Jetzt trat Alois ein. Die in diesem Augenblicke gerade den Löffel im Munde hatten, ließen ihn schier drin stecken und glotzten den Eintretenden an. Der war blaß und verstört und sah in den priesterlichen Kleidern, die er noch am Leibe hatte, fast abenteuerlich aus. Der Caplan hatte kurz gegrüßt, der Bauer noch kürzer erwiedert.

Alois blieb an der Thür stehen und Niemand bot ihm einen Stuhl. Er bereute nun, in dieses Haus eingetreten zu sein — aber er hätte sie sehen mögen — und sich über=zeugen, daß alles böse Geschwätz über sie Lug und Trug gewesen.

Der Bauer, um nichts sagen zu müssen, nagte an einem Knochen. Als der Großknecht das Tischgebet gesprochen hatte und die Leute sich aus der Stube gezogen, gedachte nun Alois zu reden. Da klopfte es an der Thür.

„Ja, ja, macht's nur auf, ist nicht verriegelt!" rief der Bauer unwirsch.

Eine betagte Frau trat ein: „ob sie hier recht wäre beim Steinwendhofer?"

„Was wollts denn?" fragte der Bauer.

„Ja, nachher wohl. Von da draußen bin ich geschickt."
Und sie wand aus ihrem Tuche ein Papierpacketchen.

„Meiner Tochter? Wir brauchen nichts. Trag's nur
wieder heim zu Deinem Herrn und sag': Mit seinem ganzen
Schloß und seiner Ehr' kann er das nicht zahlen, was er
uns schuldig ist. Behüt' Gott!"

Die Botin torkelte brummend wieder zur Thür hinaus.
Der Bauer wendete sich gegen Alois, und als hätte ihn der
heraufbeschworene Groll gegen einen Andern für diesen milder
gestimmt, sagte er leise: „Wollt Ihr was reden mit mir?
So kommt mit in's Stübel."

Wie kühl und gemessen war dieser Ton des einstigen
Freundes!

Sie traten in eine der Nebenstuben, der Steinwendhofer legte hinter sich die Thür zu. Dann erfaßte er die
Hand des jungen Mannes und sagte: „Wie Euch nur Das
hat einfallen mögen, Alois Latten!"

„Ich wollt', ich könnt' Euch's sagen, warum," versetzte
Alois.

„Ich bin nicht Euer Richter, Ihr werdet wissen, weshalb es geschehen ist."

Wieder vernahm sich das Aechzen des Kindes. Alois
fuhr mit der Hand zum Herzen.

Mit diesem ersten Schrei des jungen Wurmes war sein
Leben vernichtet.

Mit wildem Auge blickte der Alte umher und fragte:
„Na, Herr Caplan, was sagt denn Ihr dazu?"

„Ich werfe keinen Stein, er fiele auf mich selber."

„Als sie dazumal vor meiner Thürschwellen ist gefunden
worden, hat sie selber so geschrien. Hätte ich sie liegen lassen
sollen?"

„Ihr habt sie als Kindesstatt genommen und damit gewiß ein Werk christlicher Liebe erfüllt."

„Mich dünkt, das Salbadern sollt Ihr jetzt lassen, mein Lieber. Das christliche Werk muß der Herrgott sehr gefällig aufgenommen haben, weil er es jetzt so sauber verlohnt hat. — Man kann's aber nicht wissen," fuhr er wie für sich fort, „es mag wohl eine Heimzahlung sein, denke ich zurück auf meine jungen Jahre. — Wie der Will', 's ist Schad', 's ist Schad'! Mich derbarmt das arme Ding bis in die Seel' hinein!"

Er wendete sich weg und zog die Schwarzwälderuhr auf.

„Hätt' sie wohl gern noch einmal gesehen," sagte Alois leise, „aber jetzt nicht, jetzt nicht mehr."

„Wüßt' nicht, warum. Euch hat sie immer gern gehabt — recht, wie einen Bruder gern, sagt sie, die geistliche Weih' ausgenommen. Nu, die wär' jetzt weg."

„Als ihr Bruder? Ich will sie nicht sehen. Ich habe mißverstanden und ich gehe jetzt."

„Ich möchte nur gern wissen, wohin? und was Ihr anfangen wollt?"

Der Caplan zuckte die Achseln.

Der Alte stellte sich vor ihn hin und sagte ernst: „Du bist leichtsinnig, Alois!"

Dieser wich seinen Augen aus.

„Es wäre nicht Alles verloren, wenn Du wieder umkehren wolltest."

„Wohin?"

„Zur Kirche."

„Niemals. Man würde mir's hart entgelten lassen, mich in einem Kloster begraben. Und ließen sie mich in der Welt, wie stünde ich den Leuten da? — es könnte kein Vertrauen mehr zu mir sein und ich wäre noch elender als bisher. Ich will nicht büßen, ohne gesündigt zu haben."

„So sündige Etwelches," entgegnete der bucklige Alte nicht ohne Schalkheit. „Vor Allem mußt Du leben. Hier kannst Du nicht bleiben. Gehe hin, wo man Dich nicht kennt, und ergreife ein Handwerk. Dein Vater war Weber."

„Ich webe nichts mehr. Ich danke Euch, Steinwendhofer, ich will schon für mich sorgen, nur heute — jetzt —"

Er stockte.

„Du hast noch ein Anliegen, Alois?"

„Hätt' Euch wohl gern um etwas bitten mögen."

„Du weißt es, daß ich Dir gut bin."

„Seit zwei Tagen bin ich so herum gegangen. Wenn's leicht möglich, Steinwendhofer — um eine Schale warmer Suppe."

Auf dieses Wort entgegnete der Alte nichts. Aber sein Auge war naß. Er ging in die Küche, und als er wieder zurückkam, deckte er den Tisch. —

Und als er gegessen hatte, der arme, verlassene und verlorene Mensch, da war ihm leichter auch um's Herz. Ein gestärkter Leib ist der beste Tröster der Seele. Er wäre am liebsten eine Weile noch in dem gastlichen Hofe geblieben, aber das Geschrei des Säuglings scheuchte ihn davon.

Dem alten Manne fiel er zum Abschiede um den Hals. Und als er davonging und der Alte ihm nachblickte, murmelte dieser: „Ich sag' grad so viel: bei dem kenn' ich mich nicht aus."

Alois ging an demselben Abende dem Häuschen seiner Mutter zu. Thür und Fenster waren verschlossen. Ein Bettelweib, das zu dieser Stunde vorbeiging, sah den Caplan

stehen vor dem Häuschen. Die Bettlerin, die aus dem Ge=
birge kam, wußte nicht, was sich in den letzten Tagen zu=
getragen hatte, sie küßte dem jungen Priester andächtig die
Hand. Er ließ es willenlos geschehen und blickte gegen den
Kirchhof hin. Und blickte gegen die Felsen auf, in denen das
Abendroth glühte. Dann stieg er die schwanke Leiter empor
und stieg durch das Dachfenster in den Oberboden des
Häuschens.

Es tagt ein früher Morgen . . .

Die junge Mutter im Steinwendhofe hatte eine unruhige
Nacht. Das Kleine schlief zwar ruhig an ihrer Seite. Vor
dem Einschlafen kam ihr plötzlich ein heftiges Weinen an,
sie wußte nicht recht, warum, sie wußte nicht, weinte sie über
ihr Elend oder über ihr Glück. Dann sank sie in den Schlummer
und träumte von ihm — den sie liebte.

Als sie nach wenigen Stunden die Augen aufschlug,
tagte zu den Fenstern herein schon der Morgen. Sie sah
nach dem schlummernden Kinde, und da im Hause noch Alles
still war, so begab sie sich auch selbst wieder der Ruhe.

Nach einiger Weile, als sie von dem Kleinen geweckt
wurde, wunderte sie sich, daß es wieder finster war. Hatte
sie früher vom Morgen nur geträumt, so wie sie in
ihrem Liebesleben einen Morgen geträumt hatte, der nicht
war? —

Und als endlich der Morgen anbrach, lag ein blauer,
stechender Duft über dem Thale, und die Leute wußten eine
Neuigkeit: das Haus der Weber=Nandl ist niedergebrannt in
vergangener Nacht.

Aber man kümmerte sich nicht weiter drum, wie das Feuer in den unbewohnten Wänden entstanden sein und was es vernichtet haben mochte. Es war herrenlos Gut gewesen.

Es ist nun seit all' dem manch ein Jahr vorbei. Auf der Brandstätte wuchert allerlei wildes Kraut, als wollte die Natur mit milder Hand den Aschenhügel eines Menschenheims verhüllen und ein Grab begrünen.

Alois Latten ist seit jenem Abende nicht mehr gesehen worden.

Die Unrechte.

as doch die Schönhoferin für ein gutes Leutel ist! Wunderselten findet man eine angesehene Groß= bäuerin, die sich auch zu den armen Leuten herab= läßt. Die Kobelhütte ist ein armseliges Menschennestlein; die Schönhoferin steht nicht lange davor; sie drückt die klappernde Thürklinkel nieder und bückt sich — nicht als wolle sich der Reichthum einmal vor der Armuth verneigen, sondern daß sie sich an dem niedrigen Pfosten nicht den Kopf anrenne, den Kopf mit dem schwarzen Seidentuch und dem glatt= gekämmten glänzenden Haar.

Für die Kobelhütterin ist's ein heißer Schreck; sie schießt im Stübelein herum, in der Absicht, mit ihrer Schürze von den Geräthen Staub und keine Kinder wegzufegen. Allerlei junger, schreiender, polternder Gottessegen ist da, eine Zucht jeglichen Alters. Die Kleineren huschen angstvoll der Mutter zu, schier wie watschelnde Küchlein, wenn der Geier schreit.

Aber die Schönhoferin ist ja kein Geier, und sie sagt es selbst:

„Ihr Närrlein, was zappelt Ihr denn so? Ich bin ja kein Geier nicht!"

„Die thut Euch nichts," beruhigt auch die Mutter, „das ist die brave und ehrenwerthe Schönhoferin. — Wenn die

Schönhoferin ein Eichtl wollt' niederfitzen, es ist halt überall
so viel wild."

Die Bäuerin wählt sich einen recht breiten Stuhl, und
wie sie so dasitzt in ihrem bunten, bauschigen Kleid — oben
das kleine, muntere Köpflein, unten die volle Entfaltung der
Röcke, wie ein rauschendes Dreieck — da ist es gerade, als
wäre die lebendige Mutter von Maria=Zell herni=bergestiegen
aus ihrem goldenen Gezelt und eingekehrt in die Kobelhütte.

Der Schönhoferin taugt die Ehrfurcht, mit der sie hier
betrachtet wird; sie genießt dieselbe mit freundlicher Würde,
dann fängt sie allmählich an, Gnaden auszutheilen in Gestalt
von Semmeln und Aepfeln, die sie in einem weißen Arm=
körblein mit sich gebracht hat. Die Kinder wollen allsogleich
scharf über die seltsamen Erscheinungen herfallen, aber die
Mutter hält sie zurück:

„Erst schön bitten, nachher angreifen!"

Und „bitten," die Händchen zusammenschlagen und falten
können sie ganz artig, — es sind eben armer Leute Kinder.
Aber was darauf kommt, das Angreifen und in den Mund
stecken, das können sie noch besser; und was dann ist, um
das mögen sie Kinder reicher Leute wohl beneiden: der gute
Appetit.

„Bist ein sauberes Dirndl, Du!" sagte nun die Groß=
bäuerin zu einem etwa siebenjährigen Mädchen, dessen langes,
goldfarbiges Haar an beiden Seiten des Gesichtchens ziemlich
regellos niederhing, so daß die rothen Wänglein und flachs=
blüthblauen Aeuglein nur verstohlen dazwischen hervorlugten.

Die Kleine machte sich bei dem Spinnrocken der Mutter
zu thun, damit sie der fremden Frau nicht in's Gesicht
schauen müsse. Die Bäuerin ging zu ihr, faßte das sich etwas
sträubende Händchen und sagte also:

„Ein ſauberes Dirndl biſt! Wie thuſt denn heißen?"

Die Kleine ſchämte ſich aber, und erſt bei der dritten Wiederholung der Frage geſtand ſie mit geſenktem Köpfchen, daß ſie Agerl (Agathe) heiße.

„Wie viel haſt ihrer denn?" fragte die Bäuerin das arme Weib.

„O, du liebe Zeit," antwortete dieſes, „mehr, als genug. Mit Kindern iſt der liebe Herrgott ſo viel freigebig."

„Muß Eins halt die Schürze nicht immer aufhalten, wenn er ſie vom Himmel wirft," meinte die Bäuerin; „leicht fallen ſie nachher Anderen in den Schoß, die mehr Mittel haben zum Atzen."

„Gut wär's ſchon," verſetzte die Kobelhütterin kleinlaut und dachte bei ſich: Iſt auch eine rare Red' das, für ſo ein Weib.

„Willſt mir eins laſſen?" fragte jetzt die Schönhoferin.

„An fremden Kindern iſt halt nicht viel Unterhaltlich= keit," antwortete die Kobelhütterin. „Ich bin die rechte Mutter und muß mich oft rechtſchaffen zuſammennehmen, daß mir die Geduld nicht ausgeht."

„Mein Gott, die Kinder! Das freilich, daß Eins Geduld haben muß mit ihnen. Aber 's iſt doch eine Freud'!" So die Großbäuerin.

„Die Schönhoferin hat halt ein gutes Herz," ſagte das arme Weib.

„Ich hab' ja ſelber ein Dirndl, und thut's mir oft weh, daß mein Töchterlein kein Geſpiel hat. Und gleich, daß ich Dein Agerl da mitnehm', wenn Du mir's giebſt."

„Geben?" rief die Kobelhütterin, „leicht freilich, daß ich's der Schönhoferin geben wollt'!" dachte aber bei ſich: Juſt mein liebſtes Kind! Hätte ſie das neunjährige oder das

zweijährige oder ein anderes hergeben sollen, so wäre es eben
auch ihr Liebstes gewesen, — o Mutterherz!

„Geh, Agerl, aber jetzt küß' geschwind der Schönhoferin
die Hand. Das ist Deine Mutter worden. Dir ist Dein
Brot in den Honigtopf gefallen."

Das Agerl schaute so drein; es ging ihr fast zu
Sinn, als geschähe jetzt etwas Seltsames über ihrem kleinen
Haupte.

Die Großbäuerin schlug gleich einen mütterlichen Ton
an. Das arme Weib machte ein frohes Gesicht, und die
bitteren Thränen, die sie zurückpreßte, rannen inwendig auf
ihr Herz hinab. Sie sollte es gewohnt sein; mußte sie doch
alle Jahre Eins hingeben und noch froh sein, wenn sie einen
guten Platz dafür fand.

Ein Einziges ist ihr gestorben. Das war noch ein ganz
anderer Schmerz, als sie über das wachsweiße Gesichtlein
mit dem Blumenkranz den kleinen Sargdeckel zunagelten. Das
war noch ein ganz anderer Schmerz, aber er ist sachte vergangen, wie weißer Alpenschnee im Hochsommer. Jene Kinder
jedoch, die sie zu fremden Leuten gegeben hat, machen ihr
Sorgen und Schmerzen noch jeglichen Tag. Kleine Kinder,
kleines Kreuz; große Kinder, großes Kreuz! So ist ihr er-
gebenes Wort.

Nun, auch dieser Tag ist vorbei. Und als des Abends
der Kobelhütter von seinem Tagewerk heimkam, that's ihm
wohl leid, daß sein Agerl weg war, — aber nun hat wieder
ein Neues Platz, damit tröstete er sich.

Die reiche Bäuerin hatte das Agerl mit sich geführt,
lockend mit Aepfeln und Lebkuchen. Für das Kind war aber
nun die schönste Zeit vorbei. Als Gespielin für das bluteigene
Töchterlein taugte es nicht, das wies sich bald.

Das Agerl wollt' immer was rücken, heben, machen, brechen, war ein fortwährender Unfrieds' mit Händen und Füßen. Das Haustöchterlein hatte gern Ruhe und freute sich nur, wenn sie bunte Schleifen oder Papierstücke an ihr Leiblein hängen konnte. Das ist doch ein unschuldiges Vergnügen, und man verdirbt sich dabei die Gesundheit nicht. Das Agerl, wenn es schon gar so rührsam ist, soll was Nützliches schaffen! Sie mußte zum Gesinde, sie mußte in den Stall, sie mußte arbeiten. Denn, offen gesagt, und die Schönhoferin sagte es selbst: „Zum Füttern und zur Kurzweil hat sie das Wesen nicht aufgenommen, sondern zum Arbeiten. Der Mensch muß arbeiten, und je früher er anfängt, desto besser. Und der Mensch muß sich abhärten und einen Puff gewohnt werden, das ist ihm gesund."

Für das eigene Kind gelten diese weisen Maximen freilich nicht. Warum es manche Mütter nur mit den fremden Kindern so gut meinen!

Das Agerl hatte wenige Schuhe zertreten, denn es hatte selten welche an den Füßen getragen, und die Strümpfe von Menschenhaut haben den Vortheil, daß die Löcher, die bisweilen in dieselben gerissen werden, selber wieder zuwachsen. Zur Winterszeit ist sie in Holzschuhen herumgeklöppelt. Das Harte war sie bald gewohnt, — war doch Alles steinhart, was um sie stand und lebte, auch das Gesinde, und mit der Bäuerin kam sie gar nicht mehr zusammen. Sie mußte aber durchzuschlüpfen, daß sie nicht gar zu arg anstieß. Flink und fleißig war sie, still und anstellig. Keins hatte sie im Grunde ungern, aber es muß in jedem Hof Eins sein, an dem sich die Anderen den Zorn auslassen können. Und dazu sind solche „Zuchtkinder" (angenommene Kinder), wie das Agerl eins war, wohl zu brauchen.

Sie hatte aber irgendwo einen vergrabenen Schatz. Sie wird größer und runder, und hat immer ihren vergrabenen Schatz. Wenn ich nicht einmal geguckt hätte, so könnte ich's nicht erzählen, aber — im Lodenjöpplein, so in der hügeligen Gegend des rothen Busentuches herum, hat sie einen Silbergulden eingenäht. Einen wahrhaftigen, hellen Silbergulden —kein Mensch weiß davon. Sie hat ihn von ihrer alten Pathin; sie trägt ihn immer bei sich, bei Tag und bei Nacht, — kein Mensch weiß davon. Das ist ein Glück, wenn man im reichen Hof eine arme Magd vorstellt und hat seinen besonderen, heimlichen Schatz!

Auf den „lieben Gesund" hält sie auch, und wenn ihr was aufgedeckt ist, so schaut sie rechtschaffen zum Essen. Sie ist ein Weib, aber sie muß es zu Kraft bringen, daß sie es mit den Mannsleuten aufnehmen kann. Muß sie doch mit den Knechten gehen hinaus in den Wald, in die Holzarbeit, muß hacken, sägen, von der rothen Morgenfrüh bis in den späten Abendthau. Sie darf dem Waidbuben nichts nachgeben, sei es im Holzschneiden oder im Fingerhäkeln, im Asthacken oder im Ringen. Und wenn die Bäume fallen, und wenn der Waidbub fällt, — ein wenig hin auf's weiche Moos zur Rast, — die Magd muß auf ihren zwei Füßen stehen. So weit muß sie's bringen mit ihrer Kraft.

Jede bringt's nicht so weit. Es ist bisweilen Eine, die hat sehr kluge Gedanken. Schau, denkt sie, wenn sich die abgerindeten Bäume so bequem hinlegen auf's Moos und der schlanke Knecht auch so bequem hinlegt, so muß sich Eins doch einbilden, der Herrgott hab's Moos zum Rasten erschaffen. Denkt sich's und bleibt nicht stehen.

Aber sitzen kann sie hernach bleiben, und das ist das Gefährliche.

Das Agerl macht überhaupt allmählich die Erfahrung, mit den Mannsleuten wär's auszukommen; die werden alle Tage brüderlicher. Sie erzählt's der Mutter, wenn sie an Sonntagen zu ihr geht, aber die Mutter sagt: „Dirndl, trau nit, und schau zum Beten!"

Das erstemal hat sie auf dieses Mutterwort gefragt. was denn da für eine Gefahr dahinter wäre? Die Mutter hat darauf just keine Antwort gegeben, doch hat sie in ihrem Herzen Gott gedankt, daß ihr Töchterlein noch so kindisch fragen kann. Das zweitemal, wie wieder vom Beten die Rede gewesen, hat das Agerl die Frage freilich nicht mehr wiederholt.

Die Haustochter der Schönhoferin hieß Amalia. Das ist ein wunderschöner Name; Agerl, das ist ein häßlicher Name! Bei den zwei Mädchen selbst wäre es gerade umgekehrt, sagten die Leute. Die Amalia war fürnehm im Gewand und war fürnehm in den Geberden, und sie sagte mit ihrer glockenhellen Stimme, das Agerl wär' „a dumme Trine und hätte kotzengrobe Händ'". Glockenstimmig rief sie's, denn es giebt auch schrillende Glocken. Aber ihre feinen, weißen Händchen, die waren doch schön, und wenn sie bisweilen die feine Handkanne nahm, um Blumen zu begießen, oder wenn sie einmal ein Scheitlein Holz vom Boden aufzuheben hatte, so streifte sie erst schützend die weichen Handschühlein an die zwei zarten Herrlichkeiten. Die Schönhoferin schaute ihre reifende Tochter mit glückseligen Augen an.

„Es ist schon wer in sie verliebt!" sagte der Schönhofer einmal.

„Warum nicht gar!" rief die Bäuerin in höchsten Freuden.

„Ja," versetzte der Bauer, „bis über die Ohren in sie verliebt."

14*

„Wer ist es denn?" fragte sie.

„Du bist es," sagte er.

Das war ein harter Schlag. Der Bauer setzte bei: „Es wird uns auch nichts Anderes übrig bleiben, als uns selbst in die Amalia zu verlieben, denn die Burschen gaffen alle dem Agerl nach."

„Sagen wir Gott sei Dank!" schrie sie; „unser Kind steht auf einen dummen Burschen, wie sie hier herum wachsen, nicht an. Sind ja lauter Krüppel in der Gegend, lauter Klötze. Dieses liebe Kind zu beleidigen!" schluchzte sie.

„Hat ihr denn wer was Böses gethan?" fragte der Vater.

„Sich nicht in sie zu verlieben!" wimmerte die Bäuerin, und da mußte der Schönhofer denn doch auflachen.

Auffallend ist's allerdings, das von der Amalia. Sie ist die einzige Tochter des Großbauern, sie ist zwanzig Jahre alt; sie hat, wie dargethan, die Hände glatt wie Elfenbein und Ringe daran, sie hat einen weißen Hals und ein gülden Kettlein herum, dreimal herumgeschlungen, und hat an den Ohren schwere Gehänge, und hat Rosenöl im Haar.

„Du tappige Dirn!" schreit die Bäuerin — das geht das Agerl an — „Du trag' Deinen geflickten Kittel, ist gut genug für Dich; geh' barfuß, ist gut genug für Dich! Und sei mir nicht so eitel mit dem Haarkämmen; bind' das alte blaue Tüchel um den Kopf, ist gut genug; zieh's sauber über das Gesicht herab, daß das freche Gaffen einmal ein End' nimmt."

Sie that's, die Dirn, aber ihre Schönheit war nicht umzubringen, und das Barfußgehen war nachgerade gefährlich, denn die munteren Verfolger gingen den Spuren ihrer Füßlein nach.

„Versteck' Dich in den hinterſten Stallwinkel!" rief die
Bäuerin, „daß Dich Niemand ſieht; es iſt eine Schmach,
wie Du ausſchauſt. Der muß ſcharfe Augen haben, der Dich
anſchauen will, gleichwohl Du Dir einbildeſt, Du wärſt die
Schönſte im Lande. Die Hoffärtigſte vielleicht, das trifft zu.
Geh', Hoffart, ich weiß Dir einen paſſenden Schmuck: nimm
Deines Vaters Bettelſack auf den Buckel!"

Da denkt ſich das Agerl: Na, heut' iſt die Bäuerin
wieder einmal mit dem linken Fuß zuerſt aus dem Bett
geſtiegen! — Und verrichtet flink ihre Arbeit und jodelt dabei.
Wenn das Agerl jodelt, da wird die Amalia allemal ganz
gelb im Geſicht; ſie kann „ſo einen dummen Uebermuth"
nicht leiden. —

Jetzt kam einmal der Sylveſter Ladenſtam in den
Schönhof. Der Sylveſter war ein junger Mann, der erſt
vor Kurzem von ſeinem Vater den Ladenſtamhof überkommen
hatte.

Die Schönhoferin raunte ihrer Tochter zu, ſie ſolle ſich
recht zuſammennehmen.

Der Sylveſter ging ſo ein paarmal um's Haus herum;
dann trat er zur Thür hinein, um am Küchenfeuer ſeine
Pfeife anzuzünden.

„Iſt das Euer Töchterl, Schönhoferin?" fragte er,
auf die emſig den Fußboden ſcheuernde junge Magd hindeutend.

„Nein, Gott ſei Dank!" antwortete die Bäuerin raſch,
„Das wär' nicht übel, wenn ich ſo einen Patſchen hätt'.
Eine Zuchtdirn iſt's, ein ungeſchicktes Ding und ſo viel
dumm. Zu Tod' thät ich mich ſchämen mit ſo einem Kind.
Aus Barmherzigkeit, daß man das Bettelkind aufnimmt —
man meint, daß man ſich mit ſo einem Weſen einen Stufen

in den Himmel bauen möcht' — ja, was nicht noch! Die
Höll' könnt' man sich anärgern! Aber laß Dich doch nieder,
Ladenstamer. Du Malerl! Dirndl!" — rief sie — „Amalia,
geh', bring' dem Ladenstamer einen Stuhl."

Der Sylvester schaute das „Malerl" gar nicht an. Er
machte sich gleich wieder davon, und wie er zur Thür hinaus
wollte, kauerte an derselben just das Agerl, unter lustigem
Getriller die Schwelle scheuernd.

„Ueber ein solches Zaunstiegerl bin ich auch noch nicht
gestiegen," lächelte ihr der stramme Bursche zu und setzte
seinen Fuß über sie hinweg. Dann sich noch ein wenig um-
wendend, leise: „Meine Mauth zahl' ich nächstmal."

———

„Amalia," sagte eines Tages der Schönhofer zu seiner
Tochter, „ich will Dir einen guten Rath geben. An den
Werktagen gehe nicht im Feiertagsgewand um, und wenn
ein Fremder da ist, so mach' Dir was zu schaffen. Man hat
ein Wohlgefallen an solchen Sachen."

„Vielleicht gar Fußboden scheuern!" versetze die Tochter
bissig.

„Jetzt hab' ich Dich gekränkt, Malerl," sagte der Vater
und wollte sie streicheln; sie lief erbost davon.

Und das Agerl, was sie thun mochte oder lassen, immer
blieben die Burschen bei ihr stehen und schauten ihr ernsthaft
zu oder sagten ihr ein schalkhaftes Wort. Die junge Magd
ließ sich aber nicht viel darauf ein; sie habe jetzt nicht Zeit
für Narrheiten, sagte sie und arbeitete.

Eines Sommerabends war's, da stiegen zwei Männer
vom Berg herab in das Thal und gingen hin gegen das
Dorf. Der Eine war der alte Drauder, ein scharfeckiges,

verschmitztes Männlein; bei dem meldete sich schon die Glatze
an, und es war immer noch kein Schnurrbart gewachsen; der
Andere war ein junger Mann, bei dem die Oberlippe
sich hübsch zu beschatten begann, und das war der Sylvester
Ladenstam. Sie führten ein Gespräch, das den Alten noch
und den Jungen schon anheimelte. Sie sprachen von den
Weibsleuten.

„Ja,“ sagte der Drauder, der als der Aeltere den Ver-
nünftigeren abgeben wollte, „'s ist nicht anders. Hast eine
Wirthschaft, wirst es nicht dermachen mögen, wirst heiraten
müssen.“

„Heiraten wird auch kein Unglück sein,“ sagte der
Bursche.

„Probir's,“ versetzte der Drauder, „thu's grad' einmal
probiren.“

„Probiren könnt' ich's.“

„Probiren kannst; aber wenn's Dir nicht taugt, zurück
kannst nimmer. Mußt aushalten wie der Ochs im Joch. 's
ist nicht anders.“

„So nehm' ich Eine, die mir gefällt, und mit der man
gern zusammengeweden (zusammengespannt) ist.“

„Trau' Du den Weibsleuten nicht, mein lieber Festl!“
meinte der alte Drauder und zog die fahlen Augenbrauen in
die Höhe. „Den jungen schon gar nicht. Da spielt was
Anderes mit, was Dich unterkriegt, mein lieber Festl! Es ist
nicht anders. Es wird Dir immer einmal bei Einer vor-
kommen: just Die möcht' ich haben, die könnt' mir taugen.
Vor einer Solchen lauf' davon, soweit der Himmel blau ist,
sag' ich Dir! Wirst einen Viehhandel abschließen, wenn Du
merkst, Daß Du einen Rausch hast?“

„Der Narr werd' ich nicht sein,“ antwortete der Bursche.

„Und wirſt Eine heiraten, wenn Du weißt, daß Du ſo
vernarrt biſt in ſie, daß Dir der Verſtand ſtehen bleibt?
Wär' grad' ſo dumm! Feſtl, Du haſt Haus und Hof, die
Zeit iſt für den Bauer jetzt ſchlecht, die Steuern ſind groß,
— Du brauchſt Eine, die Geld hat."

„Und daß ich ſie auch gern haben könnt'," wendete der
Sylveſter ein.

„Wir reden jetzt vom Heiraten und nicht vom Gern-
haben, mein Freund," ſagte der Drauder. „Paſſ' auf, Feſtl,
ich gebe Dir einen guten Rath: heiraten ſollſt eine Reiche, —
gern haben kannſt, welche Du willſt."

So ſprachen ſie. Dann kamen ſie in's Dorf, wo gerade
zur Veſper geläutet wurde. Am Eingange des Dorfes ſtand
der ſtattliche Schönhof; auf der nahen Wieſe mähte das
Agerl Futter. Sie hatte dabei das Röcklein ein wenig auf-
gebunden, daß es bei der Arbeit nicht hinderlich war.

„Zum Exempel die!" ſagte Sylveſter zum Begleiter.

„Heiraten?"

„Wollt' ich meinen."

„Zum Exempel!" dehnte der Alte und hob ſeinen kleinen
Kopf, „willſt Du zum Exempel heiraten? Zum Exempel für
Andere, ja, das trifft zu. Für Dich ſelber iſt's ein anderer
Fall. Für den Mann ſelber iſt das Heiraten vergleichsweiſe
wie das jüngſte Gericht: kannſt ſelig ſein, kannſt verdammt
ſein! Und im Voraus kannſt es nicht wiſſen. Da giebt es
kein Exempel. Die Schönheit vergeht, und alleweil ſind ſich
zwei verliebte Leute auch nicht unterhaltſam, und nachher thun
ſie ſich viel mehr Uebel an, als wie ein Paar, das nie ſo
arg ineinander verliebt iſt geweſen. Geh' Du auf Numero
Sicher, mein lieber Feſtl, und nimm Eine, die Geld hat! —
Gehſt mit zum Löwenwirth?"

„Ich soll doch in die Vesper, weil sie just geläutet haben," meinte der Bursche.

„O Narr! Wenn Einer allemal wollt' in die Kirche gehen, so oft sie läuten! Das Wirthshaus seilt sich nicht mit Glocken aus."

„Ist zusammengespielt! Die Kirchenglocken läuten auch für's Wirthshaus, und das Wirthshaus zieht der Kirche die Leut' herbei. Geh' nur voraus, Drauder, ich werde schon nachkommen."

Der Alte bog seithin, der Bursche ging die Dorfgasse entlang, und da kam aus dem Schönhofe just die Amalia hervorgegangen. Sie trug ein himmelblaues, bauschiges Kleid nach städtischem Schnitt und Geschmeide und einen weißen Strohhut mit bunten Kunstblumen, trotzdem alle Gärten ringsum in hellen Maien blühten.

Der Sylvester grüßte sie artig; sie dankte etwas fürnehm, aber doch mit vieler Huld. Der Schönhofer wollte eben seiner Tochter nachgehen, um sie zu begleiten. Als er jedoch sah, wer sich zu ihr gesellt hatte, schoß er wieder still in sein Haus zurück und rieth seinem Weibe, sie solle doch einmal zum Fenster hinausschauen. Und als sie es Beide thaten und das junge Paar auf der Gasse hinschreiten sahen, daß Mancher stehen blieb und ihm nachblickte, da lächelten sie.

In den ersten Augenblicken waren die beiden jungen Leute ganz wortlos neben einander hingegangen. Endlich sagte der Bursche:

„Geht Sie auch in die Kirchen?"

„Ja," antwortete sie bescheiden und schlug die Augen auf das Gebetbuch nieder. Sie hatte die Geschichte vom Doctor Faust gelesen; das Gretchen soll es auch so gemacht haben.

Nach einem Weilchen, als sie so fast im Gleichschritt nebeneinander hingingen, sagte der Bursche: „Es thut schon wieder stauben."

„Ist auch wahr," versetzte sie, ließ aber das lange Kleid hinter sich herwischen.

Er blinzelte sie ein wenig von der Seite an. Wenn die mein Weib wäre, dachte er bei sich, zu schämen brauchte man sich gerade nicht mit ihr.

Dann gelangten sie zum Kirchenthor.

„Ich wünsch' gute Andacht," sagte der Bursche.

„Auch so viel," gab sie zurück, dann begab sich jedes an seinen gewohnten Platz.

Der Sylvester verspürte keine rechte Andacht. Nach dem Gottesdienst ging er in's Wirthshaus und blieb dort bei lustigen Gesellen sitzen bis in die Nacht hinein. Es wurden Lieder über die Weibsleute gesungen, Preislieder und Spott- lieder, und dem Sylvester wurde gerathen, er solle sich doch bald nach Einer umsehen, denn die Schönen verblühten, und die Reifen fielen ab.

Als sie sich zerstreuten und der junge Ladenstam am Schönhofe vorbei kam, der so recht breit, aber ganz still in der finsteren Nacht dalag, verlor er den Weg. Er gerieth in den Hof hinein und tastete sich an den Wänden und Thüren hin; zum Glück war er die letzte Zeit her oft im Hause ge- wesen und fand sich zurecht.

Er hätte sich allerdings nicht zurecht gefunden, wenn im Hintergebäude aus einem Fensterlein nicht ein Lichtschein gedrungen wäre. Da drinnen saß Agerl in leichtem Gewand, spät noch damit beschäftigt, ihre Werktagskleider auszubessern. Jetzt stand sie auf und ging zur Thür hinaus, um den wieder hergestellten Rock in den Kasten zu hängen, der im

Vorderhause stand. Die äußere Thür wich, kaum daß Sylvester seine Hand an die Klinke legte; fast erschrocken war er, als er sah, er stehe vor dem Agerl.

Sie war nicht erschrocken, sondern sagte, das sei nicht der Weg in's Haus. Sie rathe ihm, seine Füße alsogleich wieder hinauszutragen.

„Mit meinen Füßen habe ich heute nichts zu schaffen, Dirndl," versetzte der Bursche flüsternd und ihr munter in's Gesicht blickend, „die tragen mich hin, wohin sie selber wollen, — es sind Freiersfüße."

Freiersfüße wird kein Mägdlein vom Schlage des Agerl abweisen, schon gar, wenn ein so prächtiger, herzlieber Bursch darauf steht.

Heimlich gefallen hat er ihr schon lange, der Sylvester Ladenstam. Aber so ist es ja, der Bursch begehrt's oft, ehe er noch weiß, was er will. Das Dirndl muß still sein, auch wenn sie Einen kennt, den sie gern möchte. Sie geht aus, sie geht heim, sie wacht auf, sie schäft ein — sie darf's nicht verrathen, welchen sie meint. Und sieht sie ihn da oder dort, sie muß die Augen niederschlagen und schweigen, muß warten, bis er selber kommt, zu fragen. Und selten, wie selten kommt er! Aber weil ihr bange wird, es könnt' der Rechte ganz ausbleiben, so muß sie wohl den Unrechten nehmen. Oft ein Unglück für Zwei.

Um so größer das Glück, wo es zutrifft und keine Falschheit dabei ist. —

Als der Sylvester aus der Thür trat und an der Wand hinschlich, faßte ihn ein Mann am Arm: „Gauch, was suchst Du bei Nacht in meinem Haus?"

Nach der ersten Ueberraschung antwortete der Bursche: „Ich bin kein Gauch!"

„Na, wahrlich nicht,“ sagte der Schönhofer, der es war, „Du bist der junge Ladenstam. Schalk! Schalk! ich glaube gar, Du willst Eine begrüßen!“

Der Bursche antwortete: „Ich will's nicht leugnen.“

„Mich betrügst Du nicht, mein Freund,“ sagte der Groß-bauer, „ich habe Eure Sach' schon lang durchschaut. Das Heimlichthun aber laß bleiben, komme beim helllichten Tag, und Du sollst mir als Tochtermann willkommen sein.“

Als Tochtermann — gut, dachte sich der Sylvester, wenn wir auf diesem Wege sind, und schon so weit voran — mir ist die reiche Schönhofertochter schon recht.

Am anderen Tag sagte er zum Drauder: „Kannst eine Freude haben mit mir, ich mache Dir Ehr'!“

„Wieso, wieso?“

„Wärst mein Vormund, so könnt' ich Dir nicht auf's Haar schärfer folgen. Hast aber recht, 's ist ganz gescheit so.“

Und war sehr mit sich zufrieden und versuchte, ob sich sein Schnurrbärtchen schon aufdrehen ließe. —

Drei Tage später stand die Sache so, daß der Sylvester und die Amalia unter dem blühenden Fliederbusch beisammen-saßen und der Bursche fragte: „Bist heut' fertig mit dem Ueberlegen?“

„Ich habe noch gar nicht angefangen,“ antwortete sie; „ich hab' nichts weiter zu überlegen, mir ist's gleich recht gewesen.“

„Und hast mir's gestern noch nicht gesagt!“

„Ja, weil meine Mutter meint, so eine Bedenkzeit wäre der Brauch.“

Sie häkelten die Finger ineinander, und er sagte: „Ge-reuen wird's Dich gewiß nicht.“

„Ich gefreu' mich schon,“ gestand sie.

„Und ich auch schon auf ein braves Weib, das im
Hause munter schafft," bemerkte der Bursche nicht ohne
Absicht.

„Wir werden leben, wie die Tauben," sagte sie.

„Mit meinem Vater wirst Du auch gern Geduld haben."

„Auf Deinen Vater gefreu' ich mich auch; er thut immer
so lustige Späße machen. Und will ich auf Alle eine recht
gute Frau sein. Schön wird's werden — wollt' nur die
Hochzeit schon vorbei sein!"

„In acht Tagen!" sagte der Sylvester.

„Eine keine Drangabe könntest Du mir wohl geben,"
scherzte sie und hielt ihm ihre Lippen hin. Er drückte ihr
blinzelnd die Hand und ging davon, denn es gab nun viel
zu thun.

Als er an der Streuhütte vorbeikam, sah er drinnen
das Agerl mit Reisighacken beschäftigt. Er wand sich zwischen
den duftenden Reisigschichten durch, um ihr den Arm um den
Hals zu legen und ihr einen Kuß zu geben.

„So!" sagte sie und stieß ihn mit der Hand zurück,
„die Eine heiraten und mit der Anderen Kurzweil treiben!
Geh', Sylvester, Du bist schlecht."

Sie sagte nicht mehr, und es war ihm auch so ziemlich
genug. Eigentlich war's ihm was Neues, daß der junge,
allerwärts angesehene Sylvester Ladenstam „schlecht" sei.
Wegen ein wenig liebeln und scherzen und herzen schlecht sein?
Was doch die Weibsbilder Alles aufbringen wollen! Als er
aber über den Steg ging und mitten auf demselben stehen
blieb und hinabblickte in die klare, tiefe Lansach, da dachte er
nicht an's Wasser, da kam es ihm schier selber vor, bei seiner
Liebelei sei ein wenig Falschheit dabei gewesen, ein wenig viel
Falschheit, eigentlich eine ganz niederträchtige Falschheit . . .

Dann schritt er vollends über den Steg. Und acht Tage
später führte er über denselben Steg die reiche Großbauern-
tochter heim.

Der Schönhofer und sein Weib standen auf dem Söller
ihres Hauses und blickten dem jungen Ehepaare nach.

„Das ist zuletzt noch verwunderlich schnell gegangen,"
meinte der Alte.

„Verwunderlich, das glaube ich, daß der gleich angebissen
hat," sagte das Weib; „aber mir geht halt alleweil zu Sinn,
sie hätte einen Besseren bekommen, als einen Mittelhof-
bauern!"

„Meinst, daß er Geld hofft?" fragte er sie.

„Angespielt hat er just nicht drauf."

„Weil er glaubt, die Sach' ist ihm ohnehin gewiß. Ich
denke, wenn er gesehen hätte, was im Schönhofer Grundbuch
intabulirt steht, er hätte die Mali noch in der letzten Stunde
sitzen lassen."

„Je nun, wenn der mit dem lieben Kind allein nicht
zufrieden ist, dann geschieht ihm ganz recht, wenn er sonst
nichts kriegt."

„Wenn er's ihr nur nicht entgelten läßt!"

„Gott geb's! Ich bin froh, daß es vorbei ist."

Dieses Gespräch haben die zwei Eheleute auf ihrem
Söller geführt, während der Sylvester mit seiner noch hoch-
zeitlichen Frau stolz des Weges ging und auf jeden Gruß
mit der Miene eines reichen Großbauern dankte.

———

Wenn zwei Eheleute zusammenheiraten, so müssen die
Uebrigen, die schon geheiratet haben oder es erst thun wollen,
etwas Schlimmes sagen. Und weil sie diesmal nichts Anderes

wußten, so sagten sie: „Der junge Ladenstam hat eine Dummheit gemacht." Und das war auch das Allerschlimmste, was sie hätten sagen können.

Die Gesind=Personen auf dem Ladenstamhofe, die der jungen Hausfrau nicht zu Gesichte standen, wurden sofort entlassen. Besonders unter dem jüngeren Weibervolke räumte sie stark auf und bald auch unter dem älteren, wenn sich irgend eine erfahrenere Magd verleiten ließ, zu sagen, das und das wäre früher anders gewesen und nicht schlechter, als jetzt. Die Hausfrau sollte ganz nach Belieben schaffen können, ohne daß Jemand da war, der ihr die Schritte und Tritte nachzählte; sie soll gleich anfangs wissen, daß sie die Herrin ist, und ihre Umsicht, Sorgfalt, Sparsamkeit, ihren Fleiß und Arbeitseifer frei walten lassen können.

Gleich nach der Hochzeit ließ es sich auch recht gut an. Da hielt das junge Ehepaar etliche Feiertage und ließ sich nichts abgehen an Essen und Trinken. Amalia fand den Ehe=stand überaus fein und ließ ihren Eltern sagen, einen besseren Mann, als den Sylvester, hätte sie nicht kriegen können.

Endlich war doch davon die Rede, daß die Beiden ihr Werktagsgewand würden anziehen müssen. Werktagsgewand? Die Amalia war ja im Werktagsgewand; sie war nicht ge=sonnen, sich wie ein Dienstbot' zu tragen.

„Aber in dem langen Kleide wird das Kornschneiden nicht gut gehen," meinte der Sylvester.

„Ja so, das Kornschneiden! Ei, Männlein, da will ich mich schon schürzen; ich freue mich recht darauf, und wollen wir auch Eins plaudern dabei." So sagte sie. Das Plaudern war ihre liebste Sach', und sie fand die Lieb' und Treu' des Ehemanns darin, daß er ihr allzeit plaudern half. Indeß, beim Kornschneiden kam's nicht dazu. Das fing an und zog

sich hin Stunde um Stunde und von einem halben Tage
auf den anderen. Die Amalia griff just nicht ungeschickt an,
sie war in ihrem Anfassen rasch und scharf und gab anfangs
für jede Bewegung und Muskelspannung mehr Kraft hin,
als eigentlich dazu gehörte; auch wollte sie dem Gesinde
zeigen, wie flink von nun an müsse gearbeitet werden. Aber
am zweiten halben Tage fand sie, es thäte ihr das Kreuz weh.

„Das ist nur zuerst so,“ meinte der alte Ladenstam,
der Vater des Sylvester, der trotz seiner achtundsechzig Jahre
noch mitthat; das Heimsen des überreifen Korns war zu
dringend. „Das Kreuzweh,“ sagte er, „das thut sich bald,
Schwiegertochter! Der Mensch wird Alles gewohnt.“

An demselben Tage hielt sie noch aus. Am nächsten
Morgen, da wieder ein so schöner, heißer und langer Schnitt-
tag zu werden schien, da blieb die junge Bäuerin im Bett
und beklagte sich über Stechen in der Brust.

So war der Anfang und so ging's fort. Sie war nicht
launisch und nicht einmal rechthaberisch, da sie merkte, was ihr
Andere nicht recht machten, das müsse sie selber thun. Müßig
war sie auch nicht; sie nähte oder nestelte an ihren Kleidern,
glättete hier, faltete dort, that hier ein Band weg, dort eins
an oder zertrennte wohl auch das ganze Röcklein und nähte
es wieder zusammen. Dabei war sie gar haushälterisch, so daß
sie z. B. für die Wäsche die Stärke selber machte, wozu sie
freilich an Kartoffeln einen größeren Werth verthat, als die
Stärke beim Kaufmann an Geld gekostet hätte. Auch ihr und
sein Bett hielt sie in musterhafter Ordnung, wobei sie stets
versicherte, es sei ihr nichts so verhaßt, als Schlamperei.
Die „Schlamperei“ in Stube und Küche schob sie dem Gesinde
zu. Und wo draußen irgend welche Arbeit war, wie sie andere
Bäuerinnen verrichten helfen, oder wo sonst die Wirthschaft

eine kleine Beschwerde brachte, eine keine Anstrengung und
Hingabe erheischte, da kam das Stechen in der Brust, und
sie blieb zu Bette.

Der alte Ladenstam schlug den Arzt vor. Stechen in
der Brust sei kein Spaß, und es müsse festgestellt werden,
wie tief das Uebel sitze.

Aber das junge Weib sagte, vom Mediciniren halte sie
nichts, und wozu das Geld hinauswerfen? Wenn sie sich
schön „auslosen" (ausruhen) könne, dann werde es wohl
von selbst wieder gut.

Ein solch einsichtsvolles und sparsames Weib ist nur zu
loben, fand der Sylvester, und da sagte der alte Laden=
stam zum jungen: „Lob' Du's, ich hab' nicht Zeit dazu."

Weil es nun aber beständig so fort ging und die Amalia
in ihrem weichen Nestlein hockte, während sonst das ganze
Haus auf dem Felde war, so trat eines Tages der alte Laden=
stam höflich in ihre Stube.

„Muß mich schon ein Eichtl anfragen, wie es Dir geht
Schwiegertochter," war seine Anrede. „Verhoff's, doch nicht
gar letz (schlecht). Ausschauen thust nicht schlecht; 's ist eine
helle Freude, wenn man Deine apfelrothen Wänglein an=
schaut."

„Apfelrothe Wänglein?" versetzte sie mit dumpfer, stumpfer
und kurzathmiger Stimme. „Ja, das glaub' ich, mein lieber
Vater. Kein Mensch glaubt's mir, was ich just voreh für eine
Fieberhitz' hab' gehabt."

„Luftschnappen thust woltern stark," sagte der Alte
und untersuchte die Kranke nach seinem Erkennen. Sie seufzte
dabei.

„Wie sich das weist," meinte nun der alte Ladenstam
„so wär's gar nicht weit davon, daß man ein geweihtes

Kerzenlicht anzünden müßt'. Das Luftschöpfen ist rein wie
bei einer Sterbenden. Gottlob, daß sich der Puls besser zeigt;
der geht ganz wie bei einem gesunden Menschen."

„Nachher," schnaufte die Kranke matt, „nachher kommt's
ja gerad' heraus, als ob mir's der Vater gar nicht glauben
wollt', daß ich krank bin?"

„Hast Recht, Tochter, gerad' so kommt's heraus," versetzte der Alte. „Und wird's Dich auch nicht kränken, wenn
ich Dir sag', meine liebe Mali: brav ist's nicht, wie Du's
treibst. Brav ist's nicht! Um im Himmelbett den ganzen
lieben Tag auf die Nacht warten oder breit hersitzen und
ein schönes Gewand anhaben, — dazu hättest müssen eine
Herrenfrau werden. Du bist freien Willens eine Bäuerin
worden, und Bauernsleute müsse arbeiten, wartet auch für die
Weiber alle Tag ein g'nöthiges Geschäft. Willst nicht arbeiten
und die Wirthschaft mit besorgen, wie Du's auch in aller
Nachbarschaft sehen kannst, daß es die Bäuerinnen machen,
— gefreut Dich das nicht, willst es nicht, kannst es nicht,
so ist mein Sylvester mit Dir angeschmiert. Da kann er fleißig
sein und arbeiten, wie er will; 's ist umsonst, Du hilfst ihm
ab, statt auf. Die Hausfrau hat den Vorrathskammerschlüssel
in der Hand und hat den Bettelstab in der Hand. Das, mit
dem Du jetzt anhebst, ist schon der Bettelstab, meine liebe
Amalia, und das hab' ich Dir in Güten sagen wollen."

Nach solchem Vorwurf war das Weib aus dem Bett
gesprungen. Sie kleidete sich zitternd und weinend an, sie
wankte hinaus zu den Arbeitern auf das Feld.

Der Sylvester war darüber hoch verwundert, aber die
Amalia rief: „Gieb sie her, die Sichel gieb her! Ich will
schneiden. Ich will Niemand an den Bettelstab bringen. Ich
will schneiden, bis ich hinfall'."

Was das heißen solle? fragte der junge Bauer.

„Nicht einmal das niedrigste Dienstbot' jagt man aus dem Bett, wenn es in der Fieberhitz' liegt. Und mich, mich! — Jetzt seh' ich's, wie ich in diesem Haus in Ehren steh', jetzt weiß ich, zuweg Du mich hast geheiratet: Daß Du eine unverlohnte Dienstmagd hast!"

Und hub nach diesem Ausbruch bitterlich an zu weinen. Der Sylvester sprang ihr bei und führte sie begütigend zum Hause zurück. Und als er wieder — und ohne sie — auf das Feld kam, da beschied er seinen Vater mit sich in den nahen Holzschachen. Dort sagte er die zornigen Worte: „Wenn Ihr Euch noch ein einzigmal zwischen mich und mein Weib mischt, dann sind wir fertig!"

„So?" antwortete der alte Mann scheinbar gelassen. „Fertig sind wir, der Sohn mit dem Vater, — fertig, meinst? Ist brav von Dir, daß Du Dich um Dein Weib annimmst. Das gehört sich; das Andere gehört sich nicht, sollst es aber nicht das zweite mal sagen müssen."

Jetzt freilich wollte der Sylvester beschwichtigen. Der Alte hörte nicht darauf, sondern fuhr fort: „Dein Weibel, das liegt jetzt wieder im Bett. Ist aber, so weit ich's versteh', keine gefährliche Krankheit. Ich will sie nicht nennen. Probir's, lad' sie zu einer Lustbarkeit in's Dorf, gleich wird sie frisch und gesund sein."

„Ich brauch' Euren guten Rath nicht!" rief der junge Bauer, drehte sich und ging querfeldein seinen Arbeitern zu.

„Wir sind fertig, und er braucht meinen Rath nicht," — diese Worte murmelte der Alte dem davoneilenden Burschen nach. „Ihr jungen Leut', bei Euch gefällt's mir nimmer. Jetzt bin ich fünfundvierzig Jahr auf dem Ladenstamhof gesessen, — heut' ist's der letzte Tag. Ich geh' in

ein anderes Haus; dort thun die Leut' fleißig hausen, dort
werden meine Enkelein zur Arbeitsamkeit angehalten, dort
findet meine Sach' einen besseren Platz, als da."

Er hat keine Sichel mehr in die Hand genommen, hat
noch an demselbigen Tag den Ladenstamhof geräumt, hat sein
Gewand und Bettzeug in einem Buckelkorb mit sich getragen,
ganz unten am Boden, in einen alten Lappen gewickelt, seine
zwei Sparkassenbüchlein, — und ist schwerfällig wegshin
gegangen, hinaus gegen den hügeligen Niedergau zu seiner
verheirateten Tochter.

Als das geschehen war, sah der Sylvester sein Weib
mit anderen Augen an. Er hatte es seinem Vater nicht
gestattet, sich „in die Ehe zu mischen". Nun war der Alte
fort, hatte das anzuhoffende Geld mit sich genommen, —
das war Einmischung genug. Es hatte seine Folgen.

Die Amalia zeigte nun aber, daß ihr bitter unrecht
geschehen sei. Sie arbeitete stark im Hause umher. Sie machte
viel Geräusch, aber schlichtete wenig. Bald war sie freilich der
häuslichen Arbeit satt; ihre zarte Natur — wie sie sagte —
konnte die Anstrengungen nicht ertragen, und sie mußte sich
wieder in's Bett legen.

Jetzt fing dem Sylvester an, angst und bang zu werden.
Die Wirthschaft schlotterte; im Dienstpersonale wurde es lax
und locker; mancher Nachbar schüttelte bedenklich seinen
Kopf.

Gern sah es die Amalia, wenn sich ihr Mann an ihr
Lager setzte, ihre weiße Hand streichelte und mit ihr plauderte.
Sie liebte, von Frauenkleidern zu sprechen, wie man sie trug,
und wer sie trug, von kleinen Vorfällen und Familien=An=
gelegenheiten in den Nachbarhäusern, von Dienstboten=Zank.
Dazu wußte nun der Sylvester blutwenig zu sagen. Er hätte

mit seinem Weibe viel lieber von ihrem eigenen Hauswesen, von Vieh und Feld geplaudert, aber das langweilte sie, und so sagte sie einmal, ihre Natur sei dafür nicht geschaffen.

———

Und das Agerl?

Ja, freilich, das war in himmlischen Freuden gewesen, als es sah, wie sie der junge, hübsche Mann, dem sie heimlich nachgelugt und nachgeträumt, so plötzlich auserwählt hatte. Als es dann vorbei war mit diesem Traum und nichts übrig geblieben, als sein falsches Lächeln, wie der Rauch vom Flintenschuß, da hatte sie sich ausgeweint und dann gelacht. Wenn's auch nicht lange gedauert, gern hat er sie ja doch gehabt, das war ihr Trost, und arme Dienstmägde müssen bescheiden sein.

Eines Tages, es war schon im Herbste, als das Agerl draußen im Walde die gefällten dünnen Holzstämme abhackte, um daraus für das nächste Frühjahr Zaunstangen zu machen, und als sie bei ihrer Arbeit ganz allein war, weil die Knechte drüben von der Wiese einen Felsblock wegzuschaffen hatten, der in der vorigen Nacht vom Bergabhange niedergefahren war, und als das Agerl wie ein einschichtiger Baumspecht hackte und hackte, da kam aus dem nahen Dickicht, durch den der Fußsteig führte, ein Mann hervor, der hatte einen martialischen Schnurrbart und gutmüthige Augen. Er war noch nicht dreißig, aber er stützte sich auf einen Stock, er hatte ein krummes Bein — nicht etwa vom Kriege her, obwohl er Soldat gewesen, sondern von der ehrlichen Berufsarbeit. Er war Dachdecker, und bei dem Bau des Armenhauses im Niedergau vom Dach gefallen.

„Nun, Agerl," redete er die rüstige Holzschlägerin an, „die Bäume sind leicht von Holz?"

„Ja," antwortete das Mädchen, ohne sich umzusehen;
„wenn sie von Butter wären, thät' ich sie mit den Zähnen
abbeißen," und arbeitete weiter.

„Dirndl, schau doch ein wenig auf zu mir," sagte er
und trat näher an sie hin.

„Brauch' Dich nur mit dem Rücken anzuschauen, so
kenne ich Dich."

„So nenn' mich. Es taugt mir, wenn Du meinen Namen
sagst."

„Du bist ein Mannsbild. Und die Mannsbilder, die
kenn' ich."

„Wär' mir lieb, Du thätest sie noch nicht kennen, die
Mannsbilder," erwiderte der Dachdecker, „denn ich möchte
Dich gern heiraten."

Jetzt schaute sie aber doch auf, und jetzt sah sie, daß
der Michel vor ihr stand, ein guter Bekannter von ihrem
Vater.

„Heiraten?" rief sie und stemmte den Hackenstiel auf
den Baumstrunk, „ja, das ist mir schon recht."

Er wollte sie vor Freuden umarmen.

„Erst nachher," sagte sie und schob ihn mit beiden Händen
von sich, „erst nachher. Zuerst thun wir redlich zusammen
heiraten, ist gescheiter."

Das war das Wichtigste, was die Beiden an diesem
Tage miteinander sprachen.

Nach zwei Wochen luden sie ihre Bekannten und Ver=
wandten zu ihrer Hochzeit. Auch der angesehene Ladenstamer
wurde demüthig eingeladen, daß er mit seiner Ehefrau sich
einfinde und dem Brautpaar die Ehre erweise. War die
Braut doch schier ein wenig Milchschwester der Amalia, da
die Milch, die sie tranken, viele Jahre lang aus demselben

Stalle gewesen. Der Sylvester fand auch gar kein Bedenken, auf Agerl's Hochzeit zu gehen, — sie sind zusammen ja gute Bekannte. Wenn nur die Amalia nicht bettlägerig wäre! Jetzt erinnerte sich der Ladenstam an das Wort seines Vaters: „Lade sie zu einer Lustbarkeit, gleich wird sie frisch und gesund sein."

Er trat in das Krankenzimmer seines Weibes und schaute zum Fenster hinaus.

„Das Wetter schlägt um. Wenn wir nur mit dem Rübeneinfespern (Rübeneinheimsen) fertig wären. Der Wind riecht nach Schnee."

„Es muß so was in der Luft sein, weil mir wieder gar so schlecht ist," seufzte die Amalie.

„Wieder so schlecht!" sagte der Sylvester und nahm sie bemitleidend bei der weichen Hand, „das ist jammerschade. Ich hätt' es gern gesehen, daß Du morgen mit mir auf die Hochzeit gegangen wärst. Es ist Ernst worden mit der Agerl*), und wollen sie's nun rasch abmachen. Gefreuen thät' sie's schon, wenn Du ihr die Ehr' geben wolltest."

„Die Agerl," versetzte die Kranke, „schau, hat die auch Einen! Ich wünsch' ihr's. Ich hab' sie doch alleweil gern gehabt, die Agerl. Sie hat mir oft eine lustige Stund' gemacht mit ihrem Lachen. Die müßt' doch frei harb werden, wenn ich ihr nicht auf die Hochzeit ginge. Gott Lob und Dank, daß mir schier ein wenig leichter ist. Etwan, wenn ich mich heut' Nacht gut auslosen kann, und wenn ich mich schön warm anleg', morgen, daß ich's doch möcht' probiren und ihr auf die Hochzeit gehen."

---

*) Jetzt war sie mannbar und hieß nicht mehr das, sondern die Agerl.

„Meinst?" sagte er, „wirst halt nichts essen und trinken und tanzen mögen! Und wär' denn Dein Hochzeitsgewand hergerichtet?"

„Dieser Sach' wegen," meinte die Amalia, „dieser Sach' wegen wollt' ich's schon machen. Müßt' halt frei selber auf- stehen; der Magd möchte ich das Seidenkleid nicht anvertrauen zum Glätten, und daß auch die Wäsche geschwind gestärkt wird. Ich sag's ja: wenn Unsereins nicht überall selber dabei ist! Was will ich denn machen? Ich muß es doch probiren in Gottesnamen."

Zur Stunde verließ sie das Bett und arbeitete an ihren Festkleidern die halbe Nacht lang und war flink und munter am nächsten Morgen, als sie mit ihrem Manne gegen das Dorf hinabging, wo zu Ehren der Brautleute schon die Böller knallten.

Als sie zum Schönhofe kamen, sahen sie zu ihrer größten Verwunderung hinter demselben die Agerl beschäftigt, Kürbiss auseinanderzuspalten. Sie war noch zuhalb im zerflickten Werktagsgewand, nur hatte sie schon das Kränzlein in ihrem mit Sorgfalt geschlichteten Haar, und es sah wirklich aus, wie die Amalia äußerte, als ob sie mit dem geflickten Lein= wandkittel zum Altar ginge.

„Agerl!" rief ihr der Sylvester über den Hofzaun zu. „ja, was ist denn das? Jetzt Kürbisspalten! Bist Du denn nicht auch zur Hochzeit geladen?"

„Geladen bin ich schon, und diesmal redlicher Weis'," gab das Mädchen scharf zurück, „aber es sollen desweg meine Ferkeln keinen Hunger leiden. Wenn Ihr mir die Ehr' gebt, so geht nur voraus; ich werd' schon nachkommen."

So war's. In einer halben Stunde kam sie nach und war nicht einmal die letzte der Ankommenden, aber sie war

die niedlichſte und hübſcheſte, ihr Anzug war ſchlicht, aber
doch bräutlich und juſt ſo gut geordnet wie bei Anderen, die
ſtundenlang mit dem Aufputzen beſchäftigt geweſen.

„Die ſchau einmal an!" ſagte der Sylveſter zu Amalia.

„Ja, Du haſt Recht," antwortete ſie flüſternd in argem
Mißverſtändniß, „was die für ein garſtiges Schürzenband
trägt! So eine blaue Farb' kann ich nicht leiden!" —

Spät in der Nacht, als die Pfeifen und Geigen ſchon
heiſer und die Tänzer weintoll zu werden begannen, wurde
der Sylveſter Ladenſtam von ſeiner Frau hinweg in die
Oberſtube des Wirthes gerufen. Es wäre Jemand dort, der
in Wörtel mit ihm ſprechen wolle. Der Sylveſter begab ſich
dahin und fand im ſtillen Stüblein die Agerl ſitzen. Die
Agerl mit ihrem Bräutigam, dem Michel.

„Mußt mir's ſchon nicht verübeln, Ladenſtam," ſagte
die Braut zum Eintretenden, „daß ich Dich von der Luſt=
barkeit hab' wegbitten laſſen; aber mein Michel möcht' Dich
gern kennen lernen. Schau, Michel, das iſt der brave Mann,
der mir das Heiraten verſprochen hat an demſelben Tage,
wo er um die Andere hat geworben. Und Dir, Ladenſtam,
muß ich ſagen, daß ich weiter gar nicht bös auf Dich bin.
Wenn ich zum Auswendigen auch das Einwendige betracht,"
— ſie legte ihren Arm auf die Schulter des Michel — „ſo
iſt mir der lieber; nachher ſollſt wiſſen, daß ich vor meinem
Manne kein Geheimniß hab', und auch, daß Du Dich nicht
zu fürchten brauchſt, ich könnt' etwa Dein's der Deinigen ver=
rathen. So, Ladenſtam, jetzt kannſt ſchon wieder gehen; wir
Zwei da ſind jetzt am liebſten allein."

Der Bauer wußte nicht recht, wie ihm geſchah. „Bedank'
mich recht ſchön für die ehrſame Losſprechung!" ſtotterte er
nicht ohne Hohn und taumelte zur Thür hinaus.

Am anderen Tage hat der Dachdecker Michel das junge
Weib in sein kleines, freundliches Heim geführt. Der
Schimmel des Schönhofers brachte ihnen den alten, aber
noch gar festgefügten Schrank nach, der Agerls ersparte Habe
barg. Und die Agerl fing nun an in ihrem eigenen Hause
einzurichten, zu ordnen, zu arbeiten.

Amalia hatte sich bei dieser Hochzeit woltern gut unter=
halten, wacker gegessen, anständig getrunken, lustig getanzt.
In der Nacht schlief sie in ihrem Elternhause; am nächsten
Morgen ging sie mit ihrem Manne heim, und als sie heim=
kam, war sie krank.

Eine der jungen Dirnen des Hofes ging dem Sylvester
zu und sagte: „Sie ist schon wieder krank."

„Laß sie."

„Du bist wohl ein rechter Hascher (bedauernswürdiger
Mensch), daß Du ein so viel frödelndes (kränkelndes) Weib
hast."

„Was geht denn das Dich an?" versetzte der Bauer
scharf.

„Weil Du mir erbarmst," sagte die Dirne.

„Marsch, zu Deiner Arbeit!" rief er ihr zu. Dann
ging er zum Bette seines Weibes.

„Wahr ist's," sagte er und blickte sie merkwürdig an,
„wahr ist's."

„Was meinst denn, Festl, daß wahr ist?" fragte die
Amalia.

„Was mein Vater gesagt hat, daß Du für die Arbeit
krank und für die Lustbarkeit gesund bist."

„So," antwortete sie, „Dein Vater hat das gesagt, der
Unfriedstifter!"

„Laß mir Du den Vater in Ehren!"

„Für die Lustbarkeit gesund!" versetzte sie. „Du beneidest mich, scheint mir, um den gestrigen Tag, wo ich seit langer Zeit wieder einmal auf der Welt gewesen bin. In diesem Haus ist's ödweilig genug. Nichts zu hören, als vom Sparen und Hausen und Arbeiten. Du bist den ganzen Tag nicht daheim; die dummen Dienstboten sind meine Gesellschaft, heißt das. wenn Eins oder das Andere so gut ist und geht mir zu. Du kommst spät Abends heim, bist verdrießlich und legst Dich schlafen. Und da soll Unsereins eine Freud' haben! Schon aus Langweil wird man krank! So ein Leben bin ich nicht gewohnt worden, und von wegen lauter Klagen und Sparen bin ich nicht auf die Welt kommen. Ich bin un-glücklich mit Dir."

Dieses Geständniß war weinend herausgeschrien. Ihn traf's doppelt tief, da sie es ihm unmittelbar nach dieser Hochzeit sagte, aber er blieb ruhig und entgegnete Folgendes: „Dein Klagegeschrei hilft nun allmiteinander nichts. Du hast vorher gewußt, wie ein Bauernhaus bestellt ist — Du wirst nun als Hausfrau darnach sein."

„Als Hausfrau!" rief sie halb lachend, halb weinend. „Da bin ich ja nichts als ein Dienstbot', wenn ich mich nach dem Haus richten muß."

„Freilich bist ein Dienstbot'; ich als Hausherr bin auch einer. Ich darf nicht machen, was mir just taugt; ich muß auf den Hof denken, auf die Familie, auf das Gesinde. Ich habe die Verantwortlichkeit. Versäume ich nur Einen Tag, so geht's abwärts. Wenn wir Zwei nicht zusammenhalten, Amalia, so gehen wir mitsammt Haus und Hof zu Grund'."

„Mir scheint," entgegnete sie, „Du hast mich nur in's
Haus genommen, damit Du mir die Schuld geben kannst,
wenn Du mit Deiner Ungeschicklichkeit abwirthschaftest."

„Brauchst Du eine Köchin, so sollst auch sehen, was sie
treibt," sagte er.

„So! Du nimmst verschwenderische Dienstboten auf, und
mich machst Du dafür verantwortlich," rief sie.

O Sylvester, o Sylvester! Du zankst mit einem Weibe!
Thue, was Du willst, bestimme in Deinem Hause, was Du
willst — Du wirst Recht haben. Aber zankest Du mit dem
Weib, so hast Du Unrecht, immer Unrecht. Mannes Sache
ist die That und nicht das Zanken.

Aber in ihm kochte nun einmal der Zorn; er sprudelte
ihr Alles heraus, was er die Zeit her Unrechtes an ihr erfahren, Unholdes von ihr gedacht, und sein Vorwurf gipfelte
in dem Ausrufe: „Nicht einen Pfennig verdienen, nicht einen
Kreuzer in's Haus gebracht haben!"

Jetzt war der Schimmel da, den wollte sie reiten.

„Nun endlich!" sagte sie mit großer Ruhe. „Nun ist's
heraus, das einzige ehrliche Wort, das in Dir gesteckt und
Dich schon lang' genug gewürgt haben wird. Des Geldes
wegen hast Du mich geheiratet, und weil Du Dich ver-
rechnet hast, so soll ich jetzt mein Essen selber verdienen, wie
ein Taglöhner. Schäme Dich, daß Du keine Frau ernähren
kannst!"

„Gehst erst im Land' mit dem Bettelsack um," gab er
zurück, „so wirst Du sehen, daß in jedem Bauernhaus jede
gesunde Frau sich selber ernährt."

„Ein hilfloses Weib so zu behandeln!" rief sie aus
und begann laut zu weinen, mehrmals das Wort: „Schäm'
Dich!" hervorstoßend.

Der Sylvester hatte auch eines jener steinernen Männer=
herzen, die sich in der Flüssigkeit von Weiberthränen lösen,
und so umsaßte er denn sein Weib und wollte sie besänftigen.
Sie stieß ihn mit dem Ellbogen zurück und stöhnte: „Ich
bin zu gut für Dich, ich gehe zu meinen Eltern!"

Eine Weile blieb der Sylvester bewegungslos stehen
und schaute sie starr an. Dann sagte er: „So geh'!"

„Du hast mich niemals lieb gehabt!" fuhr sie nun auf
ihn los. „Du kannst sagen: So geh! So leichtsinnig, wie
Du mich genommen hast, willst Du mich wegwerfen! Festl!"
rief sie drohend und ballte die Hände, „Festl, jetzt sag', daß
ich bleiben soll!"

„Willst Du mir nicht dienen, so hab' ich mit Dir nichts
zu schaffen," sagte er; „thue, wie Du willst."

„Das werde ich auch," entgegnete sie, that aber nicht,
wie sie wollte, sondern ließ ihrem Trotz freien Lauf, packte
in der Hast ein Bündel Sachen zusammen und ging.

Dem armen Sylvester gingen nun, da sie fort war, die
Augen auf. Er hatte sie nicht blos träge, unhäuslich, boshaft
gesehen, sondern nun auch in der Raserei. Das eine Wort
war nicht mehr zu vergessen, das fühlte er zu tief, und
er konnte mit ihr nicht mehr leben. Da waren sie der
Meinung gewesen, sie kämpften mit blind geladenen Gewehren,
und auf einmal sprang eine Kugel hervor und ging in's
Fleisch.

Konnte er aber ohne sie leben?

Er lachte grell auf: „Der Weiberleut' wegen? Daß
ich ein Narr wär'! Jetzt halt' ich mich wieder an die
Ledigen."

„Ich hab' halt eine Unrechte erwischt," vertraute er dem
alten Drauder, „und jetzt ist sie fort."

Der Drauder antwortete: „Wenn's eine Unrechte gewesen, so sei froh, daß sie fort ist."

„Jetzt bin ich fertig."

„Meinst? Ein Mann in Deinen Jahren ist noch lang' nicht fertig. Ich an Deiner Stell' thät' an den Weibsleuten jetzt erst meinen Zorn auslassen." —

Nicht lange stand's an, so kam die alte Schönhoferin. Sie hatte allerlei Schimpf bei sich und hielt ihm vor, daß er in ihr argloses Haus das Unglück getragen und ihr unvergleichliches Kind elend gemacht habe.

Als sie sich solcher Lasten entledigt hatte, sprang sie über die Schwelle hinaus und schlug mit aller Leibesmacht hinter sich die Thür zu.

Nun blieb es so. Der Sylvester ging nicht in den Schönhof und die Amalia nicht in den Ladenstamhof. Die erste Zeit kränkten sich Beide über die Maßen, aber der Trotz hielt sie ab, eine Aussöhnung anzubahnen. Allmählich gewöhnten sie sich an den Zustand — und ließen es bleiben.

Nur dem Schönhofer war nicht geheuer. Sein liebes Malchen war ein allzu kostbares Hausjuwel. Da er wohl erkennen mußte, daß die beiden Eheleute nicht zusammen paßten, so hätte er vom Ladenstam am liebsten eine Vergütung, ein Kost- und Pflegegeld verlangt. Einmal versuchte er's doch mit einem Ausgleich. Er ging zum Sylvester, den er auf der Schnitzbank sitzen fand.

„Du bist mir ein sauberer Bursch!" sagte er mit seiner knarrenden Stimme.

„Warum? Weil ich auf der Schnitzbank sitze?"

„Nicht weil Du auf der Schnitzbank sitzest, sondern weil Du Dein Weib in Stich läßt und lüderlich bist."

„Ich lüderlich?" fragte der Sylvester und that erstaunt; dann gab er bei: „Ja, ja, es ist wahr."

„O heiliges Kreuz Gottes!" rief der Schönhofer. „Und Du leugnest es gar nicht?"

„Nein," antwortete der Sylvester, wiegte sich auf dem Holzbalken und that, als ob er schläfrig wäre.

„Jetzt frag' ich Dich, Ladenstam, wie soll denn das enden?"

„Schlecht," sagte der Sylvester.

„Schlecht, sagst? Schlecht? Und thust es doch?"

„Ich thu's nicht," antwortete der Ladenstam.

„Du nicht? Wer denn?" rief der Alte.

„Es thut sich selber," sagte der Junge. „Schau, Nachbar, es ist so: Es geht und nimmt mich mit. Ich hab' unglücklich geheiratet. Mein Weib hat mich verlassen. Ich bin lüderlich worden. Meine Wirthschaft geht auseinander. Mein Haus verfällt. Ich mach' die Augen zu und rutsch' weiter . . . Ist so einfach, wie das Einmaleins."

Dem Schönhofer graute, und er machte, daß er fort kam. —

Nun vergingen Jahr und Tag. Der Ladenstamhof stand lange fest und wankte nicht. Eine Weile noch stützte ihn das fleißige Arbeiten des Sylvester. Aber dieser fragte sich oft und öfter: Wozu soll ich mich plagen? Für wen denn? Und ließ nach und ergab sich dem vergnüglichen Leben. Sein Vater war gestorben, da fiel eine kleine Erbschaft aus; aber sie fristete den Ladenstamhof nur noch ein armseliges Jahr. Dann kam er unter den Hammer.

Der Sylvester ging davon, wollte es gar nicht wissen, wer den Hof erstand. Draußen im Lande wurde er gesehen,

wie er in den Wirthshäusern herumsaß, herumlag, und endlich
war er verschwunden, ohne daß ein Mensch nach ihm gefragt
hätte.

Die Amalia lebte in ihrem Elternhause dahin und hatte
Sorgen. Sorgen nämlich mit welchen Kleidern, Maschen,
Bändern, Schminken und Perrücken sich das Altwerden am
besten vertuschen ließe. Manches verblaßte Band hatte sie
noch von ihrem Brautanzuge, und wenn sie bei Betrachtung
desselben sich zufällig einmal an den „Festl" erinnerte, so
brachte sie allemal den Gedanken an: Der hat mich in's
Unglück gebracht! Wer Schuld an seinem Untergange war,
daran dachte sie nicht.

Nach dem Tode ihrer Eltern wurde der Schönhof auf
kurzem Wege veräußert. Amalia mußte auswandern, und
weil sie kein anderes Asyl hatte, so kam sie in's Armenhaus
des Niedergaues. Hier war sie nicht gern gelitten, weil sie
sich an den gewohnten Beschäftigungen der Bresthaften nicht
betheiligen wollte. So saß sie allein vor dem Hause auf der
Bank und hatte Tand und Flitter an und that nichts, als
sich ansehen lassen. Die Vorübergehenden sahen sie und
lachten. Und das that ihr wohl, denn sie hielt es für Be-
wunderung.

In diesem Hause ist sie gestorben. —

Da war's nach vielen Jahren, daß ein greiser, verkommener Bettelmann sich durch die Gegend schleppte. Er
kam auch vor den Ladenstamhof, der wieder stattlich und wohl-
besorgt dastand. Der Bettler setzte sich an den Rand des
Brunnentroges, der mitten im Hofe plätscherte, und schaute
einigen jungen Leuten zu, die singend und scherzend Pflug
und Egge aus der Zeughütte schleppten und emsig daran
herumregierten. Es waren ein paar prächtige, strammge-

wachsene Bursche und ein halberwachsenes Mädchen. Jedes hatte einen Blondkopf, und das Mädchen kam dem Greise so eigenthümlich bekannt vor, daß er seine blöde gewordenen Augen gar nicht davon abwenden konnte. Auf einmal wurde der Name „Agerl" gerufen, und an der Hausthür stand jetzt ein behäbiges Weib, welches dem Mädchen zurief, es möge den armen Mann fragen, was er benöthige.

Der Bettler hatte das Weib erkannt. Er erhob sich und suchte mit seinen wankenden Beinen davonzueilen. Das kam der Bäuerin nicht recht vor, sie ging ihm nach und erkannte — den Sylvester.

„Laß mich, Agerl, laß mich," röchelte er und suchte seinen Arm aus ihrer Hand frei zu machen.

„Nein, so nicht, so nicht, Festl," sagte die Bäuerin. „Steht's mit Dir wie immer, Du kommst heim und willst raften."

Sie nahm ihn mit in's Haus, sie erquickte ihn mit Speise und Trank. Und als er sich gelabt und ausgeruht hatte, betrachtete er die Umgebung. Es war noch die alte Stube, aber viel heimlicher eingerichtet, als zu seiner Zeit. Es war einmal eine Hausfrau hier gewesen, die es mehr auf Prunk, als auf Behaglichkeit abgesehen hatte. Und er betrachtete die Agerl .... Es lag in seinem Auge noch etwas von jenem Schimmer, der einst wie Mondlicht in der Mainacht geleuchtet.

„Dein Mann lebt wohl nicht mehr?" Dieses Wort sprang ihm jetzt heraus, so plötzlich, wie der Stein aus der Schleuder.

Die Agerl zuckte nur ein Weniges mit dem Auge, dann sagte sie: „Warum soll er denn nicht mehr leben? Er ist auf dem Acker und thut Korn säen."

„Kann er noch säen?" murmelte der alte Sylvester mehr in sich hinein, als aus sich heraus. Da er eine Weile brütete, so legte das Weib die Hand auf seinen Arm und sagte: „Ich kann mir's wohl denken, daß es Dir weh thut, in diesem Haus fremde Leut' zu finden."

„Der Fremde bin ich," sagte er.

„Du hast es doch gewußt, daß wir's aus der Gant genommen haben? Der Michel hat's satt gekriegt, wie ein Spatz auf allen Dächern herumzusteigen; beim Ackern der Erdendunst hat ihn mir wieder schier jung gemacht. Die da draußen im Hofe, die fortweg lärmen, als wie nicht gescheit, das sind unsere Kinder. Wir haben in der Wirthschaft alleweil woltern Glück gehabt."

„Ihr habt gearbeitet!" sagte der alte Sylvester. „Es ist schon recht so, Ladenstamerin; der Herrgott thut seine Schuldigkeit und läßt Jedem geschehen, wie er's verdient."

Als der muntere Michel heim kam, hinkend und voll Erdstaub über und über, und der Agerl zurief: „So, Alte, das Körndl wär' drinnen; wenn Regen kommt, so sticht's in acht Tagen aus," bedeutete sie ihm, er möge einmal sehen, wer da sei! Und als der Michel den Sylvester sah und auf den allererstenⁱBlick merkte: der wird mir nimmer gefährlich, sagte er, ihm die schwielige Hand reichend: „Weil Du nur wieder da bist, Festl. Mir hast oft schon derbarmt, daß Du's so schlecht 'troffen hast. Jetzt bleibst da. Schau, Dein Ladenstamhof ist mir so an's Herz gewachsen, daß ich nicht gern hören möcht', einem Ladenstamer wär's doch zuletzt schlecht ergangen. Du bleibst da, und soll's Dir nicht schlecht ergehen bei uns daheim. Alter Festl, Du bleibst da!"

Der Sylvester ist geblieben. Wieder zum Werkzeug hat er gegriffen, sofern es für seine entkräfteten Glieder nicht zu

schwer war. In der regen Thätigkeit ist er wieder munter
geworden, und die feuchte Ackererde hat von seinem Herzen
die alte Bitterkeit fast gänzlich aufgesogen. Zu Allerseelen
suchte er einmal unten auf dem Kirchhofe zwei Gräber, die
ihm Niemand mehr angeben konnte. Der Amalia hätte er
gern ein Herbströslein geschenkt, dem Drauder aber wollte er
Brennnesseln pflanzen für einen längst gegebenen, längst er-
füllten „guten Rath."

Die Buhlerin.

Die züchtige Jungfrau.

Jst der Fridolin Schwalber zu haben?"

"Der Fridolin Schwalber ist jetzt freilich wohl nicht zu haben."

Eine Frage und eine Antwort durch das Fenster des Rainhäuschens.

Vor dem Häuschen, mitten auf dem Fahrwege, der von aller Welt hier an der einschichtigen Menschenwohnung vorbeikommt und in alle Welt zieht, stand ein recht angesehener Mann, der Weidegghofer. Wäre alle Welt, die einen so guten Fahrweg an das einschichtige Rainhäuschen schickt, aus dem oberen Murkreise, so hätte ich weiter gar nichts zu sagen, als: der Weidegghofer. In diesem Worte ist jeder Buchstabe tausend unbeschnittene Dukaten werth. Den "Herrnbauern" nennen sie diesen Mann, den ersten Großhofer im Strahlgau. Reich, in den besten Jahren und Witwer — was braucht's denn mehr, um die Weiber verrückt zu machen?

Die geneigte Leserin muß aber nicht glauben, daß ein Großbauer, der just anhebt, grau zu werden, nichts Besseres zu thun hat, als mit Heiratsgedanken umzugehen. Es ist ja ein wunderholdes Mädchengesicht, das da zum Fenster herausguckt, aber der Weidegghofer fragt gemessen, wie es ihm ansteht: „Ist der Fridolin Schwalber zu haben?"

„Jetzt freilich wohl nicht."

„Ist mir recht unlieb."

„Kann ich dem Vater was ausrichten?" fragte das Mädchen.

„Willst so gut sein, so sag', er möchte zu mir kommen, ich hab' einen Stier."

„Stier?" sagte sie, „wird keinen brauchen."

„Ich auch nicht," versetzte er, „drum möcht' er kommen."

Jetzt verstand sie und sagte kein Wörtlein mehr.

Der Großbauer ging aber noch nicht fürbaß. Dieser Fridolin Schwalber ist doch nur ein Kleinhüttler, muß aber eine recht wichtige Person sein, wenn ein Weidegghofer so fest vor seinem Häuschen stehen bleibt, wenn ein Weidegg- hofer den Ausspruch thut: „Recht unlieb, daß er nicht zu haben ist."

Der Fridolin Schwalber war nun aber auch Einer! Galt es in der Gegend irgendwo auf ein hohes Dach zu klettern, oder in einen tiefen Brunnen zu steigen, so kam's auf den Schwalber. Anfangs hatte er sich in Gefahren be- geben, weil er sein armselig Leben für nicht viel werth hielt, später, weil es ihm Geld trug und also das Leben werth machte. Als die arge Seuche gewesen war, der andere Leute, wenn sie konnten, auf Meilen weit auswichen, ließ er sich als Krankenwärter gebrauchen. Als das große Ungezieferjahr war, bereitete er Ratten= und Insectengift und streute es in den Häusern aus. Als sie ob Judenburg die Murbrücke bauten, ließ er sich als Taucher gebrauchen, und als aus dem Salzburgischen einmal ein Raubthier eingebrochen war und Hirt und Herden von den Almweiden herabgeflohen kamen,

ging der Schwalber aus und schoß den Bären todt. Ferner
verstand er das Obstbäumepelzen wie kaum ein Zweiter, das
Weizensäen, das Marterlnmalen, das Brunnensuchen, das
Krankheitabbeten, das Bienenschwarmeinfangen und Honig-
ausheben, das Maulwurfabtödten, das Kapaunerziehen und
das Ochsenmachen. Der Schwalber war auch unter dem
Namen der Ochsenmacher bekannt und gesucht und als solchen
begehrte ihn heute auch der Weidegghofer.

Jedoch aber!

Eines Ochsenmachers allein wegen bleibt ein Großbauer
nicht in den Boden gewurzelt vor der einschichtigen Hütte.
Durch das Fenster guckte noch immer das feinwangig Dirndl
mit dem guldenen Haar. Seine Aeuglein lugten so klug und
so schelmisch, sein etwas zartgebautes Näschen konnte nicht
zierlicher geformt sein. Der Mund war so, daß ihn kein
Maler hätte malen können, er war in jeder Secunde anders
und immer reizend. Das Mädchen war schön. Es hatte ja
Zeit dazu, es that den ganzen Tag nichts, als auf der Welt
sein, Romanbücher lesen, aus einem Büchlein die Blumen-
sprache studiren, in den Spiegel lugen, eine jungfräuliche
Ahnung im Busen bergen und ein schönes Gewand anhaben.
Ihre Mutter saß, während am Fenster das Gespräch war,
bei einem rußigen Kaffeetopf und schnitt Milchbrot hinein und
war ungehalten darüber, daß manche Frau so viel Plag im
Hause habe und sich das Milchbrot selber in den Kaffee
schneiden müsse. Sie trug ein noch schöneres Kleid als die
Tochter und war über und über aufgebauscht. Seit sich der
Schwalber als Nothnagel so viel Geld verdiente, hielt er
was auf einen „noblen" Hausstand, er trug alles Erworbene
in seiner Geldkatze getreulich heim, und daß Frau und Tochter
die „Gnädigen" spielen konnten, war sein Stolz. Besondere

Reinlichkeit war im Häuschen nicht zu finden, Reinlichkeit ist ja nur der Schmuck der Armen — wir hingegen haben goldene Ringe an den Fingern und goldene Schellen an den Ohren!

Es waren eingewanderte Leute. Das Mädchen war auf den gemeinen Namen Rosa getauft worden, weil ihre Eltern damals noch hundsarm gewesen; heute hört sie auf den lieblichen Namen Rosina, oder gar Rosabella, mit welchem Namen sie allerdings nur ihr Vater rief. Die Nachbars-burschen nannten sie das „schöne Roserl", das war ihr nicht vornehm genug; sie ließ sich damit nicht locken. Sie kam den lustigen Burschen nicht ungern in die Nähe, zog sich aber allemal wieder zurück, und so lange man sie noch sehen konnte, schwebte sie sinnend dahin, spielte träumend mit einer Blume, schlug die Augen nieder, und auf ihrem holden Angesichte lag stets der Hauch eines süßen Erröthens. Waren die munteren Jungen davon, so schaute sie ihnen durch Gebüsche mit lebhaften Blicken nach, ging dann verstimmt nach Hause und hatte viel Kopfweh.

Derlei mußte der Weidegghofer nur halb, und da er das Dirndl jetzt so ein wenig schalkhaft und ein wenig schwermüthig zur Lucke herausschauen sah, dachte er: Die möchte ich auf meinem Hof haben.

Anton Weidegger, das wird ja keine Unmöglichkeit sein. — That er schon den Mund auf:

„Dirndl, wird Dir nicht die Weile lang im Rainhäusel?"

— Dirndl? Wenn das nicht der angesehene Großbauer wäre, alsogleich müßte man das Fenster zuschieben. Sie ist aus ihren romantischen Geschichtenbüchern gewohnt, die begehr=samen Schönen „holde Jungfrau", oder „feines Mägdlein" nennen zu hören.

„Will mir der Bauer die Langweile vertreiben helfen?"
fragte die Kleine.

„Recht gern, wenn Du mit mir auf den Hof gehst.
Bei mir giebt's lustige Leut' und allerhand Kurzweil. Spaß
und Ernst, Dirndl, geh mit!"

„Wäre gut gemeint."

„Hab' ja gehört, daß Du einen Dienst suchst."

„Ich such' einen Platz, wo ich meine Fähigkeiten anwenden
kann. Ich kann aus grüner und rother Wolle auch schöne
Blumen machen. In dieser ödweiligen Hütten freut's mich
schon lang nicht mehr. Aber bauerndienen mag ich nicht."

„Davon soll bei mir auch keine Red' sein. Geschäfte
giebt's auf dem Hof allerlei, kannst anfangen, was Dir g'rad
Spaß macht; kommst mit mir gut aus, auf Andere brauchst
nit zu losen."

„Ist es mit Euch gut auskommen?" fragte das Mädchen.

„Meine Erste hat sich nicht beklagt," sagte er.

„Und daß nicht etwan für so ein junges, unerfahrenes
Mädchen eine Gefahr ist?" fragte sie schüchtern erröthend.

Dieses Wort gefiel dem Großbauer ganz besonders.
Just wollte er darauf eine recht zweckmäßige Antwort geben,
da rief schon die Frau Schwalberin über den Kaffeetopf her:
„Beiß an, Mädel!" —

Am nächsten Tage kam eine Kutsche mit zwei Hengsten:
der Weidegghofer laßt bitten, daß sie einsteige.

Andere Väter, wenn sie ein neunzehnjähriges Töchterlein
in einen leblustigen Bauernhof schicken, sagen zum Abschied:
„Sei brav!" Der Schwalber sagte zu seiner Rosabella nur:
„Sei gescheit!" Und das war von ihm nicht dumm. Frau
Schwalber erhob sich von ihrem Ruhesitz und drehte sich so,
daß ihr Kleid rauschte. Denn solches Rauschen gefiel ihr und

sollte nun die scheidende Tochter ermahnen, auch der knistern-
den Robe einer Gnädigen zuzustreben.

„Mein Träumen kann wahr werden," sagte sie. „Wird
ein hoher Herr um Dich kommen. Hätt' noch ein besserer
sein mögen, denn der junge Weidegghofer. Bist sein, Rosina,
gar sein bist. Gieb Dich nicht zu wohlfeil, rath' ich Dir.
Mach' Dich nicht gleich an den Haussohn, daß er nicht kopf-
scheu wird. Thue Dich mehr um den Alten um, der Junge
bleibt Dir nicht aus. Gieb Dich nicht zu geschwind und nicht
zu spat. Gieb Dich um die Zeit, wo die Nachfrag' am größten
ist. Unter dem Weidegghof schlag Dich nicht los — drunter
nicht. — Geh, Kind, laß Dich noch einmal beschauen!"

Sie schob das Mädchen an den Achseln zurecht, strich
ihm das niederwallende Goldhaar, rauschte einen Schritt zurück,
sah es an und sagte schier feierlich leise: „So viel schön bist!"

Das war der treuen Mutter Scheidewort, das die junge
Rosina gewiß in Ehren halten wird.

Hierauf half der Kutscher der Schönen in den Wagen;
die Pferde hoben ihre Köpfe höher, als sie merkten, was sie
heute für einen seltenen Passagier führten, und Rosina —
die ihrer Tage noch nie in einem solchen Gespann gefahren
war — zeigte durch ihre Haltung sofort, daß sie dazu geboren sei. Noch ein gütiges Winken den Eltern, noch ein
bedauernder Blick auf die Rainhütte und die Jungfrau eilte
auf acht Füssen und vier Rädern dem Großhofe zu.

Der Schwalber packte einen Ledersack mit Werkzeugen
auf den Rücken, nahm seinen knorbeligen Stock in die Hand
und ging dieselbe Straße, die der Wagen gefahren war. Er
ging ja auch in den Weidegghof, wo er verlangt war, aber
er hatte vor dem Weidegghofer so viel Respect, daß er in
seinem Werktagsgewand sich nicht neben das schöne Kind auf

den Wagen hatte setzen wollen. — Er getraut sich mit der
jungen Großbäuerin einstweilen noch nicht zu fahren, und
wäre sie auch zehnmal sein Kind. — Sehr gut steht es dem
Nothhelfer Fridolin Schwalber, daß er so bescheiden ist.

Aber es ist weit hinaus in's Strahlgau und als der
Schwalber durch den Marchwald ging und immer in sich
hineindachte, wie das trefflich sei, daß sein Töchterlein mit
dem Großbauer so gut bekannt worden ist, dunkelte es schon,
und als die Straße ihn aus dem Walde hinaus und auf
Krümmungen in's Thal führte, war es so stockfinster, daß
er plötzlich über Trümmer stolperte, die mitten auf dem Wege
lagen. Er schlug mit Umständlichkeit Feuer, um zu sehen,
was es da gäbe, er sah ein zerbrochenes Rad, eine abge-
sprengte Deichsel und weiter hin an einem Baume die
Trümmer des Wagens, auf dem ihm sein Töchterlein mit
zwei feurigen Rappen vorausgefahren war.

Vor Ueberraschung that der Alte einen lauten Pfiff
und murmelte: „Das wär' sauber, wenn sie jetzt hin
wär'!"

Er sah aber nichts weiter, als die Nacht und hörte
nichts, als vom Thale herauf das Klappern einer Mühle.
Dem Schwalber wurde jetzt angst und bang, er eilte rasch
voran. Nun sah er unten schon die Lichter des Hofes, und
ein paar waren darunter, die gar unruhig hin= und her=
schossen. —

Vor dem Hanse, wo aus einem Stubenfenster der rothe
Lichtstrom fiel, waren gerade zwei Menschen im Auseinander=
gehen.

„Ich bedank' mich halt, Steinklopfer," sagte der Eine —
das war die Rosina — „Du wirst schon was kriegen, daß
Du mich so brav aus dem Wagen gerissen hast."

„Ich brauch' nichts," knurrte der Andere — das war der Steinklopfer Veit — „Du bist frisch und gesund, das ist mir gerade genug, und wenn Du mir einmal in's Gesicht hättest geschaut, nur ein einzigmal, so wär' mir das auf mein Lebtag mehr als genug gewesen."

„Ich muß zu viel lachen, wenn ich Dich anschau," sagte die Rosina und lachte schon.

„Weil ich so bös zugerichtet bin, im Gesicht herum, gelt, und die Nase weggerissen ist? Bei einem Stein= zerschießen bin ich so zugerichtet worden, ja, meine liebe Dirn, und seither schaut mich keine Saubere mehr an. Ich hab' auf die hübschen Weibsleut' meiner Tage viel gehalten und kann's hart lassen und 's thut mich bisweilen recht be= dauern, daß ich so ganz allein dasteh'. Geh, Dirndl, schau mich einmal freundlich an — nur gutherzig anschauen, so bin ich wieder auf eine lange Weil' zufrieden."

So bettelte der Mann, da stellte sich das Mädchen fest vor ihn hin, daß der Lichtstrom des Fensters auf die beiden Gesichter fiel. Das seine war überaus häßlich und das ihre war überaus sein — aber das seine schaute, wenn auch nur mit einem Auge, gutmüthig und still begehrlich und das ihre schaute spöttisch und gar ein wenig frech und dann kehrte sie sich um und sagte: „So, jetzt hast Du Deinen Theil."

Noch ein Weilchen stand der Steinklopfer allein auf dem Fleck, und weil der Lichtschein sonst nichts traf, als sein ent= stelltes Gesicht, so war es, als ob solches in der Luft hinge, und dieses gespenstige Bild sah der heranschreitende Schwalber, daß er schier zu Tode erschrak.

Die Rösser sind scheu geworden, der Wagen ist hin, sonst nichts geschehen. Diese Nachricht hat den alten Roth= nagel bald wieder aufgerichtet. Daß sein Töchterlein zwischen

Unglück durch so glücklich in den Hof eingegangen war, konnte nur eine gute Vorbedeutung sein.

Das Gesicht des Steinklopfers hatte sich verloren in der weiten Nacht. Hingegen wurde in der Stube des Großbauers jenes der holden Rosina um so lieblicher beleuchtet.

Der siegreiche Jüngling.

Am andern Morgen war im Hofe keine behagliche Stimmung.

Der Schwalber hatte nach vollbrachter Arbeit diesmal im Weidegghofe als Vater der schönen Eingesessenen eine gewisse Auszeichnung erhofft; jedoch der Bauer bezahlte seinen Dienst kühl mit dem gewöhnlichen Gulden und fertigte ihn ab. Seine Rosabella machte es nicht viel anders, sie dankte seinem Gruß durch das Fenster heraus mit einer kühlen Handbewegung und gab sich dabei ein Ansehen, wie eine Prinzessin.

Er war stark entlassen. Am selben Tage unternahm er noch beim Stegwirthe das Abrußen des Rauchfanges, dabei gewann er seinen Humor wieder, aber als sein Oberkörper aus dem Schornsteine in die Gegend und nach dem Weid= egghofe hinblickte, that er einen lauten Pfiff. Ich wollte, es wäre zu sagen, was mit diesem Pfiffe gemeint gewesen. —

Am selben Tage auch war's, daß die Hausdirn zum Weidegghofer mit einer Klage kam. — Was das für ein Geschöpf sei, die „Nene“! Jetzt sei es schon Mittag und sie habe noch keinen Handgriff gearbeitet. Sie hocke in ihrer Kammer und hefte Bänder und allerhand Lappen auf ihr Kleid und flechte sich das Haar. Und habe sie, die Hausdirn,

rrisch angefahren, daß sie ihr die Schuhe binde. Das aber
ze sie, als Hausdirn, sie habe die Stuben aufzuräumen und
s Haus rein zu halten, das verrichte sie mit Gewissen-
ftigkeit, aber dazu, daß sie einer solch herrischen Flantschen
e Fetzen an den Leib hänge und ihr die Haar mit Salben
miere, dazu sei sie nicht da!

So die Hausdirn. Hierauf der Bauer: Was das für
1 Unwesen wäre, der Kleinigkeit wegen? Die „Neue" müsse
h erst einschießen, und wenn sie auf ein nettes Aussehen
is halte, so sei das nur zu loben.

„Ist das erstemal, daß der Hausvater Eine lobt, die
erktags drei Stunden auf den Putz verwendet," wagte die
ausdirn zu bemerken, worauf der Weidegghofer kurz er-
ederte, sie möge sich von dannen trollen.

Die Hausdirn trollte sich denn, aber nicht lange drauf,
erschien die Hauswirthschafterin, ein dralles, schneidiges
eib; die schoß mit anderem Geschütz.

„Was hat uns der Bauer da für ein Stinkthier in's
aus gebracht!" rief sie, „hell in die Ohnmacht gehen kunnt
ne vor dem Salbengestank im Haus. Wenn Die ihren
adensack alle Tag so fleißig einbalsamirt, nachher wird der
eidegghof in einen schönen Geruch kommen!"

Der Bauer hatte bisweilen Laune und so sagte er nun:
Die Salben sind nichts Schlechtes; aber bissige Leut' haben
: auch der heiligen Maria Magdalena für Uebel ge-
ommen."

„Ach so!" sagte die Wirthschafterin in einem sehr weichen
one, „wenn das eine Magdalena sein soll, nachher ist's was
nderes."

„Geh, geh, Kathrin, bausch' Dich nicht auf und schau
if Deine Küche, das neue Mädel geht Dich nichts an."

Die Kathrin blieb aber noch stehen, beugte ein wenig
ihren Oberkörper vor und versetzte endlich in höflicher Manier:
„Thu's nur sagen, Bauer, wenn sie die Hausfrau ist, so ist
mir's auch recht, pack ich mein Bündel und geh'. Ich mag's
nicht ansehen, was das für eine Wirthschaft werden wird,
ich bin ein ehrbares Weib und mir bricht das Herz, wenn
der schöne Weidegghof ein solches Muster kriegen soll. Ich
geh'! In meinen alten Tagen geh' ich arme Haut und such'
einen fremden Dienst."

Und brach in ein erbärmliches Schluchzen aus. Mit
Mühe beruhigt verließ sie die Stube des Bauers; dieser ließ
das neue Mädchen zu sich rufen.

Rosina erschien in einem bunten Kleide, das auf den
Boden strich. Es war mit Maschen und Spitzen geziert. Die
runden Arme waren bloß, so auch der schöne schneeweiße Hals,
und das bis ziemlich tief hinab. Eine zarte Krause nahm es
sich endlich heraus, weitere Vorzüge der Rosabella zu verhüllen. Das Köpfchen mit dem krausen, über beiden Schultern
niederquellenden Goldhaar und mit der Rosenknospe links am
Scheitel war anzusehen gerade wie das einer Stahlstichschönen
in alten Goldschnittalbums. Auf die Pflege des Teint und
der Zähne und vielleicht selbst auf eine gute Farbe der
Augenwimpern war auch was angewendet und so sah das
Röschen unendlich reizend aus. So war sie in die Stube
hereingeschwebt und senkte nun das Auge, theils, weil sie
züchtig war und theils, weil sie nochmals prüfen wollte, wie
ihr das lilafarbige Kleid liege.

„Na," redete sie der Großbauer an und wühlte mit der
rechten Hand in seinem mit etwas Grau durchschossenen Haar,
als wollte er die ebenfalls nicht ohne Sorgfalt hergestellte Frisur
muthwillig zerstören. Das Gesicht war glatt rasirt und hatte

ein Roth wie das junge Leben. Der Backenbart war gestutzt und in seiner Farbe noch frischbraun. Die etwas schwulstigen Lippen des sonst sehr regelmäßigen Gesichtes wußten auch während des Sprechens das mangelhafte Gebiß mit Kunst zu verdecken. So sah der Weidegghofer aus, wie ein wohl= bestallter, munterer Landpfarrer.

„Na," sagte er nun und blieb an seinem Tischchen sitzen, „was haben wir unter dem neuen Dach geträumt, Röslein?"

„Zuerst hab' ich mich gefürchtet; nachher bin ich süß eingeschlummert," antwortete sie mit großer Anmuth.

„Süß!" sagte der Bauer, „das freut mich, auf dem Weidegghofe muß man gut ausgeschlafen haben. Wirst sehen, wie Alles munter ist im Haus und fleißig bei der Arbeit. Komm' nur Rosa, wir zwei, hoffe ich, werden uns wohl vertragen, mußt ja helfen die Wirthschaft führen. Hast meinen Sohn schon gesehen?"

„Weiß nichts davon," antwortete sie.

„Ist jetzt selten zu Haus. Will Dir nur gut rathen, Mädel, daß Du dem nicht gleich in die Angel schnappest, ist ein junger Hitzkopf, der Anton. Aber jetzt haben sie in der Strahlgau die Feuerwehrübungen, — zu den Soldaten nehmen sie mir ihn vielleicht auch und so bin ich im Hof fortweg allein."

„'s hat ja geheißen, daß er heiraten wird," sagte das Mädchen.

„Soll mich gefreuen, wenn er eine Passende findet. Früh gefreit hat noch Keinen gereut. Ich habe mir mit achtzehn Jahren schon um ein Weib geschaut und bin heut' wieder gestellt. Aber schau, Rosa, das mußt Dir ein bissel höher heraufziehen," er legte seine Finger an die Busenkrause und

zupfte sie gegen das Kinn hinan, „so, Herzlein! wie's bei
uns der Brauch ist, die Handstützeln kannst ausziehen, aber
die Brust deck' ein wenig besser zu."

Sie schob seine Hand rasch zurück und riß die Krausen
höher hinan.

„Mach's selber," sagte der Bauer, „ist noch besser, wenn
Du Dir's selber machst. Gefällt mir, daß Du Dich nicht
willst bedienen lassen. Und das Einbalsamiren ist auch Schade.
Für's Erste hast Werktags keine Zeit dazu und für's Zweit'
ist es eine Sünde, dem lieben Herrgott in's Handwerk zu
pfuschen. So saubere Dirndln mögen thun was sie wollen,
schöner machen sie sich nicht, als sie eh schon sind."

„Ist recht gut gemeint," versetzte nun das Mädchen
etwas pikirt, „und nachher möcht' ich gern fragen, um was
Stund' hier der Kaffee getrunken wird?"

„Du hast noch nicht gefrühstückt?" rief der Bauer. „Ja
hörst Du, das ist nicht in der Ordnung. Was aber den
Kaffee anbelangt, so wirst vielleicht nicht wissen, das derselbe
auf dem Weidegghof nur an Sonn= und Feiertagen gekocht
wird. Werktags kommt Milchsuppe auf den Tisch, und zwar
schon um sechs Uhr. Wer nicht früher aus dem Nestlein
steigt, dem könnt's freilich wohl passiren, daß er bis zum
Mittagsmahl nüchtern bleibt, denn extra angerichtet wird bei
uns nicht. Auf später, mein schönes Röselein, auf später
kann das alles anders werden, aber jetzt wirst Dich dem
Hausbrauch fügen. Mußt nicht meinen, daß Eine, die nichts
gelernt und auf und auf gar kein Vermögen hat, gnädige
Frau spielen kann. Das geht bei mir nicht und im Rain=
häusel ginge das auf die Länge noch viel weniger. Bei Deinen
Eltern thätest Du schlecht fahren, das thät mir leid um Dich
und so habe ich Dich in mein Haus genommen. Denn schau,

Du thust mir gefallen und wenn einmal wieder auf eine junge Kameradin gedacht werden soll —"

Sie spitzte die Ohren. Er redete aber in dieser Sache nicht weiter, sondern sagte rasch: „So, Dirndl, jetzt geh' und mach' Dich flink dran, die Wirthschafterin wird Dir schon eine rechte Arbeit wissen."

Jetzt kam bei ihr ungehüteterweise die Galle zum Ausbruch, sie sagte trotzig, sie sei nicht da, um ein gemeines Dienstbot' abzugeben — und schoß davon.

Weinend vor Zorn band sie ihr Bündel und verließ durch die hintere Thür das Haus.

In das Rainhäusel geht sie nicht mehr zurück, deß ist sie entschlossen, in die Stadt Judenburg will sie gehen, dort hat sie eine gute Bekannte, die ist Kellnerin im Brauhaus, die wird ihr schon einen Platz verhelfen. Da thut sie lieber in der Stadt Fußboden reiben, als bei den dummen Bauern dienen. Sie ist für was Besseres geboren.

Mit solchen Gedanken nahm sie ihren Weg durch das junge Lärchengehölz, das sich hinter dem Hof in eine Schlucht hinabzieht. Ihr langes, unordentlich schleppendes Kleid strich die braunen Reisignadeln des Bodens mit, manches dürre Zweiglein blieb hängen in den Falten; sie ließ streichen und hängen, es war ihr süß, wie eine Fee durch den Wald zu schweben. Aber der glatte Fußsteig, der durch das Holz ging, war so eng, daß die dichten weichen Zweige ihr fortwährend in's Gesicht schlagen wollten, wenn sie nicht den Ellbogen vorhielt, an welchem die sanftstreichelnden Aestlein abgleiten konnten.

Sie sah im finsteren Dickicht nicht zwei Schritte nach vorwärts und so geschah es, daß ihr entblößter Arm plötzlich an den Schnurrbart eines jungen Mannes strich.

In der Feuerwehr=Uniform, den Helm mit dem ledernen
Nackenschirm auf dem Haupte, die Strickleiter über der Brust,
das glänzende Beil an der Seite, so stand er da, der Weib=
egger Sohn — ein schlanker, schöner, kecker Bursche.

Rosina wollte an ihm vorbeihuschen, er faßte sie flink
am Arm und sagte: „Oho, das ist ja schön Röschen vom
Rainhäusel!"

„Laß mich aus!" flüsterte sie erschrocken.

„Das wohl nicht, meine liebe Dirn," sagte er leise und
ernsthaft, „Du kommst mir gerade recht, Dich habe ich schon
lang aufsuchen wollen. Du wirst mich wohl kennen, Du
kommst ja eben von meinem Haus herab."

„Jesus Maria, Anton, so laß mich aus, Du brichst
mir den Arm!"

„Wart', das wollen wir besser machen!" versetzte er
rasch und schlug seinen Arm um ihre ganze Gestalt.

„So sag', um Gotteswillen, was Du von mir willst!"
hauchte sie. Er riß sie an sich, preßte seine Lippen fest auf
ihren Mund. — Wie Wachs am heißen Stahle, so schmiegte
sie sich lautlos . . . .

Aufgeschreckte Amseln flatterten über dem Lärchendickichte
hin und her, und das junge, hellgrüne Wäldchen lag im
Frieden der mittägigen Maiensonne und ein blauer Dufthauch
ruhte über dem weiten, schönen Thale. Am fernen Gesichts=
kreise standen zarte gelbliche Wölklein. Dort über dem Wald=
rücken, hinter welchem der Murfluß zog, ragte die glitzernde
Nadel des Kirchthurmes von Strahlgau empor und der weiche
Klang der Mittagsglocke wehte heran und hin über das stille
Lärchenholz. —

Die Glocke hatte aufgehört zu läuten, die Menschen des
Thales hatten gebetet und gegessen. Aus dem Lärchenwalde

rat Rofina hervor und sie weinte. Sie war ganz allein,
niemand war bei ihr — ganz allein. Sie ging langsam und
die Eine, die im Traume wandelt, über ein Feld, auf welchem
ie zarten Weizenkeime aus der braunen Erde hervorstachen.
Sie erinnerte sich endlich, daß das nicht die Straße sei. Sie
ing nun der Straße zu und auf derselben blieb sie stehen
und schaute zurück. Dort war das Lärchenholz; dort über die
Höhung schauten die Giebel des Weidegghofes herüber. End-
ich ging sie in der Richtung gegen die Mur hinaus, sie ging
rasch, sie begann zu laufen und ihr Kleid riß den Staub der
Straße auf. Das Laufen konnte freilich keinen Bestand haben;
ei dem nächsten Eschenbaum, auf welchem eine Tafel war,
aß der Wanderer für einen hier Verunglückten ein Vater-
nser beten möge, sank sie in den Schatten, legte ihr Bündel
uf's Knie, stützte ihre Hand auf's Bündel und den Kopf
uf die Hand. Und schaute unverwandt auf den Weidegghof
in, der dort in behaglicher Breite sich sonnte. — Hat sie
enn gestern, als sie die Heimatshütte verlassen, das Weh'
ehabt? Ist ihr der Weidegghof heute nicht feindlich geworden,
a ihr der Bauer gesagt, sie müsse sich fügen und arbeiten?
Rein, sie will nicht zurück, sie will in die Stadt und eine
ornehme Frau werden. Sie hat Romane gelesen, wo es auch
o war.

Nun stand sie auf und ging. Aber sie ging jetzt langsam,
lieb stehen, ging weiter und blieb wieder stehen — und
hließlich kehrte sie um und eilte auf geradem Wege dem
Weidegghofe zu.

Ein unkluger Werber.

Als die ersten Tage des Juni kamen, ruhten die Augen des Weidegghofers mit großem Wohlgefallen auf dem Mädchen aus dem Rainhäuschen.

„Ueber Dein Röslein muß ich Dir wahrhaftig ein Lob geben," sagte er zum Schwalber, der in den Hof gerufen worden war, um auf die Pfingsten das Bauernstübel zu übertünchen. „Anfangs ist sie ein klein wenig struppig gewesen, aber schon am zweiten Tag wie ausgewechselt. Ich hab' noch Keine im Haus gehabt, die sich so leicht in die Wirthschaft gefunden hätte. Fleißig vom frühen Morgen bis in den späten Abend, willig, still und bescheiden. Hab' vorerst vermeint, sie dürft' etwan ein wenig stark auf den Putz halten. Hab' mich betrogen, sie weiß sich so anzuziehen, wie's ihr am besten steht, einfach, nett und reinlich. Die Anderen mögen sich ein Muster an ihr nehmen. Zuerst sind sie ihr aufsässig gewesen, jetzt fangt Jedes an, sie gern zu haben. Gerade mit meinem Sohn hat sie noch kein rechtes Zusammensehen. Ist mir insoweit lieb. — Ich verhoff' Schwalber, wenn es so fortgeht, so reden wir noch was Besonderes über die Sach'. — So, da thu' Dein Geld ein für's Tünchen, und ich wünsch' Dir gedeihsame Pfingstfeiertage."

„Auch desgleichen," sagte der Schwalber und ging trottend hinauf in einen Hirtenhof, wo er vor den Feiertagen noch eine Schafschur vorzunehmen hatte.

„Gottlob, wenn das mühselig Umherhantiren einmal ein Ende hat," murmelte er zu sich, „und ich mir im Großhof gütlich thun kann. — He, Jud!" das letzte Wort rief er einem schwarzbärtigen Hausirer zu, der mit einem schmutziggrünen Bündel des Weges kam. „Jud, hast nichts Seidenes bei Dir?"

„So viel das Herz wünscht, Herr."

Rasch kramte er auf grünem Rasen seine Schätze aus und der Schwalber kaufte ein buntes Festmäntlein für seine Frau.

„Und jetzt, Hausirer," sagte er dann, „wenn Du heute noch einen Fang thun willst, so sprich im Weidegghof zu. Der Bauer kauft sicherlich was für ein Weibsbild." —

Haltet Umschau, ob es irgendwo einem weiberbesitzenden Bauer angenehm ist, wenn ihr ihm den Schmuck- und Seidenjuden in's Haus schickt. Der Jude ist einmal ein Unglück, besonders wenn die Christinnen eitel und putzsüchtig sind.

Der Jude sprach im Weidegghofe zu; die Rosina sah ihn kommen und der Bauer kaufte richtig ein feines Busentuch für die brave Rosina.

Das Mädchen, das plötzlich so brav geworden, kannte sich selbst nicht mehr. Ihre feinen Hände hatten Schwielen von rauher Arbeit, die sie sich selbst gewählt; sie hatte keinen Sinn mehr für Kleider und Salben, keine Lust mehr an vornehmer Ziererei, zeigte kein Behagen mehr, wenn man ihre Schönheit rühmte. Sie dachte an nichts mehr, als an den Anton. Er hatte noch nicht ein einzigesmal gesagt, daß sie schön sei, daß er sie liebe, aber in verborgenen Stunden war er bei ihr. Seine Worte waren kurz aber stolz und herrisch. Das stolzeste war, als er sagte: „Du mußt mein sein!" Ja, sie war sein, aber dann kam ihr Trotz, sie wollte einem so herrischen Befehle nicht gehorchen, sie wollte ja davon und ihm fluchen und ihn verachten. Es half nichts, sie mußte umkehren, mußte zurück in den Weidegghof, mußte unterthan sein, wie die niedrigste Magd, um nicht von ihm verstoßen zu werden. Sie wollte nichts thun, was er verlangte und that Alles. Es war ein schöner, gewaltiger, einziger Mann.

Und in der lauen Pfingstnacht, da sie die Funken der Glühwürmchen umspielten, fragte Rosina an seinem Halse: „Anton, liebst Du mich wirklich?"

„Das Wort brauche ich nicht," gab er zur Antwort.

„Wenn Du mich nicht liebst, Anton, wenn ich Dir ein Spielzeug bin, so sage es redlich. Ich werde elend sein nicht zu sagen, aber ich werde Dir nicht böse sein, Dir Alles verzeihen, ich werde wie ein Hund zu Deinen Füßen sein, bis Du mich verstoßest —"

„Und wenn ich Dich verstoße?"

„So werde ich sagen: Sei glücklich, Anton, und werde in die Mur gehen."

Er sah mit Wohlgefallen auf ihr weißes Gesicht, auf welches der Mond fiel.

„Ich hätte nie, mein Lebtag nie geglaubt, daß die Liebe so ist!" sagte sie.

„Und wenn ich Dich nicht heiraten kann?" sagte er.

„Danach frage ich nicht, wenn Du mich nur immer, immer lieb hast."

„Du bist ein seltsames Mädchen. Es hat doch immer geheißen, Du wärest so — so putzig und thätest gern eine Dame spielen."

Sie versetzte: „Ja, Anton, so bin ich gewesen. Aber seit ich Dich kenne, ist es anders."

„Es wird nun einmal eine Aenderung in den Hof kommen müssen. Ich bin meines Vaters Einziger und habe nicht mehr Lust, den Knecht abzugeben. Eine junge Bäuerin! Was sagst Du dazu?"

Sie schwieg.

„Was sagst Du dazu, Rosa?"

„An mir ist nichts zu sagen, rede Du weiter."

Er redete aber in dieser Nacht nicht weiter, und so kam es, daß das Mädchen am Pfingsttage ein blasses Gesichtchen hatte und bitter verweinte Augen.

Am selben Nachmittage verordnete der Weidegghofer, daß Alle zum Nachmittagsgottesdienst nach Strahlgau gehen könnten, aber Rosina müsse diesmal das Haus hüten. Sie gingen. Der Bauer aber blieb im Hofe zurück.

Rosina verriegelte sorgfältig die Thüren, damit kein Dieb in's Haus schleichen könne, setzte sich auf ihr Stübchen und besserte ihr Werktagskleid aus. Und wie sie so in ihrem Nähen und Sinnen war, kam der Weidegghofer zu ihr hinein und hatte eine braune Flasche und zwei Trinkgläser bei sich.

„Da muß ich doch der fleißigen Haushüterin einen guten Tropfen bringen," so leitete er sich ein, „ich merke, daß sie letzt Zeit her so viel ernsthaft geworden ist; kunnt ja sein, daß sie ein Anliegen hätt' und so was thut man sich bei einem Glasel Wein am besten vom Herzen."

Sie schaute ihn mit großen Augen an, er schenkte die Gläser voll: „Ich denke, Dirndl, zuerst wollen wir auf einander Gesundheit trinken."

Sie that ihm ein Weniges Bescheid.

„Ich wollte Dich nur einmal fragen, Rosina, wie es Dir eigentlich auf dem Weidegghofe gefällt?" sagte nun der Bauer.

„Ich habe mich nicht zu beklagen," antwortete sie und schaute auf ihr Nähzeug, wobei die Wimpern so lang waren, daß der Bauer von ihrem Augensterne nichts sah.

„Es ist überall hübsch viel Sach' da, gelt?"

„Ich thue meine Arbeit und schau mich nicht weiter um."

„Da hast freilich recht," meinte er, „aber es soll Eine sein, die umschaut. Ich bin beizeit noch rührsam, aber halt

doch nicht so, wie es sein soll. Es muß wieder von jung
auf angefangen werden, Du verstehst mich, Rosina. Wie ich
Dich von Deiner Hütten herübergeholt hab', da ist mir ein
wenig ungleich gewesen, ich muß Dir's jetzt wohl sagen.
Gefallen hast mir und taugt hättest doch nicht für uns
Weidegghofer. Da hätt's wohl sein mögen, daß was Unbraves
herauskommen wär'. Mit der Hilf' Gottes hat sich's bald
gewiesen, daß Du uns auswendig und inwendig recht bist.
Mein Sohn, der will nicht anbinden; wär' alt genug, däucht
mich, weicht aber den Weiberkitteln auf Büchsenschußweite
aus, wie Du bemerkt haben wirst. So bleibt mir nichts
anderes übrig, als daß ich's an seiner Stell' thu'. Was
meinst, Rosina?"

„Ja, das weiß ich nicht," sagte sie, und dabei bebte ihr
Inneres, daß ihr die Nadel aus der Hand fallen wollte.

„Auf eine Vermögende, Gott Lob, braucht der Weidegghofer nicht zu schauen," fuhr der Bauer fort, „wenn's eine
Brave, Saubere und Schicksame ist, so mag's genug sein.
Und ist auch genug. Trink, Rosina. 's ist noch Einer aus
dem Vierunddreißiger-Jahr, das. Die sind stark, gelt. Ich
bin auch aus dem Jahr. Nun, wie es Gott halt giebt. Auf
meinen Anton wirst brav sein, er ist das einzige Kind vom
Haus, und wir — wir werden uns auch vertragen, meinst
nicht, Rosina?"

O, mein Gott, was sollte sie antworten! In ihren
Herzkammern flutheten die heftigen Stöße des Blutes, ihr
Hals schnürte sich zusammen zum Ersticken.

„Nein sagen, verhoffe ich, wirst nicht," sagte er leise
und griff nach ihrer zitternden Hand, „ich frage Dich in
Ernsten und Ehren: Rosina, willst Du Weidegghoferin
werden?"

Sie schwieg und verrieth mit keiner Bewegung, was in ihr vorging.

„Es soll nicht übereilt sein," fuhr er fort, „bis zum Frohnleichnamstag hast Du Zeit zum Ueberlegen."

„Jesus Maria, nein, nein, ich brauch' kein Ueberlegen!" stieß das Mädchen unter einem losbrechenden Schluchzen heraus, „es kann ja nicht anders sein, o, heiliger Gott, das Glück! das Glück! Ich lieb' ihn ja mehr, als Himmel und Erden."

Er schaute sie mit Staunen an.

„So bist!" murmelte er dann, „so bist! Ich habe was geahnt, aber so hätte ich Dich nicht vermeint. Du hast es wohl verborgen gehalten. Rosina, mein lieb Dirndl — Du wirst es nicht bereuen."

Er nahm ihr Haupt zwischen seine Hände: „Es wird mir wohl thun, wieder ein junges Wesen um mich zu haben. Wir wollen uns nun den Kuß geben." — Er beugte sich zu ihr; sie wandte sich rasch, sein Kuß fiel auf ihre Wange, der ihre auf seine Stirne.

Dann pochte es an der Thür.

***

Der Nebenbuhler.

Anton, der Weidegghofersohn, war am selbigen Abende gar nicht nach Hause gekommen. Beim Hahnenwirth in Strahlgau war ein großes Scheibenschießen angegangen und über die Nacht tagte eine frische Feuerwehrkneipe, bei welcher Anton als Vormann saß. Er commandirte zum Löschen und immer wieder zum Löschen, als längst aller Pfingstsonntagsdurst schon gelöscht war. Auf sein Commando leerten sogar

die anwesenden Weiber ihre Krüge. Heute war ihnen der
stolze Bursch' einmal handsam. Ist es doch so hart, wenn
man gern Jemandem gehorchen möchte, der nicht besehlen
will. Nun, heute besahl er einmal: „Löschen!" Aber der Wein,
den sie tranken, war Oel in's Feuer. — Uns hüte Gott vor
Unheil!

Am Pfingstmontag nach dem Hochamte ging auf dem
Kirchplatze der Weidegghofer seinem Sohne zu und lud ihn
ein, mit ihm ein wenig auf die Felder hinauszugehen und
zu sehen, wie das junge Getreide stehe. Und als die beiden
Männer im Grünen dahinschritten auf dem engen Fußsteig
zwischen den Halmen und einige zufriedene Worte über die
hoffnungsvolle Saat gesprochen hatten, sagte der Weidegghofer: „Ist's lustig gewesen, gestern Abends beim Hahnenwirth?" Und ohne eine Antwort abzuwarten, fuhr er fort:
„Hast Recht, Anton, Du bist noch jung — mach's mit. Du
hast es besser, als ich es hab' gehabt. Ich hab' frühzeit in
die Wirthschaft müssen, denn mein Vater ist jungheit verstorben. Die Sorgen um Feld und Vieh, die Aergernisse
mit den Dienstboten; dann sind Mißjahre, dann giebt's wieder
was zu bauen, nachher die Processe fortweg, wenn Einer
seine Sach' zusammenhalten will. Alsdann die Eheweiber,
die Einem gleich das Bissel Lustigsein außer Haus nicht
gunnen, die Kinder, wenn sie krank sind — geh mir weg —
der Mensch soll vor dem Dreißigsten gar nicht heiraten."

„Das Korn ist schon mannshoch," bemerkte Anton, und
richtig, es reichten ihm — der doch um einen halben
Kopf größer war, als sein Vater — die Halme bis zur
Stirne.

„Dir thut's es, Anton," fuhr der Bauer fort, „und
Dir zu Lieb will ich dem Weidegghof halt in Gottesnamen

noch eine Weil' vor sein. Versteht sich, um eine Hausfrau muß ich mich wieder umschauen, die Ordnung hält. 's ist auch für Dich besser, Anton, wenn Du wieder rechtzeit Deine Wäsche hast, wenn Du ausgehst, und Dein Essen, wenn Du heim= kommst. Hast mir schon immereinmal rechtschaffen derbarmt — 's ist hart um ein armes Waisel . . . ."

Der Weidegghofer blieb hier stecken, er sah, daß er sich ein wenig verrannt hatte.

Der Sohn blieb stehen und sagte kurz und hart: „Das Herumreden ist nicht vonnöthen. Wenn der Vater heiraten will, so soll er's trocken sagen."

„Ist mir lieb, Anton, daß Du mich so leicht verstanden hast. Dir wird Dein Theil nicht geschmälert sein. Deiner seligen Mutter Sach' geb ich Dir heraus, und mein —"

„Danach frag' ich nicht."

„Fragst nicht. Bist ein raisonabler Mensch. Fragst auch nicht, wer sie sein mag, Deine neue Mutter? — Kennen thust sie, werdet auch ein besseres Zusammensehen gewinnen, wenn's einmal fest ist, was Ihr Euch einander seid. — Die Rosina! Was sagst dazu?"

Jetzt machte Anton große Augen, bog sich mit der einen Schulter in's Korn hin und sprach: „Die Rosina wollt' Ihr heiraten?"

„Gelt!" nickte der Bauer mit süßer Selbstgefälligkeit. Anton lachte auf — sehr grell, sehr schneidend.

„Dein Lachen brauch' ich just nicht," sagte der Vater, „'s ist eine wichtige Sach', und haben es schon richtig gemacht miteinander."

„Die Rosa und ihr?"

„Wollen am Frohnleichnamstag zum Pfarrer gehen."

„Die Rosa und Ihr?"

„Wenn's der Herr Sohn erlaubt," versetzte der Bauer
etwas beißend.

„Mit der Rosa habt Ihr nichts zu schaffen, Vater, die
ist mein."

„Geh, närrischer Junge," lachte der Bauer, „da müßtest
sie wohl erst fragen, ob sie Dich auch leiden mag."

„Das Fragen ist nicht mehr vonnöthen."

„Du weißt nicht, was Du redest, Anton. Daß Du
Dich giftest, das kann ich mir denken; thun alle halb
erwachsenen Kinder, wenn der Vater um ein zweites Weib
schaut. Ist aber unrecht, mußt wissen, und blitzdumm. Wir
sollen uns nur plagen, sorgen und grämen, daß Ihr ein
warmes Nest habt, und sitzt Ihr einmal drein, nachher sind
wir Alten die Unnöthigen und mögen noch froh sein, wenn
uns das Gnadenbrot nicht mit Bösmuth versalzen wird.
Nein, mein lieber Toni, wir machen es anders. Deinen
Theil von der Welt, den wirst Du schon noch kriegen, einstweilen bin ich selber noch da, wär' arg, wenn man beim
Jungen erst anfragen müßt', Welche man zu seiner Mutter
machen darf!"

Jetzt schwiegen Beide; dem Burschen sächelten die jungen
Kornähren an die Stirne, als wollten sie ihm einflüstern,
was er für eine Antwort geben soll.

„Mich wundert nur," sagte Anton endlich, „daß es der
Vater so überflüssig findet, zu fragen, ob der Sohn die
Gewisse etwan nicht schon zu seiner Tochter gemacht hat."

„Wie meinst Du das?" fragte der Bauer spitzig.

„Ich meine," antwortete der Sohn, „ich meine, daß
hier mitten im Korn zwei Gefoppte stehen."

„Ein Heuchler bist, Bub?" knirschte der Alte und wuchs
um einen ganzen Kopf über das Korn empor. „Du meinst,

Du hätteſt es heimlich mit ihr? Ha, mein Toni, Du wirſt
Dich über Deine Hörner wundern!"

„Ich werde deswegen nicht in's Waſſer gehen," ſagte
Anton, „ich weiß jetzt, wie ich dran bin. Seit meiner Mutter
Tod hat's mir in dieſem Haus nicht mehr gefallen. Ich
bin nur allemal hervorgezogen worden, ſobald man zum für-
ſorglichen Vaterſpielen einen Sohn gebraucht hat, und wenn
das einzige Kind etwan bei Gericht oder ſonſt wo als Vorſchub
vonnöthen war. Und hab' ich nicht in's Spiel gepaßt, bin
ich hinweggeſchoben worden. Zum Prahlen auf den braven
Sohn bin ich nicht da; als Vorwand für den geizigen Bauer,
der auf die Zukunft ſeines Kindes denken muß, bin ich nicht
da. Als Lockvogel, der dem Alten junge Weiber in's Haus
zieht —

„Läſtermaul, ſoll ich Dich in den Erdsgrundboden treten?"

Der Burſche ſtand baumſtarr vor dem Erzürnten und
ſagte nun: „Die Zeit, Vater, iſt vorbei. Ihr habt Euch
ſelber viel zu lieb, als daß Ihr auch nur einen Finger nach
mir ausſtrecktet. Ich bin ein Mann."

„Du biſt ein Bub', ein kecker, toller Bub, ſonſt nichts,
gar nichts, hörſt Du?"

„Darüber wollen wir nicht ſtreiten. Ich gehe heute noch
meiner Wege. Ich gehe als Einer, der ſeinem Vater noch
auf's Letzt' was Gutes thun will und drum ſage ich Euch,
Vater: Die Schwalber-Dirn heiratet nicht."

„Schön Dank für Deine Vormundſchaft."

„Nehmt welche Ihr wollt, nur Die nicht!"

„Weil Du ſie haben willſt!"

„Nicht deswegen. Ich will ſie nicht und mag ſie nicht
mehr. Aber ich will nicht mit im Spiel ſein, wenn Ihr betrogen werdet!"

„So!" sagte jetzt der Bauer, „so! also der Bub hat die Braut seines Vaters verführt. — Anton, von dieser Stund' an hast Du im Weidegghof nichts mehr zu suchen. Du bist fremd bei mir. Kannst gehen, wohin Du willst. Gehen kannst!"

„Sehr gern geh' ich, und wenn ich gegen Euch gefehlt hab, Gott wird mir's nicht aufmessen, denn mit dem, was ich Euch anvertraut, hab' ich Euch geehrt. Möge es Euch wohlergehen!"

„Ich brauch' Deinen Segen nicht."

Mit diesen harten Worten hatten sie sich getrennt.

Anton ging nicht mehr in den Weidegghof. Beim Hahnenwirth langte er todtenblaß an, begehrte Wein, trank ihn rasch aus; nahm in der Schießhütte sein Schußgewehr — und von diesem Moment an wurde er nicht mehr gesehen.

Sie muß ihn haben.

Der Weidegghofer ging in seinen Hof, ließ Rosina zu sich in die Stube rufen und fragte sie mit verstellter Güte: Ob es noch ihr Ernst sei, Weidegghoferin zu werden.

„Ich kann nimmer essen und schlafen," stammelte sie, „ich kann nichts Anderes mehr denken; sie halten mich schon für krank und ich — ich bin so glücklich."

„Und," sagte jetzt der Weidegghofer leise und neigte sich fast finster gegen ihr Angesicht „kannst als Jungfrau in den heiligen Ehestand treten!"

Sie wurde verlegen.

„Es ist eine Gewissensfrage, Rosina!"

„Fragt mich nicht," war ihre zage Antwort, „fragt ihn selber."

„Wen?"

„Außer ihm hab' ich Keinen lieb gehabt, und werde Keinen lieb haben. Gott soll mein junges Leben enden, wenn's nicht wahr ist!"

„Wenn Du mich mißverstanden hättest, Rosina? Wenn Du einen Andern liebhaben und mich heiraten wolltest?"

„Euch? Euch heiraten? Euch, Bauer?" rief sie und schaute ihm starr in's Gesicht. „Davon weiß ich nichts."

„Von mir ist die Rede gewesen!" stieß er mit fast schnaubender Stimme heraus.

Sagte hierauf das Mädchen: „Wenn's so gemeint gewesen ist, muß ich wohl um Verzeihung bitten. Auf den Anton hab' ich's verstanden."

„Schlechte Person!" knirschte er.

„Was ist denn da Schlechtes dran," sagte sie, da sie merkte, hier gehe was in die Brüche. „Wenn Eine auslachen kann, so müßt' sie nicht gescheit sein, wenn sie nicht den Jüngeren nähme."

„Da hast ganz recht," versetzte nun der Weidegghofer mit sehr freundlichem, aber gründlich gelbem Gesichte, „ganz recht hast. Wirst jetzt halt Dein Bündel packen müssen und ihm nachgehen."

„Wo ist Anton hin? schon seit gestern hab' ich ihn nicht mehr gesehen!"

„So? Das ist recht hart. Wirst es aber gewohnt werden."

„Ich will zu ihm! Ich muß ihn haben!" Das rief sie laut, rief es zur Thür hinaus, rief es in den Hof, daß Alles aufschaute.

Ich muß ihn haben! Wenn diesen Schrei ein glühendes Weib thut, da zittert es im Himmel und auf Erden, als wenn etwas nicht ganz fest wäre. Am meisten Ursache zu zittern aber hat der Mann, den sie haben muß; sie stellt ihm nach, als wäre auf seinen Kopf, ob lebendig oder todt, Seele und Seligkeit zum Preis gesetzt. Des Weibes Liebe ist des Mannes Dämon, so wie des Mannes Leidenschaft des Weibes Schicksal ist.

Am dritten Tage nach Pfingsten, als Anton nicht in den Hof zurückgekehrt war, als Rosina in allen Wirths= häusern von Strahlgau und Umgebung vergebens Nachfrage gehalten, als sie jedes junge Weib, das ihr begegnet, mit ihren glühenden Augen gleichsam hochnothpeinlich gefragt hatte, ob und wo sie den Weidegger Anton verborgen halte — als all das fruchtlos war, machte sie sich reisefertig und ging davon.

Eine halbe Stunde vom Hof, nahe der Straße auf einer Wiese, schaufelte ihr Vater, der Schwalber, eine Grube aus. Rosina erschrak. Es sollte aber nichts, als ein Teich werden, den der Schwalber hier zum Behufe der Bodenbewässerung zu graben übernommen hatte.

„Ist das nicht meine Rosabella?" rief er auf die Straße herüber, indem er den Spaten in die Erde stieß und seiner Stimme nachging. „Wo willst denn hin?"

„Unserem Anton nach," war ihre Antwort, dabei wollte sie kaum stehen bleiben.

„Dirndl, Du schaust nicht gut aus," sagte er, „geh', die Hand wirst Deinem Vater doch reichen. Bist woltern stolz geworden auf dem Großhof."

„'leicht hat ihn der Vater wo begegnet? Wo ist er aus?"

„Hab's schon gehört, daß Euch der Jungbauer durch-
gebrannt ist — weiß auch, weshalb. Geh, geh, Dirndl, wir
Alten sind nicht so dumm, als Ihr meint. Thät's aber nicht,
an Deiner Stell', daß ich ihm so nachliefe, ist nicht gescheit.
Bleib beim alten Herrn daheim, ist weit nutzbarer —"

„Meinen Anton will ich haben!" schrie sie und eilte
weghin. Der Schwalber schaute ihr eine Weile nach, dann
ging er wieder an sein Teichgraben und brummte: „Da
rennt auch wieder einmal ein Schaf aus dem Stall und
dem Wolf nach. Sein thut's bei manchen jungen Weibsbildern
gerade, als ob sie vom Teufel besessen wären. Wär' ich der
Bursch', ich wollt' ihn schon austreiben. Verdammte Gras-
haut! Ob Du nit brechen wirst, zähes Luder!" Damit stach
er den Spaten in den verfilzten Rasen.

Im Marchwald mitten auf der Straße hockte der häßliche
Veit und zerschlug mit einem schweren Hammer die blau-
grauen Schottersteine.

„Muß Euch schon fragen," redete sie ihn an, „ob die
Tage her vom Weidegghof Keiner da vorbeigegangen ist?"

„Aha, Du meinst den Jungbauer, gelt?" sagte der
Steinklopfer und klöpfelte auf ein Steinchen. „Wenn Du
mich anlachst, schöne Dirn, so will ich Dir von ihm was
erzählen."

„Hi hi hi! — so, angelacht bist."

„Ha ha ha, angelacht bin ich. Wenn Du aber bei dem
Herrn Anton nicht seiner lachen willst, so ist's besser, ich
verrath' ihn nicht."

„Veit! schau, guter Veit!" jetzt machte sie wirklich ein
süßes Gesichtlein.

„Ist merkwürdig!" sagte nun der Steinklopfer so in die
Luft hinaus, „was heutzutag' die sauberen Dirndln Alles von

so einem schiechen Schotterschlager haben wollen! Numro eins, soll er Einer die scheugewordenen Rösser absangen, daß sie nicht hin ist; Numro zwei, soll er dem lebengeretteten jungen Blut auch noch einen tüchtigen Liebhaber zumitteln. Ist viel verlangt, Dirndl!"

„Lieber Veit!" jetzt stand sie mit gerungenen Händen vor ihm, „ich will Dir's nicht vergessen. Eine gute Freundin sollst haben an der Weidegghoferin. Sag' mir's flink, wo er ist. Ich liebe ihn! ich muß ihn haben!"

„Das muß schon eine Freude sein," murmelte jetzt der Steinklopfer, „wenn man ein so hitziges Dirndl hat. Wenn ich etwan aus der Noth helfen kunnt!"

„Ich hab' Dich gern, Veit, bist ein guter, braver Mensch. Aber ohne den Weidegghofer Anton leb' ich nicht drei Tage mehr!"

„Wenn Du Dich schon capricirst —"

„Wo ist er?"

„Wo er heute ist, das kunnt ich freilich nicht sagen, ich habe nur gehört, daß er gestern da oben auf dem March=schlag mit einem Jäger gerauft haben soll. Hat gewildert, der junge Weidegghofer."

„Heiliger Gott, und ist das wahr?"

„Soll den Jägersmann in's Kraut geworfen haben und entkommen sein."

„Und weiter?"

„Das ist seine Sach'. Ich weiß sonst nichts, denke mir aber, daß er jetzt in die Sölferalpen wird hinein müssen. Dort bei den Holzleuten bringt er sich schon in's Sichere."

Das war Alles, was Rosina hier erfuhr. Mit hoch=klopfendem Herzen setzte sie ihren Weg fort. — Jetzt ist er ein Wildschütz und muß sich flüchten! Und seine Geliebte folgt

ihm in Gefahr und Noth. Sie rettet ihn, seine Unschuld
kommt an den Tag, sie kehren zurück und der versöhnte
Vater giebt ihnen den großen Hof. —

In solch romantischen Träumen zog schön Röschen
fürbaß, und der sie sah, schaute ihr verwundert nach und
wußte nicht, was er aus dem jungen, feinen, schier ein wenig
fürnehmen und schier ein wenig bettelhaften Mägdelein
machen sollte. Sie schlug sich wacker durch allerlei. bissige
Weiber und durch allerlei schmunzelndes, schäkerndes Manns-
volk und kam glücklich in die entlegenen Holzknechtcolonien
der Sölkeralpen. Unterwegs hatte sie sich ein scharfes Kraut-
messer angeeignet, das sie Jedem, der ihr etwa zu nahe
käme, in's Herz senken wollte.

In den Holzknechthütten wußte man nichts von einem
jungen Mann, auf den des Mädchens Beschreibung gepaßt
hätte. Hingegen erzählte ein alter Pechschaber, daß drüben in
den salzburgischen Gebirgen aus arbeitslosen Waldleuten,
Wildschützen und Dreien aus der Kufsteiner Festung ent-
flohenen Verbrechern sich eine Räuberbande zusammengethan
hätte, und daß möglicher Weise besagter junger Mann aus
der Strahlgauer Gegend sich zu dieser Gesellschaft geschlagen
habe. — Ob das der Ehemann wäre? fragte der Pechschaber
zuletzt.

Nein, das wäre der Geliebte, versetzte sie, wohl erwägend,
daß der Ehemann nicht romantisch ist.

Die Holzknechte gaben ihr ähnlichen Rath, wie der
Steinklopfer hatte gegeben, allein Rosina machte .sich auf und
ging hinüber in das Salzburgische. Wo sie in Berghütten
über Nacht blieb, da gab sie sich als Aegyptierin aus, wie
man in jenen Gegenden die Zigeunerinnen nennt. Das that
sie, um sich Respect und Lebensunterhalt zu verschaffen. Sie

18*

hörte unterwegs mancherlei Vögel singen, die in ihr die Be-
gierde nach ihrem Anton nur steigerten. In den Salzburger-
bergen suchte sie die Wälder und entlegenen Engthäler auf
und fragte in den einschichtigen Häusern an ob man von
Räuberbanden nichts wisse?

Seit Jahren nichts mehr desgleichen, gottlob! aber
Stadtherren, Touristen!

Nein, sie suche Räuberbanden.

Ob ihr was geraubt worden wäre?

Einen guten Bekannten suche sie.

Einem handfesten Pongauer kam es verdächtig vor, daß
diese fremde Person bei den Räubern einen guten Bekannten
suche, er überantwortete das Weibsbild der Polizei und am
nächsten Tage reiste sie unter Ehrenbegleitung zurück gegen
die Murlande. Ihr zur Linken schritt ein artiger Gendarm
und ein paar rüstige Gesetzparagraphen schoben hinten drein.
Unterwegs gab es mancherlei Spaß und nur ein einzigesmal hatte schön Röschen Anlaß zu fragen, ob es der Herr
Gendarm wohl auch bedenke, daß er sie dann umbringen
und verscharren müsse? Denn sonst würde sie ihn beim Juden-
burgergericht, wohin er sie ja abzuliefern habe, scharf ver-
klagen. — Der wackere Landwächter soll später erzählt haben
daß ihm während seiner ganzen Dienstzeit kein Geschäft so
sauer gewesen sei, als dieser weite Weg mit der Schönen.
Und in's Stockhaus gebracht hat sie ihn schließlich doch. Denn
etliche Stunden vor Judenburg in einer Wirthsschenke wußte
sie ihm zu entkommen.

Sie zog es vor, allein in die malerische Murstadt ein-
zuziehen. Dort wandte sie sich sogleich an ihre Freundin, die
Kellnerin beim Brauer; das war eine gute Seele, half ihr
den ein wenig herabgekommenen Reiseanzug ausstatten, gab

ihr etliches Geld und erzählte ihr, daß der Weidegghofer Anton nicht daheim sei, auch nicht bei den Holzleuten und nicht bei den Räubern, sondern bei den Bergknappen in Eisenerz. Es sei gewiß so, die Leute hätten erst am Tage zuvor in der Wirthsstube davon gesprochen; der Anton habe geschrieben, sie, die Kellnerin, habe nicht genau hören können, was, aber sie glaube, es sei vom Heiraten die Rede gewesen.

Heiraten? Wer? Der alte Weidegghofer? Der junge? Und Welche? Sie, die Rosina? Eine Andere? — Jetzt war es aber hohe Zeit, daß sie ihn einholte. Schon am nächsten Morgen, und ohne sich in der Strahlgauer-Gegend anzumelden, ging sie auf ein Holzfloß, eine jener schwimmenden Brücken, die vom Oberlande Brenn- und Bauholz hinabtragen in die ferne Landeshauptstadt Graz.

Die Flößer nahmen sie gern auf, und so saß sie nun mitten unter den kernfesten Männern, die viel beschäftigt waren, mit langen Ruderstangen das Floß vor Anprallen zu schützen und auf glattem Fahrwasser zu halten. So saß sie da auf einem Mostfäßlein, und sah auf die vorübergehenden Erlbüsche, Felsen, Schlösser, Kirchen und Ortschaften hin. Sie unterhielten ein Fener auf dem Floße und für die heiße Sonne war ein Gezelt gespannt, und sie brieten Fische, die sie unterwegs mit der Angel gefangen hatten, und sie tranken Obstmost dazu, und es war närrisch, als die schöne Passagierin plötzlich sagte, in Leoben wolle sie aussteigen.

Leoben, die schöne Bergmannsstadt, reckte dort schon ihre Thürme empor, aber die Flößer sagten, an dieser Stadt würde nicht angehalten und das seine Dirndl müsse mit in's untere Land und morgen Mittags könne sie die „Liesel" auf dem Grazer Schloßberg zwölf Uhr läuten hören.

„Ich brauche keine Liesel zu hören, ich will in Leoben aussteigen und von da in's Eisenerz hinüber."

„Das kannst in zwei Tagen, wenn wir zurückkommen. Für Deinen Eisenbahnsitz zahlen wir zusammen. So wohlfeil kannst Graz dein Lebtag nimmer haben, als dasmal."

„Und ich sag'," versetzte sie, „so theuer möchte mir Graz sobald nicht wieder zu stehen kommen, als dasmal."

„Was Du schlau bist, Kleine! Du bist kein heuriger Has' mehr!"

Darauf rief sie, wenn man sie in Leoben nicht auf's Land setzen wolle, so mache sie einen schreckbaren Lärm. Hierauf war schon Einer bereit, sie in's Zelt zu drängen und ihr den Mund zu verlegen, aber die Anderen gingen nicht darauf ein. Mit ein paar satten Späßen machten sie sich bezahlt, dann setzten sie das Mädchen auf's Land.

Sie hat ihn.

Nun waren seit Pfingsten drei Wochen vergangen und die Schwalbertochter Rosina stand mit wunden Füßen in dem fremden Eisenerz mit den rostfarbigen Häusern und Gassen. Ueber den Giebeln schauten die hohen, felsigen Berge herein.

Rosina ließ sich in's Amtshaus weisen und fragte nach einem Bergknappen mit Namen Anton Weidegger.

Die Verzeichnisse wurden nachgeschlagen. Ein Anton Weidegger war nicht zu finden.

„Er muß aber da sein!" rief sie, „ich gehe von dieser Stelle nicht weg. Ich weiß ihn nirgends mehr zu suchen."

„Wollen Sie nur selber nachsehen," sagte der Beamte, „den alten Scharteken wird's auch taugen, wenn sie einmal von ein paar schönen Augen angeguckt werden."

„Was werden denn die alten Scharteken von meinem Anton wissen! er kann ja erst die letzten Wochen in's Eisenerz gekommen sein."

„Ah, dann steht's anders. Die Neuaufgenommenen hat mein Nachbar." Und der Beamte rief in's Nebenzimmer: „Herr Berger, haben Sie nicht einen gewissen Anton Weidegger?"

Ein uraltes, halbblindes Männlein kauerte über Papieren und brummte endlich: „Anton Weidegger ist jetzt in der Schicht."

Er war gefunden.

Jung und frisch — als wäre sie die drei Wochen auf Rosenblättern geruht — lief sie den steilen Erzberg hinan bis zum Knappenhause, um von demselben aus den Geliebten in einem Stollen oder Schachte des Berges — wo er in der Schicht, d. h. im Tagwerk war — zu finden. Sie freute sich auf sein Erschrecken, Erstaunen, wenn sie im unterirdischen Raume, nur von der Knappen-Ampel beleuchtet, plötzlich vor ihm steht. Diese Treue soll ihn betäuben, selig betäuben und ihm zeigen, was ein liebendes Weib im Stande ist.

Im Knappenhause erfuhr sie, daß der Weidegger seine Schicht soeben beendet habe und in seiner Stube nun gerade das Sonntagsgewand anlege. Ob sie etwan von der Braut geschickt sei?

„Von welcher Braut?" fragte sie.

Der Knappenmeister antwortete: „Nachher will ich nichts sagen. Wer weiß ob's ihm recht wär'. Oder ist das Fräulein

Eine, die ein altes Anrecht hat? Nachher heißt's eilen. In einer Stunde hat der Anton Weidegger mit der Grünbaum- wirthstochter beim Pfarrer das Versprechen."

„Wo ist dem Anton seine Stuben?" fragte sie rasch und leise.

„Seine Stuben ist gleich da auf dem Gang die dritte Thür. Wird aber mit dem Ankleiden noch nicht fertig sein."

In der nächsten Minute stand sie vor ihm.

Er hatte das Rasirmesser in der Hand, um das junge Bärtchen zu regeln. Das entfiel ihm, als er sie sah. Und das war gut, denn sonst wäre sie bei ihrem Hinstürzen an seine Brust in die scharfe Schneide gefahren.

Sie rief ihn beim Namen, sie schluchzte, sie stöhnte, sie kosete ihn mit Gluth.

Endlich vermochte er sich ein wenig Luft zu machen, und sagte: „Rosa, was hast Du hier zu suchen?"

Sie schaute ihn starr an.

„Ich verhoffe, daß Du — als meine Mutter kommst," sagte er.

„Und hättest das glauben können!" rief sie und sank wieder an seine Brust. „Ich mag ihn nicht. Er hat falsch mit mir wollen spielen. Mein Engel hat mich beschützt. Ich mag ihn nicht. Keinen, als Dich! Du, Anton bist mein Einziger auf der Welt!"

„Rosa," sagte er und schob sie von sich, aber so daß er ihre Hand in der seinen behielt, „das kann nun wohl nicht sein. Ich passe nicht für Dich. Geh heim, für Dich ist's jetzt nichts in Eisenerz. Ich heirate eine Eisenerzer Bürgers- tochter."

Nun ließ sie seine Hand selber los, stand vor ihm sprachlos und vor ihren Augen rollten große Thränen.

„Wenn's Dein Glück ist," schluchzte sie endlich, „ich will's nicht hindern. — Ich bin nur hergekommen, daß ich Dir was anvertraue. — Wirst Dich nicht wundern, Anton, wenn ich Dir was anvertraue. ... Wie ich jetzt bin ... willst mich verstoßen ...."

Er schaute sie lange an und sie stand vor ihm mit ihrem blassen Gesicht, mit zuckenden Lippen und über ihre Wangen rollten unablässig die schweren Thränen.

„Rosa," sagte er nun, „setze Dich auf den Stuhl."

Dann ging er hinaus und bat den Knappenmeister, er möge einen Boten hinab zur Grünbaumwirthin schicken, ihr einen schönen Gruß ausrichten und sagen, der Anton Weid= egger könnte heute nicht kommen. —

Am nächsten Tage ging schon das Gerede, der Knappe Anton lasse die Grünbaumwirthstochter sitzen. Man war ent= rüstet. Die Wirthstochter war in der Gegend eine der Be= gehrtesten gewesen. Die Bürger lobten ihren Anstand und ihre Sittsamkeit, die Armen ihre Güte und Sanftmuth, ihre Schönheit lobten Alle. Ihre Eltern waren wohlhabend und hatten dem Bergknappen die einzige Tochter nur zugesagt, weil sie mit ganzem Herzen an ihm hing, weil sie ihr das stille Glück aus den Augen lasen und weil sie auch wußten, daß ein großer Bauernhof seiner warte. Anton war mit dem Vorsatz nach Eisenerz gekommen, allsogleich ein Weib zu suchen, denn die Welt war ihm sehr leer. Er lernte am ersten Tage die Wirthstochter kennen, sie fanden und erkannten sich wie zwei für einander Geborne. Freunde hatten die Heirat rasch vermittelt und Alles wunderte sich über das Glück, das den erst in die Gegend gekommenen jungen Mann so rasch antrat.

Nun ließ er die Braut sitzen und nahm eine Andere, die ihm nachgelaufen war — sicherlich nicht ohne Grund.

Die Leute verabredeten sich untereinander, dem Burschen ihr Mißfallen dadurch kund zu thun, daß Keiner zu seiner Trauung mit der Nachgelaufenen in die Kirche gehe. Als aber nach etlichen Wochen diese Trauung in einem Winkel= kirchlein des Thales stattfand, konnte das Kirchlein die Neu= gierigen nicht fassen, die sehen wollten, wie denn eigentlich eine Weibsperson ausschaue, die über eine Grünbaumwirths= tochter den Sieg davon trägt.

Die blasse, nun rothäugige, bunt aufgebauschte und doch etwas nachlässig angezogene Braut fand keine Gnade. Ein weißköpfiger Jäger sagte, so viel er die Weiber kenne, sei das keine von solchen, denen der Teufel die Schleppe des Brautkleides nachtrage.

„Sollt' mich wundern," bemerkte ein Nebenstehender.

„Mich nicht," meine der Weißkopf, „denn Der sitzt der Teufel in der Herzkammer."

Mittlerweile hatte der Bräutigam am Altare die drei Ja gesagt.

„Bist schon verschrieben," murmelte ein Zuhörer, „sie sagt nicht nein."

Sie senkte das Köpfchen, säuselte drei stille Ja und nun — nun kommt

Der heilige Ehestand.

Anton wollte sich in einem der zerstreuten Knappenhäuser des von Eisenerz ein wenig entlegenen Krumpenthals eine kleine Wohnung nehmen. Rosina sagte, sie habe nicht Lust, sich mitten unter die bettelhaften Arbeiternester zu setzen; sie wolle in Eisenerz leben.

Im Grunde hat sie Recht, dachte er, sie muß doch auch eine anständige Gesellschaft haben, während ich auf der Schicht bin. Und nahm eine Wohnung im Marktflecken. Rosina hielt nun wieder viel auf ein feines Kleid, damit sie mit Beamten-frauen umgehen könne. Die Beamtenfrauen, denen sie sich nun anschließen wollte, waren anfangs ein wenig lüstern auf die Bekanntschaft dieser abenteuerlichen Person, als sie aber hinter den gezierten Manieren auf das bäuerliche und kokette Wesen stießen, brachen sie den Umgang mit ihr ab. Ein paar alleinstehende Jungfrauen blieben ihr treu und sie vergalt diese Freundschaft mit ganzer Hingabe. Sie lasen mit ein-ander Räubergeschichten und Liebesromane, wie das von jeher Rosina's Passion gewesen war, sie vertrauten sich gegenseitig ihre eigenen Liebesgeschichten und deren Verlauf, wobei die Jungfrauen nicht müde wurden, über ihre gestürzten Ideale zu seufzen und zu bedauern, daß sie nicht so klug gewesen wären, wie die liebe Weidegger. Gegen die hochmüthigen Beamtenfrauen schmiedeten die kluge Rosina und die zwei thörichten Jungfrauen kleine Complote, deren Folgen dem Knappen Anton manche Verlegenheit bereiteten und dessen Weib in der Gesellschaft des Ortes fast unmöglich machten.

Eine der Jungfrauen besaß einen Band Modejournal aus den süßesten Tagen ihrer Liebe; nach diesem verfertigten sie ihre Kleider und Rosina that noch Mancherlei aus Eigenem dazu und sie rauschte im vollem Staate gern durch die Gassen und zeigte gehobenen Hauptes, daß auch die Frau eines vorläufig zwar schlichten Arbeiters, aber dereinstigen Großhof-besitzers ihr Selbstbewußtsein habe, daß sie wisse, was Sitte und Welt sei und daß es ihr zu lächerlich sei, sich mit hoch-nasigen Gänsen von Beamtenweibern abzugeben.

Und Anton arbeitete in den finsteren Schachten des rothen Berges. Wochenlang hörte er keinen Vogelsang, sah er kein Taglicht. Während des Tages grub und hämmerte

er in den Tiefen, nur begleitet von seiner stillen Freundin,
der trüben Ampel. Ein hellerer Blick des Lichtes sprang ihm
nur entgegen, wenn das entzündete Pulver das braune
Mineral zerriß, das in Mühsal und Gefahr hier geboren,
draußen in der weiten Welt so viel Reichthum, Wohlleben
und Gewalt entwickelt. Ein ehernes Los ist dem Bergmann
zugefallen, ernst schreiten die hageren, blassen Gesellen in den
Stollen einher, entschlossen senken sie sich in die feuchten
Gründe der Schachte, kriechen in solchen Tiefen wieder in
Seitenstollen, die so niedrig sind, daß der Kniende noch sich
bücken muß, um aus dem versteinerten Erzadern den Schatz
stückweise loszuhacken. Und wenn in der gefüllten Ampel das
Flämmlein zittert und glanzlos in sich zusammenschauert,
dann rasch, rasch empor zur Lebensluft, oder ade du schöne
Welt! Und wenn das Flämmchen seinem Gitterkerker ent-
springt, die Gase entzündet und ein phosphorblauer Qualm
rasend wie der Sturm durch die Schachte und Stollen fährt
und explodirend die Gründe erschüttert — dann schaffen die
Aufzüge und Hunde lange kein Erz zu Tage, wohl aber
starre, kalte Knappen, die im „schlagenden Wetter" zu Grunde
gegangen sind.

Anton sah manchen todten Kameraden an sich vorüber-
tragen zur letzten Grubenfahrt, er murmelte das kurze Gebet
für ihn, für sich — und grub und hämmerte. Und wenn er
endlich aus dem Berge hervortrat, war es Nacht über dem
Hochgebirge, nur die Sterne und der Mond stellten bisweilen
Zeugenschaft, daß in Gottes Welt das Licht noch nicht abge-
kommen sei.

Das Weib erwartete den Gatten stets mit heißer Liebe,
aber wenn er heimkehrte, müde und wortkarg war, da kam
ihr die Lust, ihn ein wenig zu peinigen, ihn zu ärgern, zum

Widerspruch zu reizen, damit er sich belebe. Und wenn es
ihr gelang, daß er sich belebte und in seinem Zorn ihr Vorwürfe machte über ihr Unterlassen im Hause und ihr lächer-
liches Gebahren vor den Leuten, da brach sie allemal in ein
klägerliches Weinen aus, ob er sie denn geheiratet, daß sie sein
Lastthier sein solle? Und schäme er sich, wenn sie einmal über
die Gasse gehe, so möge er ihr nur Roß und Wagen halten,
daß sie fahren könne. Oder ob er sich ihrer überhaupt
schäme, dann hätte er sie nur lieber gelassen, wo sie gewesen
sei, bei ihren guten Eltern daheim. Tausendmal lieber als hier
bei dem hochmüthigen Gesindel und geizigen Mann, der nicht
wisse, was einer jungen Frau gebührt; sie sei sehr unglücklich.

„Ich sage nichts, als daß wir arme Bergknappenleute sind,"
das war dann gewöhnlich seine Entgegnung. Und sie waren
in der That sonst nichts. Der alte Weidegghofer, sich noch
immer selbst eine Lebensgefährtin suchend, hatte ihn enterbt.
Den Brief, in welchem er mit kurzen, herrischen Worten das
angezeigt, hatte Rosina in ihrer Wuth zerrissen, hatte hierauf
dem Anton die herbsten Vorwürfe gemacht, daß er ein schlechter
Sohn sei, und ein gewissenloser Ehemann, der seinen schönen
Hof verspielt und sie reue es so vielmal, als sie Haare auf
dem Haupt, daß sie einen solchen Menschen geheiratet habe.

Da sagte Anton einmal: „Wenn Du nur den Weidegghof geheiratet hast, so bist von mir ja wieder frei, denn ich
bin der Weidegghof nicht."

„Ha!" rief sie, „das glaub' ich; daß Du mich jetzt los
haben möchtest, weil Du meine Jugend zertreten hast. Und
daß Du zu der Andern kunntst gehen, zum Wirthstöchterlein
— diesem Schmachtfetzen!"

„Du, die Baumwirthstochter, die laß mir in Ehren!
Die hat Dir nichts gethan!" So rief der Ehemann aus,

und das war gefehlt. Von dieser Stunde an quälte ihn Rosina
mit Mißtrauen und Eifersucht. Sie ließ ihn kaum allein durch
den Marktflecken gehen und wenn er sein Gesicht einmal gegen
das Wirthshaus zum grünen Baum hinwandte, so wurde
das ihre grün und gelb vor Wuth.

Einmal blieb er gegenüber dem Baumwirthshause vor
der Auslage einer Waffenhandlung stehen. Was er da zu
suchen habe? fragte sie ihn giftig.

„Die Pistole dort will ich mir besehen. Jetzt hat man
auch schon doppelte da," das war seine Antwort, dann ging
er weiter.

Das Wirthstöchterlein zeigte sich seit der Enttäuschung nicht
mehr öffentlich und auch im Gastzimmer ihres Vaters war
sie nicht zu sehen. Sie verbrachte die meiste Zeit in ihrer
Kammer und kränkelte. Von ihrem Fenster aus sah man den
Erzberg und die Mündung des Stollens, in welchem Anton
arbeitete. Dieses Fenster verhüllte das arme Kind mit dem
weißen Vorhange. Und so lebte sie in klaglosem Leide dahin.

So waren Monate und Monate vergangen und der
traurige Blick des Bergmannes ruhte bisweilen fragend auf
der Gestalt seines Weibes. Er hatte eine frühzeitige Ursache
und Rechtfertigung erwartet, warum er dieses Weib zum
Altar geführt. Sie war nicht erschienen.

Rosina gab sich seit dem Tage, da die Entziehung des
Weidegghofes ausgesprochen worden war, alle redliche Mühe,
ihren Mann zu quälen. Er flüchtete sich vor seinen häuslichen
Freuden zur Arbeit, und in seinem schweren Beruf, der kein
freundliches Gegengewicht hatte, begann seine Jugendkraft
rasch zu verfallen und er begann zu welken. Er nahm sich
in den Tiefen der Erde oft und oft vor, ihr mit jener Liebes-
wärme anzuhängen, wie er sie für die Wirthstochter empfunden

atte — sie sei ja doch sein armes Weib und habe keinen
Renschen auf der Welt außer ihm — aber da er wieder
or ihr stand, ihr giftiges Auge sah und ihre stechenden
Borte hörte, da war er unfähig, es merken zu lassen, daß
: ihr gut sei.

Die Bleikugel.

Es war demnach kein Wunder, daß Rosina eines Tages
i den Jungfrauen sagte, sie habe kein Vergnügen mehr, so
olle sie an den Leopoldsteinersee fahren, Kaffee und Kaltes
itnehmen und sich dort einen guten Tag anthun. Die
reundinnen waren dabei. Als sie in toller Laune von diesem
usfluge spät Abends zurückkehrte, fand sie daheim ihren
Mann, der seit Stunden auf sein Essen wartete.

„Wärst in's Wirthshaus gegangen, Narr!" rief sie.

„Ich habe kein Geld im Kasten gefunden," sagte er,
hingegen hat mir der Kaufmann diesen Briefbogen geschickt."

Er zeigte ihr eine Rechnung über Wollenstoffe, Seiden=
inder und künstliche Blumen. „Rosa, ich zahle nicht einen
reuzer."

„Wer soll's denn zahlen?" lachte sie auf.

„Du wirst es zahlen. Du wirst hingehen und es mit
einen Händen abdienen." Während er dieses sagte, zog er
ich ein Papier aus der Tasche: „Ich habe heut' allerhand
Schriften. Schau da her, mir ist die Arbeit gekündet.
ähe, meine liebe Rosa, in vier Wochen muß der Bettelsack
rtig sein."

Sie rief, da geschähe ihm recht. Bei so vieler Arbeit
e Kündigung, das könne nur einem sehr schlechten Arbeiter
ssiren.

„Schau dieses Papier an, Weib," und er hielt ihr mit bebender Hand das Blatt vor die Augen, „über meine Arbeit steht hier ein gutes Wort, doch über mein Eheweib steht ein schlechtes. Du sollst Beamtenfrauen beschimpft haben?"

„Die Haar' wollt' ich ihnen ausreißen, diesen Betteln!" sie zitterte vor Wuth.

„Und so hast Du mich erwerbslos gemacht," sagte er müde.

Jetzt erhob sie ein Geschrei und da sie sonst nichts zu sagen wußte, so ließ sie Thränen los und ächzte, sie wolle nicht mehr auf der Welt sein, sie wolle sich das Leben nehmen.

Mehrmals hatte er ihr in Güte den Vorschlag gemacht, sie möge sich seinetwegen kein Gewissen machen, möge ihr Glück anderswo suchen, sie sei jung und klug, sie würde ein besseres Leben finden, als er ihr bieten könne. Die Folge davon war allemal, daß sie ihn der Treulosigkeit beschuldigte, daß sie keinen erbärmlicheren Mann kenne, als ihn, und daß sie justament nicht von ihm gehe.

Da hatte Anton eines Tages jene Pistole in's Haus gebracht, welche er in der Auslage der Waffenhandlung ge- sehen, und als nun die Rede davon war, daß sein Ehegespons am liebsten nicht mehr auf der Welt wäre, holte er die Waffe hervor und begann sie zu laden.

Sie stieß einen Angstruf aus und floh in die finstere Küche.

„Närrchen," rief er, „Dir geschieht nichts." Er ging an die Thür und warf sie in's Schloß. „So, Rosa, jetzt sind wir allein."

„Mann! was hast Du vor?" stöhnte sie und heftete den starren Blick auf das Mordzeug, das er — den Finger am Hahn — in seiner rechten Hand hielt.

„Rosa," sagte er und seine Stimme klang ganz fremd, „ich muß noch ein Wort mit Dir reden, bevor wir auseinandergehen. Du bist mein Unglück, aber die größte Schuld bin ich selber. Du hast mich vielleicht einmal geliebt, wenigstens hast es Dir eingebildet. Ich habe Dich nie geliebt, hab' mir's auch nie eingebildet. Im Lärchenholz hat mich mein Gott verlassen. Das ist eine Buhlerin, hab' ich mir gedacht, der geschieht recht! — Nachher hat mich meine Begier umstrickt. Ich habe los sein wollen von Dir und habe es nicht mehr können. Du hast wohl gewußt, daß ich kein Schurk bin und hast mich mit einer Unwahrheit schlau zum Altar gelockt. Du hast es gebüßt, denn Du bist bei mir sehr unzufrieden gewesen. Ich weiß wohl, Rosa, Du hast mich für einen von Solchen gehalten, die mit den Weibsleuten ihr lustiges Spiel treiben und nachher nichts mehr von ihnen wissen wollen. Du wirst mir Unrecht gethan haben."

„Du hast auch nichts von mir wissen wollen!" redete sie drein, „Du hast Dich vom Hof geflüchtet, weil im Hof Eine gesessen ist, der Du was schuldig worden bist."

„Weil Du es mit meinem Vater hast gehalten," sagte er.

Und sie: „Das hast Dir selber vorgelogen, damit Du von mir hast los können. Denn, das muß ich sagen, Du hast ein Gewissen — aber ein schlechtes."

Darauf er: „Und wie Du mir nachgekommen bist nach Eisenerz: Kennst Du ein Gesetz, nach welchem ich Dich hätte heiraten müssen? Kennst eins?"

Hernach sie: „Wohl wahr, daß Du es freiwillig hast gethan und mich hast an Dich gebunden, gleichwohl Du gewußt, Du hättest mich nicht lieb. Das ist Deine Schurkerei gewesen, Anton!"

„Ich hab' gemeint," entgegnete der Bergknappe, „ein
ehrlicher Bursch' müßte die Freudensünd' mit dem Brautring
zahlen. Ich hab's wohl eingesehen, es dürft' leicht ein schlechtes
Fahren sein und hab's doch gethan. Diese zweite Sünd' ist
mir größer, als die erste und ich will sie theuer wiegen. Oft=
mals, Rosa, bin ich in die Grube gefahren, um Dich zu
ernähren. Weil Dir das nicht genug war, so will ich jetzt
in die Grube fahren, um Dich frei zu machen. — Behüt'
Dich Gott, Weib!" — Wild schreit er's auf, fährt mit der
Pistole gegen sein Haupt — Rosina stürzt sich auf ihn, sie
ringen um die Waffe, sie fahren toll hin an die Wand, an
welche sie dröhnend prallen, sie fahren wieder zurück, sie
stöhnen, fluchen und ringen heiß, bis die Schußwaffe knallt
und zu Boden fällt.

Jetzt läßt das Ehepaar von einander ab. Der Schuß ist
in den Kleiderschrank gegangen. Mitbewohner des Hauses eilen
herbei, die bittet Rosina, man möge um Gotteswillen ihren
Mann in Gewahrsam bringen, er sei wahnsinnig geworden.

Anton ließ sich in ein fremdes Bett geleiten und sagte
kein Wort. Am andern Morgen aber, bevor er auf die Schicht
ging, trat er vor sein Weib hin und sagte: „Seit gestern,
Rosa, hab' ich Dir was zu danken. Die allergrößte Dumm=
heit von mir wäre noch gewesen, wenn ich mir Deinetwegen
das Leben genommen hätte. Daß ich jetzt nicht da draußen
lieg' in der kalten Friedhofskammer — Dir dank' ich's."

„Ja, meinst, ich hätt's Deinetwegen gethan?" rief das
Weib, „wäre es geschehen, so hätten die Leute leicht meinen
können, ich hätt' Dich umgebracht. Wer kunnt mich weiß
waschen!"

Anton schaute sie an, dann ging er mit seinem Eisen=
schlägel davon.

Nun war der Rosina plötzlich zu Muth: das letzte Wort, das hätte sie nicht sagen sollen. Ob sie ihm nicht nachrufen solle: er werde doch nicht so dumm sein, derlei für Ernst zu nehmen! — Sie hat es nicht gethan.

Nun vergingen etliche Tage, an denen Anton sehr spät in der Nacht in die Wohnung kam und sehr früh wieder davonging. Da Rosina gewohnt war, viel zu schlafen, so nahm der Mann sein abgekaltetes Essen selbst und es wurde zwischen beiden kein Wort gesprochen. Dann war eine Nacht, in der er gar nicht kam. Am Morgen läuteten in dem altersgrauen Kirchthurme zu Eisenerz die hellen Glocken.

Tags zuvor war in einem Stollen des Erzberges Feuer ausgebrochen. Anton Weidegger war auf das Nothsignal aus seinem Schachte herbeigekommen, um zu retten. Das Element wurde bald gebändigt, die Knappen kamen aufathmend an's Tageslicht heraus. Anton war nicht unter ihnen. Nun trugen sie seinen arg verbrannten Leib herab zur kühlen Kirchhofserde.

Rosina war trostlos. Es war so plötzlich gekommen — so plötzlich, und sie hatte keine Trauerkleider!

Als sie in ihrem Schranke Umschau hielt, ob sich aus vorräthigen Stücken nicht etwas Passendes herstellen ließe, fiel aus dem Futter eines hellfarbigen Mantels die Bleikugel heraus, die wenige Tage früher in den Schrank gefahren war. Als das Bleistück über den Fußboden hinrollte, bebte auf einen Augenblick etwas in der Brust des Weibes . . . .

Es war ihr unheimlich in der Wohnung, sie setzte sich draußen auf die Gassenbank und weinte.

Als das Leidwesen vorüber war, entschloß sich die junge Witwe, nun nach Strahlgau auf den Weidegghof zurückzukehren. Sie hatte gehört, daß der Bauer das Heiraten doch unterlassen habe, daß er kränkle und seinen Sohn zu sehen wünsche. Zum Weidegghofer wollte sie nun gehen, und ihm erzählen, wie glücklich sie mit ihrem Manne gelebt, wie oft sie von ihrem geliebten Vater gesprochen. Dann wollte sie den Mann pflegen, wie eine liebevolle Tochter, oder wenn es ihm besser dünke, wie eine treue Hausfrau.

Sie war schon an der Mur, als ihr ein Reisewagen begegnete, in welchem, eingehüllt mit Pelzen, zusammengekauert der alte Weidegghofer saß. Seine Wangen waren eingefallen, sein Haar war grau. Aber er war es doch. Rosina duckte sich rasch, daß er sie nicht erkannte. Nachträglich erfuhr sie, daß der Bauer auf dem Wege nach Eisenerz sei, um das Grab seines Sohnes zu sehen, und zu hören, wie sein Leben gewesen und sein Sterben zugegangen war.

Rosina berechnete sofort, daß ihr daraus nichts Gutes blühen könne, sie wendete ihren Lauf. Eine Weile strich sie noch in der Gegend umher, Manchem zum Abscheu, Manchem zum Begehr, Manchem als Räthsel. Dann war sie verschollen.

Das letztemal war sie auf dem Bahnhofe von Leoben gesehen worden, wo die Eisenbahnzüge nach Klagenfurt, Graz und Wien kreuzen.

Sie trug ein schwarzes Trauerkleid und um die Taille eine breite, feuerrothe Schleife.

Die Blumenmutter.

ein, ich soll es nicht schildern, dieses Weib, diese Mutter, so schrecklich klar ihr Bild auch vor meinem Auge steht. Denn ich habe gesehen, als sie vorübergeführt wurde. Die Landwächter mußten das Volk mit Gewehrkolben zurücktreiben, daß es sich nicht auf die Gefangene stürzte und sie erwürgte.

Eine schlanke, noch jugendliche, fast schöne Gestalt. Die Wangen blaß, und blaß die zusammengekniffenen Lippen; in den Augen ein ruheloses Feuer, das jeden Blick versengte, den es traf. Die schwarzen, glanzlosen Haare hingen in langen Strähnen wirr über Achseln und Angesicht, denn sie hatte keine Hand frei, um sie zurecht zu streichen. Ihr Kleid war wie die Gewandung der anderen Dorfweiber, die ihr jetzt die Fäuste entgegenballten und gräßliche Flüche zuschleuderten.

Frau Irena Eman war's, die Witwe des ein Jahr früher verstorbenen Schuhmachers Eman, ein stilles, braves Weib, das fünf unmündige Kinder zu versorgen hatte und daher bisweilen das Mitleid der Dorfbewohner anrufen mußte.

Die Leute sind barmherzig, sie geben und helfen, wo es noth thut; die Bauern lassen unter sich Keinen verhungern, aber für ihre Wohlthaten wollen sie auch zeigen, daß sie höher stehen als die Beschenkten, und klüger und braver sind,

und so schimpfen sie denn gelegentlich tüchtig auf ihre Schütz-
linge los. Bei der Irena Eman hatten sie freilich nicht ganz
Unrecht, denn, wenn die Person fünf Kinder — und das
gesunde, schöne, herzige Kinder — zu ernähren hat, so soll
sie arbeiten oder Arbeit suchen, anstatt in den Wallfahrts-
capellen umherzuknien und für das Fortkommen und Seelen-
heil ihrer Jungen zu beten, während diese halbnackt und
unbeaufsichtigt vor der Hütte sich herumbalgen, sich in's Dorf
hinein verlaufen und Brot suchen, wo sie es finden.

Irena Eman war oft gar verzagt und trotz ihres Betens
und der guten Lehren, die sie jeden Tag spendete, waren ihr
die Kinder nicht sanft und fromm genug und sie sah, wie
die Zucht, die sie sich vorgenommen, gar nicht fruchtete oder
ganz anders, als sie erhofft, und daß auch ihre Kinder nicht
anders waren, als andere Bettelkinder, nämlich leichtsinnige,
verschmitzte und tollwitzige Rangen. Sie am wenigsten hätte
das Recht, in dieser Sache so streng zu sein, meinten die
Leute. Sie wollte aber keine bösen, verdorbenen Menschen
heranziehen — solche gäbe es ohnehin genug — eher betete
sie nach dem Vorbilde der Heiligen, daß Gott die Geschöpfe
lieber in ihren jungen Jahren zu sich nehmen möchte, als
sie in dieser Welt verderben und in der andern verloren
gehen zu lassen.

So kniete sie eines Tages in der Capelle zu den drei
grünen Bäumen und schüttete ihr geängstigtes Herz aus. Der
Bäckermeister Veit ging auf sein Feld hinaus, denn dort
arbeiteten die Schnitter beim hochreifen Korn. Als er das
Weib am Eingang der Capelle knien sah, trat er zu ihr
hin und sagte: „He, Du fromme Schusterin, Du! Leckest dem
Herrgott vor lauter Andacht die Zehen ab und schickest Deine
Kinder zum Brotstehlen aus!"

„Wer?" fragte sie und erhob sich von dem feuchten Stein, „wer schickt — zum Brotstehlen aus?"

„Ja, das glaub' ich, daß Du's nicht eingestehen wirst. Nur Schade, daß wir Dein sauberes Töchterlein ertappt haben."

„Mein Kind hätte Brot gestohlen?" fragte das Weib und ihre Stimme war seltsam tonlos. „Meister, sag' es noch einmal, wenn Du kannst; sag' es da vor dem Herrgottbild! Das ist bös' von Dir, daß Du mir einen Stich in's Herz giebst; so gottverlassen sind meine Kinder nicht."

„Deinen Kindern kann man's nicht aufmessen," sagte der Bäcker, „die sind hungrig. Aber Du! Du!"

„Ich!" rief das Weib, „hast schon Recht, Bäcker, ich! Wer hat sie geboren? ich! Wer hat sie zu verantworten? Wer muß es jetzt anders machen? ich. Geh' nur Deines Weges, Meister, Deine weiten Felder sind alle reif. Meine Kinder werden Dir kein Brot mehr stehlen."

Der Bäcker schritt über die Felder hin und freute sich im hellen Sonnenschein an dem Segen Gottes, der ihm so reich geworden, und nahm sich vor, den Armen die Gabe zu reichen, bevor sie die Hand rechtlos nach derselben ausstrecken müssen.

Irena Eman ist hinabgegangen zu ihrer einschichtigen Hütte, hat ihre Kinder — aber nur vier waren da — zusammengerufen in die Küche, an den steinernen Herd, daneben der Block zum Holzspalten stand. —

Eine kleine Weile später trat sie aus dem Häuschen, in welchem es ganz still geworden war, und ging rasch gegen das Dorf hin, um das fünfte, den achtjährigen Knaben aus der Schule zu holen.

Eine Nachbarin, die des Weges kam, fragte sie, was sie denn so eilig vorhabe?

„Was hat er denn jetzt in der Schule zu thun, der Junge!" rief die Schuhmachers-Witwe.

„'s ist ja Schulzeit," versetzte die Nachbarin.

„Er soll heimgehen. Er lernt nichts Gutes."

Dabei war ihr Wesen so seltsam, daß es der Nachbarin einfiel, zu fragen: „Wo hast denn Deine andern Kinder heut', Emanin?"

„Die schlafen schon," gab das Weib zur Antwort und eilte vorüber.

Nicht lange währte es, so kam denselben Weg, den Irena gekommen, eine genauere Nachricht. Der Bote war athemlos, er stöhnte und konnte kaum ein verständliches Wort hervorbringen.

„Die Kinder!" schnaufte er und schlug immer wieder die Hände zusammen, „vier Kinder hat sie —"

„Fünfe hat sie," vervollständigte ein vorlauter Dörfler.

„— Vier Kinder hat sie ermordet!"

Da ging ein hundertfacher Schrei des Schreckens durch den Ort; man lief der Wahnsinnigen nach und holte sie ein, bevor dieselbe noch das Schulgebäude erreicht hatte.

Und eine Stunde später haben sie zwei Landwächter davongeführt.

Die Hütte der Schuhmachers-Witwe war von Menschenschwärmen umgeben, aber die Thür war schon polizeilich verschlossen.

Alles wollte durch das Fenster in die Stube hineinschauen, aber Jeder prallte mit einem Schreckrufe zurück. In der Stube standen nur die gewöhnlichen Einrichtungsstücke, aber unter der Küchenthürschwelle zogen sich ein paar braunschwarze Rinnstreifen herein und weit über den Fußboden hin. —

Als bei den Leuten die erste Ohnmacht des Schreckens vorüber war, lösten sich die Zungen. Zuerst thaten sie ihre Empfindungen dar, die Wuth gegen das entmenschte Weib, das Mitleid mit den armen, lieben, hingeschlachteten Kindern. Dann kam ihre Weisheit.

„Für eine solche Bestie ist das Henken viel zu gering!" sagten Mehrere.

„Heiliggesprochen wird sie!" behauptete ein hagerer Bauer vom Kreuzberge.

„Schäme Dich, Kreuzbauer!" rief ihm ein Anderer zu, „bist sonst so fromm und verläskerst die Religion."

„Verlästern meinst? Aber das möcht' ich wissen!" vertheidigte sich der Bauer vom Kreuzberge. „Wenn Du Dein Lebtag einmal eine Heiligenlegende hast aufgeschlagen, so wirst Du wissen, daß die Heiligen lieber gestorben sind, als daß sie Sünden hätten begangen. Christliche Eltern wirst Du alle Tage beten sehen, daß Gott ihre Kinder lieber in der frühen Jugend zu sich nehmen soll, als daß sie aufwachsen und schlechte Menschen werden. Aber Wenige wirst finden, die vor lauter Lieb' zu ihren Kindern den Heldenmuth haben, dieselben rechtzeitig aus der Gefahr zu retten, darum soll man Solche, die Gott zu Lieb' ihr Allerliebstes hinopfern, wie es der Vater Abraham auf dem Berg Morio hat thun wollen, heilig sprechen."

„Und in den Narrenthurm stecken!" rief ein Anderer dazwischen.

„Ueberlassen wir das Urtheil dem Gerichte," sagte nun der Pfarrer, der gebrechlich auf seinen Stock gestützt herbeigekommen war und die Leute zu beruhigen suchte. „Die Todten übergeben wir dem Herrn. Aber was soll nun mit dem verwaisten Knaben geschehen?"

„Wo ist der Knabe?" schrien jetzt Mehrere durcheinander, „der soll's nun erfahren, was er für eine Mutter hat!" —

„Das soll er nicht erfahren, meine lieben Leute," sagte der Priester, „ich habe veranlaßt, daß er heute in der Schule zurückbehalten werde und ich sinne auf Mittel, die Schmach und den Schmerz von dem armen Jungen abzuwenden, die jetzt auf ihn fallen und ihn für sein ganzes Leben unglücklich machen müßten. — Und an Euch habe ich die Bitte, daß Ihr Euch jetzt zerstreut und zu Eurer Tagesarbeit begebt. Das Unglück, das diese Hütte uns verdeckt, hat die ganze Gemeinde getroffen. Ihr seht mich gebeugt und mit weißen Haaren, aber einen Tag, so schwer wie der heutige, habe ich noch nicht erlebt. Das Verbrechen ist so groß, daß es keines Wortes bedarf, um es zu nennen. So wollen wir Christen sein und beten: Führe uns nicht in Versuchung."

Sie gingen nach und nach auseinander. Und als die Nacht kam, stand die Hütte der Irena Eman vereinsamt, nur ein Wächter schritt davor auf und ab mit seiner zuckenden Laterne.

* * *

Am selben Nachmittage noch war's gewesen, daß in der Dorfschule der Lehrer das blonde, muntere Büblein, welches sich Franz Eman schrieb, den anderen Kindern als ein Muster des Fleißes und Fortganges vorhielt. Da wurde der Lehrer hinausgerufen. Nach einiger Zeit kam er sehr ernst und etwas aufgeregt zurück und erkundigte sich, wer in seiner Abwesenheit nur wieder den tollen Lärm veranlaßt habe?

Da sich Keiner der Schuld begab, so blickte der Lehrer den kleinen Eman an und sagte: „Ich glaube, Junge, daß Du auch mitgelärmt hast. Aber einem sonst so braven und

lentvollen Schüler stehen die Unarten doppelt übel an, daher
muß ich Dich heute nach der Schule eine Stunde hier
behalten."

Der Unterricht wurde fortgesetzt; der Lehrer verordnete
Schönschreiben nach Vorschriften, wobei er still und nach=
denkend zwischen den Bänken auf= und abschreiten konnte. Er
schien bei solchem Spaziergange den Stundenschlag zu über=
hören und es gingen draußen schon die Leute von den Feldern
heim, als er die Kinder entließ.

Nun trat der kleine Eman zu ihm und bat mit feuchten
Äeuglein, daß auch er zu Mutter und Geschwistern nach
Hause gehen dürfe.

„Du mußt heute noch ein wenig bei mir bleiben, Franz,"
sagte der Lehrer. Und als die Anderen davon waren, setzte
er sich auf eine Bank, nahm den Knaben zu sich auf den
Schoß und sagte wieder: „Ein wenig mußt Du heute noch
bei mir bleiben, Franz. Es wird dann der Herr Pfarrer
kommen, der mit Dir was sprechen will. Sage mir einmal,
habt Ihr daheim Kaffee?"

„Nein," antwortete der Kleine, „aber wie der Vater
gestorben ist, haben wir einen bekommen."

„Ja," meinte der Lehrer, „der Kaffee macht guten Muth,
und so sollst Du jetzt in meine Stube kommen und mit mir
Kaffee trinken."

Das thaten sie. Und als der Kaffee getrunken war, und
als die große Lampe ein helles Licht auf den Tisch warf,
brachte der Lehrer Bilderbücher, um den Knaben zu unter=
halten.

„Wie nennt man diesen Baum?" fragte der Knabe
und hielt sein Fingerlein auf ein Pflanzenbild.

„Das ist eine Trauerweide," antwortete der Lehrer.

Nach einer Weile fragte der Kleine: „Darf ich jetzt schon nach Hause gehen?"

Da trat endlich der Pfarrer ein.

„Ei, da ist er ja, mein kleiner, lieber Franz!" sagte er und tätschelte den Knaben an der Wange. „Ich will Dir etwas Gutes sagen."

Der Junge schaute ihm mit großen Augen treuherzig in das Gesicht.

„Ich habe Dir versprochen, daß, wenn Du brav bist, ich Dich einmal in die große Stadt mitnehmen will. Brav bist Du, und so muß ich mein Wort wohl lösen. Wir fahren noch in dieser Nacht davon."

„Und fährt meine Mutter auch mit?" fragte der Kleine.

„Deine Mutter," antwortete der Pfarrer etwas unsicher, „ja Deine Mutter, freilich — die ist schon voraus."

Jetzt jubelte der Knabe, denn die Stadt und was von ihr erzählt wird, hatte ihn schon oft beschäftigt, und mit dem guten Herrn Pfarrer ging er so gern.

Wenige Stunden später hatte der kleine Franz ein neues Kleid an, das beim Dorfkaufmann in Vorrath gewesen. So saß er neben dem Pfarrer im Wagen und der Wagen knarrte hin durch die stille, laue Mondnacht. Der Kleine war bald eingeschlummert, und als er so dalehnte in der Wagenecke und der Mond auf sein weißes Gesichtlein fiel und Alles so recht im Frieden war, da begann der alte Herr zu schluchzen. Er weinte über das fürchterliche Geschick, das sich an diesem Tage vollzogen hatte, das nun so dämonenhaft über dem Leben dieses unschuldigen Kindes lag. — Wird es gelingen, mein Knabe, Dir einen Lebensweg zu weisen, auf dem Dir die Spuren der blutigen That nicht begegnen? —

Nach Mitternacht erreichten sie die Eisenbahn. Auf dem ahnhofe kreuzten zu dieser Zeit zwei Züge, der eine ging gen die Kreisgerichtsstadt, der andere gegen die Hauptstadt. ben wollte der Pfarrer den Knaben sanft wecken, daß dieser us dem Wagen steige, da erblickte er in demselben Moment urch die offene Thür des Wartsaales das unglückselige Weib oischen den Häschern kauern. Der Priester ließ den Kleinen 1 Wagen schlafen, und als der Zug angekommen war, da ob er das schlafende Kind in seine Arme und trug es durch 'n Wartsaal gegen den Waggon. Er mußte im Scheine ner hochhängenden Lampe und im Glanze zweier Bajonette uhe an der Mutter vorbei, aber sie schaute starr vor sich uf das steinerne Pflaster. So waren sie sich hier begegnet, jne daß Eins vom Andern wußte.

Wenige Minuten nachher führten zwei Eisenbahnzüge Mutter und Sohn auseinander — vielleicht für immer — id welchen Zielen zu?

* — *

Zur Zeit des Morgenrothes, da in der Stadt schon us knarrende Leben begann — stand der Pfarrer aus dem Dorfe vor dem Thor eines grauen Gebäudes und zog die Mlocke. Dabei streichelte er die Stirne des Knaben, der sich 1 seinen Rock schmiegte und — eben erst vom Schlummer 'wacht, in der fremden Umgebung — angstvoll wimmerte.

Nach einiger Zeit wurde aufgethan.

„Gott zum Gruße!" sagte der Thorwart, „das ist ja er Herr Pfarrer von Birkenheide!"

„Der bin ich," antwortete der Eintretende, „und nun ollet Ihr in Gottes Morgenfrühe ein christliches Werk un und uns Beiden da ein Stüblein aufmachen, bis der hochwürdige Herr Prälat aus dem Bette ist; dann lasse ich um eine Audienz bitten."

„Der hochwürdige Herr Prälat ist aus dem Bette," berichtete der Thorwart; „er geht schon im Klostergarten mit unserem Herrgott spazieren."

„Wenn ich mich den beiden Herren anmelden lassen dürfte!" meinte der Landpfarrer, „ich habe heute eine Angelegenheit, die alle zwei angeht."

Der Knabe wurde auf ein Bett gebracht, wo er bald wieder einschlief; der alte Herr schritt in seinen hohen glänzenden Stiefeln und mit seinem weißen Haupte auf dem Kieswege dahin zwischen den Eichen und Ulmen des Klostergartens. — Da sah er bald die stattliche Gestalt im langen, blauverbrämten Talare und mit dem goldenen Kreuz auf der Brust.

„Wessen geliebtes Haupt sehe ich auf mich zukommen!" rief der Prälat mit ausgebreiteten Armen; „das ist ja mein alter Pfarrer Gottfried?"

„O Herr," sagte der Greis, „daß ich heute gar der Sonne bei Euch den Vortritt abgelaufen habe, muß wohl was bedeuten. Ich komme mit einem schweren Herzen, ich will's allsogleich ablasten."

Sie schritten neben einander hin und der Pfarrer erzählte das Ereigniß aus seinem Dorfe, wie ein armes Weib aus Fanatismus und Verzweiflung ihre vier Kinder um's Leben gebracht habe und wie das fünfte durch einen Zufall gerettet, bisher von der Sache noch nichts wisse.

„Und um für diesen armen Waisenknaben bei Euch zu bitten, bin ich jetzt da," fuhr der Pfarrer fort. „Im Dorf kann er nicht bleiben, da würde er einestheils von dem Mitleid, anderstheils von der Bosheit der Leute arg zu leiden haben und elendlich verdorben werden. Mich erbarmt dieses Kind bis in die Seele hinein; es ist ein aufgeweckter, gutherziger Knabe. Auch ihm hat seine Mutter nach dem Leben gestrebt, weil sie vermeint, es könne ihn das Leben schlecht machen. Da gilt's halt jetzt zu zeigen, daß sie Unrecht gehabt hat, daß ihr Sohn ein rechtschaffener Mann wird. Und deswegen komme ich, um Euer Hochwürden zu bitten: Helfet mir, daß aus dem Jungen etwas Braves wird. Ich bin selber ein armer Mann und weiß nicht aus; aber was ich kann, das will ich gern für ihn leisten."

„Ihr meint also, mein lieber Pfarrer —"

„Ja, zum Chorknaben!" sagte der Greis, „das würde wohl recht für ihn passen. Er hat mir daheim wohl geschickt ministrirt, und singen kann er auch." Jetzt faltete er seine rauhen Hände: „Hochwürdiger Herr! Dieses Stift ist so groß und reich. Da sehe ich Hunderte von Tauben fliegen, die hier ihre Nahrung finden, und über dem Hochaltare, wo Ihr täglich das heilige Meßopfer verrichtet, steht unseres lieben Heilandes Wort: „Was Ihr dem geringsten meiner Brüder —"

„Aber wozu so viel schweres Geschütz, Pfarrer!" rief der Prälat aus, „das mögt Ihr getrost daheim bei Euren Pfarrkindern abbrennen, wenn ein hungriges Waiselein zu speisen ist. Mich kennt Ihr ja doch."

„Das wohl und desweg komm' ich her und wenn ich was Ungeziemendes gesagt haben soll, so bitte ich tausendmal um Verzeihung!"

„Ich nehme mich gern des Knaben an, Ihr könnt ihn bringen, sobald es Euch gut dünkt."

„Er ist schon da!" rief der Greis mit freudiger Lebhaftigkeit. „So gewiß habe ich es gewußt, daß ich vor Euer Hochwürden keine Fehlbitte thue, daß ich meinen Schützling in diesem Kloster warm betten ließ, bevor ich noch mit Euch, sprechen konnte."

„Da habt Ihr recht gethan, alter Freund," sagte der geistliche Würdenträger und schüttelte dem Landpfarrer die Hand. „Ihr habt mich damit geehrt. Euch zu Liebe soll das arme Kind hier eine Heimat gefunden haben; es soll seine Freuden und Pflichten hier haben und dann wollen wir sehen, was sich aus ihm entwickelt. Unser Stift bedarf Handwerker, Landwirthe, Waldheger und hat allerlei Gewerbe, auf die der liebe Herrgott seine Brosamen streut."

„Herr!" sagte der Greis und hatte noch immer die Hände gefaltet, „gestern der Schreck! und heute wieder dieser Freudentag! — Und jetzt, wie eine Bitte schon nie allein kommt, hätte ich halt noch eine zweite. Aber die wird wohl schwer möglich sein. Ihr wisset, die Wahrheit ist unser Stab. Wir schwachen Menschen, wir können nicht Alles, was wir sollen, aber wahrhaftig sein, das können wir. Allein, hochwürdiger Herr, wenn die Wahrheit so ist, daß sie wen niederschlägt und zu Grunde richtet, dann soll man sie nicht sagen. Ich meine, man soll dem Knaben verschweigen, was seine Mutter gethan hatte."

„Und wie wollt Ihr das anstellen?" fragte der Prälat.

„Das weiß ich nun einmal selber nicht. Ich habe mir wohl was ausgedacht, aber ich weiß nicht, ob es das Rechte ist. Ich meine, wenn man dem Kinde sagen thät', es sei ein Uebelthäter im Hause gewesen, habe seine Geschwister um's Leben gebracht und die Mutter sei auch zu Grunde gegangen. Das ist, genau genommen, nicht einmal eine Unwahrheit und ich denke, bei dem achtjährigen Büblein könnte man damit fertig werden. Und was wäre das für ein Glück, wenn es ihm auf lebenslang könnte verborgen bleiben!"

„Ich bin Eurer Meinung," versetzte der Prälat, „und wir werden versuchen. Nun aber wollen wir den Frühstücks= tisch aufsuchen."

„Ich werde nachher für ein Täßchen Warmes recht dankbar sein," sagte der Greis, „aber vorher möchte ich wohl meine Messe lesen, wenn ich in der Klosterkirche um einen Altar bitten dürfte. Heute ist wieder einmal ein Tag, wo ich die rechte Andacht dazu verspüre."

„Ihr habt heute, mein Freund, ein großes Opfer schon dem Herrn gebracht," versetzte der Prälat mit ernster Stimme, „und wenn uns zu dieser Stunde Gott messen und wiegen wollte, wer höher und größer sei von uns Beiden, ich fürchte, daß der wohlgenährte Prälat geringer befunden würde, als der arme Landpfarrer. So gehet und haltet Eure Messe ab und dann kommt, wir wollen zusammen Gott zu Lieb' einen guten Tag verleben."

*   *

Während der kleine Franz sich im großen und herrlichen Stiftsgebäude einlebte, lernte, sich in verschiedenerlei Fertig= keiten übte, sich unter den Laien und Priestern Freunde machte und so allmählich des leidvollen Eindruckes vergaß, den der im Sinne des Pfarrers gehaltene Aufschluß über seine Familie gemacht — während ihn die heitere Kindlichkeit wie ein Engel hinübertrug über quälende Erinnerungen, tiefes Nachdenken und verzehrenden Schmerz — waren im Gerichtssaale der Kreisstadt bange Tage gewesen. Bange für die Richter und bange für das Volk! Die Angeklagte selbst war kalt und starr wie Stein.

Die hingeopferten Kinder waren auf dem Dorffriedhofe zu Birkenheide feierlich bestattet worden, man legte sie in

ein gemeinsames Grab. Und so ruhten denn die Wesen —
bevor sich noch die Freuden, Schmerzen und Leidenschaften
der irdischen Pilgerfahrt in ihnen entwickelt hatten — tief
in der feuchten Erde.

Als der Richter die Kindesmörderin gefragt, ob sie die
That bereue, antwortete sie: „Die todt sind, die machen mir
keine Sorge mehr, aber der Eine, der Lebendige! Der muß
an Leib und Seele verderben, wenn er Niemand hat, der
ihn behütet!"

Man versicherte sie, daß der Knabe Wohlthäter gefunden
habe und mit Liebe und Sorgfalt erzogen werden würde.
Sie hörte es gleichgiltig; sie hatte einen verächtlichen Blick,
als wollte sie sagen: Was ist Eure Liebe und Sorgfalt?
Was nennt Ihr Erziehung? Was ist Eure Welt? Der Beste
geht an einer eigenen Schuld zu Grunde, und noch gut,
wenn er nur sich selbst, wenn er nicht auch Andere stürzt. —

Als ihr in der Anklage ihre gräßliche Herzlosigkeit vor-
gehalten wurde, sagte sie: „Es liegt mir nichts daran, wie
Ihr mich nennt; aber ich meine, ich habe meinen lieben
Kindern nicht allein das Kreuz und Leiden abgenommen, ich
habe auch alle Schlechtigkeiten auf mich genommen, die sie
in ihrem Leben hätten begehen können, und alle Schmach
und Schande, die auf sie gefallen wäre, und mehr kann eine
Mutter für ihre Kinder nicht mehr thun, als ich gethan habe."

Den Richtern graute, und sie athmeten auf, als man
das Irrenhaus vorschlug. Jedoch die Aerzte, die sie unter-
suchten, fanden keinen Anhaltspunkt, um ihren Wahnsinn zu
constatiren, es wäre denn jener eine, der jeden Verbrecher
vor Zuchthaus und Hochgericht sicherstellen müßte. —

Die Kindesmörderin wurde also der Freiheit verlustig
erklärt auf lebenslang. Bevor man sie in die Strafanstalt

überführte, legte man ihr nahe, ob sie nicht ihr Söhnlein sehen wolle. Aber sie hat diesen Wunsch nicht ausgesprochen, obwohl die Wärterinnen täglich hören konnten, wie sie mit rührender Leidenschaft für ihren Franz betete, der in den Banden und Gefahren der Welt sei.

In der Strafanstalt kam sie mit anderen weiblichen Sträflingen täglich ein halbes Stündlein in den Hof hinaus, um die freie Luft zu athmen. Da schritten sie bisweilen an einem Eisengitter vorüber, welches den Theil für männliche Sträflinge abschloß. Dahinter standen oft mehrere Männer in ihrem grauen Zwilchgewande und guckten durch das Gitter und machten wohl auch bisweilen über die weibliche Nachbarschaft Bemerkungen, insoweit solche der Profoß nicht censurirte.

So standen auch einmal ein paar verwildert aussehende Gesellen am Gitter, und als die Kindesmörderin vorüberschritt, sagte Einer zum Andern: „Das ist sie, das ist sie."

„Du bist eine Heldin!" rief der Eine zu ihr herüber, „komm' herbei, wir wollen Deine Kleider küssen!"

„Wir wollen eine Locke von Deinem Haar!" sagte der Andere.

„Wir wollen einen Druck von Deiner Hand!" sagte der Eine.

„Und einen Kuß von Deinem Mund!" fügte der Andere bei.

Da trieb sie schon der Kerkermeister fürbaß.

Unser unglückliches Weib hatte nicht weiter auf sie geachtet. Aber das nächstemal standen die Beiden wieder am Gitter und als sie vorüberkam, flüsterte ihr der Eine zu: „Wir haben das gleiche Schicksal, wie Du, wir sind ebenfalls unschuldigerweise hier."

„Wir gehören dem Bunde an," sprach der Andere, „welcher das Glück aller Welt im Tode sucht. Verstehst Du es: Der Mensch ist unglücklich auf der Welt, darum soll man ihn schon in der Kindheit vertilgen. Weil wir dieser Meinung sind, hat man uns eingesperrt."

„Da hat man recht gethan," entgegnete jetzt die Kindes-mörderin, „unglücklich sein, das macht nichts; aber schlecht sein! Nur nicht schlecht sein! Davor habe ich meine lieben Kinder retten wollen."

Wie eine Königin schritt sie in diesem Augenblicke dahin und die beiden Gesellen rüttelten am Eisengitter, daß es knarrte.

So ging nun die Zeit dahin im traurigen Hause. Irena Eman arbeitete und schwieg. Sie hatte gewünscht, daß man sie zu der härtesten Arbeit stelle, die Sträflinge zu verrichten hatten. So verordnete man, daß sie zum Heizen der Oefen die Steinkohlen austrage durch die finsteren Gänge hin. Sie that's Tag für Tag, vom Morgen bis zum Abend. Sie wollte schwer arbeiten, um müde zu werden und in den Nächten schlafen zu können.

Ihr Beichtvater hatte sie einmal befragt, wieso denn der Gedanke zu dem grauenhaften Verbrechen in ihr entstanden sei? Sie bat ihn, daß er ihr eine solche Antwort und Zurück-erinnerung erlasse, sie wolle ihre Vergangenheit vergessen.

Aber in den Nächten waren doch lange Stunden, in denen sie nicht schlafen konnte, und da stand das Bild der Vergangenheit auf, und ihre Jugend war getrübt wie durch einen röthlichen Rauch, der über einer morgigen Gegend liegt, wenn in der Nacht eine Feuersbrunst gewesen ist. Ihr Vater hatte aus Rache ein Haus angezündet und war im Kerker gestorben. Sie selbst wurde bei einem Küster voll strenger

Grundsätze erzogen, aber sie war die Tochter des Brand-
stifters und genoß keine Liebe und kein Vertrauen. Die Welt
war ihr fremd; schon frühe — zur Zeit, da in Anderen die
heiße Liebesfreudigkeit aufgeht — baute sie sich ihre Heimat
im Gedanken an die Ewigkeit, in der Hoffnung an ein
besseres Leben. Sie wollte nicht heiraten, aber da fand sich
im Dorfe ein junger Mann — der einzige, der sie lieb
hatte auf dieser Welt — an den sank sie hin und war selig
eine kurze Zeit. Wie waren die Kinder, die in rascher Folge
nun erschienen, so frisch und munter! aber das Weib
bangte fort und fort, es könne in Einem oder dem Andern
die unglückliche Ader des Großvaters schlagen! sie zitterte
vor den Irrwegen, die ihre Kinder wandeln könnten. Der
Vater verstand es freilich, die Kleinen in Zaum und Zucht
zu halten; aber als er starb — vor Gram darüber starb,
daß ein Bruder von ihm eines Betruges wegen verurtheilt
worden — da war die arme Familie haltlos und die Mutter
vermochte das kleine, lebhafte Völklein nicht so zu leiten, wie
sie glaubte, daß es sein müsse, um sie vor dem Schicksale
des Großvaters und Oheims zu bewahren. — Eines der
Kleinen war einmal schwer erkrankt, da hieß es: Wenn Gott
es zu sich nähme, das wäre das Beste! Anfangs that ihr
dieser Gedanke bitter wehe, aber sie machte sich mit ihm vertraut — und das Kind genas. Die Sorgen wuchsen von
Tag zu Tag; sie arbeitete anfangs Tag und Nacht, aber
endlich verlor sie die Lust dazu, weil sie trotz alles Fleißes
den Bedarf des Hauses beiweitem nicht decken konnte. Die
Mildthätigkeit der Leute, denen sie fremd geblieben war, wollte
sie nicht in Anspruch nehmen. Sie wandte sich an den All-
mächtigen. Der ließ auch warten. Von der Nachbarschaft liefen
Klagen ein über die Rangen, die sich aufsichtslos im Dorfe

herumtummelten. „Wenn nur die Kinder nicht wären!" hatte
sie oft aufgeseufzt und da hatte sich, erst schüchtern, dann
immer zudringlicher der Gedanke eingefunden: „Du gabst
ihnen das Leben, Du hast das Recht darüber. Das Leben ist
für Kinder ein gefährliches Spielzeug. Nimm es ihnen wieder
weg! Tausendmal besser sie sterben, als daß sie schlechte
Menschen würden!" — Und als hernach der Bäcker kam und
ihr vorhielt: Dein Kind hat mir Brot gestohlen! — da
erwog sie nicht mehr, sie fühlte nichts mehr, als die Verzweiflung, sie ging nach Hause und vollbrachte die That.

So war es gekommen.

Sie sind heim zu Gott. Nur der Eine nicht — der
Liebling nicht. Wie wird's ihm ergehen! Sie will nicht an
ihn denken, sie will die Augen schließen. Auch er soll todt
sein. — Wenn sie noch lebten, so dachte das Weib dann
weiter, jetzt wüchsen sie heran und hätten schon Laster über
Laster auf sich und sie würden bald reif sein für das Zuchthaus.

Es war kein Wunder, das unglückliche Weib sah ja
nichts um sich, als Verbrecher, sie mußte wohl glauben, daß
die ganze Welt — mit wenigen Ausnahmen — aus Wichten
und Schlechtlingen bestehe.

So athmete sie denn fort. Und wenn die Gedanken
bisweilen zu wirr wurden, so legte sie die Steinkohlen darauf, und wenn das Herz aufschrie — oft plötzlich und fürch-
terlich aufschrie — so legte sie Steinkohlen darauf. Durch die
Arbeit suchte sie sich zu betäuben.

*   *   *

Und als viele Jahre vergangen waren, da ereignete sich
im Lande eine große Freude. Bekränzt waren die Pforten,

mit Fahnen geschmückt die Zinnen, ein helles Glockenklingen ging von Berg zu Berg und Blumenduft wehte auf Gassen und Straßen. Der junge Herrscher des Landes hielt Hochzeit, und große Herren und große Menschen lieben es, von ihrem Glücke auszutheilen, wie es ja bekannt ist, daß das Glück wie das Grab umso größer wird, je mehr man davon weggiebt.

So fiel auch ein Strahl davon in die finsteren Gänge, durch welche das arme, gebrechlich gewordene Weib Steinkohlen trug. Es wurde ihr gesagt, sie solle den Steinkohlenkorb zu Boden stellen, ihre Hände reinigen, ihren Anzug ordnen und in den Betsaal kommen. Dort waren schon Andere versammelt. Dann erschien ein Mann in schwarzem Gewande und las eine Amnestie des Landesfürsten vor und nannte die Namen der Begnadigten.

Da erhob sich im Saale ein unbeschreiblicher Jubel, aber Frena schaute stumm und rathlos drein. Auch ihr Name war genannt worden. Sie ist frei? Sie darf in den Sonnenschein hinaus und gehen, wohin sie will? Was soll sie denn draußen?

Man führte sie aus dem Strafhause in ein Armenhaus und anstatt Steinkohlen zu schleppen in den düsteren Mauern, sollte sie nun in einem Garten arbeiten bei den Pflanzen und Blumen. Anfangs taumelte sie auf dem freien Erdboden und ihren Augen that das Licht wehe. Aber allmählich wurde sie kräftiger und ihre Dumpfheit verwandelte sich in eine sanfte Wehmuth — das machten die Blumen. Sie hat einst — so deutete ihr ein wunderlicher Traum — geliebte Wesen freiwillig in die Erde gelegt; die Erde giebt sie dankbar wieder zurück und es sind Blumen daraus geworden. Blumen können blühen und welken, aber sie können keine Verbrecher werden.

Sie wußte selbst nicht, wie das war, daß ihr jetzt —
nach einer viele Jahre langen Nacht — die Blumen so an's
Herz wuchsen; sie liebte jede Blüte einzeln und pflegte sie,
wie die Mutter ihr Kind. Und so kam es, daß man endlich
weit und breit keine so schönen Veilchen, Nelken, Ciclamen,
Narcissen und Rosen fand, als im Garten dieses Armenhauses. Und selbst im Stübchen wollte Jrena die lieblichen
Geschöpfe nicht missen, und an Tagesstunden, wo Mütter
ihre Kinder zu nähren pflegen, begoß sie die Blumen, und
am Abende, wenn andere Mütter mit ihren Kindern beten,
kniete sie zu den Blumen hin und sprach mit ihnen und
kosete sie.

Eines Morgens, als sie zur bestimmten Stunde nicht
aus ihrer Stube getreten war, fand man sie tief betäubt vor
dem Blumentische liegen. So hat das arme Weib erfahren
müssen, daß auch die Blumen Uebelthäter sein können und
daß selbst in den lieblichsten Geschöpfen dieser Erde Gift verborgen liegt. Soll sie die Blumen deshalb vernichten? Dann
wird sie Alles vernichten müssen, was da lebt und strebt,
denn was dem Einen erhaltend ist, das ist dem Andern zer-
störend. Was bliebe dann übrig von dieser Welt, die Gott
erschaffen hat?

Nun kam ihr auf einmal die Einsicht, dem Schöpfer
dürfe man nicht entgegenarbeiten, und nun erwachte endlich
die Reue. Sie begann sich zu sehnen nach Verzeihung und
Trost, und wenn sie so im Garten saß zwischen den Rosen,
da weinte sie still in den hellen Sonnenschein hinaus und da
war ihr, als müsse sie noch einmal gut Freund werden mit
dieser schönen Welt.

Zur selben Zeit ließ sie an den alten Pfarrer ihres
Heimatsdorfes schreiben, daß sie eine Reise machen wolle, um

das Dorf und die Pfarrkirche und den Friedhof noch einmal zu sehen, und ob sie bei ihm anklopfen dürfe? Die Antwort war, daß der alte Herr Pfarrer Gottfried schon lange in das bessere Jenseits abgerufen worden sei, daß in Birkenheide eine fast neue Generation lebe, die sich an Vergangenes kaum mehr erinnere, und daß sie nur kommen möge, ihre Pfarr= kirche und den Friedhof zu besuchen.

Sie war körperlich gar erschöpft und hat den weiten Weg doch nicht gemacht, aber in ihrem Garten hat sie vier Blumenbeete hergerichtet — just vier — und ist zwischen ihnen gesessen.

Allsonntägig stieg sie den Berg hinan zur Kirche, zu welcher das Armenhaus eingepfarrt war. Es war ein statt= liches Gotteshaus und leuchtete mit seinen zwei Thürmen weit in das grüne Hügelland hinaus. Auf den lichten Auen und auf den Weinbergen — so lustig es sonst dort zuging — gab es doch immerhin Menschen, die sich von den Glocken rufen ließen und der Orgel lauschten, welche an stillen Sonntagsvormittagen herüberklang. Und die Kanzelredner sprachen so schön und trostreich, daß oft die geräumige Kirche die Zuhörerschaft nicht zu fassen vermochte und die Predigt im Freien, auf dem Rasen des Kirchhofes, stattfinden mußte.

So war einmal der Frühling wieder da. Irena begann ihre Blumenbeete zu zügeln und am Ostersonntag, da stieg sie hinauf zur Kirche. Es war ein wohliger Morgen und auf dem Kirchhofe sproßte das junge Gras, das heute wieder in den Boden getreten werden sollte, denn die Predigt fand im Freien statt. Der Caplan sollte sie halten, es war derselbe, den sie weit und breit lieb hatten, weil er allen Menschen, denen er begegnete, Gutes that. Das war Einer,

der es mit der That bewies, wie sehr ein Mensch —
und wäre es selbst der ärmste — anderen Menschen gut
sein kann.

Dieser bestieg nun die Kanzel, die an der Kirchhofsmauer angebracht war. Irena, das arme Weib, drängte sich
durch die Menge vor, so weit als möglich, denn ihr Gehör
war schon schwach geworden, auch schaute sie dem Priester so
gern in sein mildes, freundliches Angesicht.

Der Prediger leitete seine Rede mit dem glorreich Auf-
erstandenen ein, dann ging er über auf zwei andere Gott-
gesandte, die der Himmel in seiner Liebe und Gnade den
Menschen beigesellt habe, die jedoch von so Vielen nicht erkannt, sondern gefürchtet und gemieden würden, denn sie
wären eben das, was die Leute Ungemach und Elend be-
nennten. Der Heiland — so fuhr der Priester fort —
sei nicht gekommen, um des Menschen Erhöhung in der
Behaglichkeit, in Genuß und Wohlleben zu suchen; er sei
gekommen, um zu zeigen, daß selbst die Schatten dieses
Lebens voll von Gottes Liebe wären. Die zwei Gesandten,
die er meine, trügen ein Kreuz und hießen: die Arbeit und
der Schmerz. Die Arbeit, er meine die gewissenhafte Er-
füllung der Berufspflichten, sei mächtiger, als alle gute Erziehung, alle guten Grundsätze und guten Vorbilder zusammen.
Der Arbeitende habe nicht allein keine Zeit, sondern auch
keine Lust zur Sünde. Aus dem Müßiggange aber entspringen
— wie ja alle Welt wisse — die bösen Gelüste, die Aus-
klügelung der Laster oder der Selbstqualen, die Unzufrieden-
heit. Nicht des Broterwerbes wegen sei die Arbeit so wichtig,
denn man könne verhungern und doch ein braver Mensch
geblieben sein; aber des Abgrundes wegen, der in unserem
Wesen auszufüllen ist, sei die Arbeit so unerläßlich, und ein

gesunder Mensch, der nicht arbeite, müsse mit seiner Seele zu Grunde gehen.

Jedoch, ein eben so treuer, aber weit herberer Freund als die Arbeit sei der Schmerz. Er meine nicht die kleinen Leiden des Tages, etwa den Aerger, die Ungeduld, die Sorge, er meine auch nicht körperliches Unbehagen, er meine den großen, tiefen Schmerz der Seele über eine begangene Schuld. Ein Uebelthäter, dem dieser Schmerz fehle, er möge nun sein Leben im Kerker verschmachten oder auf dem Hoch= gerichte enden, büße nicht. Der Schmerz des Gefallenen sei ein Arm, den Gott vom Himmel herabstrecke, um ihm wieder aufzuhelfen. Der Schmerz sei nichts Anderes als eine Sehn= sucht nach dem Frieden des Herzens und nach den reinen Freuden der Welt. Der Schmerz sei ein Wegweiser zu Gott. —

All das hörte das Weib aus dem Armenhause und begann darüber so laut zu schluchzen, daß die Umstehenden auf sie aufmerksam wurden.

Der Prediger fuhr fort, daß der Schmerz des Schuldigen eine Auferstehung sei, ein Sinnbild der Verwandlung und eine Verheißung des großen Auferstehens von den Todten am jüngsten Tage. —

Hier stockte dem Priester plötzlich die Stimme. Erblassend brach er ab und starrte auf das Angesicht eines seiner Zu= hörer hin, auf das arme weinende Weib Jrena. —

Allmählich schien er sich wieder zu sammeln, dann sagte er, daß ihn ein Unwohlsein befallen habe und daß er daher seine Worte abbrechen müsse. Und verließ wankend die Kanzel.

In die Sacristei zurückgekehrt, fragte er den Küster, ob dieser das Weib nicht kenne, das bei der Predigt so sehr ge= schluchzt habe.

„Das Weib kenne ich wohl," antwortete der Küster, „das ist die Blumenmutter aus dem Armenhaus."

„Die Blumenmutter?"

„Ja, das ist ein gar absonderliches Weib. Ist über sechzehn Jahre im Strafhaus gesessen. Sie hat ihre Kinder umgebracht und an den Blumen will sie es wieder gut machen."

Der Caplan ging auf sein Zimmer und träumte. — Seitdem er seine Mutter das letztemal gesehen, das ist schon lange her, aber er hat ihr Bild nicht aus der Seele verloren Er erinnert sich noch an den Tag, da ein Missethäter seine Familie erschlug, und wie ihn damals der gute Pfarrer in das Kloster gebracht. Aber später, als er forschen wollte, wie sich denn die Sache verhalten, hat er nichts mehr erfahren können. Es sind Alle gestorben, die's wissen könnten, hatte der Prälat gesagt, und mit dem neuen Klosternamen, den er angenommen, ist sein Kindesleben verschwunden, wie ein Traum, der ein Weilchen nach dem Erwachen noch fort= dämmert und dann vergeht.

Aber der Mutter Bild war noch übrig geblieben aus jener traumhaften Welt, und dieses Bild war ihm nun während der Osterpredigt erschienen.

Selig sind die Todten und sie mögen ruhen! Aber was bedeutet die Erscheinung, die auf den Gräbern plötzlich vor ihm steht und ihn anschaut mit weinenden Augen? —

Am nächsten Tage stieg der Caplan hinab zum Armen= hause. Er fragte nach der Frau, die man die Blumenmutter heiße.

„Und hat der hochwürdige Herr denn die Sterbesacra= mente nicht bei sich?" war die Gegenfrage einer Wärterin. „Die gestrige Osterpredigt soll rechtschaffen schön gewesen sein,

aber gefund war fie nicht, wie man gehört hat. Ift dem
Prediger dabei ſchlecht worden und den Zuhörern auch. Heißt
das, Einer, unſerer armen Blumenmutter, die ift gar auf=
geregt und verwirrt zurückgekommen und ift — wir haben
es allmiteinander nicht gewahrt — die ganze Nacht draußen
bei ihren Blumen geweſen. Die Nächte find noch woltern
kalt, und jetzt wird's mit ihr vorbei ſein. Ich weiß gar nicht,
wo Unſereins den Kopf gehabt hat, daß man nicht nachſchauen
geht noch geftern auf die Nacht! Aber wer hätt's denn ver=
meint? Wer hätte denn ſo was vermeint?"

Der Caplan trat in das Gemach der Sterbenden. Es
war wieder daſſelbe Antlitz, aber es war entftellt und ſeit
geftern ſehr gealtert. — Er tröftete ſie mit Worten der
Religion. Da blickte ſie ihn traurig an und flüfterte:
„Für mich giebt es nur einen Troft, und den habt Ihr
nicht."

„Faßt Vertrauen, liebe Frau. Könnt Ihr es zu mir
nicht haben, ſo habt es zu dem barmherzigen Gott, als deſſen
Diener ich Euch beſuche." Das ſagte der Prieſter, indem ſein
Auge immer ſcharf auf den Zügen der Greiſin hing.

„So fragt ihn," entgegnete dieſe, „fragt den gütigen
Gott, ob er von meinem Kinde was weiß. — Ich habe einen
Sohn; ſchon lange, lange ift er nicht mehr bei mir, aber er
muß noch auf der Welt ſein. Und jetzt, ehe ich — ſterben
muß —"

„Möchtet Ihr wiſſen, ob er glücklich ift," unterbrach ſie
der Prieſter.

„Ob er brav geblieben ift, möchte ich wiſſen!" rief ſie
mit heller Stimme. Und dann erzählte ſie, von Athmungs=
noth und Fiebern oft unterbrochen, die traurige Geſchichte,
und wie ſie ſeither ihren Franz nicht mehr geſehen habe.

Als sie geendet hatte, saß der Priester still an ihrem Lager und trocknete ihr die Stirne und strich ihr mit seiner Hand die ergrauenden Locken aus dem Antlitz. Und endlich, als sie ruhiger geworden war und als sie ihn so dankbar anblickte, daß er bei ihr sei und ihre schlimme Erzählung so geduldig vernommen habe, sagte der Caplan die Worte: „Wenn jetzt, liebe Frau, Euer Sohn zur Thür hereinträte und setzte sich zu Euch, und nähme Euch an der Hand, so wie ich es jetzt thue, und wenn er ganz so wäre, wie ich bin —"

„Das wäre mir schon recht," nickte sie. Und nachdem sie ihn eine Weile groß angeschaut hatte, that sie den Schrei: „Franz!"

Seine Thränen fielen auf ihre Hand.

Sie richtete sich halb auf und sagte: „Wenn Du der Franz bist, dann habe ich verspielt! Dann könnten die Andern ja auch so geworden sein, wie Du! — O Kind, o Kind! Ja, wie Du gesagt hast! ich habe nicht mehr gearbeitet, da hat mich mein Gott verlassen. Was thust Du jetzt mit einer Mutter, die Gott verlassen hat?"

„Mutter, Ihr habt Alles hart gebüßt. Die Menschen haben Eure Schuld längst gestrichen und Gott hat Euch verziehen."

„Hat er das? Hat er's?" rief sie bebend, „und Du kannst es auch? Wenn Du es kannst, Franz! —"

Er drückte einen Kuß auf ihre Stirn, sie schlang ihre Arme um seinen Nacken: „Mein Kind ein braver Mensch!" jubelte sie stöhnend auf und drückte ihn an sich und küßte ihn — und sank zurück.

Ihr Lebensfaden war gesprungen. Der Priester hat ihr die Augen zugedrückt.

Und als es Abend ward, da ruhte sie aufgebahrt im Saale. Auf ihrem blassen Angesichte lag der Frieden und ein Wald von grünen Gewächsen und Blumen umgab sie und rankte sich über ihrem Haupte zusammen. Rothe Rosen neigten sich nieder gegen ihr Antlitz und schauten sie an.

Und wie dankbare Kinder das Grab ihrer Mutter besuchen, so stehen heute frische, thaufunkelnde Blumen auf ihrem Hügel.

Der Flößer-Hans.

Die Zeche zahl' heute ich, aber einkehren werden wir bei der Gotthardswirthin. Just bei der Gotthards- wirthin. Das ist eine bildsaubere Frau, kernig, flink, jung und legt Einem die Hand so unterhaltsam auf die Achsel, weiß es auch so zu stellen, daß ihr glatter, runder Arm mitunter ein wenig unseren Backenbart berührt. Ist Witwe, die Gotthardswirthin.

Witthum ist bei jungen Wirthinnen kein schlechtes Geschäft, man sieht's ja, die Tische sind vollbesetzt Werktags und Feiertags. Und lauter Männer sind da; — Weiber trinken ja nicht. Weiber brummen daheim und schelten über das Laster der Völlerei. Und bei der Gotthardswirthin ist ihnen das Trinken ein doppelter Greuel. Wenn sie noch ein elendiges Gesüff hätte, daß man laut sagen dürfte: „In dieser Spelunke ist eh' nichts Anderes, als wie ein elendiges Gesüff!" Aber hell zu Trotz! Die Männer sagen, sie wüßten liegendum (ringsum) kein feineres Tröpfel, als wie bei der Gotthards- wirthin.

Das müßte ein schlechtes Eheweib sein, welches bei solcher Sachlage nicht rasend werden sollte!

Nu sind aber doch lange nicht alle im Ehejoch, die Männer. Es giebt etwelche im Turnviertel, die hüpfen frei herum, wie die Gemſen auf den Bergen, wie die Häher auf den Zweigen, wie die Spatzen auf allen Dächern. Der dort in der Nähe des Schankkaſtens, der blaſſe Burſche mit den nach rückwärts geſtrichenen Haaren und dem kohlſchwarzen Schnurrbarthörnchen — das iſt ſo Einer.

Ein ſchmucker Junge mit hellrother Weſte und ſchnee= weißen Hemdärmeln. Ein paar Achſeln und eine Bruſt und ein paar dralle Beine in Gemslederkniehoſen, nach denen den Herren vom Bezirk ſchon die Zähne wäſſern.

Nicht etwan den Frauen, ich ſage ausdrücklich: den Herren, dem Regimentsarzt, dem Hauptmann, der ganzen Recrutirungs=Commiſſion. Der Holzflößer=Hans, das iſt wieder einmal Einer! Der taugt! Aber zu jung noch, um ein Halbjahr zu jung, für den weißen Rock und das ſchwarze Commißbrot.

Den Weibern, ſagt man, wäre er alt genug mit neun= zehn. Die ſtellen frühzeitig ab! Die Gotthardswirthin — und ſolche Leute haben die Kreiden fortweg bei der Hand — hat's insgeheim ausgerechnet: drei Flößer=Hanſen zuſammen gäben nicht ſo viele Jahre, als wie der Eine, der ſelige Gotthardswirth gezählt, der vor Monden verſtorben iſt. Doch andererſeits — und man ſoll ſicherheitshalber die Rechnung jedesmal auch umgekehrt machen — gäben etwa drei alte Gotthardswirthe zuſammen nicht die Summe, als wie ein einziger Flößer=Hans.

Des Flößens halber ſchon. Man muß es nur geſehen haben, wie der die Holzblöcke und Scheiter in den Fluß zu ſchleudern verſteht, wie er mit ſeinem langen Hakenſtocke ihnen nachſpringt von Stein zu Stein und über das Waſſergiſchten hin, und wie er die Holztrümmer losſtößt, wenn ſie ſich wo verklemmen wollen — bis ſie herauswallen zum Wehrrechen, wo sie in die Köhlereien ausgeworfen werden. Das und noch Mehreres, wie's im Walde vorkommt und wozu trotzige Männer gehören, muß man gesehen haben, so wie es die Gotthardswirthin schon gesehen hat. 's ist ein tollkühner Bursch', der Hans. Um's Himmelswillen! 's wär ein Schreck und ein Unheil, wenn der einmal sollt' zu Grund' gehen bei den Flößerarbeiten, wobei schon Mancher und gerade der Kräftigste und Kühnste zu Grunde gegangen ist.

Dem sollte vorgebeugt werden, meint die Wirthin, die menschenfreundliche Gotthardswirthin, und gar so gefährlich wäre es doch im Gotthardswirthshause nicht, gleichwohl in demselben ein paar Krüglein Wein oftmals noch größeres Unheil angerichtet haben, als draußen das Wildwasser. Die Gescheiteren halten sich daher lieber an den Obstmost, ist auch naß, erzeugt aber keine schlagenden Wetter — wie die Innerberger Knappen sagen.

Weiters wäre der Hans dem alten, verstorbenen Wirthe vorzuziehen auch des Zitherschlagens halber. Der Alte hat immer nur die Brummsaiten gespielt und solche waren stets verstimmt; aber der junge Bursch', dem klingen alle Töne an, und:

"Sei Herzerl is wir a Zithern,
Zittert ollaweil and gipp ka Rua,
And sei Mundschdickl is a Hockbräidl,
Schlogg 's Lustigi dazua.
And hiaz häipp n gor b Liab scha
Zan Zithernschlogn on,
And oft browirt er's glei mit an Busserl,
Wou er Hockbräidl schlogn kon."

Selber singt er solche Liebesgeschichten, der Schalk, und begleitet sie mit seinen Saiten. Da wird der schönen Witib oftmals ganz fieberisch.

Im Gotthardswirthshause sind sonst die Gläser der Brauch, wie allenthalben in der Gegend, wo man den guten obberennsischen Apfelmost trinkt. Aber der Flößer-Hans — Einer, der so gut Zither spielt, muß schon alleweil was Besonderes haben — der Hans trinkt seinen Most aus einem grünglasirten Krug. Er ist kein Schmutzian, der Hans, entschieden keiner, aber im Gotthardswirthshause wartet er nie mit einem Trunke auf. Was sollen es die Anderen auch wissen, daß die Wirthin ihm alten Traubenwein in den Krug schenkt, während er vor Aller Augen den Apfelmost zahlt.

Hätte ich's lieber nicht verrathen. Ich wette, jetzt zeigt Ihr gleich Alle mit Fingern hin: „Aha! mit den Zweien ist's nicht richtig?"

Was ist nicht richtig? Wieso ist's nicht richtig? Derlei voreilige Bemerkungen — muß es aufrichtig sagen — sind dem Erzähler sehr unangenehm. Ist was dahinter, so wird er's leugnen, so lang' sich's leugnen läßt.

Der Hans zithert und singt:

„Lusti is 's Buasein,
I tausch' mit koan Mon,
Won mi 's Dirndl nit g'freit,
Laf i wieda davon."

Des Weiteren könnte der Leser zwar immerhin fragen, ob er denn nicht auf seinen eigenen Vortheil bedacht wäre, der Flößer-Hans, und was in seiner hohen, breiten Stirn denn stecke, wenn nicht vernünftige Gedanken?

Außer den vernünftigen Gedanken — antworte ich — werden, da die Stirn schon so hoch und breit ist, auch unvernünftige d'rin sein. Und wie sich zwei solche Parteien vertragen, das weiß Jeder. — So dachte der Hans:

Die Wirthin — die junge Wirthin — die junge Gott=
hardswirthin — — übel — gerad' übel — just gerad' übel
ist sie nicht. — Sie gern haben, eine Zeit lang gern
haben — höllmentisch gern haben — führt zu nichts. Zu
gar nichts. — Heiraten — die Gotthardswirthin heiraten?
Sie hätt' was. Haben thät sie was. Das Wirthshaus steht
sauber da. Wirth sein — Gotthardswirth sein — so ein
Weibel haben — 's wär' keine schlechte Sach'. — Nicht
mehr 'rumteufeln müssen im Wald — dem Soldatenleben
ausrutschen. Ließ' sich reden — ließ' sich noch reden über
die Sach'.

Damals stand's nämlich so eingerichtet, daß ein haus=
gesessener junger Mann militärfrei war. Und militärfrei sein,
das war ein vornehm Ding. Dem Holzflößer=Hans schon
gar. Wenn er an's Soldatenleben dachte, da ging sein Mann
zur Rüste. War kein großes Wunder, das. Von sichbewußter
Vaterlandsliebe ist bei Naturmenschen keine Spur. Und die
Zustände beim Militär waren danach! Lassen wir's gut
sein, heute ist's anders. Konnte auch damals anders gemacht
werden; sich flüchten, oder haussessig machen — wer's wagte!
wer's hatte!

Der Hans hatte es nicht, aber er konnte es.

Zwar, sein alter Holzmeister fragte ihn: „Hast Du
Lieb' und Freud' zu der Gotthardswirthin?"

„Just, was man für's Heiraten braucht," antwortete
der Hans.

Darauf der Holzmeister: „Bübel, thu's nicht! Thu's
nicht, rath' ich Dir — Du kunntst Dich verbrennen."

„Und zwanzig Jahr Soldatenleben?"

„Ist nicht so hart, als eine Eh', bei der die Lieb'
fehlt! Da kommt ein Unglück heraus, oder ein Laster, oder

alle zwei. Gesagt hab' ich Dir's, Hans. Jetzt thu' wie Du willst."

Und er that, wie er wollte.

Währte nicht gar lange, so trank der Hans seinen Traubenwein schon aus einem geschliffenen Glase. Wen's was anginge? Das ganze Weinfaß, wenn er will, kann er aussaufen, ohne daß er Zech' zahlt, er, der Wirth, der angehende Wirth, der angehende Gotthardswirth!

Und jetzt, wie die Herren vom Bezirk die Recruten einrufen lassen — ist kein Flößer-Hans da.

Aber ein junger Gotthardswirth ist da. Der thut Zither spielen und singen. O mein Gott, dem sein Singen!

Wenn's vom Herzen ginge!

———

Sind doch die Mäuse musikalisch in diesem Gotthardswirthshaus! Alleweil stecken sie bei der Zither und nagen an den Darmsaiten.

Der Wirth geht im Walde um. Den Holzfällern sieht er zu und den Flößern und es zucken ihm dabei die Hände. Helfen möchte er am liebsten. Lieber Lasten handhaben hier, als wie Zither spielen zu Hause.

„Bist doch wohl ein Narr," rief ihn einmal ein Kohlenbrenner an, „ich, wenn ich Du wär', ich blieb' daheim beim alten Wein und beim jungen Weib."

„Oh mein," d'rauf ein Anderer, „der Wein wird ihm halt zu jung sein und das Weib zu alt. Da ist der Eine zu süß und die Andere zu sauer."

Da war der Hans verscheucht und ging allein herum zwischen den Bäumen. Den Schnurrbart spitzte er nicht mehr auf. Die Wirthin respectirt so was nimmer. Der Wein schmeckt ihm nicht mehr so gut jetzt aus dem seinen Glase, wie voreh aus dem Mostkrug. Wie er dazumal aus dem Mostkrug Wein getrunken hat, so trinkt er jetzund aus dem Weinglas Most. Das möchte er gern verwinden, aber —

Sie ist um sieben Jahre älter, als wie er; und er ist abergläubisch und hat auf die Zahl sieben nie was gehalten.

Diese Gotthardswirthin! Lieb war sie — keck ist sie. Gut war sie — bös ist sie. Sanft war sie — derb ist sie. Und die nackten Ellbogen stützt sie just noch so auf die Achseln der Gäste, wie sie es vorzeitlich hat gethan, wie sie es auch mit dem Flößer-Hans hat gemacht, ehvor er ihr Mann gewesen. Dazumal hat sie auch geschäkert und gescherzt mit dem Hans, wie sie es jetzt mit den Gästen noch thut. Nun hatte ihr der Hans einmal gesagt, das thäte ihm nicht gefallen. Darauf fuhr sie ihm in einem Anfalle heftiger Zärtlichkeit mit der Hand über das Gesicht, dabei gingen die Hörner des Schnurrbartes zu Grunde und seither spitzt er sie nicht mehr auf.

Zudem spricht man mehr, als wahr sein kann. Wenn der Excellenzherr kommt! Der Excellenzherr, das ist ein General, der von seinen Regimentern mehrmals des Jahres in die Gegend des Turnviertels kommt; der General ist Eigenthümer dieser Waldungen und all dessen, was d'rin und d'rüber lebt und schwebt. Und der Eigenthümer dieser Güter ist Lebemann. Das Holz schlägt er, das Wild schießt er, die Burschen nimmt er zu Soldaten und die Weiber? —

Gerade die sollten dahier keinen so hohen Herrn haben?

Man munkelt wohl Etwelches. Ist schlechtes Geschwätz, meint der Gotthardswirth. Meint er? Was überhaupt er dabei zu meinen hat? Er soll gar nicht daran denken.

So geht er wieder im Walde um. Und vor einem hohen
Baum, in den der Blitz geschlagen hat — ein alter Lärch-
baum ist's — steht er still, der Hans und — meint doch
was. — „'s hätt' nicht pressirt mit dem Heiraten. Wenn
man's nimmt: das Soldatenleben wär' mir lieber, als wie
da so ein Gotthardswirth sein."

Oho! — Was sollen denn wir, die wir im hohlen
Baume stecken, für einen Rath geben? — Ist halt eine harte
Sach', wenn's so hergeht. Wer kann's denn anders machen?
Müssen doch schauen, daß sie sich vertragen allzwei. — Das
ist unser ganzer Rath. Mehr darf man einem Ehepaar nicht
d'reinreden.

Der Zufall mag sich mehr herausnehmen. — Und so
kommt jetzt singend und hüpfend ein junges Mädchen des
Weges, ein Mädchen, etwa schon über jene wunderliche
Uebergangszeit hinaus, in welcher Viele sich aus ihrer seltsamen Bangniß und Drängniß nicht anders zu retten wissen,
als indem sie's recht in die Luft hinausschreien und trillern
und jodeln, was in ihnen wie feindlich zu weben und zu
walten anhebt.

Der Hans wendet sich ab. Sofort ruft das Mädchen:
„Thu' Dich gar nicht verzwingen, Herr Gotthardswirth. Wenn
Du aber einmal zum Flößer-Hans kommst und Du bist nicht
zu vornehm, als daß Du ihn anredest, so sag': Die Kreuz-
Liesel ließ' ihn grüßen!"

Da wendete sich der Hans und sagte: „Liesel, Deinen
Gruß, den könnt'st selber ausrichten, brauchst den Gotthardswirth nicht dazu. Leicht freut sich der Hans, kunnt er wieder
einmal ein Wörtel mit Dir reden."

Das war ein anderer Ton, als den das Mädchen erwartet — der that ihr's an. Langsam und mit gesenktem

Köpfchen schritt sie hin vor den jungen Mann, hielt ihm
die rechte Hand entgegen: „Nu, greif' an — grüß' Dich
Gott!"

Er faßte die Hand und hielt sie fest und preßte sie
hart und streichelte sie zart — und ließ sie lange nicht
mehr los.

Albern, daß bei solchen Dingen auch immer was geredet
werden soll.

„Wie geht's Dir alleweil, Liesel?"

„Muß schon gut sein, wenn's nicht besser ist."

„Wirst Dir halt schon einen recht sauberen Liebhaber
ausgesucht haben?"

„Kunnt mir nicht einfallen."

„Und auf den Hans wirst lang' schon vergessen haben."

„Hätt' ich nicht, was thät's mir denn nutzen?"

Der Hans flocht an ihren Fingern herum — sie ließ
geduldig flechten und schlug bisweilen einen traurigen Blick
zu ihm auf.

„Wo gehst denn heut' hin, Liesel?" fragte er.

„In's Holzmeisterhaus hinauf, sagen, daß morgen der
Excellenzherr auf die Pürsch kommt."

„Laßt mich mit Dir gehen?"

Sie schüttelte verneinend das Haupt.

„Warum sollten wir nicht gute Freunde bleiben, Dirn?
Wo auf der Welt eh so viel Verdruß ist?"

Das Mädchen guckte ihn schief von der Seite an und
dachte: Der arme Narr.

„Nein, Nein," rief der Hans plötzlich, „nicht daß Du
etwan glaubst! das nicht — das nicht. Es steht ganz gut.
Hab's passabel getroffen mit der Wirthin, bin rechtschaffen
zufrieden."

„Was redeſt denn da?" fragte das Mädchen, „das
wird ja gewiß wohl ſein und ich wünſch' Dir's, wünſch' Dir's
zu tauſendmal. Traurig genug, wenn's anders wär'! Na,
laß mich aus jetzt, daß ich kann gehen."

„Wir haben einen Weg miteinand," ſagte er und ſtand
noch immer mit ihr da, und ſah zur Erde und trat mit
ſeinen Stiefelabſätzen tiefe Löcher in den Moosboden. Und
nach einer Weile ſagte er: „Weißt, Lieſel, ich mag doch nicht
mit Dir gehen. — Kunnt ſein Spiel haben — kunnt der
Teufel ſein Spiel haben."

Darauf ſind ſie auseinandergegangen.

Das Mädchen ſchritt dahin und als es glaubte, daß es
das Gebüſch verdecke, ſah es noch einmal um. Der Hans
blieb eine lange Weile an dem Lärchenſtamm ſtehen. Er
ſtarrte zu Boden und ſein Blick war wie eingebohrt. Mit
den Fingern der linken Hand drehte er an ſeinem Schnurr=
bart und ſpitzte nach langer Zeit das erſtemal wieder
Hörnchen. Und als die Hörnchen ſtanden, rechts eins und
links eins, da machte der Gotthardswirth einen Sprung
ähnlich wie ein Rehbock, wenn ihn der Schuß trifft. Dem
erſten Sprung folgte ein zweiter, ein dritter, Hans lief mit
aller Macht dem Mädchen nach. — Er kam durch Geſträuche,
er ſah die Kreuz=Lieſel ſitzen auf einem Stein mitten in den
Büſchen. Er ſchlich ihr leiſe zu, er ſah ſie weinen.

Hans kniete hin vor das Mädchen und leiſe an ihren
Händen zerrend, daß ſie das Antlitz enthüllten, bat er ſie um
Verzeihung, wenn er ihr Leides gethan.

Sie ſchüttelte das Haupt — etwa, daß er ihr nichts
zu Leide gethan? oder daß ſie ihm nicht verzeihe? — O du
mein lieber Gott, zwiſchen ſolch' zwei Leuten giebt es ganz
andere Urſachen und Wirkungen als ſonſt. Ein herriſches,

selbstisches Wort kann glückselig machen; ein harmloses, ab-
sichtsloses kann bis zum Tode verwunden.

Er kniete schweigend und unbeweglich, wie ein Stein
und sie saß ebenso unbeweglich da mit verborgenem Antlitze.
Die Zweige der Haselnußsträuche wiegten über Beide; eine
kleine Heuschrecke hüpfte von einem Aestchen zum andern und
schließlich auf die Stirne des Mädchens, daß dieses ein wenig
emporzuckte. Und von der Stirne des zitternden Kindes that
das Thierchen einen Sprung nach des Mannes rechter Hand,
an welcher der goldene Trauring prangte! Das Heupferdchen
war schon wieder davon, aber in ihm, der da mit glühendem
Blute vor dem Mädchen kniete, rief eine Stimme: Sieh', du
trägst an deiner Hand das Zeichen der Treue. Hast du schon
dein Glück verloren, so bewahre deine Ehre. Du hast den
Schwur gethan, bleibe treu dir selbst. —

Rasch erhob er sich.

„Geh, Liesel, geh!"

„Wo denn —?" fragte sie befremdet wie im Traume
und ihre Hände sanken von dem thränenfeuchten Gesichte,
„wo denn soll ich hingehen?"

„Zum Holzmeister willst ja und dem Jäger sagen, daß
morgen der Excellenzherr auf die Pürsch kommt."

Sie ging. Sie wird's gethan haben. Die gute, arme
Liesel.

Der Gotthardswirth schlenderte durch die Wälder hinaus und es war ihm leicht und weit in der Brust und er
eiferte die Vögel an, auch zur Abendstunde zu singen. Und
eine Schwarzdrossel ließ sich wirklich nicht lange bitten. „So
viel schön auf der Welt," sang sie, „ein braver Mann geht
zu seinem Weibe heim; und sein Weib ist auch so viel brav
— so viel schön auf der Welt."

„Freilich, freilich," gab der Mann zu, „es mag aus=
schauen wie der will, brav ist sie doch!"

Die übrigen Vögel verhielten sich still — sie wollen erst
abwarten bis morgen Früh. —

War schon recht dunkel, als der Wirth in sein Haus
zurückkehrte. Das Wirthshaus war, wie das Wirthshaus nicht
sein soll: still und leer. Die Thüren waren offen; in der
Gaststube flackerten zwei brennende Kerzen. An der Wand
lehnten zwei Kugelstutzen. Der Wirth trat in die Küche hinaus
und überraschte dort den ihm wohlbekannten Büchsenspanner
des Excellenzherrn, welcher seinen Arm um den Nacken des
Küchenmädchens legte und diesem aus seiner Tabakspfeife
Rauch in's Gesicht blies. Das Mädchen entsetzte sich vor
solchem Ding und ließ in seinem Entsetzen den Mund offen
stehen, daß die blauen Wölklein ihr gar in die Gurgel sprangen.
Dann nahm der Büchsenspanner die Pfeife aus den Zähnen
und wollte der Küchenmagd den Rauch wieder zwischen den
Lippen heraussaugen — in demselben Augenblicke stand der
Gotthardswirth da.

„Glücklichen Abend!" grüßte er spöttisch. Allein der
Jäger schien sich nicht sehr zu beeilen, das Mädchen los=
zulassen, bis ihm dieses entschlüpft davonlief.

„Unterhaltest Dich ja recht gut in meinem Haus!" sagte
der Hans.

„Passirt," antwortete der Andere und klopfte seine
Pfeife aus.

„Wo ist denn die Meine, daß sie Dich nicht schon aus=
gejagt hat?"

„Die Deine?" schmunzelte der Jäger, „die, mußt
wissen, hat nicht Zeit, daß sie den Büchsenspanner thät'
verjagen."

„Wo steckt sie denn? Saggra, jetzt möcht' ich doch wissen! — Wem gehört denn das Gewehr in der Stuben?"

„Das gehört mein."

„Das zweite, meine ich!"

„Sicherlich auch einem Jägersmann, Wirth."

Jetzt rief der Hans mit hohler Stimme den Namen seines Weibes. Eine seltsame Aufregung kam über ihn; wie ein Wicht huschte er still und gebückt durch die Küche, durch die Vorlauben, in die Kammer, über die Treppe zu den Dachstuben. Er riß die Thüren auf — bis auf eine — die war von innen verschlossen. Stockenden Athems rüttelte er mit beiden Armen an der Klinke, daß die Wand bebte. Fußtritte versetzte er der Thür, da sprang sie klirrend auf.

„In des Teufelsnamen!" fluchte jetzt eine volltönende Stimme in der Dunkelheit, „was ist das für eine Mörderhöhle!"

Ein Streichholz leuchtete auf. Vor dem Gotthardswirth stand — der Excellenzherr.

Stramm wie eine Säule, ohne alle Verbeugung stand ihm der Hans gegenüber und sein Blick schoß wie Blitzstrahl im Gemache umher. Nichts, als die alten bekannten Einrichtungsstücke mitsammt der Lederbank, auf welcher der von der Reise ermüdete General ein wenig geruht haben mochte.

Der hohe Herr verließ die ungastliche Schenke zur selben Stunde.

Da kam mit fliegenden Kleidern und funkelnden Augen jetzt auch die Wirthin herbei und schnurgerade auf den armen Hans los.

„Da steht er, der Thor, der Thor!" zetterte sie, „weißt Du, was Du gethan hast?"

„Das weiß ich wohl," antwortete er tonlos, „zu Grund'
gerichtet habe ich mich. — Er wird mir Grund und Boden
aufkünden, auf dem das Haus steht. Er wird mich abstiften."

„Dich! Dich, der als Binnichts und Habenichts in dieses
Haus ist gekommen!"

„Mich," sagte der Mann kalt, „Dir wird er kein Leid
thun. — Du verstehst es ja so gut, kleine und große Herren
zu Deinen Schuldnern zu machen."

„Besser, als man macht sie zu Feinden."

„Still!" rief der Hans und hob wüthend seinen Arm.
„Gotthardswirthin, jetzt bist Du mir bekannt, ich habe mich
an Dich verkauft!"

„Und weiß der Flößer = Hans, warum er sich verkauft
hat? Um dem Soldatenleben zu entlaufen. Dir ist mein
Haus und der schwache Weiberarm ein Schutz gewesen, Du
feige Memme, Du!"

Da ließ Hans den gehobenen Arm wieder sinken.

„Ist begreiflich," sagte er jetzt in gleichgiltigem Tone, „Du
möchtest mich jetzt so schlecht machen, als wie Du selber bist."

Dann stürzte er davon in die Nacht hinaus.

Die Nacht war finster, sein Gemüth war stürmisch.

Am nächsten Morgen kam er in das Lager der Waid=
männer.

„Der Excellenzherr! ich will mit ihm sprechen."

Zu seiner Verwunderung wurde er mit Wohlwollen
empfangen.

Hans konnte vor Erregung kaum reden. — „Excellenz,
Herr General!" hastete er, „ich will keine andere Genug=
thuung, ich schwöre es nur, dieses Weib, dieses! ich hab' es
nie geliebt! daß ich's doch hab' genommen, ist eine Schmach
für mich, für ...."

Er mußte abbrechen, er wollte ersticken an der Anklage, die er dem Feldherrn, der vor ihm stand, hinzuschleudern im Begriffe war.

„So sein, so menschenwürdig," fuhr er endlich höhnend fort, „werden bei uns die Soldaten behandelt, daß der Mensch sich lieber an ein niedriges Weib verthut mit Leib und Seelen, als wie sich dorten mit Füßen treten zu lassen. Und dennoch, mein Herr Excellenz General, will ich jetzt in Eure Dienste gehen, lieber als Einer angehören, die Schande wirft auf den Ring an meiner Hand! — da steh' ich und will Soldat sein!"

Entrüstung bei allen Anwesenden. Der wahnwitzige Gotthardswirth!

Der General allein lächelte, ruhig und einen Schritt zurücktretend, sagte er gelassen, aber so, daß es Alle hören konnten:

„Soldat sein? Meines Wissens giebt es bei uns kein Regiment für Hahnrei's."

Er verstand das Wort gar nicht, der gute Hans, aber das tolle Gelächter der Jagdgesellschaft ließ ihn's ahnen, wie der hohe Herr den wilden Zornausbruch gerächt hatte.

So — als wie ein geköpfter Haushahn noch eine Weile herumflattert, ehe er niederstürzt, so taumelte der Gotthards-wirth aus dem Kreise der höhnenden Männer und zwischen den Baumstämmen hin den Gründen des Wassers zu.

Sonnenstrahlen rieselten durch die Baumkronen, Sonnen-punkte zitterten über der Brust des glück- und ehrlosen Mannes, der jetzt auf dem Felsen stand und in die Schlucht starrte. In der Schlucht lag Schatten, und feuchter Nebel-staub drang empor aus dem brausenden Bette des Wild-stromes.

Da hinab — und Alles ist aus. Alles? das wäre erst die Frage. Ein ehrlicher Mann ginge dahin und ein geschändeter Name bliebe zurück. Jetzt am größten ist der Mann vonnöthen, daß er auf dem Posten bleibe und seinen Namen rette. — Wer soll es thun, wenn Du nicht mehr bist? Willst Du Dein Andenken mit Spott und Hohngelächter begraben lassen? — O, bleibe, bleibe, Hans, und zeige der Welt, was trotz Allem und Allem für ein echter Kern in Deiner Brust steckt. Hans, sei nun Soldat für Dich allein! Schütze, rette Dich selbst!

So schrie in ihm sein Gewissen und rang mit dem racheglühenden Herzen. Er wehrte beiden ab: Laßt mich, laßt mich — ich will schlafen!

Und stieg nieder in das Gewände und verkroch sich in die Spalten der Felsen.

———

Und in den schönen Wäldern des Turnviertels war die lustige, glückliche Jagd gewesen. Lustig und glücklich, daß Sanct Hubertus selbst in die Hände geklatscht nach jedem Schuß — und gab es unter den Begeisterten nicht Viele, die solches Klatschen für den bloßen Wiederhall des Waldes gehalten hätten. — Viele Jäger sind des Hasen Tod! aber wo der General dabei ist, da fallen Rehe, Hirsche, und gar noch edleres Wild — wenn man der weiten Schlachtfelder gedenkt! — Es giebt Wesen, deren größte Passion es ist, zu tödten — und heißen Menschen, und die kein größeres Uebel kennen, als zu sterben — und heißen Helden . . .

Am späten Nachmittage war die Jagd zu Ende.

Die Gesellschaft hatte sich in der Nähe des Wildbaches ein Lager aufgeschlagen und die Wellen, welche sonst die Holz-

scheiter niederschwemmten von den hinteren Waldungen, wurden
heute mit Angeln durchstöbert — nach Forellen. An die
Felsen, die seitlings schroff aufragten, wurden die Flaschen
und Fäßchen postirt und am Ufer loderte ein großes Feuer,
neben dem gemetzgert wurde. Dort lagen etliche Hirsche über-
einander, ihre vielverzweigten Geweihe in das Farnkraut
legend, mit verglasten Augen gegen Himmel glotzend, vor-
wurfsvoll, daß den Geschöpfen Gottes keine Hilfe werde, wenn
die feindlichen Horden nahen. Der Stärkere hat Recht, o
Herr, auf deiner schönen Welt. Die Krone der Schöpfung,
der Mensch, ist nur in Einem unendlich groß: in seinem
Egoismus. Wenn das Gottes Ebenbild ist — dann, o Gott,
behüte uns vor dir selber!

Solche Anklage stand — wie ein noch nicht verblaßtes
Mörderbild in der Pupille des Gemordeten — in dem ge-
brochenen Auge des Wildes. Aber die Jäger hatten was
Besseres zu thun, als zu schwärmen und zu bedauern, sie
lachten und jodelten und — hatten Recht. Der Erzähler
selbst hält es mit den Menschen und wird niemals den
Thieren das Wort reden, denn einst war eine Zeit und sie
kann wieder kommen, wo der Mensch Knecht ist; dann erst
wird er seine Satzung ändern und sagen: das Vorrecht des
Stärkeren sei die Gnade! . .

Mancher der Jäger hätte aus reinem Uebermuthe noch
gern' in das Horn geblasen, war aber verboten, denn hinter
einem der grauen Steinklötze auf schweren Häuten, die über
den Moorboden gebreitet waren, lag der Excellenzherr und
hielt nach des Tages Last und Müh' ein Schläfchen.

Auch das Donnern eines nahenden Gewitters wäre
sicherlich untersagt worden, hätte sich dasselbe nicht hinter das
gleichmäßige Rauschen des Wildbaches versteckt, bis der

Wolkenhimmel sich schlagfertig gerüstet hatte, um nun plötzlich schwere Tropfen niederzuschleudern in die enge Bergschlucht.

Jetzt erst erlaubte sich der Büchsenspanner, den Herrn sanft zu wecken.

„— ah!" murmelte dieser noch im Halbschlafe, „einen Backenstreich hat sie mir versetzt diese — diese Kreuzdirne vom Holzmeisterhaus . . ."

Dann rieb er sich die Augen und fluchte über die dummen Träume, die bei solch' einem Liegen auf feuchtem Boden entstünden.

„Das Diner fertig?"

Zu dienen. Allein für's Erste ist es nöthig, ein Schirmdach zu gewinnen, denn das Gewitter naht mit trotzigem Ernste. — Zu dem Holzmeisterhause hinauf ist es zu beschwerlich, zum Gotthardswirthshause hinaus zu weit. Die Köhlerhütten sind auch zu entlegen und der junge Wald oben in den Lehnen beut zu wenig Schutz. Guter Rath theuer!

„Oh, billig oder gar umsonst zu haben," rief der Büchsenspanner, „da voran in der Wand habe ich eine Höhle entdeckt, die bietet Unterstand genug."

Es war wahrhaftig keine Zeit zum Ueberlegen; ein starker Gußregen fluthete nieder, Eiskörner sausten und zersprangen an den Felsen, das Feuer zischte und der Rauch wurde zersetzt und hin zwischen die Klüfte gepeitscht von dem Sturme.

Alles haftete der Höhle zu.

Im hintersten Winkel derselben kauerte der Gotthardswirth. Als er die Leute sah und darunter den General, verkroch er sich noch tiefer in die Kluft.

Es war ein heiteres Schreien, helles Lachen; ein erst halbgebratener Bock wurde hereingeschleppt — und draußen

sauste der Wolkenbruch nieder an dem hohen Gewände und
spritzte und gischtete in dem Flusse, der an der Höhle vor-
beibrauste.

Gesang und Gejohle sollte das Rauschen übertönen, die
Gläser sollten den Donner überklingen. — Waidmannsleben,
lustig Leben allerwege! —

Das Unwetter hatte endlich nachgelassen. Der Bach
war trübe und unstät; da kroch der Gotthardswirth ein
wenig hervor aus seinem Verstecke.

„Der auch da?" hieß es! Der General that, als be-
merke er ihn gar nicht. Der Hans blickte hinaus in das
schäumende Wasser, das wild an die Steine schlug, und
murmelte: „Rathsam ist es nicht."

Gerade wollte ihn Einer fragen, was er für nicht rathsam halte, als im Gewände oben ein wüstes Krachen und
Branden hallte.

„Jesus Maria!" rief der Hans, „jetzt hat's den Teich
zerrissen, die Holztrift da oben im Gebirge, jetzt helf' uns
der Herrgott!"

Sie wollten davon, da war schon das Wasser da. Erde,
Steine, Holzklötze wälzte es heran und die braunen Wellen
schossen in die Höhle. — Ein gellender Schrei! Ein An-
klammern an das Gefelse, ein Emporklettern an dem Gewände,
ein Niederstürzen in das Gewoge, das in der Höhle tanzte
und schäumte und kochte.

„Aus der Höhle! Aus der Höhle! oder Alles ertrinkt!"

Ja, gesagt — aber gewagt! Wer kann sich stemmen
gegen die wilden Wellen! Vielen gelang es doch auf Holzbalken aus dem Loche zu kommen. Es war kein Gewinn!
Von dem hochgeschwellten Strome wurden sie fortgerissen.
Und wie erschrak der mit der Noth ringende General, als

er sah, daß er nicht mehr die Excellenz war, daß sich Niemand mehr nach seiner Fürtrefflichkeit umsah. In Todesnoth ist Jeder sein eigener Excellenzherr ... — O, welch ein Brausen und Branden zwischen den Steinen, ein Wogen und Wüthen auf und nieder. Schrecklich zu hören, zu sehen; und doch noch zu bald verstopfte das Wasser die Ohren, verschleierte die Augen, drang durch Nase und Mund und die Lunge stieß Luft heraus, sog Wasser hinein! Und darüber hin die Trümmer, die Steine, der Sand, die losgeschwemmten Rasen und Holzscheiter — so fuhren jetzt die lustigen Jäger dahin und draußen in der Waldschlucht gellte noch manch letzter Schrei.

Der Hans war hingesprungen über das treibende Getrümmer, als wäre es fester Boden — er war wieder ganz der Flößer=Hans, der kräftige, tollkühne Flößer, und kein Stäubchen des glücklosen, verzweifelten Gotthardswirthes mehr an ihm. Die Gefahr hatte ihn zum Manne, die Noth der Untergehenden zum braven Manne gemacht.

Der General hatte sich lange wacker über den Wellen gehalten, aber endlich war er überfluthet und trieb der Tiefe zu. Da wurde er plötzlich erfaßt von einem ehernen Arm und emporgeworfen und hinausgeschleudert in's Ufergebüsch. Als er die Augen vermochte zu öffnen, sah er in den trüben Fluthen, zwischen treibenden Blöcken eine Menschenhand ragen; sah an ihr noch das Blinken eines goldenen Ringleins — dann war sie verschwunden.

⁎ ⁎ ⁎

Spät Abends pochte es noch an das Fenster des Gotthardswirthshauses.

„Die Frau Wirthin, sie wolle ein bischen aufmachen!"

22*

„Iſt keine Ruh', auch in der Nacht noch keine?" ſo die Stimme von innen. „Iſt's der Flößer=Hans?"

„'s mag wohl ſein; Wirthin."

„Soll auf's Heu gehen. So ſpät wird nimmer auf=gemacht."

„'s iſt aber nicht der Flößer=Hans dieweilen," die Stimme von außen. „Frau Wirthin, um ein Leintuch thät' ich bitten."

„Was? ein Leintuch? Was braucht Eins denn ein Lein=tuch draußen in der regneriſchen Nacht?"

„Naß wird's wohl werden, aber wir kunnten ihn ſonſt nicht hertragen, Frau Wirthin, er iſt ganz zerſetzt und zer=riſſen. Wir müſſen die Stück' in ein Tuch thun."

Da erhob ſich die Frau Wirthin, um der Sache näher zu fragen.

„Das Waſſer und die Steine haben ihn gottsläſterlich zugerichtet," rief die Stimme draußen, „Ihr werdet ihn gar nicht mehr erkennen."

„Wen? um Chriſti Willen, was iſt das für ein halbigs Reden, wen ſoll ich nicht mehr erkennen?" —

Und nach einer Stunde haben ſie den todten Hans in's Gotthardswirthshaus getragen. Er war ſchier nicht mehr zu kennen, in der That! aber die Wirthin hat ihn doch erkannt, und zwar an ſeinem goldenen Trauring.

Sie weint, ſie wimmert, ſie ſchreit vor Schmerz. — Ihr wendet Euch weg? Ihr fürchtet, daß ihr Schmerz ſo echt ſein könne, wie ihre Liebe? —

Etwelche ſind zu Grunde gegangen bei dem Losbruche der Holztrift im Gebirge, aber ſo ſehr, wie den Hans hat es Keinen zugerichtet.

Der General kam mit verbundenem Haupte in's Wirths=haus. Die Wirthin floh, als ſie ihn ſah. Er ſtand vor der

Bahre und murmelte: „Wäre ein geborner Soldat gewesen, das!" — Sie haben Recht. Er hat einen bösen Feind getroffen, aber sich noch leiblich durchgeschlagen, Herr General!

— — — — — — — — — — — — — —

Seit dieser Begebenheit sind nun schon viele Jahre vergangen. Das Grab ist noch zu sehen. Es ist das einzige auf dem stillen Dorfkirchhofe, das mit einem eisernen Gitter umgeben ist. Zuweilen findet man einen Kranz von Waldmoos darauf. Die Liesel, die Kreuzliesel ist ledig geblieben und alt geworden; sie verrichtet an den Sommerfeierabenden gern ihre Abendandacht vor dem eisernen Gitter.

Das Gotthardswirthshaus? — Es steht wohl noch das Haus, aber man kriegt nichts mehr zu trinken. Eine arme, aber zufriedene Familie wohnt darin. Am Hause also liegt es nicht, wenn der Mensch elend ist.

Und die Gotthardswirthin? — Soll der Erzähler von der eine zweite Geschichte beginnen? Ihr müßtet etwa dabei schluchzen, müßtet euch ängstigen um die arme Haut, die weit im Gebirge d'rin darbte und litt. Und müßtet endlich mit feuchtem Auge sagen: Gotthardswirthin, ein Stein müßt' sich erweichen über deine Trauer. Du bist eine wahrhaftige Maria Magdalena!

Und man hieß sie auch in der Gegend die wilde Maria Magdalena, denn so kniete sie Tag für Tag in der Schlucht, wo das Unglück geschehen war, vor einem grauen Felsen, an welchen sie ein hölzernes Kreuz befestigt hatte.

Bei diesem Steine wurde sie selber steinalt und grau. Aber heute lebt sie nicht mehr.

Der Brandleger.

Mein Vetter Balthauser schlug stark aus der Art unserer Familie — er hatte Geld. Die lederne Geldkatze, als die einzige, welche je von Einem unseres Stammes getragen wurde, ist heute noch im Familienarchiv — gemeinhin Rumpelkammer genannt — aufbewahrt, von den Mäusen halb zernagt, welche sich an dieser Namensschwester ihrer Erbfeindin zu rächen suchen.

Es war im Grunde ein ganz einfaches Verfahren, wie der Vetter Balthauser seine Geldkatze füllte. Für's Erste war ein Weniges allerdings schon drin und damit ging er in der Bauernschaft umher, in der Mürzthaler Gegend, im Mariazeller Gebiet, auch im Murboden, und kaufte Kälber von der Kuh weg, oder einjährige Stierlein und Kalben. Dann verpflegte er sie ein oder zwei Jährchen in seinem Hofe, führte sie hernach auf die Märkte und verkaufte sie zumeist an oberösterreichische Viehhändler um gutes Geld.

Es war aber nicht die Pflege allein, die er den jungen Rindern angedeihen ließ, er gab ihnen auch die Erziehung. Und wer da wähnt, daß die Kälber keiner Erziehung bedürfen, um ordentliche Ochsen zu werden, der mißkennt die Dinge auf eine ganz gröbliche Weise. Da kauft der Balthauser z. B. ein einjährig Stierchen; es ist dunkelgrau, fast schwarz,

nur hat es über den Rücken hinaus einen weißen Streifen;
ohne solch' ein weißes „Grat" findet bei ihm kein junges
Thier Gnade, er weiß, warum. Das Stierlein hat schon die
dicken, kurzen Hornstumpfen, aber diese sind von einer rauhen,
unschönen Rinde bedeckt. Auch weiß es die Füße nicht gut
zu setzen, so daß sich beim Gehen die hinteren Beine an den
Knien wetzen; das fürwitzige Hinundherwedeln mit dem un-
gepflegten, oft recht unsauber gehaltenen Schweif hat auch
nichts Empfehlendes — aber der Balthauser kauft das
Stierlein.

Und wie steht es nach ein paar Jahren da! Man er-
kennt es kaum wieder. Nicht blos, weil es groß geworden
ist, stark und stolz: der junge Ochs hat über und über eine
lichtgraue Farbe bekommen — die Farbe der Mürzthaler
Race, die der weiße Streifen über den Rücken hin schon im
voraus angezeigt hatte. Die Hörner haben sich schlank und
in gefälligen Curven ausgewachsen, glatt und weiß wie Elfenbein, und haben eine glänzend schwarze Spitze. Der Kopf
mit den klugen Augen und der weißverbrämten Schnauze
wird hübsch hoch getragen, der Rücken ist schlank gezogen
und ganz leicht eingesattelt und endet in der sich mäßig
erhebenden Schweifwurzel. Das Gehwerk ist geregelt, die
kurzen Haare sind rein gestriegelt, die Klauen gut beschnitten,
die jungen, breiten Zähne sorgfältig gefeilt, der Schweif ist
fein gestutzt und bildet nun — da er mit Würde getragen
wird — eine Hauptzierde des Ochsleins. Es besitzt nun
einen eigenen Namen und hört darauf, wenn es gerufen
wird, versteht auch sonst mancherlei und man sieht, es hat
Erziehung genossen.

Nach einem großwachsenden Rinderschlage stand der Sinn
des Balthauser's nicht, er bestimmte den Werth des Ochsen

weder nach dem Maße, noch nach dem Gewichte — aber
schön mußte das Thier sein. Ich will meinen Vetter nicht
ungebührlich loben, aber das muß ich sagen: er hätte ein
Professor der Aesthetik des Rindes sein können.

Was Wunder, wenn seine vierfüßigen Zöglinge überaus
gesucht waren und er Stücke, die etwa um sechzig Gulden
gekauft wurden, nach ein paar Jahren um zweihundert Gulden
und höher wieder verkaufte. Ein Viehmarkt, bei welchem der
Balthauser mit seiner „Zucht" nicht zugegen war, hatte
keinen Glanz; indeß war er fast bei jedem, der im Mürz-
und Murthale und den angrenzenden Alpen abgehalten wurde.
Da schritt er denn in seiner kleinen, aber recht behäbigen
Gestalt mit dem Haselstocke daher und trieb seine zehn oder
zwölf Stück sachte vor sich hin, und auf der Rückkehr vom
Markte war er zumeist ganz allein, nur daß die Geldkatze
strotzte, diese vertrackte Geldkatze, die mich hier so arg verleitet hat, daß meine Erzählung fast thierisch anhub, trotzdem
ich scharf Menschliches in derselben zu erzählen habe.

Aber dieses Menschliche knüpft dort an, wo das Thierische
aufhört (obgleich das viel häufiger auch umgekehrt der Fall
sein mag), genau dort, wo der Balthauser mutterseelenallein
von einem sehr günstigen Markte zurückwandert. Dieser Markt
wurde an einem schönen Sommertage auf der Gleinalpe
abgehalten und so schritt nun der Balthauser über die Hochmatten der Almen heran gegen die Leobner Seite hin. Da
es gegen Abend ging, so wäre ihm ein Weggefährte nicht
ungelegen gewesen, denn das viele Geld allein ist ein
unheimlicher Reisegenosse.

Als der Balthauser zur Hochalm kam, über welche von
Frohnleiten herüber der sogenannte Diebsweg nach Leoben
führt, sah er auf dem Rasen einen Mann sitzen, der in

grauer solider Zwilchkleidung war und etwas unsicher hin=
und herschaute.

Als ihm der Balthauser in die Nähe kam, sagte der
Fremde, gegen die Waldschluchten des Kaltenbrunngrabens
hindeutend: „Seid so gut: bin ich da recht zum Murboden
hinab?"

„Ja, freilich," sagte mein Vetter, „geht Er gegen den
Murboden, so gehen wir miteinander, es ist bedeutend kurz=
weiliger."

Das war dem Andern recht, sie gingen miteinander.
Der Fremde war ein schlanker, knochiger Bursche mit kurz=
geschorenem Haar und etwas blasser Gesichtsfarbe. Sie kamen
bald in's Gespräch, es war recht „kamod mit ihm zu plaudern,"
wie der Balthauser später erzählt hat, nur hatte seine Rede=
weise ein ganz klein wenig städtische Art, etwa so, wie ein
Bauernbursche spricht, der Soldat gewesen.

„Von woher geht denn die Reis'?" wollte mein Vetter
wissen.

„Vom Grazerischen heraus," antwortete der Weggenosse.

„Gar?" rief mein Vetter, „doch nicht schon heut? Da
muß Er früh aufgestanden sein."

„Um Eins in der Nacht, bin aber erst um Drei mit
dem Fenstergitter fertig worden."

„Sind wir leicht ein Schmied oder so was?" fragte
der Balthauser.

„Das nicht," meinte der Fremde, „ich bin ein Bauern=
sohn aus Latschdorf und will heut' noch heimkommen."

„Ist ein sakrischer Marsch, das! Wollt' ich an Seiner
Stell' doch lieber unterwegs übernachten und morgen zeitlich
weitergehen. Von Graz nach Latschdorf, das ist zu viel für
einen Tag."

„Ich geh' lieber in der Nacht," sagte der Fremde. Und wirklich, mit dem Eintritte der Abenddämmerung, als sie die waldigen Schluchten am rauschenden Wasser entlang hingingen, wurde er gelenkiger und munterer, und da der Weg holperig war, so schlug er dem Viehhändler vor, daß sie Arm in Arm gingen, dabei könne keiner umfallen.

Dem Vetter Balthauser war das sehr lieb und er dachte bei sich, wie das ein wahres Glück sei, daß er auf so unheimlichem Wege den handsamen Gefährten an der Seite habe. Da er aber nicht weniger redselig als vertrauensselig war, so sagte er jetzt: „Na so, in Latschdorf ist er daheim. Ich kenn's wohl. Ist ein sauberes Vieh in Latschdorf. Aber zu wenig kreuzen läßt's die Gattung. Das taugt nicht auf die Läng'. Immereinmal mischen, wird viel kräftiger der Schlag. Hat der Legelbauer noch Mariabrunner Kalben?"

„Mag wohl sein," sagte der Fremde, „ich weiß nichts, ich bin seit sieben Jahren nicht mehr in Latschdorf gewesen."

„So, so! gar nicht daheim. Na, wie's halt schon geht. Hopp! Schau, jetzt thät' ich schon einmal liegen, wenn Er mich nicht so passabel fest haltet. — So, so, ein wenig in der Welt umherregiert, die sieben Jahr?"

„Das nicht. Bin hübsch auf einem Fleck sitzen geblieben."

„Wo denn, wenn man fragen darf?"

„In der Karlau," sagte der Mann.

„In der Karlau, wo die Spitzbuben eingesperrt sind?" bemerkte jetzt der Balthauser.

„Dort bin ich jetzt daheim."

„Doch 'leicht nicht!" stöhnte mein Vetter und suchte seinen Arm aus dem des Begleiters zu befreien. Dieser hielt ihn fest. Der Balthauser sagte, um sich selbst zu beruhigen: „So gefährlich wird's doch nicht sein. Schlechte Leut' lassen sie ja nicht aus."

„Freilich nicht," verſetzte der Fremde, „deswegen brechen
e das Fenſtergitter durch und machen ſich in der Nacht
von."

Dem Vetter blieb vor Angſt der Verſtand ſtehen, ſeine
nie zitterten und endlich ſtotterte er: „Helfen kann ich mir
icht in dieſem einſchichtigen Graben. Das Geld ſoll hin
in — nur um's Leben bitt' ich."

„Meint Ihr, daß ich Euch was wegnehmen will?"
agte der Fremde. „Pfui Teufel, auf das Stehlen und
auben hab' ich mich mein Lebtag nicht verlegt. Nicht einmal
i den Spitzbuben in der Reichen (im Kerker) iſt mir das
ngefallen."

„Gott Lob und Dank!" athmete der Viehhändler auf.

„Habt Ihr davon gehört, wie Latſchdorf abgebrannt iſt?"

„Wie Latſchdorf abgebrannt iſt?" verſetzte der Balt=
uſer etwas ermuthigt, „daß muß ſchon lang aus ſein, hab'
ither wohl gewiß ein fünf Zuchten gehabt. Bin woltern
ohlfeil zu jungem Vieh kommen dazumal, weil die Latſch=
rſer Alles haben verkaufen müſſen, was nicht verbrannt iſt."

„Das Latſchdorf iſt angezündet worden," ſagte der Begleiter.

„Hat man gehört, ja."

„Und ich bin derſelbige, der's gethan hat."

Da riß der Balthauſer ſeinen Arm mit Gewalt aus
r Klemme, lief aber nicht davon, ſondern verſetzte: „Das
gt Er gleich ſo?"

„Ich hab's nie geleugnet," ſagte der Andere, „und hab'
in Muckſerl gemacht, wie ſie mir im Namen Seiner Majeſtät
e zwölf Jahr vom Blatt geleſen haben. Für neunzehn
gebrannte Häuſer ſind zwölf Jahr nicht viel!"

„Jeſſes!" rief mein Vetter, „und weswegen hat Er denn
unzehn Häuſer angezunden?"

„Angezunden hab' ich nur eins und kann ich eigentlich nicht dafür, daß unser Herrgott das Feuer auf die anderen hingeblasen hat."

„Warum hat Er denn das Eine angezunden? Brave Leut' thun ja so was nicht! — Hoppsa, jetzt wär' ich bald wieder niedergefallen."

„Der dummen Eifersucht wegen," sagte der Fremde. „In der Karlau sitzen mehr als die Halbscheid Solche, welche durch die Weiber unglücklich worden sind. Ich bin auch Einer davon."

„Es ist sakrisch mit diesen Weiberleuten!" meinte der Balthauser und griff sich mit dem Stock behutsam fort, denn er getraute sich nicht mehr an den Begleiter zu streifen. „Mich hätten sie auch d'ran kriegt, wenn ich mich nicht alleweil so viel an's liebe Vieh gehalten hätt'. Der Handel und Wandel, den ich schon frühzeitig getrieben, hat mir keine Zeit und Lust gelassen für verliebte Sachen. Ist das best' Mittel, sag' ich. Ja, ja, den Viehhandel hätt' Er angehen sollen!"

„Wenn der Mensch vierundzwanzig Jahr alt ist," sagte der Sträfling, „was soll er denn machen?"

„Alles, nur nicht Häuser anzünden," antwortete der Balthauser.

„Ich hab' in Latschdorf eine Liebste gehabt," erzählte der Andere, „und an das Mädel hat sich ein Anderer d'ranmachen wollen, der Feichten-Jochel. Und da hat's einmal einen Rausch gegeben und da ist gerauft worden. Der Jochel hat Kameraden gehabt, da haben sie mich im Wirthshaus von meiner Dirn gerissen, haben mich bei der Thür hinausgeworfen. Jetzt hab' ich mich vor Wuth selber nimmer ausgekannt, in's Haus hab' ich wollen und den Jochel niederstechen — haben sie mir die Thür vor der Nase zugeschlagen.

bin ich durch das Dorf hinabgelaufen bis zum End', wo
as Feichten-Jochel-Haus steht, bin mit dem Streichholz
i's Strohdach gefahren — ist's geschehen gwest."

„Wildfang!" brummte der entrüstete, aber seiner Geld-
-ße wegen sehr getröstete Balthauser.

„Wie ich das helle Feuer auffahren seh'," fuhr der
 träfling fort, „da ist der Zorn wie weggeblasen; jetzt ist
ir aber ein Wind loskommen und hat die Flammen in's
orf getragen. Nach einer halben Stund' ist ganz Latschdorf
a Feuer gestanden."

„Mein lieber Gott, das arme Vieh!" rief der Balt-
user aus, „hoppsa, da ist wieder so eine vertrackte Baum-
urzel über den Weg gegangen."

„Am anderen Tag," fuhr der Sträfling fort, „wie die
:ut' zwischen dem rauchenden Schutt dahingegangen sind —
:r Amtmann auch dabei — und hin- und hergeredet haben
rüber, wieso denn das Unglück kunnt auskommen sein, da
ig' ich mich auf und sag's, wer's gethan hat. Hab' gemeint,
: würden mich henken und wär' mir auch schon alleseins
ewesen; die Dirn ist verspielt und ich kann mich im Dorf
mmer blicken lassen. Auch mein eigenes Haus — der
tramhof — ist niedergebrannt."

„Und soll das schon zwölf Jahre her sein?" fragte der
althauser.

„Erst sieben."

„Da werden sie Ihn wohl noch nicht gern ausgelassen
ben?"

„Freilich nicht. Desweg bin ich ausgebrochen," sagte der
träfling. „Mir ist stark langweilig worden, alleweil unter
ach. Meinen Bruder möchte ich gern einmal sehen, der ist
af meinem Haus, das er wieder aufgebaut hat. Und möcht'

wissen, wie jetzt Latschdorf ausschaut, und so auf allerhand wär' ich neugierig. Jetzt noch fünf Jahr, die dauern mir zu lang — so bin ich halt heimlich davon."

„Ich verrath' Ihn nicht," versicherte mein Vetter, „wenn Sein eigenes Haus mit Stall und Viehstand verbrannt ist, so ist er gestraft genug und ein andermal muß Er halt keine solche Dummheit mehr machen. Aber nicht so Alles daher-sagen, wenn Er wem begegnet, sonst werden sie Ihn bald wieder haben."

„Ja, das weiß ich. Mir fällt's auch gar nicht ein, daß ich mir die fünf Jahre stehlen möchte," sagte der Begleiter. „Bei der Kaiserhochzeit letzthin sind viele begnadigt worden; ich hab' mir's auch verhofft und sind mir schon die Zähne lang worden nach der Freiheit. Mich haben sie nicht laufen lassen, nu, so bin ich selber gelaufen. Aber ich sag' das: was ich verdient hab', das will ich leiden. Bis ich alle meine Freund und Bekannten heimgesucht hab', nachher stell' ich mich wieder ein."

„Selber will Er wieder in's Gefängniß gehen?" rief mein Vetter, „das thät' ich aber doch nicht."

„Es ist meine Schuldigkeit," sagte der Flüchtling.

„Schuldigkeit? Das geht mir nicht ein. Wenn mir ein Ochs von der Halde ausbricht und davongeht, so wird er hingehen, wo es ihm am besten gefällt und gar keine Schuldig-keit haben, daß er wieder heimkommt. Aber ich hab' die Schuldigkeit, daß ich ihn einfange und die Gendarmen haben die Schuldigkeit, daß sie Ihn einfangen. Ich wollt' an Seiner Stell' ganz ruhig d'rauf warten und den Leut-jagern gar noch ein bissel ausweichen. Schau Er g'rad einmal, wie jetzt Latschdorf wieder woltern fürnehm auf-gebaut ist!"

Sie waren nämlich aus der langen Waldschlucht her-
vorgekommen, sie waren eine Weile durch das Thal hingegangen und über eine Brücke der Mur und nun lag das
genannte Dorf mit seinen stattlichen Häusern im Monden-
schein da. Der Sträfling war über die großen, gemauerten
Häuser schier verwundert, das abgebrannte Dorf hatte aus
armen, kleinen Holzhütten bestanden.

„Woltern fürnehm schaut's aus!" sagte der Balthauser,
„das kommt vom Niederbrennen her. Nein, ich möcht' nimmer
zurückgehen in's Gefängniß."

„Lieb wär's mir schon, wenn ich kunnt dableiben,"
meinte der Sträfling, „und jetzt wird mir ganz heiß bis in
die Knie hinab. Was werden sie sagen, wenn ich auf einmal
dasteh'! Sie werden ja Alle schlafen." —

Das Alles und auch noch Anderes ist gesprochen worden
auf dem Wege zwischen meinem Vetter Balthauser und dem
Latschdorfer Bauernburschen, der als Flüchtling von der Strafanstalt kam. Mein Vetter blieb im Wirthshause von Latschdorf über Nacht und wird — die Geldkatze unter dem Kopfkissen — sicherlich wohl geruht haben, denn am andern Tag
ist er frisch und gesund heimgekommen.

Der Mann aus der Karlau hatte vor der Thür des
Wirthshauses einen verspäteten Pferdeknecht gefragt, wo der
Stramhof liege, denn er fand sich zwischen den neuen Ge-
bäuden gar nicht zurecht.

„Der Stramhof, das ist das Eckhaus dort, wo sie noch
Licht haben."

Da sie im Stramhofe noch Licht hatten, so ging er
ihm zu — seines Bruders Haus, sein eigenes könnte es
sein, aber dann — dann wäre es ja die alte Hütte noch.
Es ist schier besser so. Aber was werden sie sagen? Wird

Der, welcher die ganze Familie in Unehre gebracht, wohl willkommen sein? Die Latschdorfer Hunde zum mindesten ließen nicht viel Freundschaftliches merken, sie liefen von allen Höfen lärmend herbei und hetzten ihn förmlich durch die Gasse.

Es war ihm wunderlich um's Herz, als er in die Hausthür trat.

„Ha, da ist er ja, der Schelm!" hörte er jetzt rufen und man leuchtete ihm mit einer Laterne in's Gesicht. Zwei Gendarmen, die ihm, Dank der Wachsamkeit der Justiz, zuvorgekommen waren, standen da und nahmen ihn in Empfang.

„Wir sind Dir um eine Stunde zuvorgekommen," sagte Einer davon. „Und jetzt wollen wir uns mitsammen wieder auf den Rückweg machen."

Der Flüchtling war nicht einmal sonderlich überrascht.

„Ihr seids nicht gescheit," sagte er traurig, aber gelassen, „ausrasten werdet Ihr mich doch lassen in meinem Heimatshaus."

Jetzt stand schon sein Bruder da, der gab ihm kühl die Hand und sagte: „Da hast was Rechtes angestellt, Friedel!"

„Seids gesund Alle miteinander?" war die ziemlich gleichgiltig klingende Frage des Heimkehrenden.

Die ganze Familie kroch nach und nach aus ihren Betten hervor und sie schauten den Sträfling neugierig und wohlgemuth an. Nur seine Schwägerin, das Weib seines Bruders, konnte ihn nicht ansehen, sie wandte sich mehrmals bei Seite und fuhr mit der Schürze über die nassen Augen.

„Laßts ihn da, unsern Friedel," sagte der Bauer zu den Gendarmen, „laßts ihn da, er ist lange genug gesessen und die Latschdorfer haben ihre schönen Häuser, sie tragen ihm nichts mehr nach. Laßts ihn da!"

„Gern!" versetzte der Gendarm, „wenn das Blattl nicht wäre." Er wies den Verhaftsbefehl vor.

„Laßts das Reden," sagte der Friedel, „ich geh' ja gern mit und brauchts mich nicht einmal zu binden. Nur zwei Stunden thuts mir schenken in diesem Haus. Wer weiß, ob ich noch einmal heimkomm'!"

„Bleibts da," rief der Bauer, „bleibts Ihr auch da, Schandarm! und nachher wollen wir schauen, daß wir was zu essen und zu trinken kriegen. Wir wollen heut die Nacht einmal zum Tag machen. Mein Bruder ist mir auch was werth. Mich gefreut's, Friedel, daß Du da bist!"

Jetzt erst fiel der Stramhofer dem Sträfling um den Hals und das Weib fing an zu kochen und zu braten.

Die Gendarmen legten ihre Rüstung ab, dann setzten sie sich zu Tische und es ging recht lustig zu. Der Friedel ließ sich alle Neuigkeiten erzählen, die während seiner Ab-wesenheit bei den Bekannten daheim vorgefallen waren, und da hatte denn, wie es schon so geht, der Eine abgelebt, der Andere geheiratet und ein Junges zur Welt gebracht, denn diese Geschehnisse stehen so nahe beisammen, wie auf dem Felde die weißen, die rothen und die blauen Blümlein. Zu-sammen geben sie den Strauß, den der Mensch auf dieser Welt durchzukämpfen hat.

„Wie geht's dem Feichten-Jochel?" fragte der Friedel.

„Der bestraft sein Weib," antwortete der Stramhofer ruhig.

„Weswegen?"

„Weil sie ihn geheiratet hat. Ich aber sag': für die Dummheit kann man Niemand strafen. Und das war ihr

dummster Streich, daß sie den Jochel genommen hat. Er
kunnt ein neues Haus haben, wie Jeder von uns, aber er
hat gar keins, er ist ein Lump. Die Babel geht im Tag-
werken um."

Das war dem Friedel just genug, um ihm den Appetit
zu verderben am Essen und Trinken. Denn die Babel, das
war seine Liebste gewesen, deretwegen sich Alles so zugetragen.
Er hatte sie vergessen wollen und auch heute nicht nach ihr
gefragt.

Nun sah er's auf einmal: sie büßte wie er, und noch
schwerer, weil sie unschuldig war.

„So möcht' ich nur wissen, warum sie Den genommen
hat!" rief der Friedel aus.

„Kunnt leicht sein Deinetwegen," berichtete sein Bruder,
„sie hat's meinem Weib vertraut, daß sie den Jochel ihr
Lebtag nicht geheiratet hätt', wenn er nicht ihretwegen um
sein Haus gekommen wär'. Sie hat gearbeitet wie ein Vieh,
Christenheit ausgenommen, daß sie ihm wieder zu einem
Haus kunnt verhelfen, aber er hat Alles in's Wirthshaus
getragen. Sie ist jetzt beim Sagmeister unten in der Ein-
wohnung, aber er schaut Tag und Nacht nicht nach, ob sie
etwas zu leben hat. Hörst das Geschrei vom Wirthshaus
her?" —

Man hörte wirklich den Lärm eines Betrunkenen, der
den Frieden der Nacht unterbrach.

„Das ist der Feichten-Jochel," fuhr der Strainhofer
fort. „Das ganze Dorf weiß, daß er sich's selber angethan
hat, wenn er betteln gehen muß; aber die Schuld, daß er
nichts hat und ein Lump ist worden, giebt er Dem, der ihm
das Haus niedergebrannt, und das ist seine Ausred'. Jetzt
iß was, Friedel, und trink'!"

Alle Anderen waren ganz munter und ließen sich die Strauben und den Kaffee schmecken, auch den Wein dazu, der in einem großen Kruge von Mund zu Mund ging. Der Friedel redete in sich hinein: „'s ist eine Dummheit, daß ich herkommen bin. Solche Geschichten hätt' ich nicht zu wissen gebraucht." Und trank aus dem Kruge.

So vergingen die Stunden, aber noch bevor die Nacht um war, geschah was Anderes. Die Gendarmen drängten zur „Heimreise." Der Friedel sagte, er wäre nun allzeit bereit; dann brachen sie auf. Der Stramhofer begleitete, weil der Weg just vorbeiführte, seinen Bruder noch auf den Gottesacker, wo sie während Friedel's Abwesenheit manchen guten Bekannten zur Ruhe gebracht hatten. Da legte der Mond seinen schneeigen Schimmer so mild auf das thaunasse Gras und die Grabkreuze hatten ihre schwarzen Schatten und das Leben der Nacht hatte auch hier seine Spiele wie überall, und es war gar nicht anders, als draußen auf den Auen, und daß hier unten Menschenleiber moderten, das schien der Natur überaus gleichgiltig zu sein.

Selbst der Friedel empfand auf diesen Gräbern keine besondere Wehmuth, er sehnte sich nicht danach, daß er unten liege, er hatte auch nicht Grund, sich zu freuen, daß er oben stand; aber der Gedanke begann ihn zu drücken, daß er auf verbotenen Wegen sei und er commandirte selbst: „Jetzt vorwärts nach der Karlau!"

Am unteren Ende des Dorfes kamen sie zur Brettersäge, die jenseits des rauschenden Flusses stand.

„Friedel," sagte der Stramhofer zu seinem Bruder, „schau hin auf das dortige Fenster, das schwarz ist und nicht funkelt wie die anderen."

23*

„Warum funkelt's nicht?" fragte der Sträfling zerstreut.

„Weil es offen ist," sagte der Baner. „Es ist der Babel ihr Stüblein; sie will ihren Mann noch erwarten. Der Jochel kriecht des Nachts, wenn er mit dem Rausch heim-kommt, immer durch's Fenster, weil die Thür versperrt ist und der Sagmeister nicht aufmacht. Heut' mag die arme Babel noch lang auf ihn warten; ich hab' ihn vorel liegen sehen, oben auf dem Wirthshausanger."

„So," antwortete der Friedel, dann blieb er stehen und sagte zu den Gendarmen: „Jetzt möchte ich erst noch um einen kleinen Urlaub bitten. Und wenn's nur fünf Minuten wären. Nachher aber will ich recht brav mitgehen. Ich ver-sprech' es."

Der Urlaub wurde gewährt, die Gendarmen wußten, warum er verlangt war und schlichen schmunzelnd zur Seite, und der Friedel schritt gegen den Steg.

„Wo gehst denn hin, Bruder?" fragte ihm der Bauer leise nach.

„Ich möchte sie just noch einmal sehen," antwortete der Friedel und eilte über den Steg und hin an das offene Fenster. Da drinnen lag sie und schlief und der Mond zeigte ihr abgehärmtes Angesicht. Ja, sie war's, die der Bursche einst gern gehabt. Gar liebherzig hat sie sein können. Und jetzt sind sie Alle zusammen in ein solches Elend gekommen. „Vergessen kann ich Dich nicht, Babel," sagte der Bursche vor sich hin, „ich wollte nicht umsonst nach Latschdorf ge-kommen sein. Ich möcht's auch noch einmal probiren, wie das taugt, auf der Welt sein und jung sein. — Wenn Du wach wärest? Wenn ich wüßte, daß Du mich erkennen thätest? — Ob's Dir recht ist, wenn ich Dich aufwecke? — Nein, Du arme Babel Du. Ich will Dich nicht wecken; Dein Unglück, es soll Dir nicht noch einmal vor Augen kommen. Der Schlaf ist das Beste. Ich will jetzt wieder in mein Gefängniß gehen und Du brauchst es nicht zu wissen, daß ich Dich diese Nacht gesehen habe. Leb' wohl, Du arme Babel."

In diesem Augenblicke war vom Flusse her eine Stimme zu hören.

„Diebe!" rief der über den Steg torkelnde Feichten-Jochel, „oder ist es der Mordbrenner! Ist ja wieder da, heißt's, dieser Raubmensch — dieser! — Ja wieder da, heißt's. Schurkenkerl, wenn Du's bist! Mein Haus anzünden da? Und's Weib geht — 's Weib auch nicht sicher vor Dir! Wart', Raubmensch! ich bring' Dich — um bring' ich Dich!"

Er machte einen Sprung, verfehlte den Steg, stürzte in den Fluß. Jetzt riefen die herbeieilenden Gendarmen und mit ihnen der Stramhofer um Hilfe, ließen aber den Mann auf dem im untergehenden Monde glitzernden Wasser fort-rinnen.

„Ist er hin, so ist die Babel erlöst und leicht kann sie noch einmal mein sein." — So dachte der Friedel. Dann aber kam's ihm rasch zu Sinn: „Friedel, er kunnt ein braver Mensch geworden sein, wenn Du nicht gewesen wärst. Was hat er Dir denn angethan, daß er Deinetwegen zu Grunde gehen soll? Sei kein Hundsfott, Friedel!" — Dachte es, warf seinen Rock ab, sprang in den Fluß und zog den Sin-kenden aus dem Wasser.

Als am Ufer der Jochel sah, wer ihn hielt, begann er zu rasen. „Schurk!" schrie er lallend, „Schurk Du! In's Wasser werfen will er mich! Hilfe! Hausanzünden! Leut-umbringen! Oh, wart', Mordbrenner, Du bist hin!"

Er versuchte den Friedel in den Fluß zu schleudern, aber
während sie noch rangen, standen die Gendarmen da, die den
Hergang beobachtet hatten, den Friedel befreiten und den
tobsüchtigen Jochel in Sicherheit brachten. Die Babel war
über den Lärm vor ihrem Fenster erwacht, aber der Friedel
ging zwischen den Gendarmen wegshin und sah nicht mehr
um. Ueber dem Rennfeld begann es zu tagen.

*   *   *

In die Strafanstalt zurückgekehrt, sollten nun für den
wieder eingebrachten Flüchtling scharfe Tage kommen, aber
da er sich bei seiner Einführung so musterhaft betragen hatte,
so wie sich sein gutmüthiger Charakter nicht anzweifeln ließ,
und da es offenbar wurde, daß er auf seiner Desertion eine
heldenmüthige Lebensrettung vollführt habe, nahm die ganze
Sache eine andere Wendung. Ein halbes Jahr saß er noch,
dann wurde er begnadigt.

Er ging wieder über die Alpe, er kam wieder in der
Nacht nach Latschdorf, er ging den kürzesten Weg über den
Steg zur Holzsäge hinüber. Aber das Fenster war diesmal
geschlossen, denn die Babel erwartete ihren Mann nicht mehr.
Der schlief auf dem Kirchhof seinen Rausch aus, den letzten,
der ihn ein zweitesmal in den Fluß geworfen hatte, da kein
„Mordbrenner" zugegen war, um ihn herauszuziehen.

Die Witwe öffnete das Fenster nicht so bald. Endlich
aber doch — und dann ist der Friedel zu ihr hineingestiegen.

Damit schließt der Bericht.

Einige Jahre später kam Vetter Balthauser wieder einmal nach Latschdorf in Geschäften. Er kehrte ganz glückselig
von dort zurück und brachte schönes und munteres Zuchtvieh
mit heim. Das hatte er beim Friedel gekauft.

„Der Friedel in Latschdorf," wußte er zu sagen, „der
erlegt sich jetzt auf die junge Zucht, und wenn er so fort-
ut und der Obere giebt seinen Segen, so werden wir noch
as hören, vom Friedel in Latschdorf. Er kriegt bei der
ächsten Ausstellung den ersten Preis für Jungvieh!"

Wir wollen es hoffen, denn der Obere hat keinen
Grund, nunmehr beim Friedel mit seinem Segen zurückzu-
alten.

Ein Verlorner.

D a steht im Oesterreicherland zwischen Bergen ein
Bauerngut, der „Kronhof" genannt.

Der Kronhofbauer ist ein herzensguter, aber
jäher und einfältiger Mann. Sein Töchterlein Franzl ist
ein schönes, halb erwachsenes Mädchen. Sein Ziehsohn ist
ein hübscher, flinker und leichtfertiger Bursche. Hübsch, flink
und leichtfertig, das sind an Burschen gefährliche Dinge für
halberwachsene Mädchen.

Die lustige Franzl sah nichts Gefährliches daran, und
just das war das Gefährliche. Der Kronhofer gehörte zu
Jenen, die immer nur das sagen, was angenehm zu hören
ist. Er wollte auch seinem Kinde mit keinem Sterbenswörtchen
weh thun. „Franzl," sagte er, „nimmt einen braven Anlauf,
der Florian! Bin recht mit ihm zufrieden. Kannst ihn nachher
nehmen, wenn er Dir gefällt. Schon gut, mein Kind, nicht
handküssen!"

Aber — bevor ihn die Franzl nahm, nahm ihn der
Kaiser. Im Soldatenrock geht er davon, der liebe, gute,
kreuzsaubere Florian. Die Franzl winkt ihm mit ihrem blut-
rothen Halstuch, das sie vom Busen gerissen hat, vom Dachfenster aus nach und weint bitterlich. Und auch noch andere
Mädchen im Thale weinen bei Tag und weinen bei Nacht

nd rufen alle Heiligen an, daß sich der Florian unterwegs
och einen Fuß brechen möge, damit sie ihn wieder heim=
hickten. Sie, die Mädchen, mögen ihn auch mitsammt dem
ummen Bein.

Aber keiner von allen Heiligen ist so gut gewesen, dem
Florian einen Fuß brechen zu lassen. Und er kam nicht
rück. Brave Leut' sind genug im Thal, aber so sauber
ewachsen und so lustig ist keiner, denken sich die Mädchen.
Brave Leut', langweilige Leut'! Wenn ich Einen nehme, so
ehm' ich einen flotten!

Dem Kronhofer selber geht's nicht besser, als den
Mädchen und seiner Tochter. Er ist auch schier verliebt in
en Burschen. Er hat den Florian einst als armer Leute
Kind in's Haus genommen. Der Junge hat sich schicken
önnen zum Alten, ist ihm stets auf's Knie gekrabbelt, hat
In gestreichelt an den Locken, an den Wangen, hat gelächelt
— ein herziger Bub! — Der Kronhofer hat geglaubt, es
älte seiner Person; der pfiffige kleine Florian hat aber nur
inen Geldbeutel gemeint, aus dem allfort ein Münzlein
rang, so oft er den Alten kosete und streichelte.

Engherzige Nachbarsleute hatten oft behauptet, der
Bursche würde verdorben durch und durch. Da hatte der Alte
ets unmuthig entgegnet: „Ihr habt fortweg was gegen
einen Florian. 's ist ein braver Bub'."

Haben sie's gelten lassen.

Nun, so ist der Florian groß gewachsen und zu den
Soldaten gekommen. —

Ein ganzes Jahr rückt um.

Da kommt ein Brief vom Florian. Er ist in Wien,
eht ihm soweit gut, aber viel Hunger giebt's und wenig
Bäsche, thät bitten um paar Kreuzer Geld.

Da rinnen dem Kronhofer die Thränen aus den Augen.
— „Hunger leiden muß er und ohne Hemd muß er schlafen
auf dem kalten Brett. — Das ist bös'! Jesses, was wollt'
ich geben, käm' mir der Bub' wieder heim!"

Die Franzl beklagte ihn auch, ihren Bruder.

„Er ist ja nicht Dein Bruder!" sagte der Alte und zog
die Augenbrauen höher — „Du Dirn, ich denk', er ist Dir
ganz was anders!"

„Er ist halt mein Bruder," schluchzte die Franzl.

Seit sie den Toni, den Müllerburschen kannte, seit sie
mit demselben auf dem Kirchweg und im Wirthshaus zu=
sammengetroffen war, seit sie einmal in der Mühle gewesen
und mit mehlstaubigen Lippen aus derselben hervorgegangen
war — seitdem betrachtete sie den Florian als ihren Bruder.

Wohl merkte sie, daß der Florian für sie zum Bräutigam
bestimmt war, und wußte auch, daß der Bursche von diesem
Anrechte nicht ablassen würde. Sie dachte mit Angst daran.

Nicht lange nach dem ersten Briese kam ein zweiter aus
Wien: „Das Soldatenleben ist schwer, kein Mensch kann's
glauben, was das Soldatenleben schwer ist! Schier völlig
krank wird Einer, vor lauter Nothleiden. Ein Feldzug ist
auch vor der Thür. Wenn nur ein Mittel thät sein, daß ich
könnt' erlöst werden. Dankbar wär' ich mein Lebtag!"

Und als Anhang des Briefes: „Wenn Ihr mir was
schickt, so adressirt es nicht an mich persönlich, denn die
Officiere lassen dem armen Gemeinen nichts zukommen;
Geld und Briefe werden unterschlagen. Schickt es an meinen
Freund Herrn Georg Zenk in Sechshaus, da werde ich's
schon kriegen."

Daheim ist des Schluchzens kein Ende. Der Kronhofer
wirft den Brief auf den Tisch, schlägt die flache Hand d'rauf,

daß es klatscht und ruft: „Nein, so kann man einen armen Menschen nicht martern lassen. 's ist schon alleins, ich thu's! ich kauf' ihn aus! kostet's, was es will, und geht mein Hof d'rauf!"

Die Franzl ist auf diese Worte still wie eine Maus. — 's ist ja recht schön, wenn der Vater den Bruder auskaufen will. Aber, wenn Andere das Soldatenleben überstehen müssen, warum nicht der Florian auch?

Der Kronhofer geht zu Gericht. Da verlachen sie ihn.

„Auskaufen! auskaufen einen Soldaten! Ja, Bauer, das geht schon lang' nicht mehr. Und Euerem Burschen wird die Militärzeit gar nicht schaden!"

„So gehe ich zu seinem Obersten," rief der Kronhofer. Da lachten sie noch mehr.

„Bauer, seine Obersten jagen Euch die Treppe hinunter."

„Ja, die Sakermenter hinein!" schrie der Kronhofer, „was fang' ich dann an? — Ihr lieben Herren, wisset mir gar keinen Rath! thät ihn ja zahlen — zahl' Alles!"

„Nichts zahlen, sondern Alles abwarten!" sagte das Gericht, „der Florian wird schon wieder nach Hause kommen, wenn die Dienstzeit zu Ende."

„Nein, ihr Herren, der kommt nimmer heim, nimmer! zu todt thun sie ihn peinigen. Und werdet sehen, den trifft die Kugel. O mein Kind! so lieb hab' ich ihn, wie mein eigen Blut! — Ihr besten Herren! ist sonst schon gar kein Mittel, daß ich mein Kind errett', so probir' ich das Letzte, ich geh' zum Kaiser!"

Da zuckt das Gericht die Achseln — mag's ja thun — soll gehen zum Kaiser — vielleicht! —

Jetzt wird's lebendig in dem guten, alten Mann. Er verkauft Holz, verkauft sein vorräthig Korn, verkauft der Ochsenpaare vier, rüstet sich zur Reise nach Wien.

Die Franzl meint: „Bater! thät ich der Bater sein, ich ließ es bleiben."

„Du ließeft es bleiben?" sagt der Alte gedehnt. „Ja, Dirn, wie bist mir denn auf einmal? Du selber solltest gehen; mit blutigen Füßen solltest gehen nach Wien, vor dem Kaiser rutschen auf blutigen Knien, ihn anfassen am Rockschoß und nicht eher auslassen, als bis er Dir den Florian thät herausgeben. Trotz könntest es dem Kaiser sagen: der Florian ist mein und ich thu' mir was an, krieg' ich ihn nicht auf der Stell'! — Bei Dir gäb's leicht besser aus, als bei so einem alten Kratzer, wie ich."

Die Franzl weinte am selben Abend draußen hinter dem Gartenzaun an der Brust des Müllerburschen. „Toni, was heb' ich an mit meinem Bater! Red' ich ihm ab von seinem Vorhaben, so fragt er mich leicht, warum? und ich muß meine Bekanntschaft mit Dir gestehen. Und da kann er wild werden und reißt uns auseinander."

„Das ist freilich eine arge Sach'," meinte der Toni. „Der Alte geht zum Kaiser. Zuletzt kriegt er den Florian doch heraus. Und das paßt uns nicht."

„Um des lieben Gottes Willen, was soll ich denn anstellen?" rief die Franzl.

„Ich wüßt wohl was, Dirndl, hättest nur Kurasch' dazu. Thue, was Dein Vater will, geh' Du zum Kaiser."

„Herr Jesses!" schrie das Mädchen auf, „was bist denn Du für ein Narr! Wie kunnt ich zum Kaiser gehen! Wie kunnt ich den Menschen ausbitten, der mir im Wege steht!"

„Du schreist viel zu viel," mahnte der Toni, „weißt, und Du hast mich nicht verstanden. Du gehst von Heim nur fort, kommst in etlichen Tagen zurück, sagst zum Bater, Du wärst beim Kaiser gewesen, und der Kaiser hätt' keck nein gesagt, er gäb' keinen Soldaten her. Und Dein Vater bleibt daheim, und der Florian bleibt draußen und wir haben eine Ruh!"

„Du bist ein Abgedrehter!" flüsterte die Franzl. „Und wenn ich von Heim fortgeh' und nicht nach Wien lauf', wo soll ich denn hingehen?"

„Du bleibst die etlichen Tage draußen in Oedgraben bei der Zaunzenzl. Die Zaunzenzi ist meine Muhme; und ich komm' jeden Tag zu Dir hinaus, daß Dir die Zeit nicht zu lang wird."

„Nein," sagte das Mädchen entschieden, „das thu' ich nicht. Meinen Vater betrüg' ich nicht. Und wenn auf redlichem Wege nichts zu machen ist, so laß ich's b'rauf ankommen, wie's selber geht."

Dann sind sie auseinander gegangen. —

Und der alte Kronhofer läßt sich das Geld in die Weste nähen und geht nach Wien.

Die Franzl thut dieweilen eine Kirchfahrt nach Zell und betet vom Herzen, daß des Vaters Unternehmen in Wien mißlinge.

Sie wäre ja froh, wenn der arme Florian wieder heim- käme. Sie wollt' ihm gern das Bett bereiten aus schnee- weißem Linnen, und eine frische, weiche Pfaid hineinlegen; und sie wollte ein Tischchen hinstellen zum Bett, daß er sich doch einmal satt essen könnte. 's möchte ihm taugen. Aber der Florian wollt' sich damit sicher nicht begnügen, wollte sie — die Franzl — selber haben mögen, und der Vater thät' ihm hierin noch beistehen, und sie könnte sich dem Vater nicht widersetzen und um den lieben Müllerburschen wär's geschehen.

„Darum, liebe Jungfrau Maria, gieb dem Kaiser ein hartes Herz, daß ihn mein Vater nicht mag erbitten. Den Florian thu' beschützen im Krieg, laß ihn auch nicht zu viel Noth leiden. Ich hab' ihn ja gern; aber der Toni ist mir noch um ein Stückel lieber."

Getröstet kehrte die Franzl von der Wallfahrt heim und besorgte in Abwesenheit des Vaters das Haus. An schönen Abenden stand sie mit dem Toni draußen am Gartenzaun; war es regnerisch, so gingen sie unter Dach. —

Und der gute, alte Kronhofer geht drei Tage lang. Am vierten sitzt er am Burgplatz zu Wien auf einem Stein.

Er ist sein Lebtag noch in keiner Stadt gewesen, und jetzt rauscht's und braust's von allen Seiten und die Menschen und die Wagen in aller Weise laufen und fahren wie närrisch durcheinander; und Jeder hat's noch eiliger und wichtiger als der Andere und herauskommt bei Keinem was.

Und da steht das Kaiserhaus. Jetzt soll er gehen und mit dem Kaiser reden. Dem Florian hatte er ein paar Tage früher geschrieben, hatte ihn heut' auf einen Platz bestellt, wo jedoch der Soldat nicht erschienen war. Oder der Bauer hatte den rechten Platz verfehlt! — Macht dieweilen nichts. Ist nur das Wichtigste gethan, den Florian wird er schon finden.

Der Kronhofer weiß aber doch nicht recht, wo er seinen Kopf hat. Den hat er etwan gar unterwegs verloren? Auf den breiten Ledergurt legt er seine Hand, auf die Weste tastet er. Das Geld ist gut verwahrt.

Und wie er so dasitzt, der alte Mann aus den Bergen, und nachgerade gar nichts anzufangen weiß, tritt ein freundlicher Herr zu ihm:

„Grüß' Gott, Landsmann!"

Das Bäuerlein lugt. — „Grüß' Gott auch! Kennt Ihr mich leicht?"

„Ei, ja freilich, freilich, bin ja selber aus Eurer Gegend her. Seid der Kronhofer aus dem Oberland? na freilich seid Ihr's. Wer sollte den Kronhofer nicht kennen? — Mit dem Gewerk-Zeilinger im Bernthal seid Ihr gewiß auch bekannt? Ist mein bester Freund. Thut ihn grüßen — vom Hofrath Berger — wißt?"

„Freut mich rechtschaffen," stotterte der Kronhofer, „werd's schon ausrichten."

„Habt gewiß Geschäfte in Wien?" fragte der Herr.

„Ei, ja freilich," seufzte der Kronhofer, „hab' einen Buben beim Militär. Und jetzt will ich ihn auskaufen."

„Auskaufen?" meinte der Andere, „das kostet viel Geld!"

„Ich spar's nicht," sagte der Bauer und schlug auf seinen Gurt. „Der Bursch' geht mir so viel ab; ich hab' keinen Menschen daheim, der mir alten Mann das Haus-wesen wollt' führen helfen. Jetzt geh' ich desweg schnurgerade zum Kaiser."

Der Fremde fragte, ob er, der Kronhofer, den Kaiser schon einmal gesehen, gesprochen habe, und da dieses ver-neint wurde, trug er sich als Führer an. „Ein guter Zufall, daß wir uns treffen," sagte er, „ich bin stets in der Um-gebung Seiner Majestät; ohne meine Vermittlung kämet Ihr nicht an's Ziel. — Zwar in der Burg dürft's schwer gehen. Leute in Bauernkleidern werden nur in den seltensten Fällen vorgelassen."

„So kauf' ich mir auf der Stell' einen Frack!" sagte der Kronhofer.

„Wißt Ihr was, Landsmann," versetzte der freundliche Herr, „Ihr sprecht mit dem Kaiser anderswo und das ist noch

beſſer. Ich werde Euch was ſagen: Seine Majeſtät gehen
täglich Nachmittags um's Dunkeln im Prater ſpazieren.
Dort wartet auf ihn und könnt ganz offen mit ihm ſprechen."

Da erheiterte ſich des Bäuerleins Antlitz. — Ganz offen
mit ihm ſprechen; das wäre freilich recht!

„Mich freut es, einem Landsmann gefällig ſein zu können,"
ſagte der Hofrath, „ich werde Euch führen, werde Euch Seiner
Majeſtät vorſtellen. Seid Schlag vier Uhr heute wieder auf
dieſem Platze; ich will Euch abholen. Vielleicht, daß der Kaiſer
den Herrn Sohn umſonſt läßt, aber herrichten thut euch für's
Auskaufen. Kann gleich in Einem abgemacht werden —
verſteht ihr mich? — Und jetzt behüte Gott, Vetter, aber,"
flüſterte er, „ſchwatzet nicht, Seine Majeſtät liebt es, ohne
Aufſehen ſpazieren zu gehen und wäre durch ein lautes
Wort in ſo einer Stadt die ſchöne Gelegenheit leicht ver=
dorben."

Der alte Kronhofer war glücklich. — Man findet auf
der Welt doch überall gute Leute.

Den ganzen Tag ſaß er auf dem Stein vor dem Burg=
hofe. Vor jedem Grenadier, der an ihm vorübermarſchirte,
rückte er höflich den Hut, — weil man nicht wiſſen kann,
ob in einer ſo prächtigen Uniform doch nicht etwa der Kaiſer
ſelber ſteckt. Behaglich ſah der Bauer dem immerwährenden,
ſeltſamen Treiben zu und dachte bei ſich: ihr rennt und lauft
herum und habt leicht kein Leid und keine Freud' — und
ich — der Bauersmann, red' heut' mit dem Kaiſer!

Ein Stück Brot von Heim hatte er noch im Sack, das
aß er; und ſo vergingen die Stunden.

Mittags um zwölf Uhr ereignete ſich etwas, worüber er
höchlich erſchrak. Die vor den Pforten wachhabenden Sol=
daten wurden durch ein heilloſes Trommelgeraſſel in Reih'

und Glied gedrillt. Sofort rissen sie ihre Gewehre zur Hand, da wurde Feuer commandirt. Zum Glücke schossen sie nicht. Hätten sie aber geschossen, sie hätten den guten Kronhofer leicht mitten in die Brust getroffen — gerade so hatten ein paar Kerle auf ihn angezielt.

Der Herr „Hofrath Berger" war von der Burg weg in eine unterirdische Vorstadtkneipe gegangen. Dort hatte er es seinen Kameraden erzählt: „Ein dummer Gebirgsbauer. Hat Geld bei sich! Locken ihn Abends in den unteren Prater hinab. Er will beim Kaiser eine Audienz; will seinen Sohn von den Soldaten loskaufen."

„Weißt, wie der Mann heißt?" fragte einer der Genossen, welcher an einem Nebentische mit verdächtigen Gesellen eben einen Einbruchsdiebstahlsplan besprochen hatte. „Weißt Du, wie der Mann heißt, Schorsch!"

„Freilich weiß ich's; ich kenne ihn ja aus meinem Schwärzerleben her — es ist der Kronhofer von Bernthal."

„Der Kronhofer von Bernthal!" rief Jener, der um den Namen gefragt hatte, „ihr Gesellen, den laßt mir in Ruh'!"

„Was? willst ihn Du allein plündern?" begehrten die Anderen auf.

„Nein, dem Kronhofer laß ich nichts geschehen!"

„Wirst es hindern, Du kaiserlicher Ausgepeitschter!"

„Als ob Du nicht auch einen guten Theil vom Fang bekämest!" rief ein Anderer.

„Ich will diesmal nichts," sagte der Eine, „und ich werde es hindern. Auf der Stelle gehe ich und warne den Mann."

„Weißt Du auch, wo Du ihn findest?" höhnte der Hofrath.

„Ich halte mich an Euch, ich folg' Euch in den Prater und mache Lärm."

„Untersteh' Dich nicht!" schrie ein verkommener Bursche und schlug mit der Faust auf den schmutzigen Tisch. „Der Bauer ist ein Fressen, wie wir selten eins finden. Wenn Du uns das vereitelst, so erwürgen wir Dich!"

„Laß es in die Abendblätter einrücken: Der Kronhofer soll nicht in den Prater gehen! — Dein Bauer kennt sicherlich keinen Buchstaben."

„Verflucht!" schrie der Mann, welcher beflissen war, den Oberländler zu schützen; dann gegen den „Hofrath": „Du, auf der Stell' sag' mir's, wo der Kronhofer steckt!"

Der „Hofrath" war hier nicht so höflich, als auf dem Burgplatz, er stieß den Sprecher mit der Faust zurück. Dieser hob den Arm und schlug drein. Da hoben sich ein Dutzend Arme, da krachten Stuhlfüße . . .

Fünf Minuten nachher lag der Schutzbeflissene in seinem Blute und die Anderen wurden abgeführt durch die Polizei.

Es schlug vier Uhr. Der Kronhofer wartete auf dem Burgplatz — und wartete vergebens. Der freundliche Herr kam nicht wieder und der Alte hatte sicherlich keine Ahnung, wo er seinen Herrn Hofrath zu suchen hätte.

Am anderen Tage machte der Kronhofer neue Anstrengungen, zum Kaiser zu gelangen. Doch in Sachen seines Sohnes, der Militär war, wurde er in die Kaserne gewiesen. Er drang zum Hauptmann vor — zum Hauptmann seines Florian.

„Wie?" polterte der Officier, „des Florian Sulzbacher wegen ist Er da? Der Mann ist acht Monate im Stockhause gesessen. Hat ferner seinen Abschied erhalten. Was weiter mit ihm, das ist nicht meine Sach'! frag' Er auf der Polizei!"

Also nicht zum Kaiser, sondern auf die Polizei!

„Ja — — wär' er denn ein Lump geworden?" fragte sich der Kronhofer und sein Gesicht war blaß.

Auf der Polizei war Näheres leicht zu erfahren. Von dort weg wies man ihn in das Verbrecherlazareth. Im Verbrecherlazareth fand der Kronhofer den sterbenden Florian, dem sie bei einer Schlägerei den Garaus gemacht hatten.

„Vater," hauchte der Florian noch, „ihr habt mir's zu gut gemeint — zu gut. Anfangs bin ich leichtsinnig gewesen — dann hat mich Gott verlassen. Aber, glaubt mir, Vater — mein —!"

Er konnte es nicht mehr sagen, daß das Bestreben, seinen Ziehvater vor Gaunern und Räubern zu schützen, ihm das Leben gekostet hatte. Er starb in den Armen des Kronhofers. . . .

Der Bauer kehrte heim. Anstatt den lebenslustigen Burschen brachte er dessen Todtenschein mit.

Da erschrak die Franzl in's tiefste Herz hinein, daß ihre Bitte in Zell so schreckliche Erhörung gefunden hatte.

„Ach, Du liebes Kind!" sagte der Kronhofer zu seinem Töchterlein, „jetzt wirst auch Du mir abwelken vor Gram, daß Dein Bräutigam so elend verloren gegangen ist!"

Des Bräutigams wegen wußte sie sich noch zu trösten. Etliche Wochen nach des Ziehbruders Tod brachte sie den Müllerburschen Anton in's Haus und sie rückten bald heraus mit der Farbe.

„Na, Mädel, daß Du nur wieder Einen gefunden hast, der Dir taugt, das freut mich!" rief der Alte. „Den Segen dazu geb' ich Euch mit beiden Händen. Nur eine gute Lehr', die erste und die letzte, die ich Euch will geben: „Wenn die Kinder kommen und Euch in's Herz hineinwachsen, laßt

Eure Lieb' zu ihnen nicht zu groß sein, damit sie nicht zu klein ist. Mit der Nachsicht und ewigen Gutherzigkeit thut man den Kindern nichts Gutes. Ich könnt' ein Beispiel zeigen; ich will's verschweigen. — Aber, ihr zwei jungen Leut', gegen Euch selber seid nachsichtig und gutherzig nach allen Kräften, ihr werdet damit nichts verderben. — So, und jetzt, in Gottes Namen, wachst zusammen und vermehrt Euch!"

Der junge Geldmacher.

Was der Franzel in der Kammer trieb.

as machſt nach, wenn Du kannſt!" ſagte der Ober-
veitel zu Dölſach und zeigte am Tiſch eine neue
Fünfzigernote herum. „So ein Nachmachen von
Geldzetteln, das kann kein Menſch vollbringen, keiner nicht!
Da gehört ein Kaiſerkopf dazu, zum Geldmachen. Ja, meine
lieben Leut'!"

„Was Einem etwa geſchehen thät, wenn man herginge
und mit dem ſcharfgeſpitzten Bleiſtift den Fünfziger ſchön
ſauber nachzeichnen wollt'!" So gab Einer dran.

„Probir's," rief der Oberveitel, „biſt im Stand, den
kleinwinzigen Druck da auch nur zu leſen? Und werden Dir
nicht die Finger zittern, wenn Du zwanzigmal ſchreiben
ſollſt: Die Fälſchung dieſer Staatsnote wird mit lebenslänglichem ſchweren Kerker beſtraft? Haſt die Kuraſch dazu?"

„Leicht nicht," ſagte ein Anderer, „da thue ich lieber
drei Monate lang Holz hacken — iſt der Fünfziger auch
gemacht und iſt keine Gefahr dabei."

Deß waren ſie alle einverſtanden, die Bauern von
Dölſach. Nur Einer, ein ganz junger noch, ein ſchlank auf-
geſchoſſenes Bürſchlein, ſchien nicht recht darüber im Reinen
zu ſein, wieſo man dieſe intereſſante Sach' ſo mir nichts,

dir nichts fallen laffen könne. Etwas tiefsinniger, als es
der Franz sonst gewohnt war, ging er vom Hause hinan
gegen die grüne Höhe, wo die Zirmbüsche stehen und wo
man den weiten Ausblick hat in's schöne Land Tirol. Da
unten sind die blauenden Thäler, in welchen man von
diesem einen Punkte aus nicht weniger als achtundvierzig
Kirchthürme blinken sieht. Dort drüben stehen die weißen
Berge der Dolomiten, von wannen im Lenz der lawinen-
stürzende Föhn kommt und im Sommer das schloßenschleudernde
Wetter.

Heute liegt über der Gegend der milde Sonnenschein,
und die Glocken der Almheerden klingen auf den Hochmatten,
und die Hirten jauchzen oder liegen im duftigen Grafe, wollen
nichts und denken nichts — laffen fich schaukeln von dem,
der in seiner Hand den Erdball dreht.

Dem Franz ist heute nicht um's Jauchzen und nicht
um's Liegen auf dem Bauch. Er sieht aus, wie alle übrigen
munteren Bauernburschen, aber inwendig ist er ganz anders
gerathen, als die Anderen. Schnitzen und Malen! Unser
Herrgott hat's auch so getrieben, hat die Welt geschnitzt, hat
den Himmel gemalt. Der Junge zieht jetzt sein Taschenmesser,
schärft es an einem Quarzstein und schneidet sich damit einen
Zirmast. Der Bacherwirth unten im Dorfe hat einen
fuchsbraunen Hengst, ein schönes, feueriges Thier, das soll
jetzt dran — das wird nachgeschnitzt aus dem seinen, harten,
glattrindigen Zirmholz. Das Hengstenachmachen ist nicht verboten. Ist aber auch keine so große Unterhaltlichkeit dabei,
als etwa beim Geldnachzeichnen.

Kein Mensch könnt's vollbringen? Es gehört ein Kaiser-
kopf dazu! meint der Oberveitel. Das wollte dem Jungen
nicht aus dem Sinn. Dabei stellte sich heraus, daß das zu

gleicher Zeit nicht geht, nämlich das Denken an's Geldmachen
und das Schnitzen von Hengsten; der Hengst bekam unglaub=
lich lange Ohren und der Geldmachergedanke einen langen
Schweif. Und der Schweif hing ihm an, so daß der Bursche
niederstieg zu seinem Hause, von seinem Vater eine Fünfziger=
note borgte und sich damit in die Kammer einschloß. So eine
große Banknote war im Hause ein seltener Gast, der es
allemal gar dringend hatte und sich nur für kurze Zeit im
Eberhofe aufhielt; er machte immer nur eine flüchtige Rast
auf seiner abenteuerlichen Wanderung durch das Land —
dort Gutes stiftend, hier Uebles. So ein Kerlchen muß
porträtirt werden! Dann mag's ja wieder laufen und Sünden
machen so viel es will. Der Franz spitzte den Bleistift.
Immerfort das Heiligenbildermalen, das Rösser= und Vogel=
zeichnen — das ist nicht spaßig. Wir wollen einmal redlich
wissen, ob der Oberveitel die Wahrheit sagt: Das kann kein
Mensch vollbringen. Keiner nicht. — Wollen es versuchen.

So der Franzl und ging mit flinken Fingern an die
Arbeit. „Das seine Papier können wir freilich nicht nach=
machen," dachte er bei sich, „wir sind keine Papiermacher.
Der Wasserdruck schiert uns auch nicht — der ist was für
den Müllner. Aber die Zeichnung!" Die Fälschung dieser
Staatsnote wird mit lebenslänglichem schweren Kerker be=
straft — diese Worte schrieb der Franzl mit einem einzigen
wagrechten Striche.

„Jesus Maria, Franzl!" rief seine Schwester draußen,
„was treibst Du in der Kammer, was denn, daß Du Dich
einsperrst?"

Die Fälschung dieser Staatsnote wird mit lebensläng=
lichem schweren Kerker bestraft, schrieb der Franzl. Seine
Finger zitterten nicht dabei.

„Du bist drinnen?" rief die Schwester, „Du stellst was
an; Du brichst was."

„Ich mach' was," antwortete der Bursche.

„Dabei verriegelt man nicht die Thür."

„Sie ist schon offen."

Am Abend, als die Leute beisammen waren, schauten sie
das Kunststück an; Einer gab die Note dem Andern in die
Hand, und sie fingen an, die echte mit der falschen zu vergleichen, bis Einer fragte: „Ja, wo ist denn nachher dem
Franzl sein Geldschein?"

Der war's, den der Mann in der Hand hielt.

„Aber das ist ja doch der Echte! Jesus Christus, das
wäre der Falsche?"

„Da schau man her!" rief der alte Eder, Franzl's Vater,
schmunzelnd, „Du Lump, Du junger!"

Die Zeichnung ging — stolz knisternd, wie ein echtes
Stück Papiergeld — in den Händen herum, und der Franz
kümmerte sich nicht weiter d'rum. Er hatte es vollbracht —
das Papier brauchte er nicht mehr.

Ein junger Nachbar war im Hause, der Patritz; der
verfolgte an diesem Abende eine Person der Ederfamilie, um
sie auf lebenslang gefangen zu nehmen. Aber eine unschuldige
Person, nicht etwa den Geldfälscher, sondern dessen muntere
Schwester mit dem krausen Haar. Er schlug sie in glühende
Ketten, in jene gefährlichen ewigen Bande, denen sich selten
ein Mädchen entwinden kann oder will: er legte seine Arme
um ihren geschmeidigen Leib.

„Maria," flüsterte er ihr in's Ohr, „ich will Dir was
sagen."

„Sag's nur her!" antwortete sie, „es wird gewiß wieder
was Wichtiges sein, was ich schon seit Ostern her weiß."

„Wissen wirst es schon seit letztem Fasching her."

„Seit letztem Fasching her weiß ich, daß Du ein dummer Bub' bist," neckte sie.

„Wenn's dumm ist, daß Einer das schönste Dirndl auf der Welt gern hat! Das liebste Dirndl! Das herzliebste Dirndl! — nachher hast Du mit Deiner Red' recht."

So stritten sie sich in die Verlobung hinein — der Patritz und die Maria. Als an demselben Abende der Patritz fast ungebührlich spät nach Hause ging, gesellte sich ihm der Gaisbub des Jakhofes zu und lud ihn ein, noch mit in's Wirthshaus zu kommen; er zahle heute eine Maß Glühwein.

„Schau hin, das Wirthshaus hat schon schwarze Fenster," sagte der Tritz (Patritz).

„Die Kellnerin muß noch einmal aufzünden. Die Wirthin muß aus dem Bett; ich will einen gezuckerten Eierschmarn haben und einen Kaffee dazu. Der Wirth muß auch aus dem Bett; ich will was Zithernschlagen hören; ich bin just einmal aufgelegt zum Lustigsein. Himmelherrgott, geh her — was kostet die Welt?"

„Du thust ja gerad', als ob Deine Gaisen eine goldene Milch thäten geben," sagte der Tritz.

„Die Liserl muß auch aus dem Bett," fuhr der Gais-bub' fort, „ich will mit ihr Eins tanzen."

Der Tritz konnte den Uebermuth des sonst so duckmausigen Burschen gar nicht begreifen.

„Mir scheint, Du kommst ohnehin schon vom Wirths-haus," sagte er.

„Von unsers Herrgotts Keller, ja; hab' mir eben beim Eberhofbrunnen gerad' früher meinen Durst gelöscht. Ist schade um den prächtigen Durst, aber 's ist schon wieder ein neuer da, und den lösch' ich mit Löschpapier!"

Damit hielt der Gaisbub eine große Geldnote in die mondhelle Luft hinein:

„Der Krämer muß auch aus dem Bett; ich will einen Feigenkranz haben für die Lieserl."

„Wo hast denn Du diesen Funfziger her?" fragte der Tritz, indem er nach dem Papier langte.

„Du kannst auch einen haben, Kamerad," vertraute ihm der Gaisbub, „der Eder=Franz macht sie."

„So," sagte der Tritz, „das ist der vom Eder=Franz? Schau, Gaisbub, den muß ich Dir wechseln. Geh mit zum Richter; dort laß' ich Dir zweimal fünfundzwanzig dafür geben, ist auch fünfzig."

Damit war der Gaisbub denn nun gar nicht einver= standen; er bettelte, er schmeichelte, er zankte und schimpfte, aber er war von Beiden nicht der Stärkere. Der Tritz hatte das Papier schon in gutem Gewahrsam, und dem Gaisbuben blieb auf der Welt nichts übrig, als seinen schönen Durst beim nächsten Hausbrunnen zu löschen.

Der Tritz ging seines Weges, und die falsche Geldnote sorgfältig glättend und in seine Brieftasche legend, dachte er: So, mit dem Häutlein mach' jetzt ich meinen Spaß.

––––––

Wie der Spaß ausfällt.

An einem der nächsten Tage finden wir den Eder=Franz wieder auf der freien Höhe.

> „Auf der Alm, da ist's fein,
> Giebt's ka Sünd und ka Pein.
> Ist der Berg wie ein Rosenstock,
> Ist der Wind wie ein Nagerlduft,
> Glanzt's Wasser wie ein Silberring,
> Spielt d' Sonn' wie eine goldene Luft.

Wann ih jauchz nnd a Gsangl sing:
Da Schall wie ein Glöckerl klingt;
Mein Herz, das ist alleweil voll Freud,
Kennt ka Sünd und ka Pein.
Auf der Alm ist's gut sein!"

So sang der Bursche, und sein leuchtendes Auge sagte, daß er's nicht aus dem Leeren sang. — Wir dürfen den Franzel ja wohl näher betrachten; denn das ist Einer, an dem wir ein wenig Herzeleid erleben werden, aber auch viel Ehre und Wunder.

Er kann nicht viel älter sein als sechzehn Jahre; sein volles Haupthaar ist braun wie reife Kastanien; ob es auch recht lind ist, möchte die Sennerin wissen, aber er biegt ihre Hand weg, wenn sie ihn am Haupte anfühlen will. Sein etwas längliches Gesicht ist weiß und roth, echte Farben, die sich selbst in der Sonne nicht bräunen, von Bart noch gar nichts da; die Oberlippe spitzt sich noch in Knabentrotz, aber das Auge ist weich und sinnend; es schaut eine Welt von Schönheit heraus, und es schaut eine Welt von Schön= heit hinein.

Niedrige Bundschuhe trug der Junge und nackte Waden und eine ziegenhäutne Kniehose und über der sich frei wölbenden Brust nichts, als das rauhe Linnenhemd und den ledernen Hosenträger. Das Ungefügige an dem ganzen Bürschlein war ein hoher, schoberförmiger Filzhut, ein sogenannter Stern= stecher, wie die spitzen Tirolerhüte heißen, die nach land= läufigem Sprichwort so hoch sind, daß man damit vom Himmel die Sterne herabstechen kann. Dieser Sternstecher ragte wie ein finsterer Thurm über das heitere Antlitz des Franzel.

So ging er über die weichen Matten hin zwischen den Zerben, und es war ihm, als suche er etwas und wisse nicht,

soll es ihm aus dem Erdboden herauswachsen oder vom
Himmel herabfliegen. „Es war ein extriger, ein stader Bua,"
hat Einer von ihm erzählt.

Aus dem Thale der Drau, der Isel, aus dem weiten
Boden von Lienz klangen in zartem Gesumme die Glocken
des Feierabends herauf. Zu solchen Stunden ist es ja, als
wären vieltausend Saiten gezogen von Berg zu Berg, über
das ganze Tirolerland, und als spielte auf dieser Zither ein
unsichtbarer Künstler — so leis', so zart und getragen tönt
es durch die Lüfte.

Die Glocken der Kirchthürme waren es, die zum Feier-
abendgottesdienste riefen. Es war ja wieder eine arbeits-
schwere Woche vorbei, und die Leute hatten vollauf zu thun
gehabt, das liebe Brot zu fassen und zu heimsen, das der
Weltvater in goldenen Halmen aus der Erde reckte. Jetzt
sollten sie danken gehen und sich ausruhen in der kühlen,
dunklen Kirche und sich an Leib und Seele vorbereiten für
den Sonntag. Das riefen die Glocken im Thale. Aber der
Franzel stieg nicht hinab; ihm gefiel es auf dem Berge, und
er schaute zu dem lichten Hochaltare des Großglockners hinüber, hinter welchem still und groß die Sonne niedersank.

„Mein Herz, das ist alleweil voll Freud'!
Auf der Alm, da ist's gut sein!"

Auf demselben Berge gab es heute auch Andere, die das
Läuten der Kirchenglocken nicht achteten. Dieselben Anderen
saßen in der Bergschenke der Niederung, die den schönen
Namen „Auf der Wacht" trägt. Im heiligen Jahre Neun
sind dort die Tiroler auf der Wacht gestanden mit Messer
und Stutzen, um ihr liebes Heimatland zu schützen vor den
übermüthigen Franzosen. Die Jungen haben mit ihrer Brust
die Engpässe des Landes vertheidigt; die Alten haben von

den Höhen Felstrümmer niedergelassen auf den heranstürmen-
den Feind; die Weiber haben Kugeln gegossen aus dem Blei
der Kirchenfenster; die Kinder haben mitten in der Schlacht
die verschossenen Kugeln mit Messern aus dem Erdboden
oder aus den Baumrinden gestochen; die Priester haben —
in der einen Hand das Kreuz, in der anderen das Gewehr
— den Befreiungskampf gepredigt.

Die größte Heldenthat, die das Jahrhundert kennt —
das kleine Tirol hat sie vollbracht. Das Heimatsgefühl der
Völker, der Freiheitsdrang einer Welt ist damals, und zwar
im Bauernstande, zum gewaltigen, glorreichen Ausdruck ge-
langt — das Ideal unserer Zeit ist im Bauernthume ein-
geweiht worden.

Heute ist es friedsam auf den grünen Matten, genannt
„Die Wacht." Und auch an jenem Sonnabende war es friedsam dort und heiter dabei, obwohl ein anderer, ein unsichtbarer Feind bigott und heuchlerisch heranschwamm in den
sonst so schönen Klängen der Festglocken. Es fanden sich in
dem Berghause an schönen Sommertagen gern die Almer ein
und die Burschen des Thales, die Scharfschützen, um beim
rothen Tirolerwein, bei Mädchenaugengluth und Zitherklang
die Nächte zu „durchwachten"; denn nimmer veröden darf
das Haus „Auf der Wacht," und ein Feuer, sei es nun das
der begeisterten Vaterlandsliebe oder der Mädchenminne oder
auch des Hasses gegen einen persönlichen Feind, wird in
jenem einsamen Berghause bewahrt, wie unten in der Pfarrkirche das „ewige Licht."

Die Frömmigkeit des alten Moidle, das des Wirthes
Schwester ist, hilft all' nichts. Schon mehrmals war sie heute
lauernd in der Gaststube umhergeschlichen und hatte ziemlich
laut vor sich hingemurmelt:

„Zusammenläuten thun sie. Zum Segen thun sie läuten. Christenmensch! Unsereins mühselige Haut wollt' gern in die Kirchen gehen, wenn die Füß' thäten tragen. Und das junge Volk schaut sich neuzeit um den Herrgott gar nimmer um. Geh' weg; jetzt seh' ich's schon, die Leut' werden ganz kalt im Glauben. Eiskalt werden sie im Glauben, die Leut'; jetzt seh' ich's schon."

Man kümmerte sich nicht um das frömmelnde Gethun der Alten; man sang, man lachte; man scherzte mit den Mädchen, bis das Moidle dreinschrie:

„Jawohl, die Dirnen sind Euer Rosenkranzgebet heutzutag'. Jawohl, ihnen den Kranz vom Kopf beten, das ist Euer liebster Gottesdienst. Jawohl!"

Die Bursche lachten, und einer rief:

„Sag' noch so was, Moidle, daß wir wieder was zu lachen haben!"

„Werd's nicht lachen, wenn die Straf' Gottes kommt, weil Ihr keinen Glauben habt," versicherte die Alte.

„Weible," sagte einer der Burschen, „wegen unseres Glaubens brauchst Du Dir gar kein graues Haar wachsen zu lassen, das wachst Dir so auch schon. Einen Glauben haben wir noch, mußt wissen. Bin voreh gewiß nicht der Letzte in der Predigt und im Segen gewesen. Seitlang sie aber die Leut' mit den Standarn (Gendarmen) in die Kirche treiben lassen, seitlang mag ich gar nicht mehr hineingehen. Ich mag nicht mehr. Zum Beten laß ich mich nicht zwingen."

Die Geschichte spielt in den „schwarzen Jahren," zur Zeit des Concordats — der Oesterreicher weiß, was das heißt, und der Nichtösterreicher verlange es nicht zu wissen!

Damals war's, daß man die Leute vom Marktplatz in die Kirche trieb und bisweilen sogar hinter ihnen die Thür zusperrte, und damals war's auch, daß der Staat und die Kirche gemeinschaftlich im Volke die Religion umgebracht haben. 's ist vorbei.

Der Wirth „Auf der Wacht" war an den stämmigen Burschen herangetreten, der die obigen Worte gesprochen.

„Reden könnt's, was Ihr wollt's," sagte er leise, „aber nur nicht zu laut. Ich sehe Euch gern bei mir, Mannerleut' und Weiberleut', aber soll ich's aufrichtig sagen, heute wär's mir lieber, wenn —"

„Wenn wir zum Loch hinausgingen," vervollständigte Einer die Rede des Wirthes.

„Auf das sag' ich nicht nein," versetzte Jener. „Es ist halt morgen der Rosenkranzsonntag, wo im Wirthshaus keine Zusammenkunft sein soll, und an solchen Feierabenden auch nicht; schau' Dir die neue Polizei=Ordnung an, die ich erst heut' an die Wand genagelt habe!"

„Die hängt ja umgekehrt!" riefen die Burschen lachend. „Wirth, die hast Du bei den Füßen aufgehängt, wie ein geschlachtetes Schwein."

„O du Höllsaggera," knurrte der Wirth; „so ist's, wenn der Mensch nicht lesen kann; dann stellt er die Gesetze auf den Kopf. Das muß ich gleich anders machen; ich fürcht' halt, die Spitzhauben kommen noch hent' herauf."

„Sie sollen nur kommen."

„Aber schaut's, meine lieben Leute," gab der Wirth zu bedenken, „wenn sie Euch da beisammen finden! Unsereiner wird halt so viel gestraft, wenn man Unterstand giebt."

Im Tischwinkel hub sich eine alte braune Knochengestalt zu bewegen an.

„Was meinst, Wirth, was meinst?" grollte dieselbe. „D
Unterstand sagst was? Sind wir Schwärzer, Wilddie
Strolche, daß von Unterstandgeben die Red' ist? Wir si
Bauersleut' und Holzleut' und sitzen nach der Arbeit friedli
im Wirthshaus. Weißt, Wirth, daß im Wirthshaus der ehr
liche Gast sein gutes Recht hat? Weißt es nicht, so schreibe
ich Dir's auf den Buckel, und gewiß nicht verkehrt, wie
Deine Polizei=Ordnung."

„Geh, geh!" beschwichtigte ein Anderer, ein dicker,
staubiger Kohlenbrenner aus dem Jselthale, „weißt es so gut,
wie wir, daß der Wirth nicht anders kann. Willst Deinen
Zorn auslassen über die neumodische Einrichtung, so mußt
ganz wo anders anklopfen."

„Anklopfen," rief der Knochige, „wie im Achtundvier=
zigerjahr zu Brixen beim Herrn Bischof, daß die Fenster
haben gesungen! Wir sind katholische Christen, will ich ihm
in's Ohr schreien, aber mit Deiner neuen Standarnreligion
hol' Dich der —"

„Spielmann!" rief der stämmigste der Burschen in die
Stube. „Schlafst, Spielmann?"

„Ein klein Bissel bin ich noch da," sagte dieser, sich
aus dem Ofenwinkel hervorwindend.

„Wenn Du nicht schlafst, so sei so gut und kratz' ein
paar Saiten!"

> „Lustig wohlauf
> Ist der Drauthaler Lauf,
> Ist der Drauthaler Zier,
> Und dies Dirndl g'hört mir."

Singend umschlang er das hübsche, blühende Mädchen,
das an seiner Seite saß und jetzt dem kernfrischen Burschen
freudig und stolz in's kecke Auge blickte. Das war der Tritz,

und das Mädchen seine Braut Maria, die Schwester des Franz, der zur Zeit draußen auf den freien Höhen sich umtrieb. —

Laut erschollen jetzt die übermüthigsten Lieder; die Zither klang, und es wollte just der muntere Reigen anheben — da schoß plötzlich der Wirth durch die Stube, um in angstvoller Hast das erst angezündete Kerzenlicht auszublasen.

„Was willst denn?" rief der Tritz und zog den Leuchter weg, „ist's besser, wenn wir im Finstern sind?"

„Um des lieben Gottes willen!" schnaufte der Wirth, „da draußen, da draußen — ich hab' sie gesehen; es steigen die Spitzhauben daher."

„Wer wird denn da das Licht auslöschen? Wir wollen sie uns anschauen. Sie sollen kommen!"

Sie waren auch schon da. Dröhnenden Schrittes traten zwei Gendarmen zur Thür herein. Die Stube war finster vor Rauch, aber die Eintretenden waren noch finsterer; zwischen den Zechtischen blieben sie stehen und schauten um sich. Die Burschen thaten trotzig, und Keiner rückte an seinem Tische, daß die Landpatrouille Platz nehmen konnte.

Endlich sahen die Gendarmen einen leeren Tisch, setzten sich und hielten die Gewehre zwischen den Beinen. Sie wollten etwas trinken. Ueber diese Wendung war der Wirth glückselig. Schmunzelnd sagte er, als er auf einer Blechtasse die schwitzende Flasche brachte, es wäre „der Beste," und in der That, sie merkten es bald, der Schlechteste war es nicht.

Nun ja, sie wollten auch einmal ein gemüthliches Stündlein haben. Mußten sie doch unten im Thale mit ihren Spießen tagaus, tagein umhersteigen, wie die leibhaftige Straf' Gottes, fanden nirgends freundlichen Anspruch und mußten gar manchmal Einen einführen, weil er etwas gethan hatte, was sie selber gethan hätten, wenn Gelegenheit dazu gewesen wäre. Aber — „auf der Alm giebt's ka Sünd," da braucht man also keinen Pfarrer und keinen Gendarmen, und da darf Jedweder, der das Zeug dazu hat, ein luftiger Bursch' sein. Das martialische Aussehen der Landwächter wurde von Minute zu Minute zahmer; sie wollten sich an die heitere Gesellschaft schließen, mit den Burschen „warteln," mit den Mädchen schalken. Doch die Gesellen thaten nicht viel desgleichen, als ob sie an dem geselligen Zuwachse eine besondere Freude hätten, und Etliche knurrten gar wie ein Kettenhund, der gern beißen möchte, aber den Stiefelabsatz fürchtet.

Als es wieder an's Tanzen ging, warb einer der Gendarmen um das schönste Dirndl im Reigen; da stand schon der Tritz da, zog das Mädchen mit sich fort und sang:

> „A Spitzkappenbua
> Hat ein' Dirndl nachg'fragt;
> A Spitzbua will ih heißen,
> Wann's ihm was tragt."

Da war's nun freilich kein Wunder, daß es kam, wie es kam. Es stand nicht lange an, so leerte der Gendarm sein Glas, stieß es scharf auf den Tisch und rief:

„Heimgehen! Sperrstunde!"

Da trat eine befremdliche Stille ein; nur einer der anwesenden Bauern brummte in die Ofenwand hinein, aber so laut, daß man es weiterhin hören konnte:

„Sperrstunde! Ueberall wollen sie zusperren, heutzutage. Redlich wahr: Haus Oesterreich ist ein Gefangenhaus geworden."

Als das Wort heraus war, hätte es der Sprecher selbst
wieder gern eingefangen und seinen eigenen Mund fürsorg-
lich zugesperrt. Aber der Landwächter schickte sich schon an,
den Namen des Vorlauten aufzuschreiben.

„Seid keine Narren miteinand'!" rief jetzt ein Möll-
thaler dazwischen, um der bedenklich werdenden Stimmung
einen tecken Ruck zu geben, „lasset jetzt die gespreizten Geschichten und seid's lustig! Wir kommen so jung nimmer zusammen. Wein her, Wirth! Und die Herren müssen auch mit-
thun. Wisset, wir Bauersleut' haben keine Rösser; darum
reiten wir die Wörter — und ist nicht schlecht gemeint. Na,
auf Gesundheit! Auf gute Freundschaft!"

Einer der Gendarmen wollte schon anstoßen mit dem
neugefüllten Glas.

„Hüte Dich!" raunte ihm der Andere zu, „sie retiriren
— nur aufschreiben, Alle aufschreiben!"

Sie schrieben — aber sie schrieben in ihr Armensünder-
büchlein lauter falsche Namen; den echten behielt jeder der
Inquirirten schlau für sich selber.

„Die Kerze ist auch schon benebelt," bemerkte der Auf-
schreiber nicht ohne Laune, da das Licht vor lauter Tabaks-
qualm kaum den nöthigen Schein gab.

„Wirth!" rief der Tritz, „bring' noch Kerzen, daß dem
Herrn Standarn ein Licht aufgeht. Ich zahl's."

Er möge, murmelte der Landwächter, das Geld in seinem
Beutel behalten, würde leicht Platz haben da drinnen. Und
die Bettelkerze sei man bei den Drauthaler Bauern längst
gewohnt.

„Bettelkerze!" sagte der Tritz mit spottender Weichheit.
„Na, das nicht! So vornehmen Herren müssen die Drauthaler Bauern schon eine Extrakerze verehren."

Dabei zog er sein Ledertäschchen aus der Tasche und langte aus demselben eine Fünfzigguldennote hervor.

„Versaufen?!" rief der Bursche mit heller Stimme, indem er den Schein mit zwei Fingern hoch über den Köpfen hielt, daß er wie ein Kirchweihfähnlein flatterte; „versaufen? Nein, das nicht. Licht wollen wir machen, daß der Herr Standar zum Schreiben sieht."

Gelassen rollte er vor den Augen der Gendarmen den Fünfziger zusammen, hielt die Rolle über das Kerzenlicht, und als sie lichterloh brannte, rief er:

„Ich bitt', meine Herren, wenn's gefällig!"

Die Landwächter schrieben nicht; sie thaten den Mund auf und waren stumm. Hingegen schlugen die anderen Leute einen hellen Lärm, und die Weiber waren dem Tritz in den Arm gefallen, um ihm das Geld zu entreißen. Zu spät war's, zu spät — die „Anweisung," für welche der Sage nach die privilegirte österreichische Nationalbank dem Ueberbringer fünfzig Gulden Silbermünze ausbezahlt, flog als Aschenflaum auf den Tisch.

„Heilige Maria vom grünen Anger!" zeterten sie, „jetzt hat er Geld verbrannt. — Jetzt hat er eine Kuh verbrannt," riefen die Halter. „Jetzt hat er ein Joch schönes Lärchbaumholz verbrannt," riefen die Holzhauer. „Den heurigen Haferbau hat er verbrannt," riefen die Bauern. „Auf zehn Jahre Tabakgeld hat er verbrannt," kicherte ein alter Raucher.

Und Maria, seine Braut, hub zu weinen an und fragte den Geliebten:

„Bist denn ein Narr worden, Tritz?"

„Den Arrest habe ich Einem verbrannt," sagte der Bursche und setzte sich ruhig an seinen Platz.

„O, wart', Bauer!" brummte der Gendarm, „der Arrest und die Hölle sind feuersicher gebaut; Du kommst in beide." Und er schrieb die That des übermüthigen Burschen in das Sündenbuch.

Jetzt fistelte aus dem dunkelsten Winkel her eine Stimme: „Ist nicht so gefährlich beim Patriz, wenn er Banknoten verbrennt. Er hat einen künstlichen Schwager."

Da er statt künstlerisch: künstlich sagte, so war die Frage, was das heißen sollte?

„Der macht ihm's!" schrie der Gauch und huschte zur Thür hinaus.

Da horchten die Gendarmen erst recht auf, aber die Leute merkten, es wäre nun die höchste Zeit, das Wirthshaus „Auf der Wacht" zu räumen, und sie räumten es auch. — —

Der Eder=Franz wußte von all' dem nichts; er erging sich immer noch auf den mondhellen Höhen und sang in die stille Nacht hinaus:

„Mein Herz, das ist alleweil voll Freud'!
Auf der Alm ist's gut sein!"

Der Geschichte trauriger Fortgang und ihr fröhliches Ende.

Am Sonntag darauf, nach dem Gottesdienst war es, daß auf dem Kirchplatz zu Dölsach der Oberveitel plötzlich neben dem Patriz stand und ihm in's Ohr flüsterte:

„Lauf eilends davon! Versteck' Dich in dem Wald! Sie suchen Dich."

„Wer sucht mich?" fragte der Bursche.

„Die Spitzhauben."

Da war zwischen der Menge schon der Dorfrichter in
Sicht, hinter ihm die Gendarmen. Der Richter machte mit
der Hand ein paar verstehbare Deuter: der Tritz solle sich
davon machen! Da sie aber nicht beachtet wurden, so machte
der Richter von seinem Amte Gebrauch und ließ den Burschen
festnehmen.

Wohin die Reise? Nach Lienz zum Gericht!

Der Patritz Neuleitner hat den Feierabend entheiligt
und die Polizei verhöhnt. Diese beiden Fälle wären noch
etwa von den Behörden in Dölsach zu schlichten gewesen.
Anders der dritte! Der Bursche hatte eine große Geldnote
verbrannt. Was hat es damit für eine Bewandtniß? Das
muß untersucht werden; da steckt was dahinter. Und wäre es
auch nur der Verschwendung wegen.

Das Protzigthun mit dem Gelde war ein alter Schaden
der Drauthaler Bauern. Man ließ es noch hingehen, wenn
sie bei Hochzeiten tagelange Gelage hielten, wenn die Todten-
mahle oft die ganze Erbschaft des Verstorbenen verschlangen;
man „verstattete" es dem Drauthaler Großbauer oder Holzknecht, wenn er an seiner Sonntagsjoppe anstatt Bein- oder
Messingknöpfe echte Maria Theresien=Thaler trug. Wenn sie
aber würfelten, kegelten, karteten um nichts Geringeres als
um Ducaten, wenn sie zur „Bankozettelzeit" (beim großen
Staatsbankerotte) ihre Pfeifen mit eitel Zehnguldennoten
anzündeten — das konnte man nimmer gehen lassen, nicht
vom moralischen und nicht vom volkswirthschaftlichen Stand-
punkte aus. Es war Zeit, einmal ein nachdrückliches Beispiel
aufzustellen, wie man in Zukunft gegen Uebermuth, Verschwendung und Trotz vorzugehen gedenke.

Die sehnigen Arme des Patriz hatten sich anfangs wild gegen die Eisenbanden aufgelehnt, aber die hohe Obrigkeit hatte guten Stahl in ihren Ketten, und der schnitt in's Fleisch. Mit aneinander geschlossenen Armen schlug sich der Bursche den Hut tief in die Stirn, und so ging es die weiße Landstraße entlang gen Lienz. Die ihm begegneten, wunderten sich baß, was doch der Patriz Neuleitner auf einmal für ein hoher Herr geworden sei, daß er zwei Adjutanten mit sich habe.

Am selbigen Nachmittag saß Maria in der Christenlehre und weinte. Der Pfarrer war höchlich darüber erfreut, daß sein Wort Gottes heute einmal ein Herz rühre. Aber sie hörte nicht die heilige Lehre; sie hörte das Gericht, das über ihren Triz das Urtheil sprach. Und er war troz der schweren Anklage so unschuldig wie das Gotteslamm dort auf dem Altare.

Sie mußte Alles. Als Verschwender werden sie ihn strafen und ihm sein Haus wegnehmen und es einem „Gerhab" (Vormund) zur Verwaltung geben; es war davon die Rede gewesen. Es war Anderen auch schon so gegangen. Dann steht auch die Heirat um, und sie hat nichts, und er hat nichts. Und Alles dieses höllischen Fetzen Papiers wegen! Es war ja nur ein nichtiger Fetzen gewesen, den er am Kerzenlicht verbrannt, nichts als jene gottverlassene Zeichnung, die Franzel ausgeführt hatte.

Jetzt eilte das Mädchen den Berg hinan zu ihrem Elternhause, dem Eberhof. Sie lief zu dem Franz, der eben an der Schnitzbank saß und ein Pferd schuf:

„Jetzt wirf mir den Holzscherben weg und geh' nach Lienz hinab," sagte sie. „Du bist an Allem schuld. Jetzt geh' und sag's! Das Papier hot keinen Werth gehabt —

geh' und sag's! Du hätteft es gezeichnet, das sag' jetzt, wenn
Du mein Bruder bist!"

„Ich soll es beim Gericht sagen, daß ich eine Banknote
nachgemacht hab'? Der Narr werde ich nicht sein." So der
junge Schnitzer. „Hab' ich ihm das Papier gegeben? Hab'
ich gesagt, daß er die Standarn damit foppen soll? Etliche
Tage im Schatten sitzen — sonst geschieht ihm nichts, dem
Tritz, und das schadet nicht."

„Du bist der Fälscher, und er soll eingesperrt sein —
ist das eine Gerechtigkeit?" rief das Mädchen. „Kannst das
verlangen, Franz? Hat er Dir's nicht gut gemeint, daß er
dem Gaisbuben den Wisch weggenommen und ihn verbrannt
hat? Sonst holen die Spitzhauben leicht Dich, und Dich
hängen sie auf. Noch jetzt kann er Dich einbringen, wenn
er will, aber er läßt sich lieber mit Messern schneiden, als
daß er Dich verrath."

Sie schluchzte zum Erbarmen.

„Schwester," sagte Franz, „zum Gericht geh' ich nicht.
Aber wenn sie kommen und mich fragen, werd' ich's nicht
leugnen."

„Und sie werden kommen!" sagte Maria.

Nun trat der Vater, der alte Eder, tief bekümmert
herzu.

„Kinder," sagte er, und sein Haupt wankte bei jedem
Wort, „Ihr werdet mir noch eine Dummheit machen. Der
Teufel hat Dich reiten müssen, Franz, daß Du mit dem
Geld angefangen hast. Jetzt ist die Sau fertig. Dein Glück
kann's Dir kosten. Aber das sage ich Dir: selber verrath'
Dich nicht! Ob der Tritz ein paar Tage im Arrest sitzt oder
Du zwanzig Jahr im Criminal — das wird ein Unterschied
sein. Nicht? Meinst nicht, Dirn? Und wer kann's beweisen,

daß der verbrannte Fünfziger ein falscher gewesen? Nur
gescheit sein!"

Gescheit sein! Das ist leicht gesagt. Und vollends von
verliebten Leuten verlangen, daß sie gescheit seien! Die
Maria war ja verliebt bis über die Ohren. Und jetzt, da
der Triß unschuldig im Gefängniß saß, wie die wahrhaften
Helden in den Rittergeschichten, jetzt stand er in ihrem
Herzen so groß da, und ihr war, als gehöre zu diesem ritter-
lichen Helden eine treue, ebenso heldenmüthige Jungfrau, die
ihn befreite. Ihr Vater mußte sie fast mit Gewalt zu ihrer
Arbeit auf die Alm schicken, daß sie nicht hingehe, um dem
Bräutigam zu Liebe den Bruder zu verrathen.— —

Am nächsten Tage wurde der alte Eder vor Gericht
geladen. Als der Franzel sah, wie ernst die Sache zu werden
begann, wollte er sich stellen.

„Untersteh' Dich nicht!" rief der Alte. „Spring' nicht
selber in die Schlammaß! Geh' Du zu Deiner Zirmmatten
hinauf, bleib' in den Heuhütten, bis ich Dich rufen laß!"

Dann ging der Alte nach Lienz zum Gericht. Dort
wurde er an den grünen Tisch gestellt vor das Crucifix. Aber
einer der Herren setzte sich neben ihn und sagte vertraulich:

„Die Sache ist nicht so bös, mein lieber Eder. Thut
es jetzt nur schön offen erzählen, was es mit der verbrannten
Fünfzigerbanknote für eine Bewandtniß hat."

„Gebt's mir Ruh!" brummte der Alte.

„Ihr habt es gesehen, als Euer Sohn den Schein
zeichnete. Er ist ja noch ein Kind, und wir wollen daraus
auch gar nichts Criminalistisches machen. Aber den Sach-
verhalt müssen wir wissen, daß wir den Patriz Neuleitner
freilassen können. Also Euer Sohn hat sich zum Scherz versucht, das Ding nachzumachen?"

Sie wollen Dich fangen, warnte eine innere Stimme den Alten, sag' nichts, bleib still wie der Fisch im Wasser! Jedes Wort könnte dem Franzel ein Jahr seines Lebens kosten. Er ballte die Fäuste auf seinen Knien und starrte mit verglasten Augen auf den Boden.

Der Richter erhob seine Stimme:

„Hat Euer Sohn die Note gemacht oder nicht?" Er deutete auf das Crucifix: „Ihr steht vor dem, den Ihr in Eurer Sterbestunde anrufen werdet! Ihr seid ein Ehren= mann gewesen Euer Leben lang; Ihr wollt es bleiben. Also auf meine Frage: Ja oder Nein!"

Da zuckte der Verhörte seine Achseln und murmelte:

„Wenn Ihr mich so angeht! Lügen kann ich nicht. Mein Franzel hat die Dummheit gemacht, aber keine Absicht dabei gehabt, keine schlechte Absicht. Der Fetzen ist uns aus der Hand gekommen — sonst hätten wir ihn gleich zerrissen."

„Und ist's auch das einzige Mal gewesen, daß er sich in derlei versucht?"

„Das hab' ich ihn gefragt, und er hat gesagt: das erste und das letzte Mal. Und es ist auch so; ich kenne meinen Franzel; es ist auch so.

„Folglich ist die Sache in Ordnung, Eder, und Ihr könnt wieder nach Hause gehen."

Der Bauer ging, aber sein Herz war nicht leicht. „'s ist doch eine Falle," sagte er sich; denn zu jener Zeit hat Jeder dem Gericht mißtraut.

Als er nach Hause kam und der Franzel noch immer nicht davon gegangen war, wollte er ihn zur Flucht bewegen.

„Davon laufen mag ich nicht," sagte der Bursche trotzig, „dann thäten sie mich erst recht für einen Spitzbuben halten."

Am nächsten Tage kam auch der Patriz heim und wußte zu sagen: Alles sei abgethan. Aber den Franzel möchten sie sehen.

Der Alte schlug die Hände über den Kopf zusammen: Jetzt sei Alles verspielt. Der Franzel aber ging nach Lienz.

Die Herren schauten ihn mit Wohlgefallen an und meinten, wenn er schon eine so gute Hand zum Zeichnen habe, so solle er ihnen einen Beweis geben. Der Franz nahm Bleistift und Papier und portraitirte Einen nach dem Andern. Und als sie die Bilder sahen, da waren sie darüber eins: das wird kein Banknotenfälscher; der findet sein Fortkommen und seinen Ruf anderswo. —

Es kam jetzt noch eine kurze, aber lustige Bauernlebenzeit. Der Patriz heiratete seine Maria, und es ist ein Paar geworden, an dem die Leute noch heute ihre Freude haben.

Und der Franzel? Ihr lieben Leute, den findet ihr nicht mehr in der Gegend. Er lebt heute in einer großen Stadt und ist ein berühmter Mann. Gern erzählt er noch von jener harmlosen, aber nicht ganz ungefährlichen Geldmachergeschichte. Was er heute schafft, das ist mehr werth, als alle Banknoten auf der ganzen Welt zusammen genommen — es sind die herrlichen Bilder aus dem Tiroler Volksleben; denn der Träger dieser kleinen Geschichte ist kein Anderer als unser — Franz Defregger.

Wieso das kam.

Aber es wird doch jetzt noch die Frage laut, wieso das gekommen, und darum will ich in einem zweiten Theile erzählen, wie unser lieber Geldmacher berühmter Maler geworden

ist. So von der Bauernschaft fortgehen und ein „Herr"
werden, das gehört auch zu den „Dorfsünden" nach bäuer-
lichem Dafürhalten. Diese Sünde wird thatsächlich oft schwer
gebüßt. In unserem Falle hat sie glorreiche Folgen.

Man fängt mit dem Gerede der Leute an, das einige
Jahre nach obiger Geschichte folgendermaßen lautete:

„Der Franzl hat jetzt den Eberhof z' Stronach übernommen? — Das ist der Rechte! Ich sag' nur so viel:
schaut Euch nach etlichen Jahren sein Hausdach an! Zerrissen
und verwindirt. Und seine Melkküh' schnitzt sich der aus
Zirmholz. —" So sagten die Bauern von Dölsach. Und die
Weiber und Mädchen: „Wird er bald heiraten, der Franzl?"

Die Leute redeten und der Franz wirthschaftete auf dem
überkommenen Gute seines Vaters. Es war im Grunde kein
schlechter Grund; aber es ging nicht besser und nicht übler
wie bei den Nachbarn, es war ein großer Grund, aber ein
kleiner Erwerb, es waren keine Schulden da, aber auch kein
Baargeld, es war wie an jenem Orte, wo nach dem Volks-
wort die ungetauft verstorbenen Kinder hinkommen: keine
Freud' und kein Leid.

Aber der Franzl war kein ungetauftes Kind, und „keine
Freud' und kein Leid," das war ihm zu langweilig. Wenn
er noch Zeit zum Bildschnitzen hätte! Wie glücklich sind doch
die Grödner Holzschnitzer, die Pitzthaler Herrgöttlmacher, die
Tessiner Bilderhändler. Die lassen ihre Landwirthschaft den
Weibern über und widmen sich der Kunst, und reisen mit
ihren Werken in der Welt herum und führen ein fröhlich
Leben. Einmal war der Franz gar schon d'ran, in's Pitzthal
auszuwandern und sich dort dem Schnitzen hinzugeben —
Werke zu schaffen, vor denen die braven Tiroler auf den
Knien liegen, als wie vor dem lieben Gott selber. Der

Gedanke that ihm wohl, wenngleich er sich der Sehnsucht nach Künstlerehre nicht bewußt war. — Aber er war an den Eberhof gekettet und gab sich d'rein.

Eines Abends, der Franz saß gerade beim Anschaften einer Stallgabel — war auch Schnitzarbeit! — trat der Unterschlager Martin aus dem Iselthale in's Haus: Ob er fleißig wär', der Eberhofer? ob er nicht schon bald Feierabend mache?

Der Franz antwortete, was man eben darauf zu antworten pflegt, und der Martin möge abrasten, und es sei jetzt ein passabel schönes Wetter und was es Neues gebe in Lienz?

„Laß' gehen," sagte der Martin und warf die Hand so hin in die Luft, „in diesen Bergen giebt's nie was Neues. 's ist ein ödweiliger Weltwinkel."

„Der Weltwinkel ist nicht zuwider," sagte der Franz.

„So?" versetzte der Andere, „na, Du schaust mir nicht danach aus, als ob's Dir just eben gefallen thät' dahier."

Der Franz schlug den Gabelstiel an, schob die Achseln in die Höhe und murmelte: „Was kann man machen?"

„Eder," sagte der Martin und blickte ihm scharf in's Gesicht, „geh' mit!"

„Wohin?"

„Nach Amerika. — Jetzt schaust d'rein! Du, auf das D'reinschauen von Dir hab' ich mich schon lang gefreut. Ernster Weis', Eder, ich bin der Sach' wegen da. Sind allzuschlechte Zeiten jetzt im Land Tirol. Wir, an zwanzig Bauern aus dem Iselthal und auch von der Draugegend wandern aus in die neue Welt. Und sie lassen Dich fragen, ob Du dabei bist."

Der junge Eder warf die Stallgabel in die Ecke und sah dem Martin frisch und munter in's Gesicht. Der Iselthaler — es war der wortfähigste, den sie schicken konnten — setzte das Unternehmen jetzt auseinander, sprach von den deutschen Ansiedelungen in Peru, von einer tirolischen Colonie, von einem Neu-Innsbruck am Maranon, und wie man sich dort für geringes Geld große fruchtbare Grundstücke erwerben könne, auf denen aller Lebensbedarf selber wachse, so daß der Eigenthümer zum größten Theile für seine Lieblingsbeschäftigungen leben könne. — Bauerngüter seien jetzt leicht an Mann gebracht, in drei Monaten, um Jacobi, wären sie reisefertig und schifften sich in Bremen ein. — Er sollte sich's überlegen.

Der Franz trommelte mit den Schuhspitzen auf dem Boden und dachte nach. Er hatte schon Manches von Amerika gehört und gar selbst gelesen; nicht zu leugnen, es war ihm auch schon einmal der Gedanke gekommen, die neue Welt müßte besser halten, als die alte. Jetzt hob er den Kopf gegen den Martin und fragte: „Wo kann man Euch finden, jetzt die Sonntage?"

„Auf der Post in Lienz sind wir alle beisammen. Etliche haben ihre Häuser schon verkauft, Andere sind noch in der Unterhandlung. Der Zirbelhofer heiratet noch eher seine saubere Matreierin. Sollst Du auch thun, Franz, wenn's dazu kommt — daß es eine Kurzweil giebt auf der See."

„Will mir das Ding überlegen," meinte der Eder, aber mit einer Miene, aus welcher der Martin nicht klug werden konnte, war's Spaß oder Ernst. Der Iselthaler ging davon und berichtete den Genossen: „Schwerlich, daß er wird mit dabei sein, der Eder z' Stronach. Er hat g'rad nit ja und nit na g'sagt."

Einige Tage darauf war eine Hochzeit beim Wirth in Dölsach. Die Verwandten des Eberhofer's waren auch dabei. Das dürfte eine Gelegenheit sein, dachte sich der Franz und ging des Abends, als es finster wurde, in's Wirthshaus nach. Da hatte er guten Empfang, bei den Tischen wollten sie den unterhaltsamen Burschen haben und auf dem Tanzboden auch. Er entschied sich für den Tanzboden. Mit den hübschesten Dirndln der Gemein hopste er und bei jedem dachte er insgeheim: Wolltest Du mit über's Wasser? — Sie lachten ihn alle so treuherzig an und sie ahnten es nicht, daß jetzt auf einmal das weite Gewässer lag zwischen ihnen und dem lieben, flinken, dunkelgelockten Eder=Franz.

Erst nach Mitternacht zog sich der Franz in eine Nebenstube zurück, wo mehrere seiner Grundnachbarn und Verwandten im Gespräche saßen. Sie sprachen über Wirthschaftssachen und daß jetzt billig Häuserkaufen wäre, da ein ganzes Rudel Iselthalerbauern nach Amerika auswanderten. Mehrere Kauflustige waren darunter.

„Kauft mir das meine ab!" sagte der Eder plötzlich.

„Dein Haus? ist es feil? Gehst etwa auch in's Amerika, Franz?"

„Freilich."

„Zweimal darfst es nicht sagen, so glaub' ich's," rief seine Schwester. „Gleichschauen thät's Dir, daß Du auf einmal davonliefest, so weit der Himmel aufgespannt ist."

„Mir ist's recht, daß wir heut' beisammen sind und davon reden können," sagte er, „Ihr wißt Alle miteinander, daß ich meines Vaters Wirthschaft, so lang' ich sie hab', nicht verschandiren werde, wißt aber auch, daß ich keine rechte Freud' d'ran hab'. Nehmt Ihr von meinen Geschwistern ein's das Haus, — ich verkauf's — probir' mein Glück auf andere

Art. Was kann mir denn geschehen, wenn ich nach Amerika gehe?"

Sie blickten alle auf ihn hin. Der Eder sah nicht aus, als wollte er spaßen. Seine Schwester riß gleich die Schürze zum Gesicht und schluchzte: Das hätt' sie ja gewußt, hätt' sich's immer gedacht, der Franzl würde auf einmal so was anfangen. Jetzt sei das Unglück da.

Der Franz lachte überlaut, er sehe kein Unglück, und schon vor Zeiten, da sie noch keine Eisenbahn und kein Dampfschiff gehabt, hätten sie schon gesungen: Wem Gott will rechte Gunst erweisen, den schickt er in die weite Welt.

„Na, na, Franzl," sagte ein schon betagter Vetter und legte die hagere Hand auf den Arm des jungen Mannes: „Das ist nichts, das mußt Dir aus dem Kopfe schlagen. Bleibe im Land und nähre Dich redlich, heißt's."

Es wäre schon gut, sagte der Eder, aber es wäre auch spät, er wünsche Allen eine gute Nacht. Stand auf, ging davon.

Die Schwester schluchzte weiter; „es ist so viel, als wie wenn er schon fort wär'," meinte sie, „was sich der einbildet, das führt er aus."

„Oho, da werden schon auch noch andere Leute was d'rein zu reden haben!" rief ein Greis vom Nachbarstisch her, „ich bin sein Göd und den Göden hat er zu fragen. — Daß er am End' heimkäm', wie ein Haderlump und brächt' uns das gelb' Fieber mit und andere Schlechtigkeiten. Lieber geh' ich in's Amt und laß ihn noch einmal assentiren. — Schau da her!"

Die Entrüstung des Alten weckte eine Gegenströmung. Mehrere junge Leute riefen, wenn der Eder-Franzl nach Amerika gehe, so gingen sie auch mit. Mädchen liefen herbei:

was das für eine Mode wäre, auf dem Tanzboden kein einziger Tänzer mehr!

Amerika! — Aber die Fiedeln übertönten das Wort.

———

Am nächsten Sonntag Nachmittags nach dem Segen kamen sie im Eberhofe zusammen, die Geschwister, Schwäger, Vettern und Muhmen des Franz. Zuerst lobten sie seine Wirthschaft, den stattlichen Hof, den weiten Ackergrund, die schöne Alm, und was das für ein Glück wär', heutzutag' hausgesessen zu sein, und daß Einer wisse, wo er daheim sei und seine Freunde finde, so oft er sie brauche.

Franz freute sich, nur Gutes zu hören von denselben Leuten, die sonst immer mit seinem Hauswesen zu nergeln gehabt hatten, denen sonst weder er, noch die Dölsachergegend, noch sie selbst recht gewesen waren, die dem lieben Gott unter der Hand seine Welt ausbessern wollten, oder ihm weisen wie man am besten eine neue erschaffe.

Als sie nun aber in ihrem Gespräche der Wendung immer näher kamen, unterbrach sie der Franz lächelnd: „Laßt's gut sein, Leut', mich g'freut's, daß Ihr mich doch gleichwohl noch so gern habt; das wird mir wohl thun, wenn ich in der Fremde bin."

Jetzt fuhren sie los:

„Du darfst nicht fort!"

„Dein Vater müßt' sich noch im Grab umdrehen, wenn Du den guten, alten Eberhof so wolltest verscherzen!"

„Und ein Vagabund wolltest werden —"

„— und zu den Heiden wolltest gehen —"

„— und so viel Schand bringen auf Deine Landsleut!"

„Wenn Du den Hof verkaufst!" rief ein Aeltester von Dölsach, „so legt die Gemeinde das Geld in Beschlag, wie's für einen Verschwender gehört."

Da ließ der Franz seine Hand plötzlich stark auf den Tisch fallen und sagte: „Jetzt hab' ich genug! Noch ist das Haus mein und das sag' ich Euch: wenn ich gehen will, Euretwegen bleib' ich nicht!"

„Ist auch gut," brummten sie, „weil wir's nur wissen." Und verloren sich nach und nach aus dem Hause. —

Und der Eder ging wiederholt nach Lienz, kehrte auf der Post ein und unterredete sich mit den Iselthalern. Ein Käufer für's Haus war auch gefunden. Franz wollte nur früher noch mit Bruder und Schwester reden und ihnen in ernster und gütlicher Weise die Sache klar legen, und sie dahin bringen, daß sie mit seiner Auswanderung einverstanden wären.

Der Bruder hatte schließlich nichts mehr dagegen, nur meinte er, dürfe der Franz nicht allein fort, auch er würde mit ihm gehen. Jetzt saß der Franz erst recht in der Klemme; den jungen Burschen, der niemals nach Weiterem gestrebt hatte, als was eben ein Bauernjunge im Gebirge bedarf, mitnehmen, konnte er nicht wagen; ihn zurückdrängen war dasselbe Unrecht, was die Anderen an ihm, dem Franz, begingen.

„Ja, Brüderchen," fragte Franz, „ließe Dich denn die Hannele mit?"

Der Bruder schwieg. Das war ein Punkt, der erwogen sein wollte. Und nach einiger Zeit kam er darüber in's Reine: es würde denn doch wohl das Vernünftigste sein, der Franz thue nach freiem Willen, er selber aber — er bliebe daheim.

Aber bei der Schwester ging es schwerer. Sie hing mit leidenschaftlicher Liebe an ihrem Bruder, und hub in dieser

Zeit schon immer zu weinen an, so oft sie ihn ansah: „Gerad',
als ob Du mir auf der Todtenbahr' lägest. Gestorben bist
mir schon und fortgetragen haben sie Dich noch nicht."

Er war heiter und schmeichelte ihr bisweilen ein Lächeln
ab, und bat sie dann mit der ganzen Innigkeit des Bruder=
herzens, sie möge die Sache mit Ruhe und Vernunft über=
legen; nach Amerika sei es heute nicht weiter, als wie früher
nach Galizien, nach Siebenbürgen hinein, wohin doch so
viele Tirolersoldaten marschirt und glücklich wieder zurückge=
kommen wären. Auch er komme wieder zurück, er bleibe nicht
im fremden Land, er suche nur sein Glück und würde es
finden, und würde in wenigen Jahren die Mittel erwerben,
sich seiner Lieblingsbeschäftigung, dem Bildschnitzen hinzugeben
— und dann würde sie erst sehen, was sie für einen Bruder
habe!

So sagte sie endlich, wenn er in dieser Auswanderung
denn sein Glück zu finden hoffe, sei es in Gottesnamen —
— sie füge sich; nur auf seine Gesundheit sollt' er schauen.

Am nächsten Feiertage sollte der Hausverkauf amtlich
geschlossen werden. Am Vorabende kam der Schwager
Andrä und nahm den Franz mit in's Dorf und in's
Wirthshaus.

Da waren schon Leute beisammen, thaten aber, als ob
sie ganz zufällig so zusammengekommen wären. Der Herr
Pfarrer war auch da. — Die Unterhaltung wollte aber nicht
recht vorangehen. Eine lange Weile wurde vom Wetter ge=
sprochen, dann eine halbe Stunde lang von der Klauenseuche,
die auf den Almen grassire, endlich wußte man, daß es mit
der Eisenbahn durch das Thal, von Franzensfeste her doch
Ernst werden würde. Aber merkwürdiger Weise war heute
kein rechtes Interesse an der Eisenbahn und die Leute kamen

bei dem Discurs nicht in die Hitze wie sonst, und das Ge=
spräch wollte wieder versickern.

„Ja, Einer muß doch anfangen," flüsterte man und trat
sich unter dem Tische auf die Füße. So fing Einer an: „Ja,
die Eisenbahn, die sollt' halt in acht Tagen schon fertig sein."

„Warum?" fragte man.

„Damit unsere Auswanderer nach Amerika gleich per
Dampf könnten abfahren."

Die Wendung war plump, aber sie war gemacht und
nun mußte man — wohl oder übel — den Stier bei den
Hörnern packen. Der Pfarrer erhob sich von seinem Platze
und setzte sich an die Seite des Eder=Franz. Da schwieg
noch Alles.

„Franz," sagte der Pfarrer und schmiegte sich an den
Angesprochenen, „Franz, ich kann's nicht glauben, daß Du
uns verlassen willst."

Nach einer Weile antwortete der Eder: „Ja doch, Herr
Pfarrer."

„Es ist nur ein Spaß gewesen oder für's Höchste eine
kleine Uebereilung, nichts weiter. Du bleibst uns daheim."

„Es ist schon Alles so ziemlich in der Richtigkeit. Mein
Haus ist so viel als verkauft; habe darauf schon die Hand
gegeben."

„Der Handel geht wieder zurück!" riefen Mehrere,
„dafür sind wir da! Schau, was sollt' denn aus der Döl=
sacher Musikbande werden, wärest Du nicht dabei? — Du
bleibst bei uns, Franz. Da kannst treiben, was Du willst,
wir lassen Dich nicht fort!"

Sie fielen ordentlich über ihn her und hielten ihn an
den Händen und schlangen ihre Arme um seinen Nacken.
Lauter Nachbarn und Schulfreunde von ihm waren es.

„Schau," sagte jetzt der Pfarrer wieder, „könntest es denn über's Herz bringen? An jedem dieser Freunde, die Dich heute an ihre Brust schließen, hängt ein Stück Deiner Kindheit und Jugend. Mir bist eines der liebsten Pfarrkinder seit je gewesen; ich weiß am besten, wie treu Du stets gehangen hast an Vater und Mutter, an Geschwistern und Freunden, an der ganzen Gemein. Wie, daß Du Dich jetzt loszureißen vermöchtest für immer aus dem heiligen Verband, der Freud' und Noth zu jeder Zeit brüderlich mit Dir getragen hat; daß Du Dich jetzt könntest trennen von dem geliebten, alpenumfriedeten Thale der Heimat, um, ein Abenteurer, auszuwandern in einen fernen Welttheil, einer höchst unsicheren Existenz entgegen, um in der Jagd nach Gold vielleicht unter wilden Stämmen elendiglich zu Grunde zu gehen! — O blicke hier hinaus, wie friedlich Deine altehrwürdige Pfarrkirche im Mondlichte steht; sie gab Dir die Taufe; vor ihrem Altare hat das Mutterherz in Kummer gebetet, der Herr möge ihren geliebtesten Sohn in seiner Hut bewahren immerdar. — Franz! an diesen Kirchhofsmauern ruhen die Gebeine Deiner Eltern, Deiner Vorfahren aller, die der treuen Heimat treu geblieben sind . . ."

Der Eder riß sich los, sprang auf und schritt rasch hinaus in die Stille der Mondnacht. Er stützte sich an einen Pfeiler und krampfig hob und senkte sich seine Brust.

———

Am andern Tage unterzeichnete er den Kaufvertrag — und das Heimatshaus war in fremden Händen.

Noch an demselben Tage ging ein Gerücht, die Abreise der Auswanderer sei verschoben worden. In das Iselthal waren durch Zeitungen und Privatbriefe beunruhigende Nach-

richten gekommen: man möge sich wohl vorsehen, mit der
amerikanischen Angelegenheit stünde es nicht ganz so, wie man
etwa glaube; die Reise nach Peru sei viel kostspieliger, als
es die Agenten eingestehen; in Peru sei Grund und Boden
längst vertheilt und bevölkert und in den Gold= und Silber=
minen fänden wohl Tausende ihr Elend und ihr Grab, aber
nur Wenige ihr Glück. Die Eingewanderten, die der Landes=
sprache nicht mächtig, das Klima und die Lebensweise nicht
gewöhnt wären, würden bald das Opfer gewissenloser Spe=
culanten oder böser Seuchen; glücklich noch diejenigen, die
einen letzten Blutpfennig besitzen, denselben opfern können,
um wieder in die alte Heimat zurückzugelangen.

Nein, dachte der Eder=Franz, von solchen Gründen lasse
ich mich gern bestimmen. Und aufrichtig, ich wüßte nicht, ob
ich es über's Herz gebracht hätte, der Heimat, den Ver=
wandten, besonders der Schwester, die so sehr an mir hängt,
Ade zu sagen.

Auf der Post zu Lienz blieb bald Einer um den Andern
der Amerikalustigen aus und die Sache schlief ein. Unser
Franz aber stand da und hatte kein Haus und kein Geschäft.
Jetzt gab es wieder gar nicht Viele zu Stronach und Dölsach,
die sich sonderlich um ihn kümmerten; wohl aber Etliche, die
heimlich lachten über Einen, der da zwischen zwei Stühlen
auf dem Lehm saß.

Saß eines Tages wirklich auf der Lehmbank am Wege,
als zwei Maurergesellen, gute Bekannte von ihm, die wie er
zu der Dölsacher Musikbande gehörten, mit Stock und Reise=
sack bepackt daherkamen.

„Ei, wohin denn?" fragte sie Franz.

„In's Amerika," antwortete der Eine, schmunzelte aber
dabei, daß man sah, es war sein Wort nicht ernst.

„Nach Sprugge (Innsbruck) gehen wir," sagte der Zweite, „wenn Du mitwillst, Franz?"

„Das ließe sich überlegen," meinte der Franz, „aber Ihr habt mir's zu eilig."

„Wir warten auf Dich, wir packen sogleich ab, wenn Du hernach mitgehst."

„Welchen Weg nehmen wir?"

„Wir reisen dem Land nach" (nach der Landstraße).

„So laßt Zeit ein paar Tage."

„Was fangen wir an bieweil?"

„Ich weiß euch was," sagte Franz. „In Drauburg ist morgen Hochzeit. Eine Wegmacher-Dirn heiratet. Die kann sich's nicht viel kosten lassen; der spielt Ihr den Hochzeitsmarsch und ein paar Tanzeln im Wirthshaus auf. Die denkt Euch's ihr Lebtag lang. Und ich bin, dieweilen ihr geiget, fertig."

So war's den Maurergesellen recht. Sie gingen mit ihren Musikinstrumenten nach Drauburg. Der Franz ging zu seiner Schwester und erzählte ihr von seinem neuen Reise= ziel. Ihr war auch das nicht recht. — Er verthut sein Geld und wird vom Glauben abkommen. Die Stadtleut' sind so viel schwach in der Religion. —

Nichtsdestoweniger ging der Franz nach Innsbruck. Es war im Frühjahre 1860. Es war eine lustige Burschen= reise mit den zwei Maurergesellen — alle drei Musikanten.

Bald hernach schrieb er einen Brief an seine Schwester in welchem unter anderm auch Folgendes stand:

„Als mir das letztemal beisammen wahren, da wahr mein Herz noch so bedrängt, das es mir stäte Trehnen aus den Angen preste und so mußte ich euch in meiner Heimat verlassen. Aber nach Regen kommt Sonnenschein. — Den als ich zum erstenmale Innsbruck erblickte, da wahren meine

Trehnen abgewischt. (Hierauf schreibt er von einer Reise, di
er nach München, Augsburg und Kempten machte). Und jetzt
ist mein einziges Bestreben nach meinen Vorhaben, den
meine Provesion scheint auch nicht schlecht zu sein, wenn ich
einmal weitere Vortschrite machen kann. Und ibrigens bin
ich ganz gesund Gott sei Dank, wie ich auch euch alle an-
zutreben hoffe und es geht mir recht gut. Und wenn du
vileicht gedenkest jetzt ist er in einer Stadt da wird er sich
nur an eitelkeit und unterhaldung ergozen, und beten wird
er nichts, so irrst du dich treue Schwester den Innsbruck
bietet zum guten eben so viel gelegenheit dar, als zum
schlechten denn an Kirchen velt es ja nicht wenn man behten
will. Seit nun tausendmal gegrüst treue Schwester u. s. w.
— Die Adres ist zu machen. An Erwirdigen Herrn Michael
Stolz Bildhauer k. k. Riallehrer in Innsbruck."

Franz war nämlich in die Zeichenschule gegangen, wo
er unter der Leitung des Professors Stolz ungefähr drei
Monate lang Unterricht nahm. Da zeigte es sich denn, daß in
diesem Bauernburschen mehr stecke, als bloße Auswanderungs-
lust und als Neigung für Baumrindenschnitzereien. Dem
fehlt nur ein großer Lehrmeister, dachte sich Professor Stolz
und empfahl seinen Zögling dem Maler Piloty in München.

So kam der fünfundzwanzigjährige Franz von Stronach
aus Innsbruck in die Großstadt, in die Maler- und Künstler-
stadt an der Isar. Dort begann er mit Hilfe seiner aus dem
Hause gelösten Geldsumme ein geordnetes Studium. Er besuchte die Gewerbeschule und trat bei Meister Piloty in die
Lehre. „Was?" sagte Piloty eines Tages: „Sie wollen auch
Maler werden? Da haben Sie eine schwere Aufgabe in den
heutigen Tagen!" Sah aber bald, daß der gelehrige, geniale
Schüler die schwere Aufgabe überwinden dürfte.

Ein andermal stand Franz vor einer Gemäldeauslage in der Stadt und hörte hinter sich die Bemerkung: „Ja, die Bilder sind schön. Nur Schade, daß die Maler verhungern müssen." Aber er verlor nicht den Muth — er lernte und lernte. — Wenn ich's nur einmal so weit bringe, dachte er, daß ich mir täglich zwei Gulden verdiene! — Hat's noch weiter gebracht. —

Piloty gewann den schlichten, offenen Tiroler bald lieb, und oft sah man an seiner Seite den strammen Alpenburschen, der noch seinen grauen Lodenrock und eine mit Pfauenfeder= kiel gestickte Leibbinde trug, durch die Gassen wandeln. Piloty's Haus und Atelier standen ihm stets offen und war ein eigenes Klopfzeichen an der Thür bestimmt, das ihm zu allen Tagesstunden Einlaß verschaffe.

Später lebte der junge Maler aus den Tirolerbergen ein paar Jahre in Paris, kehrte dann (1865) aber mit um so größerer Freude in die Alpenheimat zurück — ein ganz Anderer, als der war, welcher fünf Jahre früher mit den Maurern davonzog. So lange er unter den Leuten und Naturgegenständen noch Skizzen sammelte — hier einen Kopf, dort eine Hand, ein Thier, einen Baum, da ein Geräthe, ein Haus, einen Stein — so lange lächelten sie über sein Gehaben. Als er aber den Dölsachern für ihre neue Kirche das herrliche Altarbild malte, die heilige Familie — da lächelten sie nicht mehr, da wollten ihre Hände sich schier heben zum Hutabnehmen vor diesem Manne.

Sie glaubten es, sie sagten es zu einander und sie sagen es zu allen Fremden, die in das schöne Thal kommen: „Der Franzl, unser Eder=Franz ist halt ein großer Künstler ge= worden."

Defregger ist einer jener wenigen glücklichen Propheten, die auch in ihrem Vaterlande siegen. Die Dölsacher treiben einen wahren Cultus mit ihrem lieben, berühmten Franz. Alles weiß und spricht von ihm — wenn er auch, da er in München lebt, oft Jahre lang abwesend ist. — Alles hat Bildchen von ihm, meist Portraits, die trefflich sind. Sie freuen sich, daß er ein großer Herr geworden ist und hören es gern, wenn die Fremden erzählen, wie lieb und werth sie draußen in der Welt den Meister von Dölsach haben. Nur selten kommt Franz heim, aber wenn er doch da ist, dann mischt er sich unter seine Bauern auf dem Kirchplatz, im Wirthshaus, in den Heimstuben, und verkehrt mit ihnen schlicht und fröhlich, als wäre er noch ihresgleichen. Im großen Wirthshause des Dorfes ist sogar ein Defreggersaal, geziert mit vielen Reproductionen Defregger'scher Gemälde und mit dem Bildnisse des Meisters. Darunter ist auch ein Original, wovon wohl auf der Welt keine Copie existirt: Es stammt aus der ersten Lehrzeit des Künstlers in Innsbruck, ist mit Wasserfarben auf Papier gemalt und stellt die Döl- sacher Musikanten dar, der Eder-Franz selbst dabei, die Pfeife blasend. Die Figuren stehen gar unbeholfen und un- vermittelt in der Art der Silhouettenbildchen da; dem Laien kommen sie kaum feiner vor als die Arbeiten der Marter- taferl-Maler; der Sachverständige aber spürt in diesem Bild- chen bereits den Hauch des Gottesgnadenthums. Ein anderes Gemälde, ebenfalls aus der Lehrzeit Defregger's, stellt einen alten Soldaten vor, der abendlich in einer Bauernhütte, von einem dankbaren Publikum umgeben, Geschichten erzählt. Details sind wohl auch auf diesem Bilde noch mangelhaft, aber die Gruppirung und insonderheit die Lichteffecte des- selben sind ganz meisterlich.

Dölsach mit seinen tirolisch gebauten Häusern, mit seiner schönen Kirche, die auf dem Hügel steht, mit seiner groß= artigen Umgebung im Thale der rauschenden Dran, im An= gesichte der freundlichen Gegend von Lienz, der leuchtenden Dolomitfelsen — ist ein schöner, malerischer Ort und aus allen Richtungen blicken uns die Motive entgegen, die uns aus Defregger's Bildern schon so lange bekannt sind.

Ein Denkstein an der Kirchhofsmauer bezeichnet die Ruhestätte der Eltern Defregger's. Unweit davon ruht auch der Winkelarzt, der Defregger von einem gichtischen Fußübel geheilt hat, nachdem der Kranke bei den renommirtesten Aerzten vergebens Hilfe gesucht. Der Maler hatte hierauf dem alten Bauerndoctor aus Dankbarkeit ein werthvolles Bild zum Geschenke gemacht.

Auf bedeutender Höhe und schiefer Lehne, nicht weit vom Waldrande, steht das Geburtshaus des Künstlers, der Eder= hof. Es ist ein alter Bau nach Tiroler Art mit den Steinen auf dem flachen Dache und dem Glockenthurme auf dem Giebel. Nur ist es nicht ganz so stattlich, wie jene Häuser, die in der Ebene stehen. Es ist in den Händen entfernter Verwandter des Franz, an welche es dieser selbst verkauft hatte. Ich habe das Haus eines Tages aufgesucht. Die Bäuerin, als sie hörte, wir seien Defregger's wegen da, that uns viele Ehre an und bot uns Speise und Trank. Dann führte sie uns in die ziemlich düsteren Räumlichkeiten des Hauses, und ich sah selbstverständlich auf jeder Bank, auf jedem Holzblock, an jeder Wandstange, an jeder Leiter, an jedem Fensterchen den kleinen Franzel sitzen und schnitzen, klettern und gucken. Das rückwärtige Stübchen, wo er geboren ward, ist öde und dumpfig, und der Genius, den unser geistig Auge hier zu sehen verhofft, ertrinkt in den Milchtöpfen, die

an der Wand stehen. Hier hat der kleine Franz an Sonn=
und Feiertagen — des Werktags hatte er dazu keine Zeit —
gezeichnet und geschnitzt. Noch höher oben auf der Alm, von
wo aus man in den Thälern die achtundvierzig Kirchthürme
sieht, wuchert heute noch der Zirbenstrauch, aus welchem der
Knabe sein Material zum Bildschnitzen gezogen hat. Herzen
und Vögel, Pferde, Rinder und Gethier des Waldes mögen
wohl die ersten Werke dieser gesegneten Hand gewesen sein.
Als er größer wurde, war's freilich aus mit dem Bilden;
man spannte ihn an die Wirthschaft und als sein Vater
starb, mußte er das Gut vollends übernehmen. Wie er sich
davon glücklich losgelöst hatte, um eine neue Laufbahn an=
zutreten, das ist oben gezeigt worden.

Im Jahre 1868 hat er sein erstes Bild: „Der ver=
wundete Wildschütz" in die Welt gegeben. Bald darauf folgte
das Gemälde „Speckbacher". Dieses trug den Namen Franz
Defregger in weite Lande. Seither hat er zahlreiche größere
und kleinere Meisterwerke geschaffen, die zum größten Theil
um enorme Preise verkauft und in allen Manieren verviel=
fältigt worden sind.

Wenige Tage nach Dölsach war ich in München und
drückte am Klingelknopfe des Hauses Nr. 15 in der Königin=
straße. Bei meinem Eintritte hüpfte ein heiteres, blondlockiges
Knäblein von kaum dritthalb Jahren heran, es jagte ein
flinkes Reh. Im Garten, zwischen Blumen, sah ich eine
junge, liebliche Frauengestalt schweben. Vom Gartenhause
her eilte in ziemlich raschem Schritte ein Mann mit dunklem
Vollbart und freundlichem Auge auf mich zu:

„Grüß Gott!"

Er hatte keinen Sammtspenser und er hatte keine langen,
bis über die Schulter hängenden Locken — wie sonst Maler=

brauch; einfach und schlicht und treuherzig — so ist er, so fand ich den Franz.

Ich sah ihn das erstemal. In seinem Wohnhause weht der süße Friede des Familienlebens. Sein Atelier hat Defregger im Gartenhause. Dort werden die herrlichen Bilder aus den anmuthigsten und bedeutendsten Seiten des Volks= lebens und der Geschichte Tirols geschaffen.

Eng an's Atelier gebaut findet sich ein altdeutsches Erkerstübchen mit Zellenfenstern, einem grünen, edelgeformten Kachelofen, einem schweren Eichentisch und etlichen deutschen Krügen d'rauf. — Da mögt ihr Münchner Meister ehr= und lobesam wohl bisweilen fröhliche Tafelrunde halten, bei eurem treuherzigen, weltberühmten Gastherrn aus den Bergen von Tirol.

Nicht ohne Absicht beschließe ich meine „Dorfsünden" mit diesem Künstlerbilde. Es sei die freundliche Kehrseite der Judasmünze, es sei eine Absolution.

———

Zumeist Weibersünden sind es, die wir an uns vorüber= flackern gesehen. Im Dorfe gilt es mehr als anderswo, daß die Weiber das Schicksal der Männer sind. Im Dorfe hat das Weib eine größere wirthschaftliche Bedeutung, im Dorfe ist es enger und fester an den Mann geschlossen als anderswo, und darum ist im Dorfe die Sünde eines Weibes folgen= schwerer für die ganze Familie, als dort, wo das Weib blos an einem langen, lockeren Gängelbande mit ihrem Berufe als Gattin und Mutter zusammenhängt. Im Dorfe spielt sich die Geschichte der Eva täglich von Neuem ab, wie den Fall einer Einzigen Viele büßen. Ungezählte Dorfsünden sind hier nicht berührt worden; daß uns die Liebe Stoff liefern

würde, wußten wir wohl im Voraus; daß es Luſt und Leid
ſein würde, wußten wir auch, aber daß die blutigſten Blätter
dieſes Buches von jenen Wunden herrühren, die im Kampſe
der Ehe und der Familie geſchlagen werden, das mag uns
wohl auffällig ſein. Die wirklichen Sünden in der Geſell=
ſchaft wie im Dorfe ſind mir eben ſolche, die aus den menſch=
lichen Inſtitutionen entſpringen; nur ſolche begeht die Menſch=
heit aus freiem Willen und nur ſolche hat ſie ſchwer und
mit Recht zu büßen.

Aber die herben Leiden pflügen allemal wieder von
Neuem das Erdreich auf und aus vermoderten Roſen wächſt
neues, urſprüngliches Leben. Wahr ſind die finſteren Gemälde
von Schuld und Pein; aber auch wahr ſind die heiteren
Idyllen, die glück= und freudevollen Bilder, mit denen das
gottbegnadete Dorfkind aus Dölſach die Welt entzückt.

So hat uns der Künſtler zurückgeführt aus den Schatten.
Wir wandeln wieder den Freuden zu.

Inhalt.

—

Lightning Source UK Ltd.
Milton Keynes UK
UKHW012346200119
335904UK00003B/101/P

9 780364 183199